食品工业发展报告

（2021 年度）

工业和信息化部消费品工业司 组织编写

2022 · 6 中国 · 北京

中国轻工业出版社

图书在版编目（CIP）数据

食品工业发展报告．2021年度/工业和信息化部消费品工业司组织编写．—北京：中国轻工业出版社，2022.6

ISBN 978-7-5184-4071-9

Ⅰ．①食…　Ⅱ．①工…　Ⅲ．①食品工业—工业发展—研究报告—中国—2021　Ⅳ．①F426.82

中国版本图书馆CIP数据核字（2022）第128400号

责任编辑：伊双双　　责任终审：劳国强　　封面设计：锋尚设计
版式设计：王超男　　责任校对：宋绿叶　　责任监印：张京华

出版发行：中国轻工业出版社（北京东长安街6号，邮编：100740）
印　　刷：北京君升印刷有限公司
经　　销：各地新华书店
版　　次：2022年6月第1版第1次印刷
开　　本：889×1194　1/16　印张：17.5
字　　数：486千字
书　　号：ISBN 978-7-5184-4071-9　定价：100.00元
邮购电话：010-65241695
发行电话：010-85119835　传真：85113293
网　　址：http://www.chlip.com.cn
Email：club@chlip.com.cn
如发现图书残缺请与我社邮购联系调换
220713K1X101ZBW

编委会

编写单位

组织单位

工业和信息化部消费品工业司

主要牵头单位

中国食品科学技术学会

中轻食品工业管理中心

中国食品工业协会

中国食品发酵工业研究院

中国电子信息产业发展研究院

参与单位

中国肉类协会

中国乳制品工业协会

中国水产流通与加工协会

中国饮料工业协会

中国糖业协会

中国生物发酵产业协会

中国酒业协会

中国食品添加剂和配料协会

中国保健协会

中国罐头工业协会

中国焙烤食品糖制品工业协会

中国调味品协会

中国茶叶流通协会

中国淀粉工业协会

中国植物油行业协会

中国盐业协会

中国蜂产品协会

中国食品和包装机械工业协会

中国轻工机械协会

前　　言

悠悠万事，吃饭为大。民以食为天，食品工业始终是与民生息息相关的国民经济重要支柱产业。当前，在新型冠状病毒肺炎疫情冲击和国际局部冲突的双重影响下，面对百年未有之大变局，食品工业的产业链、供应链面临新的风险与挑战，必须统筹发展和安全，牢固树立忧患意识，增强防风险、保安全、守底线的能力，不断提高食品工业供给保障水平。

2022年全国两会期间，习近平总书记提出，“要树立大食物观，从更好满足人民美好生活需要出发，掌握人民群众食物结构变化趋势，在确保粮食供给的同时，保障肉类、蔬菜、水果、水产品等各类食物有效供给，缺了哪样也不行”“要向森林要食物，向江河湖海要食物，向设施农业要食物，同时要从传统农作物和畜禽资源向更丰富的生物资源拓展，发展生物科技、生物产业，向植物动物微生物要热量、要蛋白”。面对新形势新使命，全国食品工业系统要坚定不移贯彻落实党中央、国务院部署，坚持扩大内需战略基点，以深化供给侧结构性改革为主线，牢牢把握消费升级给食品工业带来的重大机遇，加快推进产业链现代化，大力培育特色优势产业集群。要深入实施“三品”专项行动，推动食品工业“增品种、提品质、创品牌”，鼓励食品企业开展产品创新和技术升级，大力提升产品丰富度、品质美誉度和品牌认可度，助力食品工业高质量发展。

《食品工业发展报告》自2013年开始编写出版以来，对我国食品工业的年度发展情况进行了系统总结，在引导和促进行业稳定健康发展方面发挥了积极作用，得到了相关政府部门、食品行业从业人员和广大社会公众的广泛好评，成为相关单位和人员了解食品行业、开展行业管理的重要参考书和工具书。今年新增了盐行业和蜂产品行业两部分内容，由24家全国性行业协会、学会、研究机构等单位通力合作，进一步扩大了本书的覆盖范围，提升了参考价值和社会影响力，是树立大食物观的具体体现。同时，新增的案例篇充分展示了食品工业诚信体系建设、“三品”专项行动等方面的工作成果，为行业提供了值得借鉴的先进经验和典型做法。

本报告的完成得益于各编撰单位及行业专家的高度重视和全力参与，在此特别致谢。

《食品工业发展报告（2021年度）》编委会

2022年6月

目　　录

综合篇

2021 年食品工业发展回顾与 2022 年形势分析 …… 3

行业篇

肉类加工行业 …… 17
乳制品工业 …… 30
水产品加工业 …… 42
饮料行业 …… 50
制糖工业 …… 55
方便食品制造业 …… 65
生物发酵产业 …… 74
酿酒工业 …… 82
食品添加剂和配料工业 …… 94
营养与保健食品制造业 …… 103
罐头食品制造业 …… 112
焙烤食品糖制品行业 …… 119
调味品制造业 …… 127
茶加工业 …… 141
淀粉加工业 …… 154
植物油行业 …… 165
食盐加工业 …… 177
蜂产品加工业 …… 182
食品装备业 …… 191

案例篇

生物技术助力农产品增值
——安琪酵母农产品深加工典型示范企业交流材料 …… 201
强化婴配溯源体系建设，提升食品安全保障能力
——伊利集团婴幼儿配方乳粉质量追溯体系建设交流材料 …… 205
绿色制造，减碳增色
——盼盼食品国家绿色工厂典型示范材料 …… 209

附录

附录一　食品行业重大法律法规和管理文件 …… 215
附录二　食品标准技术规范 …… 216
附录三　2021 年发布的食品安全国家标准清单 …… 228
附录四　2021 年食品工业统计数据 …… 238
附录五　参与编写单位简介 …… 241

综 合 篇

2021 年食品工业发展回顾与 2022 年形势分析

2021 年是“十四五”开局之年，面对复杂严峻的国际环境和国内新型冠状病毒肺炎（新冠肺炎）疫情散发等多重考验，我国食品工业坚持稳中求进工作总基调，积极推进高质量发展，在新冠肺炎疫情防控常态化形势下稳步前行，表现出强劲的发展韧性。全年食品工业（含农副食品加工业，食品制造业，酒、饮料和精制茶制造业）以占全国工业 5.1% 的资产，创造了 7.1% 的营业收入，完成了 7.1% 的利润总额。但受国内外经济环境、2020 年发展基数等多重因素影响，食品工业增加值、出口交货值、营业收入和利润等经济指标的增长率均低于全部工业水平，效益增幅逐步收窄，主要指标占比较 2020 年下降，行业持续稳定发展面临诸多挑战。2021 年食品工业主要指标完成情况见表 1①。

表 1　2021 年食品工业经济效益指标和投资情况

行业	营业收入/亿元	同比增长/%	利润总额/亿元	同比增长/%	营业收入利润率/%	成本费用利润率/%	投资同比增长/%
食品工业总计	91409.7	12.0	6187.1	5.5	6.8	8.0	—
农副食品加工业	54107.6	12.6	1889.9	-9.2	3.5	3.8	18.8
食品制造业	21268.1	10.0	1653.5	-0.1	7.8	9.9	10.4
酒、饮料和精制茶制造业	16034.0	13.1	2643.7	24.1	16.5	24.2	16.8

一、发展状况

（一）生产总体稳定，增速有所回升

2021 年，规模以上食品工业增加值按可比价格计算同比增长 8.7%，比 2020 年增加 9.8 个百分点。三大行业中，农副食品加工业同比增长 7.7%，食品制造业同比增长 8.0%，酒、饮料和精制茶制造业同比增长 10.6%。分中类行业看，18 个中类行业，17 个正增长，植物油加工负增长。分阶段看，食品工业一季度和四季度增速较二、三季度快些；从全年来看，增速比全部工业低 0.9 个百分点。

（二）效益保持向好，增幅继续收窄

2021 年，全国食品工业 3.7 万家规模以上食品工业企业实现利润总额 6187.1 亿元，同比增长 5.5%，低于全部工业 28.8 个百分点，增幅比 2020 年收窄 1.7 个百分点；实现营业收入

① 除特别说明外，本报告所有数据均来源于国家统计局，涉及食品工业的数据均不含烟草制造业。

91409.7亿元，同比增长12.0%（表2），低于全部工业7.4个百分点，增幅比2020年提高10.8个百分点。每百元主营业务收入的成本为84.3元，比2020年多1.4元；营业收入利润率为6.8%，比2020年低0.7个百分点；成本费用利润率比2020年低0.3个百分点（表3）。

表2 2021年食品工业经济效益指标

行业	营业收入/亿元	同比增长/%	利润总额/亿元	同比增长/%
食品工业总计	91409.7	12.0	6187.1	5.5
农副食品加工业	54107.6	12.6	1889.9	-9.2
食品制造业	21268.1	10.0	1653.5	-0.1
酒、饮料和精制茶制造业	16034.0	13.1	2643.7	24.1

表3 2021年食品工业盈利能力变化情况 单位：%

行业	2021年		2020年	
	营业收入利润率	成本费用利润率	营业收入利润率	成本费用利润率
全部工业平均水平	6.8	8.1	6.1	6.7
食品工业总计	6.8	8.0	7.5	8.3
农副食品加工业	3.5	3.8	4.2	4.4
食品制造业	7.8	9.9	9.1	10.1
酒、饮料和精制茶制造业	16.5	24.2	16.3	20.6

2021年下半年以来，食品工业利润的增幅小于收入的增幅，营业收入增幅小于营业成本的增幅，利润率逐步下滑。另一方面，2021年食品工业的主要经济指标增长率低于全部工业整体水平，2020年食品工业的基数较其他行业高也是原因之一。

三大行业中，酒、饮料和精制茶制造业经济效益明显好于其他两个行业。在酒、饮料和精制茶制造业中白酒制造业的利润占比很高，2020年被疫情压抑了全年的白酒消费需求，在2021年得到释放，白酒行业经济效益保持较快增长，奠定了酒、饮料和精制茶行业的利润基础，也为食品工业利润整体增长发挥了重要作用。

（三）克服疫情影响，固定资产投资恢复性增长

2021年，食品工业资产总计7.2万亿元，同比增长9.7%。分行业看，农副食品加工业增长7.5%，食品制造业增长8.4%，酒、饮料和精制茶制造业增长14.6%。

2021年，全国固定资产投资（不含农户）54.4万亿元，比上年增长4.9%，制造业增长13.5%。食品工业分行业看，农副食品加工业投资增速为18.8%，食品制造业投资增速为10.4%，酒、饮料和精制茶制造业投资增速为16.8%，较2020年的收缩固定资产投资，呈现恢复性增长（表4）。

表4 2021年食品工业固定资产投资情况

行业	同比增长/%
制造业	13.5
农副食品加工业	18.8
食品制造业	10.4
酒、饮料和精制茶制造业	16.8

（四）保民生政策扎实落地，食品消费恢复态势延续

面对疫情散发和极端天气等不利因素影响，各地区各部门积极落实“保基本民生”等政策措施，保供稳价政策落实力度不断加大，包括食品在内的基本生活类消费较快增长，食品市场供应充足，居民食品消费量继续稳步增长。统计局数据显示，2021 年，限额以上单位粮油食品类商品零售比上年增长 10.8%，饮料类增长 20.4%，烟酒类增长 21.2%。

疫情防控常态化的要求，进一步推动了新型消费模式的快速发展，线上线下加快融合，社区团购、网络购物、无接触配送、直播带货等新模式加快发展，生鲜电商迎来爆发增长。

2021 年食品工业主要产品产量见表 5。

表 5　2021 年食品工业主要产品产量

产品	产量/万 t	同比增长/%
精制食用植物油	4973.1	-5.0
成品糖	1482.3	3.6
鲜、冷藏肉	3298.2	24.5
乳制品	3031.7	9.4
白酒（折 65 度，商品量）/万 kL	715.6	-0.6
啤酒	3562.4	5.6
葡萄酒/万 kL	26.8	-29.1
饮料	18333.8	12.0

（五）生猪产能显著恢复，食品价格指数回落

2021 年，全国居民消费价格（CPI）同比上涨 0.9%，涨幅比上年回落 1.6 个百分点，其中食品价格由上年上涨 10.6% 转为下降 1.4%，食品价格下降减缓 CPI 上涨幅度。食品中又是猪肉价格的下降带动了食品价格下降。随着生猪产能不断扩大，猪肉价格由上年上涨 49.7% 转为下降 30.3%，影响 CPI 下降约 0.7 个百分点。分月度看，受猪肉价格走势、特殊天气、大宗商品价格等叠加影响，食品价格涨幅大致呈现两头高中间低的走势。

从细分数据看，多数食品价格上涨，全年粮食价格上涨 1.1%，食用油价格上涨 6.9%，鲜菜价格上涨 5.6%，水产品价格上涨 9.4%，酒类价格上涨 2.1%，蛋类价格上涨 10.8%，鲜果价格上涨 2.8%；猪肉价格下降 30.3%，在猪肉价格下降带动下，禽肉类价格也有所下降，鸡肉和鸭肉价格分别下降 5.3% 和 1.0%。

全年食品出厂价格同比上涨 1.4%，涨幅比 2020 年降低 1.5 个百分点。

（六）进出口双增长，外贸逆差继续扩大

海关统计数据显示，2021 年，我国进出口食品 1.7 万亿元人民币，同比增长 14.2%。其中，出口 4631.0 亿元，同比增长 2.0%；进口 12570.5 亿元，增长 19.4%；逆差 7939.5 亿元，贸易逆差继续扩大。

就进出口产品种类看，食用水产品、蔬菜及食用菌和干鲜瓜果及坚果为主要出口食品；粮食、肉类（包括杂碎）、干鲜瓜果及坚果为主要进口食品（表 6）。

表 6　2021 年食品主要进出口商品统计表

产品	出口			产品	进口		
	价值/亿元	同比增长/%	占比/%		价值/亿元	同比增长/%	占比/%
食用水产品	1391.6	7.5	30.1	粮食	4834.5	39.1	38.5
蔬菜及食用菌	794.2	-1	17.1	肉类（包括杂碎）	2079.2	-2.4	16.5
干鲜瓜果及坚果	391.5	-16.7	8.5	干鲜瓜果及坚果	985.0	22	7.8

续表

产品	出口			产品	进口		
	价值/亿元	同比增长/%	占比/%		价值/亿元	同比增长/%	占比/%
罐头	207.9	-5.3	4.5	食用水产品	928.8	4	7.4
酒类及饮料	173.1	9	3.7	乳品	894.0	6.4	7.1
茶叶	148.5	4.9	3.2	食用植物油	706.3	24	5.6
肉类（包括杂碎）	115.7	1.9	2.5	酒类及饮料	430.3	16.8	3.4
粮食	114.1	-10.9	2.5	食糖	147.5	19.3	1.2

（七）强化顶层设计，保障能力提升

工业和信息化部消费品工业司统筹抓好疫情防控和行业管理工作，落实“六稳”“六保”任务，保供给、促转型、提效能、优结构，推动消费品工业平稳健康发展。召开轻工重点行业运行座谈会，强调重点行业要关注面临的形势变化，做好行业月度运行分析，研判发展趋势，加强重大问题研究，保持产业链稳定；继续推进婴幼儿配方乳粉追溯体系建设试点，自2013年开展国产婴幼儿配方乳粉追溯体系建设工作以来，已累计接入95家婴幼儿配方乳粉企业，覆盖国内企业总数的80%以上，产品追溯数据量达17亿条，已成为国内婴幼儿配方乳粉领域最权威、最有影响力的追溯平台，对增强消费者的认可度发挥了积极作用。

2021年，国家卫生健康委员会累计审批公告“三新食品”65种，其中，新食品原料5种，食品添加剂新品种30种，食品相关产品新品种30种；公布实施《按照传统既是食品又是中药材的物质目录管理规定》，大力推进食药物质试点工作，为我国传统食药产业健康持续发展强化制度保障，为食药产业注入源头活水。

2021年，全国市场监管部门完成食品安全监督抽检6954438批次，监督抽检不合格率为2.69%，较2020年上升0.38个百分点。其中，消费量大的粮食加工品，食用油、油脂及其制品，肉制品，蛋制品，乳制品5大类食品监督抽检不合格率均低于总体抽检不合格率。与上年比，茶叶及相关制品、蜂产品等21大类食品抽检不合格率有所降低，但餐饮食品、食用农产品等10大类食品抽检不合格率有所上升。

（八）“十四五”重点研发布局确定，行业坚定转型升级

2021年是“十四五”的开局之年，工业和信息化部支持、配合科技部发布并启动“十四五”国家重点研发计划《“食品制造与农产品物流科技支撑”重点专项2021年度项目申报指南》。为支撑食品产业高质量发展、保障农民增收、助力后疫情时代新业态新格局、满足人民日益增长的美好生活需要，专项围绕解决食品制造和农产品物流瓶颈问题，提高食品产业的自主创新能力，提升产业竞争力而确定。将《婴配乳品新型核心配料规模化制备技术创新及示范》《高端生鲜肉智能化加工工艺创新及产业化示范》《稻麦适度加工及产品增值关键技术研发与产业化示范》《玉米加工增值关键技术研发与产业化示范》4项列入“揭榜挂帅”和部省联动项目中并完成立项公示。本批榜单围绕高端食品制造企业、智能化工厂等重大应用场景，拟解决我国婴配乳品核心配料自主化生产，生鲜肉加工效率低、保质期短、产品同质化严重等关键实际问题。

国家自然科学基金食品科学学科资助费用持续增长。其中，资助面上项目、青年科

学基金项目和地区科学基金项目共 592 项、24462 万元，资助项目数较上年增长 12.55%，资助费用增幅为 13.82%。具体来看，面上项目资助 225 项，直接费用 13050 万元，资助率为 14.1%；青年科学基金项目资助 284 项，资助经费 8490 万元，资助率 14.91%；地区科学基金项目资助 83 项，直接费用 2922 万元，资助率 16.84%。2021 年食品科学学科继续鼓励申请人面向食品领域国家重大战略需求，立足本学科资助范围，从食品生产实践中凝练科学问题，特别是制约我国食品产业发展关键技术背后的科学问题；鼓励申请人坚持问题导向，重视中国传统食品、特色食品以及食品质量与安全方面的研究；鼓励申请人聚焦以食品科学为主体的多学科交叉研究，融合相关学科的新理论、新技术和新方法，解析食品科学中的关键科学问题。从 2021 年度项目申请情况看，聚焦我国食品生产实际凝练科学问题的项目有所增加，围绕我国食品产业重大需求开展基础研究的趋势明显。

受新冠肺炎疫情等因素影响，2020 年[①]食品工业企业研发投入增速回落，出现负增长。规模以上食品工业企业研究与试验发展（R&D）经费 523.6 亿元，较上年减少 2.2 亿元，微幅下降 0.42%；R&D 经费投入强度 0.64%，与上年基本持平。三大行业研发投入此消彼长，其中，农副食品加工业，食品制造业，酒、饮料和精制茶制造业 R&D 经费分别为 276.6 亿元、157.3 亿元、89.7 亿元，与上年相比，农副食品加工业增长 5.57%，食品制造业基本持平，酒、饮料和精制茶制造业出现负增长，降幅较大、为 16.64%；三大行业 R&D 经费投入强度分别为 0.57%、0.81%、0.61%。

“十三五”国家重点研发计划食品领域重点专项顺利实施。其中，“现代食品加工及粮食收储运技术与装备”重点专项重点围绕大宗食用农产品转化、食品现代加工与绿色制造两个重大方向，部署了 25 项重点任务，自 2016 年启动，于 2021 年结束，分三年共支持 44 个项目，实现了食品加工领域的全覆盖，国拨经费 11.63 亿元，在食品加工与粮食收储运等产业领域的重大基础理论问题诠释、米面油适度加工等制约产业发展的共性关键技术突破、超高压果蔬汁及复合果蔬汁工艺等新工艺开发、粮食产后“全程不落地”技术模式体系等方面，产出了一批标志性成果，基本实现了新知识支撑，新工艺创建，新技术突破，新装备保障，新产品创制和新格局形成，显著提高了科技创新与自主研发能力，为食品产业可持续发展提供了有力的科技支撑；“蓝色粮仓科技创新”重点专项聚焦种质创制、健康养殖、资源养护、友好捕捞、流通加工等产业链关键环节，按照 20 个重点任务方向部署项目，自 2018 年启动以来，共立项项目 50 个，国拨经费 14.27 亿元，总体进展平稳、顺利，如期完成专项重大任务指标，研究成果大力促进了我国渔业产业发展，大幅提升了产业抗风险能力，特别是在新冠肺炎疫情期间，对于我国社会经济稳定、居民蛋白质补给保障等方面发挥了重要作用；“食品安全关键技术研发”重点专项针对食品源头污染、生产储运、监管支撑等全过程，按照全面调控部署、一体化实施的原则，扎实推进，实现我国食品安全从事后监管向事前防控转变，全面提升食品安全保障水平。

（九）以“三品”战略为抓手，深入实施供给侧结构改革

近年来，工业和信息化部始终坚持以习近平新时代中国特色社会主义思想为指导，

① 2021 年数据尚未公布。

坚持扩大内需战略基点，认真贯彻落实国务院办公厅《关于开展消费品工业“三品”专项行动营造良好市场环境的若干意见》，深入实施供给侧结构改革，推动食品工业“增品种、提品质、创品牌”取得积极成效，涌现出一批创新型企业、多元化产品、国际化品牌，更好地满足了人民群众日益增长的物质生活需要，促进了人民营养健康水平不断提升。为进一步提升产业链、供应链稳定性和竞争力，促进食品工业高质量发展，2021 年 12 月于武汉举办了第 30 届中国食品博览会暨 2021 食品工业“三品”成果展，期间工业和信息化部消费品工业司组织遴选了 607 项食品领域“三品”典型成果推荐进行线上展示，以充分展示食品工业近年来在“增品种、提品质、创品牌”方面的典型成果，推广先进经验和典型做法。此外，还从中优选了 157 个典型成果推荐在展览会上进行线下集中展示，其中增品种类别 55 个，提品质类别 52 个，创品牌类别 50 个，覆盖了全国 28 个省、自治区、直辖市和新疆生产建设兵团、4 个计划单列市以及主要食品行业门类。

各地区、食品企业坚持扩大内需的战略基点，深入实施供给侧结构性改革，培育食品企业科技创新内生动力与发展动能，加强研发投入和合作，推动科技与产业融合，品种丰富度、品质满意度、品牌认可度进一步提升。

增品种方面，积极适应和引领消费升级趋势，为满足消费者的多样化需求，特别是后疫情时代消费者更加关注营养健康的需求，细化产品种类，形成差异化定位，诸多产品融入“三减三健”健康理念，推出一批多样化产品、高附加值新品；产品向跨界多元化延伸，进入融合创新的探索阶段；创新包装形式，食用更加方便；结合地方传统人文特色创新系列文创产品，促进了当地产业发展。

提品质方面，加大在智能制造、绿色制造等方面的投入，加快新技术应用与人才队伍建设，产学研深度融合，在基础研究和应用、管理体系、产品追溯、产品服务等方面不断提升，促进产品科技含量和品质提升；突出标准引领，通过标准规范、引领、带动行业发展和质量提升；瞄准食品装备发展短板和“卡脖子”问题，加大研发力度，一批装备产品填补国内空白，整体技术达到国际先进水平，推向国内外市场。

创品牌方面，通过技术、质量、商业模式和企业文化创新，增强品牌生命力。开拓创新线上和线下服务体系，不断提升消费者服务体验；借助传统媒体与新媒体多媒介，采用线上线下结合方式，通过公益活动、体育营销、电竞合作、参与重大活动等形式，传递品牌核心理念，加强品牌宣传；打破行业边界，通过跨界融合、一二三产业深度融合，提升品牌影响力；注重品牌个性化的强化与升级，提升产品附加值和软实力。

二、产业地位与构成

（一）产业地位

2021 年，规模以上食品工业企业资产占全国规模以上工业企业的 5.1%，营业收入占 7.1%（表 7），利润总额占 7.1%，食品工业完成工业增加值占全国工业增加值的比重达到 6.7%。以上几个指标占比较 2020 年均有所下降。从收入看，食品工业在全部工业行业中排名第 3，落后于计算机、通信和其他电子设备制造业及黑色金属冶炼和压延加工业。从利润看，食品工业在全部工业行业中排名第 5，落后于煤炭开采和洗选业、化学原料及化学制品制造业、医药制造业及计算机、通信和其他电子设备制造业。食品工业主要经济指标的发展速度明显低于这几个行业，排名也比 2020 年下滑。

表 7　2021 年食品工业营业收入及其地位与其他行业的比较

行业	营业收入/亿元	占比/%
总计	1279226.3	100
煤炭开采和洗选业	32896.6	2.6
石油和天然气开采业	9112.3	0.7
黑色金属矿采选业	5820.7	0.5
有色金属矿采选业	3093.6	0.2
非金属矿采选业	4065.6	0.3
开采辅助活动	2048.1	0.2
其他采矿业	11.8	0.0
食品工业	91409.7	7.1
烟草制品业	12131.5	0.9
纺织业	25714.2	2.0
纺织服装、服饰业	14823.4	1.2
皮革、毛皮、羽毛及其制品和制鞋业	11057.2	0.9
木材加工和木、竹、藤、棕、草制品业	9655.5	0.8
家具制造业	8004.6	0.6
造纸和纸制品业	15006.2	1.2
印刷和记录媒介复制业	7442.3	0.6
文教、工美、体育和娱乐用品制造业	14364.3	1.1
石油加工、炼焦和核燃料加工业	55398	4.3
化学原料和化学制品制造业	82958.9	6.5
医药制造业	29288.5	2.3
化学纤维制造业	10262.8	0.8
橡胶和塑料制品业	28996.4	2.3
非金属矿物制品业	66217.7	5.2
黑色金属冶炼和压延加工业	96662.3	7.6
有色金属冶炼和压延加工业	70052.9	5.5
金属制品业	46835.4	3.7
通用设备制造业	47010.6	3.7
专用设备制造业	36563.5	2.9
汽车制造业	86706.2	6.8
铁路、船舶、航空航天和其他运输设备制造业	13094.1	1.0
电气机械和器材制造业	85320.2	6.7
计算机、通信和其他电子设备制造业	141285.3	11.0
仪器仪表制造业	9101.4	0.7
其他制造业	1956.8	0.2
废弃资源综合利用业	9080.7	0.7

续表

行业	营业收入/亿元	占比/%
金属制品、机械和设备修理业	1484.4	0.1
电力、热力生产和供应业	78502.7	6.1
燃气生产和供应业	11792.4	0.9
水的生产和供应业	3997.5	0.3

（二）基本构成

从大类行业看，2021 年，农副食品加工业营业收入和利润分别占整个食品工业营业收入和利润的 59.2% 和 30.5%，食品制造业分别占 23.3% 和 26.7%，酒、饮料和精制茶制造业分别占 17.5% 和 42.7%（图 1、图 2）。与 2020 年相比，营业收入占比变化不大，酒、饮料和精制茶制造业利润占比扩大，另外两个行业占比下降。

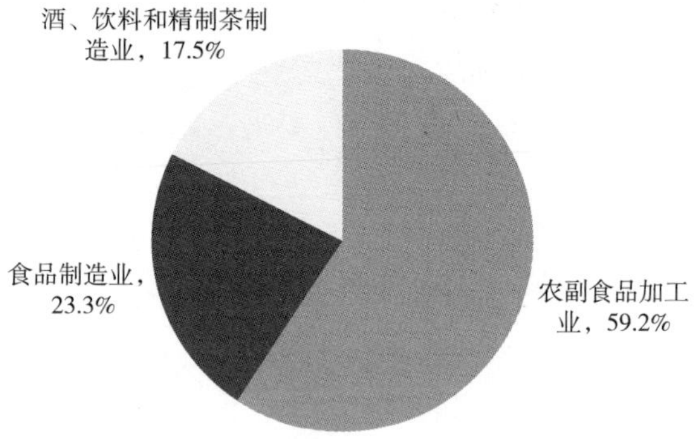

图 1　2021 年食品工业营业收入构成

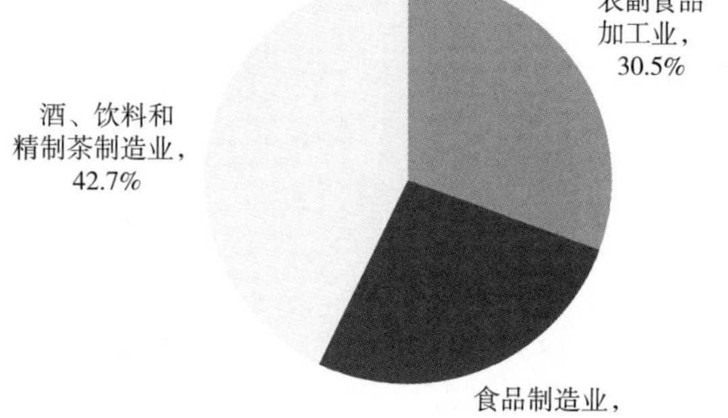

图 2　2021 年食品工业利润构成

从发展速度层面看，2021 年，农副食品加工业，食品制造业，酒、饮料和精制茶制造业营业收入的同比增速分别为 12.6%、10.0%、13.1%，酒、饮料和精制茶制造业从 2020 年唯一的负增长成为高于其他两个行业增速；农副食品加工业，食品制造业，酒、饮料和精制茶制造业利润的同比增速分别为 -9.2%、-0.1%、24.1%，酒、饮料和精制茶制造业更是明显好于其他两个行业。

三、面临形势

（一）部分行业对外依存度较高，进出口贸易发展机遇和风险并存

目前，全球主要经济体疫情持续蔓延，食品工业贸易和供应链格局面临重塑，部分地区政治、经济贸易存在不稳定因素，进出口贸易存在一定风险。进口大宗原料方面，高油大豆、玉米、食糖等食品工业原料结构型短缺问题依旧突出，大豆进口依存度超过 85%；为满足养殖业和工业发展需求，玉米进口量激增，高粱、大麦等作为替代品进口量也大幅增加；受糖料种植面积减少、甜菜糖减产、机械化程度不足等因素影响，食糖进口量持续增加，在食糖进口关税配额限制下，转由糖浆及含糖预混粉等产品方式进口，非传统食糖经销企业数量及占比上升，国产食糖面临进口食糖及相关产品低价竞争局面。食品配料方面，功能油脂、益生菌株、发酵剂、酶制剂等长期依赖进口，主要产品进口率在 70% 以上。乳清蛋白、乳糖等重要婴配乳粉原料进口依存度高，全球疫情发生以来，乳制品国际市场价格波动较大，主产国因产能下降转向以供给其国内市场为主，国际贸易供应链存在一些不稳定因素，供给风险仍存。出口方面，随着《区域全面经济伙伴关系协定》（RCEP）等一系列区域贸易协定签署，

有望推动外贸市场多元化发展，加快与周边国家贸易一体化进程，食品出口迎来更为广阔的市场空间。

（二）低碳发展进入关键期，新型制造模式引领资源利用模式变革

进入“十四五”，随着碳达峰行动深入实施，绿色低碳转型成为食品工业新时期发展的重要任务，尚需从原料生产和产品加工过程节能降碳、仓储物流智能化管理、引导低碳消费等多方面着力，食品“碳标签”和零碳食品、碳中和工厂、碳排放交易等将得到更为广泛发展，引领行业转型升级。近年来我国逐渐向高碳化食品消费结构发展，饲料和水资源使用、温室气体和污水排放等方面存在压力，同时，为植物基食品、细胞培育肉、多元化来源蛋白质利用等技术方案带来广阔发展空间。我国食品工业生产体系庞大，量大面广的中小企业占比较高，技术装备水平相对落后，节能减污降碳压力较大，随着加工过程危害物控制、工业固废综合利用、粮食绿色加工技术、食品添加剂绿色化改造、酿造及包装过程智能化、副产品资源化技术等加快推广应用，行业清洁生产和绿色发展将迸发新活力。此外，“十四五”时期国内外食品制造新技术将进一步发展，引领资源利用模式变革，其中，生物制造成为继智能制造、绿色制造之后，深入推进制造强国战略的重要抓手，将在开发新食品资源、缓解能源资源供给矛盾、生产过程提质增效、精准营养设计等方面发挥日益重要作用。

（三）部分食品安全短板仍存，新业态新模式对监管提出更高要求

“十三五”期间，全国食品安全抽检监测总体合格率由 96.8% 提升至 97.7%，大宗产品均保持在较高水平，婴配乳粉抽检合格率连续五年超过 99%，从抽检发现不合格样品看，因农兽药残留超标、微生物污染、超范围超限量使用食品添加剂造成的不合格产品占项次总数比例超过 70%。原料分散生产与集中加工的矛盾仍然突出，标准化、规模化原料基地建设有待加强，源头污染、生产过程粗放、仓储物流设施不足等影响农产品质量安全的短板仍然不同程度存在，部分事件经媒体曝出，引发消费者热议。网络消费、直播带货等新模式不断发展，带动一些原本停留于初加工和本地消费的特色产品受到全国消费者特别是青年群体青睐，为进一步深加工和扩大消费带来广阔市场需求。同时，新式茶饮、电商烘焙等新业态加快发展，对建立健全相关领域标准和服务规范、完善产品召回制度、更好保护消费者权益等方面提出更高要求。进口食品安全方面，跨境冷链食品、生鲜农产品及包装物检出新冠病毒阳性事件不时爆出，需谨防疫情传播风险隐患。

（四）多元化市场需求旺盛，要求产品深加工和创新开发更好适配

我国已成为世界食品工业规模最为庞大、生产产品种类最为丰富的国家之一，同时，我国食品产品创新开发与消费需求升级的适配性不强，存在过剩与短缺之间的结构性矛盾，产品深加工深度不足，产品开发附加值有待提高，中高端产品的供给能力还有待提高，部分产品还存在一定的消费外流现象。随着城镇化水平不断提升及居民收入提高，绿色、天然、健康等消费理念更加深入人心，有机食品、健康食品、功能食品消费持续增长，休闲食品、中式复合调味品、精酿啤酒等新兴产品具有便捷化、个性化、时尚化等特征，市场占比不断提高，受到消费者青睐。新技术新装备发展应用带动越来越多的农产品原料得到工业化开发利用，“三新”食品不断发展，同时，食品加工产生油料饼粕、果蔬皮渣、畜禽皮毛骨血、水产品皮骨内脏等副产物，其丰富的营养价值将得到更好开发利用，实现梯次加工增值，以开发多元产品，满足人民日益增长的多元化食品需要。细分人群精准营养成为产品研发创新的重大需求，后疫情时代，消费者对基于中药材、药食同源等我国特色原料开发的保健食品更加关注，

人口老龄化进程加快，对多品类、多种渠道供给的老年食品需求旺盛，孕婴童群体高品质食品需求加大，精细化配置开发的婴幼儿配方食品及辅食、孕产妇配方食品、3 岁以上儿童配方食品等加快发展。

（五）全球供应链结构加速调整，行业间、区域间协同发展价值凸显

疫情对国际食品供应链的冲击正转变为长期影响，产业链、供应链资源整合能力成为龙头企业及产业集群发展的根本能力。从国际看，国际龙头企业均为典型的大型跨国企业，在原料基地建设、价格议定、国际商贸物流等方面拥有较强影响力和话语权，而我国大型食品企业外向型发展不足，利用国内国际两种资源的能力有待提升，与欧美相关企业相比仍有较大差距。从国内看，产业链上下游分工和区域协同发展水平有待提高，大型龙头企业及仓储物流、工业设计等产业链资源向东部地区集聚明显，延伸布局以同质扩张为主，与中西部特色原料主产区开发协作及引领新兴城市消费的深度衔接不足，与此同时，一些具有较高消费者认可度的地方特色食品向外辐射发展的能力有限。我国千亿、百亿级食品企业已分别达到 10 余家、30 余家，但大中小型企业融通创新发展的生态格局尚未形成，加强产业集群和产业生态建设、优化行业组织结构、推动行业间区域间协同发展成为推动新时期食品工业高质量发展的重要手段。

四、政策建议

（一）提升原料供给保障能力，提高食品产品出口质量和发展效益

因地制宜推动优质加工原料品种保护、繁育和扩大生产，以工带农打好种业翻身仗，加大对我国特有、稀有农产品资源的开发利用，加强自主知识产权保护力度。鼓励企业建立自有或具有长期合作关系的原料种养殖基地，加快推进标准化奶源基地及配套高产优质苜蓿示范基地的建设，推动大豆、油料扩种面积落实落地，进一步提高国内单产和总产水平。通过技术创新手段，从生产端到消费端寻求大豆油脂及豆粕短缺或国际市场价格上涨的替代方案，增强花生、菜籽等油料作物生产利用，进一步推广低蛋白日粮等减粮化饲料加工技术。强化食糖进口管控，严厉打击走私食糖，警惕糖浆及含糖预混粉等进口量增加扰乱食糖市场风险，完善国内食糖市场调控机制，保护国内制糖企业及蔗农利益。重点加强对大宗农产品进口的贸易结构调整，丰富原料引进渠道，以大型加工企业为主体，逐步增强对重点行业原料的国际产区种养殖、采收、物流各环节的控制力和影响力，鼓励优势企业积极开拓海外市场，充分利用“一带一路”倡议、RCEP 等系列贸易协定实施等战略机遇，优化产业结构布局，调整出口“市场圈”。提升出口产品供给质量，增强贸易壁垒风险防范和抵御能力，完善标准制修订与国际对标，加强出口企业相关管理体系和预防性控制体系建设。

（二）深入实施“数字三品”行动计划，推进新时期节能减碳工作

进一步实施食品工业“数字三品”行动计划，提升工厂数字化、智能化水平，推动工业互联网、大数据、云计算等新一代信息技术深度应用，促进原料采收、生产加工、仓储物流等各环节数字化发展，提高生产企业消费行为分析和订货采购的科学性，提高产品开发与消费市场的适配性，缩短产品研发周期，推动数控高密度发酵、液体食品无菌连续灌装、肉类自动化屠宰加工等现代化生产线得到更加广泛发展应用，锻造一批食品工业领域智能工厂（车间），支持赋能行业数字化、智能化转型的平台型企业和系统解决方案供应商发展。深入推进新时期节能减碳工作，推行全生命周期绿色发展理念，通过采用新技术、新工艺和新材料，推进行业单位增加值能耗、二氧化碳排放量、用水量等进一步降低，提升清洁生产水平及能源资源利用率。引导企业实施绿色化采购，

提高生物降解材料、纤维回用材料、可食性材料等包装材料使用率，提升快递包装、电商包装等配套领域绿色发展水平。鼓励龙头企业发挥引领示范作用，向社会发布碳足迹报告和碳达峰路线图，培育和征集一批食品工业企业节能减碳发展的典型案例，促进行业内经验交流和技术推广。推动酿酒工业、发酵行业等重点行业碳达峰行动方案和路线图的研究与制定。规范企业参与碳交易市场，促进低碳、零碳、负碳经济发展。

（三）推动产品创新开发与产业化，培育典型模式和新型制造技术

利用工业转型升级资金、国家重点研发计划专项等支持渠道，支持关键技术和前沿交叉技术研发与产业化，加快益生菌株、酶制剂、食品包材及成套设备、毒害物检测产品及仪器等领域自主研发与产业化进程，推动加工装备更高水平自主创新。引导银行业金融机构加强对食品工业科技创新、转型升级的金融支持，加大对创新型中小企业的支持力度。推进农产品加工全产业链再造，促进农产品原料商品化处理、初加工与产品深加工更好衔接，推进农产品精深加工，征集和推广一批食品工业领域农产品精深加工典型模式，加强原料梯次利用、全值高值利用和副产物综合利用、循环利用，带动农民在三次产业实现广泛就业，助力乡村产业振兴和实现共同富裕。深入落实践行“大食物观”，全方位多途径开发食物资源，向植物、动物、微生物要蛋白要热量，推进新食品资源开发利用，支持植物基食品、细胞培育肉、人工合成淀粉等新技术、新产品发展。加强产品创新开发，与我国居民营养健康特征、消费需求变化更好适配，提升老龄人群、孕婴童、特殊人群等工业化食品供给水平，推动消费结构持续优化。抢占“未来食品”发展制高点，优化高等院校、职业院校学科布局，加强生物制造、人工智能等专业人才培养力度，与产业发展趋势更好适配。统筹生物经济发展和切实保障生物安全，发展具有我国特色的食品生物制造，进一步明确行业管理归口和统计分类，加强组织保障和规划设计，充分发挥生物技术对加工效率、食品营养、商品价值的集成放大作用。

（四）优化行业企业和区域间组织结构，促进协同创新和品牌发展

支持食品工业龙头企业通过标准引领、平台建设、开放能力等方式对产业链、供应链、创新链进行垂直整合，打造自主生态，加强与中西部原料主产区、新兴城市消费市场圈的衔接互动，提升区域协调发展水平，不断增强行业话语权和国内外资源配置能力，发展成为领航企业。继续鼓励部分行业企业兼并重组和产能合作，提高产业集中度。加大对食品工业领域“专精特新”重点小巨人企业和制造业单项冠军的培育支持力度，构建中小企业梯度培育机制，培育一批细分领域“单打冠军”“配套专家”，支持发展潜力大、成长性好的中小企业优先发展，以点带面形成带动、辐射效应，构建大中小企业融通创新发展生态。促进优势产业集聚发展，锻造一批特色食品优势产区和地方特色食品品牌，推动电子商务、仓储物流等产业链环节配套发展，有效提高产品辐射半径和供给能力。促进老字号传承升级发展。引导企业增强品牌意识，夯实品牌发展基础，提升产品附加值和软实力，培育一批国内外知名的产品品牌、企业品牌、产区品牌。支持更好利用“中国品牌日”“双品购物节”“三品成果展”“升级和创新消费品”等平台和指南，向消费者和社会推介在精深加工、营养健康、节能减碳等方面取得突出成效的产品，引导科学、理性、低碳消费新风尚。

（五）加快政策法规制修订，保障食品安全和主观安全感同步增强

完善地方多部门协作、全产业链监管机

制，重点打击中小城市、农村市场、校园等区域假冒伪劣食品制售行为，加大对食品企业失信、违法行为和不实报道的惩治力度。疫情常态化防控形势下，加强冷链仓储物流设施使用的监管力度。深入实施标准战略，推进产品、工艺、评价标准等标准体系构建，鼓励企业与国内外先进标准进行对标，主导或参与国家标准、行业标准制定，通过标准软联通，推动产业链、供应链畅通，推动生鲜乳、酿酒葡萄等原料的质量标准及价格分级制度建立健全，形成优价优质、工农互促的良好局面。支持食品安全危害甄别、风险评估技术等食品安全主动防控技术研发与应用，建立健全食品安全检验检测先进标准、方法体系。优化新型消费发展环境，深化包容审慎和协同监管，促进电子商务、跨境电商、直播带货等新业态、新模式健康发展，完善新茶饮、老年配餐等产品服务规范，确保产品质量安全和消费者权益。引导食品工业企业广泛开展诚信体系评价认定，逐步建立面向消费者的质量安全追溯体系，完善食品工业企业信用评级、动态预警和奖励机制。建立食品安全风险信息研判的权威发布渠道，加强舆论监管和食品安全不实信息惩戒力度，形成社会监督共治和“正本清源”的良好局面。

行 业 篇

肉类加工行业

2021年，我国肉类产量增加，市场供应改善，猪肉价格下降，进口有所减少。全国屠宰及肉类加工业规模以上企业数量、工业资产、业务收入增加，利润下降，供给侧结构性改革力度加大。

一、行业概况

据国家统计局统计数据，2021年全国猪牛羊禽肉产量8887万t，比上年增加1248万t，同比增长16.3%。其中，猪肉产量5296万t，增加1183万t，同比增长28.8%；牛肉产量698万t，增加25万t，同比增长3.7%；羊肉产量首次突破500万t，达到514万t，增加22万t，同比增长4.5%；禽肉产量2380万t，增加19万t，同比增长0.8%。

全国规模以上屠宰及肉类加工企业3700多家，同比增长约7%；营业收入11000多亿元，同比增长约7%；实现利润近340亿元，同比下降约17%。

（一）市场供需分析

2021年是“十四五”规划实施的开局之年，我国肉类市场供应明显改善。其主要原因是生猪产能的基本恢复带来猪肉产量的大幅增长。在猪牛羊禽肉增产总量中，猪肉占比高达95%，牛羊禽肉增产数量仅占5%。8887万t猪牛羊禽肉加上190多万t杂畜肉，2021年国内肉类总产量超过9000万t，达到历史最高水平。

由于国内肉类产量的增加，2021年肉类进口有所减少，全年共进口肉类938万t，比2020年减少约53万t，下降5.3%。其中，进口猪肉371万t，比2020年减少近70万t，下降15.5%；进口禽肉148万t，减少7万多t，下降4.7%；进口猪杂碎122万t，减少近5万t，下降3.7%。牛羊肉进口保持增长，全国共进口牛肉233万t，比2020年增加21万t，增长9.9%；进口羊肉41万t，增加近5万t，增长12.5%。2021年，我国肉类出口35万t，同比增加4万t，增幅12.9%，其中近70%的出口肉类为禽产品。

2021年，我国肉类市场供应总量9980万t，比上年的8599万t增加1381万t，增长16.1%（表1）。2021年我国人均肉类消费70.7kg，比上年的60.9kg增加近10kg。

表1　2017—2021年肉类生产、贸易、消费情况　　单位：万t

年份	肉类总产量	肉类进口量	肉类出口量	肉类供应量
2017年	8540	410	92	8858
2018年	8517	401	25	8893
2019年	7649	618	12	8255
2020年	7639	991	31	8599
2021年	9077	938	35	9980

2021年，由于市场供应充足，猪肉价格明显回落，牛肉价格在高位小幅波动，羊肉价格有所回落但仍处于历史高位，白条鸡价格先降后升，肉类市场价格总体稳定（表2，图1~图3）。

表2　2021年12月畜禽产品批发价格及变化情况

	猪肉	牛肉	羊肉	白条鸡
月度均价/(元/kg)	24.05	77.18	71.52	17.39
环比变化率/%	0.3	0.2	1.3	2.8
同比变化率/%	-44.4	1.1	-1.0	6.7

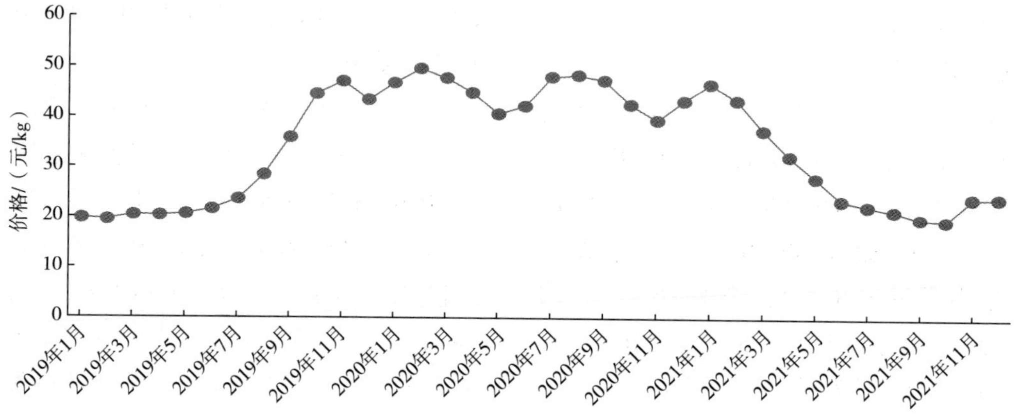

图1　2019—2021年猪肉批发价（月度均价）

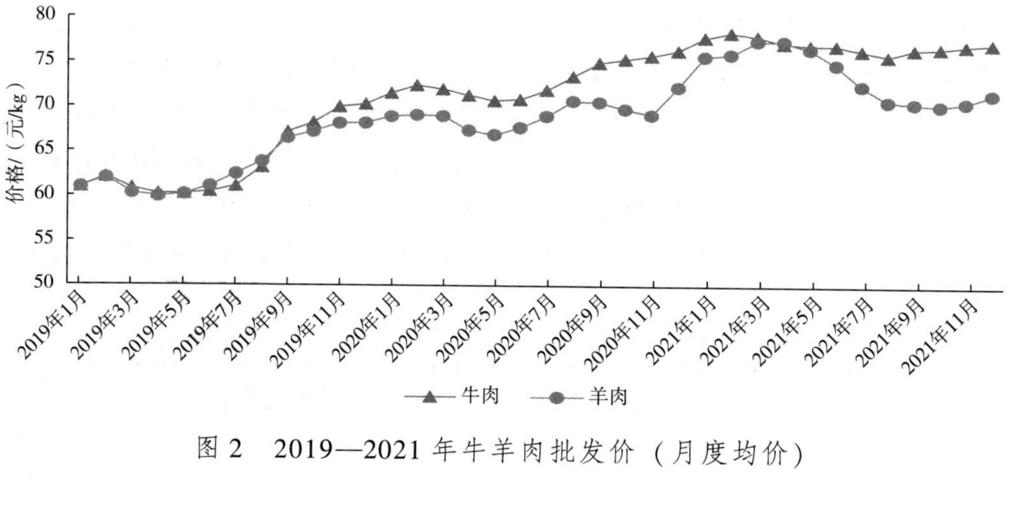

图2　2019—2021年牛羊肉批发价（月度均价）

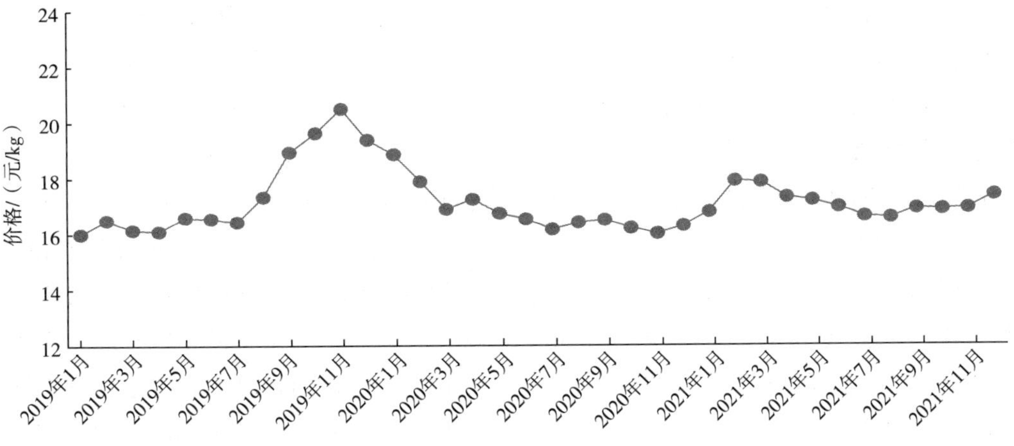

图3　2019—2021年白条鸡批发价（月度均价）

（二）行业发展分析

1. 产业投资

2021年全国屠宰及肉类加工业投资继续增加。2021年全国规模以上屠宰及肉类加工企业资产总计近6700亿元，同比上年增长约9%。

从投资增幅看，屠宰业增速加快，肉制品加工业增速放缓。2021年，牲畜屠宰企业资产2300多亿元，同比增长约12%；禽类屠宰企业资产1500多亿元，同比增长约11%；肉制品及副产品加工企业资产2700多亿元，同比增长约5%。

从投资结构看，牲畜和禽类屠宰资产比重上升，肉制品加工资产比重下降。2021年牲畜屠宰企业资产在肉类行业的占比为35%，同比上升1个百分点；禽类屠宰企业资产占比约为24%，同比上升不到0.5个百分点；肉制品及副产品加工企业资产占比为41%，同比下降约1.4个百分点（图4）。

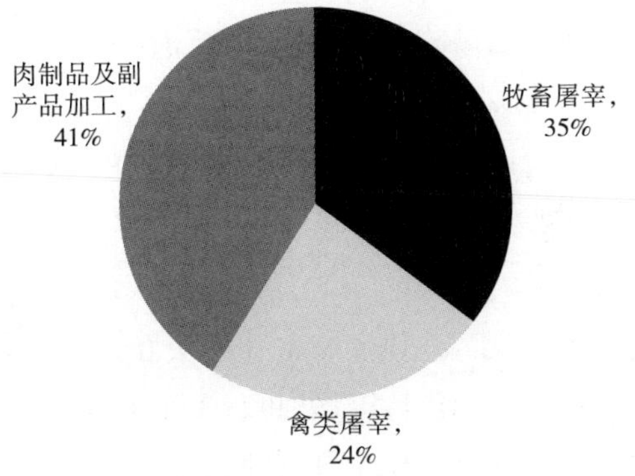

图4　2021年全国肉类重点行业资产分布

2. 产业结构

按照国家标准规定，屠宰及肉类加工业共分为三个重点行业。

一是牲畜屠宰业。2021年全国有规模以上牲畜屠宰企业近1300家，同比增长约7%，占屠宰及肉类加工业企业总数约35%。其业务收入近4400亿元，同比增长约11%；占肉类行业业务收入总额约38%，比上年增加1.4个百分点。其利润近130亿元，同比增长约7%。

二是禽类屠宰业。2021年全国有规模以上禽类屠宰企业近700家，同比增长约9%，占屠宰及肉类加工业企业总数的18%左右。其业务收入3000多亿元，同比增长近11%；占肉类行业业务收入总额的27%，比上年增加0.7个百分点。2021年禽类屠宰业亏损5亿元，利润同比下降约110%。

三是肉制品及副产品加工业。2021年全国规模以上肉制品及副产品加工企业近1800家，同比增长约6%，占屠宰及肉类加工业企业总数的47%左右。其业务收入近4000亿元，同比增长1%，占肉类行业业务收入总额35%，同比下降2.2个百分点。其利润总额近216亿元，同比下降约16%。

总的来看，规模以上企业数量和营业收入增长，说明屠宰及肉类加工业的产业集中度明显提升。禽类屠宰和肉制品及副产品加工业利润下降，说明市场供求变化正在对产业结构调整发生影响。

3. 产业布局

2021年规模以上畜禽屠宰企业鲜、冷藏肉产量3298万t，比2020年增长29%，进一步证明肉类加工的产业集中度有明显提升。

从区域分布看，华北地区规模以上畜禽屠宰企业鲜、冷藏肉产量345万t，比上年增长28.4%，在全国占比稳定在10.5%；东北地区453万t，比上年增长15.6%，在全国占比17.0%，比上年下降1.7个百分点；华东地区1458万t，比上年增长31.5%，在全国占比44.0%，比上年增加0.8个百分点；中南地区612万t，比上年增长39.0%，在全国占比19.0%，比上年增加1.3个百分点；西南地区216万t，比上年增长27.5%，在全国占比6.5%，比上年下降0.1个百分点；西北地区100万t，比上年增长17.9%，在全国占比3.0%，比上年下降0.3个百分点。总的来说，华东、中南地区发展较快，在全国占比上升，达63.0%；东北、西北地区发展较慢，在全国占比下降，为20.0%；华北、西南地区发展速度居中，在全国占比稳定，为17.0%。

从分省（自治区、直辖市）产量看，2021年山东规模以上畜禽屠宰企业鲜、冷藏肉产量1001.4万t，在全国占比30.4%，居第一位；辽宁368.9万t，占比11.2%，居第二位；河南290.9万t，占比8.8%，居第三位；河北2000万t，占比6.0%，居第四位；福建158.9万t，占比4.8%，居第五位。前五省产量合计超过2020万t，占比超过60%。按照产量排序，超过100万t的还有四川、安徽、湖北、黑龙江四省，占比均超过3%，占比合计14.5%；产量在60万t以上的有湖南、吉林、江苏、广东、陕西五省，占比均超过2.0%，占比合计12.0%。前十四个省产量合计2896.8万t，占比达87.8%。其余17省（自治区、直辖市）产量401.2万t，占比12.2%。

从发展速度看，2021年规模以上畜禽屠宰企业鲜、冷藏肉产量增长最快的是广西，增幅高达80.63%；其次是贵州和浙江，增幅分别为51.97%和50.77%；随后是云南、新疆、广东和江西四省（自治区），增幅分别为49.23%、44.9%、41.62%和40.81%；增幅在30%以上的有七个省（直辖市），其中天津增长38.42%、北京36.51%、吉林35.63%、湖北33.79%、河南32.28%、河北31.14%、安徽30%；增幅在20%以上的有七个省（自治区），其中湖南增长27.74%、四川27.24%、甘肃25.79%、黑龙江25.47%、江苏23.19%、山东22.94%、内蒙古21.84%；增幅在10%以上的有四个省（直辖市），其中福建增长15.88%、陕西14.21%、辽宁12%、上海10.55%；重庆增幅为9.27%。产量下降有四个省（自治区），降幅分别为山西1.86%、宁夏12.04%、海南24.51%、青海34.62%；西藏规模以上企业数据依然为零（表3）。

表3 2020—2021年规模以上畜禽屠宰企业鲜、冷藏肉分地区产量及变化情况

地区	2020产量/万t	比重	2021产量/万t	比重	产量同比增长/%
全国总计	2554.11	100	3298.22	100	24.54
北京	40.85	1.59	54.55	1.65	36.51
天津	5.53	0.21	7.67	0.23	38.42

续表

地区	2020 产量/万 t	比重	2021 产量/万 t	比重	产量同比增长/%
河北	143.38	5.61	199.99	6.06	31.14
山西	59.24	2.32	58.89	1.78	-1.86
内蒙古	19.79	0.77	24.00	0.73	21.84
辽宁	328.86	12.87	368.88	11.18	12.00
吉林	62.91	2.46	84.57	2.56	35.63
黑龙江	89.14	3.49	112.64	3.41	25.47
上海	2.99	0.12	3.31	0.10	10.55
江苏	67.11	2.63	82.36	2.49	23.19
浙江	31.77	1.24	52.83	1.60	50.77
安徽	92.55	3.62	120.29	3.65	30.00
福建	139.73	5.47	158.94	4.82	15.88
江西	17.41	0.68	39.45	1.19	40.81
山东	757.79	29.67	1001.40	30.36	22.94
河南	219.38	8.59	290.89	8.82	32.28
湖北	86.46	3.38	118.24	3.58	33.79
湖南	64.61	2.53	94.71	2.87	27.74
广东	48.37	1.89	68.84	2.09	41.62
广西	20.23	0.79	38.35	1.16	80.63
海南	1.57	0.06	1.19	0.03	-24.51
重庆	50.36	1.97	54.80	1.66	9.27
四川	97.56	3.82	127.02	3.85	27.24
贵州	6.56	0.25	12.00	0.36	51.97
云南	14.91	0.58	22.18	0.67	49.23
西藏	0.00	0.00	0.00	0.00	0
陕西	59.53	2.33	67.98	2.06	14.21
甘肃	11.33	0.44	14.35	0.43	25.79
青海	2.83	0.11	1.82	0.05	-34.62
宁夏	1.31	0.05	1.21	0.03	-12.04
新疆	10.05	0.41	14.90	0.45	44.9

（三）包装与装备

1. 包装

2021 年，新冠肺炎疫情继续肆虐全球，对全球经济产生了重大影响，世界多个国家和地区的供应链中断，国际形势发生了重大变化，对我国的肉类行业和肉类包装行业也产生了重大影响。总体而言，2021 年是我国肉类包装行业积极应对挑战、奋发进取、取得良好成绩的一年。

国内的消费升级趋势良好，肉类食品继

续向生鲜和精加工方向转变，尤其是线上的生鲜肉类食品发展迅速，精细加工的肉类食品也呈现多样化发展态势，所采用的包装形式越来越多样化，尤其是气调包装和贴体包装，发展迅速，成为肉类包装的亮点。

肉类食品和其他食品一样，线上销售的比例持续扩大，对包装的需求也持续提高。随着消费水平提高和消费需求的升级，面向消费者的小包装产品增长迅速，尤其是包装的生鲜肉类食品增长迅速。

生鲜肉类的包装主要以气调包装、贴体包装和真空包装为主。其中气调包装又称MAP包装，由于其中充填的氧气等气体可维持生鲜肉在整个销售过程中既能保持色泽鲜艳又能维持营养成分，因此成为很多精细分割生鲜肉、海鲜和精加工鲜肉等产品最为青睐的包装方式。据不完全统计，2021年全年仅用于生鲜气调包装的透明防雾盖膜，其市场用量至少可供应6.5亿盒产品，肉类产品市场销售额130亿元以上。国内涌现出一大批采用气调包装的用户，如盒马鲜生、叮咚买菜、京东生鲜、每日优鲜等电商平台，还吸引了中粮肉食、苏食、湘佳、纽澜地、精气神等一大批肉类企业用户。

贴体包装是另一个快速增长的包装品类。贴体包装几乎完美的3D外观展示效果、适合各种摆放方式等优点，在包装小块肉类产品时优势明显。特别是在牛排、海鲜等产品中广泛应用，在冷冻的预制菜中也得到广泛应用。

我国居民家庭越来越依赖食物工业化生产和社会化供应。2021年预制菜也进入了发展快车道，成为风口，受到投资的关注。预制菜简化了烦琐的食材选购、前处理、烹饪等步骤，融合色香味形、营养、安全等品质，迎合了快节奏生活下集体团膳、连锁快餐、户外旅游、家庭便捷加工等多场景、多客户消费需求。2021年我国预制菜产值超过3500亿元，同比增长18%。未来3~5年我国预制菜行业产值将超过万亿规模。包装是影响预制菜加工、贮藏和流通环节品质的关键因素，决定预制菜产业加工销售全过程的安全性和流通畅通性，是产业健康发展的重要一环。

肉类行业的发展为包装行业的供应商带来了商机。包装设备方面，以国外的莫迪维克、GEA，国内的佑天元、大江智能、罗迪波尔等为代表的包装设备企业，在2021年为中国市场提供了超过600台套各类气调和贴体包装设备。从包装设备销售的情况看，国内相当多肉类食品企业都对产品进行了包装改造和升级。

但与此同时，2021年对我国的肉类包装行业也是充满挑战的一年。从3月份开始，由于受到美国极端天气影响，导致全球的石化材料供应链受到巨大冲击，聚乙烯（PE）、聚丙烯（PP）、尼龙（PA）等大部分塑料原材料价格暴涨，使得包装材料的成本急剧上涨，到下半年9—11月份再次上涨，全年下来原材料的价格综合涨幅超过50%。尤其是高阻隔包装材料中不可或缺的乙烯-乙烯醇共聚物（EVOH）原材料，全球仅有三家成熟供应商，大部分产能在美国，2021年全年多次涨价，并对中国进行限制供应，导致物料短缺，高阻隔包装材料成本大幅度上升。这些原材料方面的问题给我国的包装材料行业带来了极大困难。到2021年年末为止，包装材料成本上升了30%以上。同时，由于全球供应的变化，出口海运费又连续暴涨，到2021年8月份，海运费较2020年上涨了近20倍，这又使我国出口困难加大，这些因素累积在一起，都挤压了包装行业的利润空间。

在如此艰难的情况下，我国的包装行业仍坚持独立自主发展，通过技术创新优化成本结构，开源节流，全行业保持了较好的增长态势。据海关总署统计，2021年全年我国出口塑料产品同比增长50%左右，肉类包装材料的出口也创下了历史新高。

2021 年，盒式配餐式包装仍处于较快增长阶段。因为疫情及消费群体需求的改变，消费者对各类食材经采集、清洗、加工后，与调料根据口味、特色或不同菜系进行搭配而成的配餐式食材的需求量大增，此类食材一般由中央厨房式加工厂生产包装后，经商超、大型电商平台、酒店零售、网购等形式售卖。

2021 年，肉类食品包装的标准化取得阶段性成果。农业行业标准《肉类热收缩包装技术规范》完成编制，并将于 2022 年下半年发布；另外还启动了农业行业标准《肉与肉制品气调包装技术规范》、团体标准《肉与肉制品真空贴体包装》等标准的制订工作；国家标准《肉类真空包装技术规范》完成立项，拟于 2022 年启动制订工作。

2. 装备

近年来，肉类价格的上涨调动了屠宰企业的投资热情，许多养殖企业甚至其他行业的企业也进屠宰行业投建屠宰厂。各地屠宰企业按照国家要求实行标准化屠宰，对屠宰操作流程提出了更高要求。猪屠宰开肛设备、剪头蹄设备、自动劈半设备，家禽屠宰自动分箱、码箱、清洗、自动掏膛、取内脏、自动清洗设备，头蹄处理自动烫头、蹄机，螺旋脱毛机，自动浸蘸松香甘油酯、自动清洗、自动冷却设备，内脏处理大肠清洗器、小肠清洗机，分割流水线自动卸肉输送机、自动分割锯、带式肋排锯、三层自动分割生产线，周转箱清洗机等先进自动化设备的应用已经十分广泛，不仅在效率上实现了巨大提升，而且质量、安全性更高，同时有效解决了屠宰企业长期存在的污染问题。

国产屠宰加工线的单机设备结构改进和优化取得了新进展，简化了国外设备的复杂程序。例如，电器系统采用最简便方式达到了同样的自动化目的，电脑控制的触摸开关间控为 24V、安全电压为 12V，稍微懂得电器原理的人员很容易掌握，并且便于维修保养；牛翻板箱采用一只气缸控制，简化了进口设备多缸翻板箱的复杂形式，而使用效果相同；胴体放血采用自动行走，可以调速，取代了进口设备的手推式，从而提高了自动化程度；步进机与卫检线共采用四个行程开关达到同步前进，取代了进口设备几十个行程开关的复杂电路；液压剥皮机采用与进口设备相同的由尾部向下卷筒剥皮程序，取代了落后的摇臂式和链条式剥皮方式；管轨滚轮采用高强铝合金架，含轴承，质量轻，耐磨、省油，可与进口铝合金滚轮媲美。

从售后服务看，国产屠宰加工设备产品的维修维护以及易损件的更换也比较方便，且价格便宜，国外设备配件供应周期长而且价格特别高，这些也是国产设备的优势。

虽然我国畜禽屠宰企业目前基本上都采用屠宰流水线作业，但由于受到活畜禽生长环境、品种差异、体重大小不同等因素的影响，以及区域、饮食习惯、屠宰操作习惯的差异，造成屠宰工艺千差万别；加上食品安全与卫生要求及环保、节能政策的限制，对屠宰加工设备就提出了更高要求。经过多年来的引进、消化、吸收再创新，国产屠宰加工设备在性能上已基本接近国外先进水平，但是关键设备的关键技术还有差距，例如，猪屠宰三点式托腹自动麻电机国产设备产能 400 头/h 左右时没有问题，但一旦超过每小时 600 头产能故障率就特别高，而且麻电稳定性差，容易出现出血点、三断率高等缺陷，影响肉品质量；再如猪胴体自动劈半机，国产设备有固定式、框架式、机器人本体式等多种型式，已推广应用多年，但是一直解决不了劈偏率高、效率低、故障率高等问题，在很大程度上制约了先进自动化屠宰设备的应用和发展。

目前国产屠宰加工设备还缺乏系统性的

猪肉分割先进技术，加上全国不同企业、不同地域对同一部位分割产品的名称、加工方式也不统一等因素的影响，增加了自动化分割设备的研发难度。牛羊屠宰设备基本上还是20多年前的老样式，性能上基本没有什么变化。家禽屠宰线屠宰量超过15万只的基本上都是用的国外设备（生产线）。虽然现在国产屠宰线上的设备已经趋于齐全，但在自动化、智能化程度上还有很长的一段路要走。目前最先进的屠宰技术主要集中在欧美，尽管我国近几年在这方面投入较多，头部企业也在全力追赶国际先进水平，但是关键设备、分割技术工艺却是业内的短板。随着屠宰加工机械需求量的不断增加，自动化、智能化的屠宰加工设备及自动化流水线将成为肉类行业发展的必然趋势。

总的看来，我国畜禽屠宰加工设备与工艺水平在不同地区和企业不平衡现象仍然比较突出，与国家的食品安全要求和国外先进设备相比，国产设备无论在性能（特别是稳定性和故障率方面）、自动化水平、设备可靠性、满足食品卫生要求、减轻劳动强度、保证人身安全等方面尚存在较大差距。我国小型、手工、半机械化加工方式的企业所占比重较大，机械化、自动化、智能化程度不高，致使生产过程中卫生状况差，易造成细菌繁殖和产品交叉污染，肉品卫生安全难以保证；设备成套性差、机械化程度低，劳动强度大，卫生检验和产品可追溯性难以实现；设备粗糙简陋，技术含量低，能源消耗高，资源浪费大，生产效率低，成本高；生产线用人多与企业生产成本增加的矛盾已经凸显，并且人工操作的惰性和失误容易给产品带来交叉污染。

当今社会科学技术的发展突飞猛进，信息化、智能化、自动化畜禽屠宰加工技术装备将是未来发展的必然趋势。解决畜禽加工企业用人多、劳动强度大、能源消耗大、环境条件差、交叉污染严重等问题是屠宰设备企业研发的重点。

二、产业政策与科技创新

（一）产业政策

2021年中央一号文件以全面推进乡村振兴、加快农业农村现代化为主题，提出了一系列指导性意见。从肉类加工业的角度看，有以下政策要点值得关注。

一是巩固畜禽货源基础。深入实施重要农产品保障战略，发展青贮玉米等优质饲草饲料，稳定大豆生产，加快构建现代养殖体系，保护生猪基础产能，健全生猪产业平稳有序发展长效机制，积极发展牛羊产业；支持市场主体建设区域性农业全产业链综合服务中心。

二是优化产业产品结构。深入推进结构调整，推动品种培优、品质提升、品牌打造和标准化生产；加快健全现代全产业链标准体系，推动新型农业经营主体按标生产，培育农业龙头企业标准“领跑者”；支持农业产业化龙头企业创新发展、做大做强。

三是推进县域经济发展。立足县域布局特色农产品产地初加工和精深加工，建设现代农业产业园、农业产业强镇、优势特色产业集群；依托乡村特色优势资源，打造农业全产业链，将产业链主体留在县城，让农民更多分享产业增值收益，构建现代乡村产业体系；推进农村一二三产业融合发展示范园和科技示范园区建设；将农业现代化示范区作为推进农业现代化的重要抓手，围绕提高农业产业体系、生产体系、经营体系现代化水平，建立指标体系，加强资源整合、政策集成，以县（市、区）为单位开展创建示范区，形成梯次推进农业现代化的格局；组织开展“万企兴万村”行动。

为贯彻中央一号文件精神，国务院各有关部门制定了一系列政策措施。与肉类加工业发展相关的主要有以下四个方面。

（1）促进畜禽生产　2021 年，农业农村部、国家发展和改革委员会（以下简称国家发展改革委）、财政部、生态环境部、商务部、中国银行保险监督管理委员会（以下简称银保监会）印发了《关于促进生猪产业持续健康发展的意见》；财政部、农业农村部发布 2021 年重点强农惠农政策；农业农村部、财政部印发了《关于做好 2021 年农业生产发展等项目实施工作的通知》；农业农村部办公厅、财政部办公厅印发了《关于开展绿色种养循环农业试点工作的通知》；农业农村部印发文件，要求做好新冠肺炎疫情中高风险地区动物防疫和畜产品稳产保供工作，制定发布了饲料原料营养价值数据库和饲料中玉米豆粕减量替代技术方案，印发了《非洲猪瘟等重大动物疫病分区防控工作方案（试行）》及《非洲猪瘟疫情应急实施方案（第五版）》《生猪产能调控实施方案（暂行）》《推进肉牛肉羊生产发展五年行动方案》和《“十四五”全国畜牧兽医行业发展规划》；农业农村部办公厅印发了《关于开展 2021 年畜禽养殖标准化示范创建活动的通知》《关于加快生猪种业高质量发展的通知》《关于进一步严厉打击非洲猪瘟假疫苗有关违法行为的通知》等。

（2）提升质量安全　2021 年，国务院公布了新修订的《生猪屠宰管理条例》；农业农村部等七部门部署启动了食用农产品“治违禁　控药残　促提升”三年行动；农业农村部办公厅、财政部办公厅、银保监会办公厅印发《关于开展病死猪无害化处理与保险联动机制建设试点工作的通知》；农业农村部印发《关于加强乡镇农产品质量安全网格化管理的意见》，部署开展了屠宰行业“强监管保安全”行动；农业农村部办公厅印发了《牲畜耳标技术规范（修订稿）》《牲畜电子耳标技术规范》《关于开展“瘦肉精”专项整治行动的通知》，并派出工作组督促查处肉羊养殖违禁使用“瘦肉精”行为，印发了《农业生产“三品一标”提升行动实施方案》《2021 年国家屠宰环节质量安全风险监测计划》《关于开展 2021 年国家农产品质量安全监督抽查的通知》；国家市场监督管理总局（以下简称市场监管总局）印发《关于开展肉制品质量安全提升行动的指导意见》，发布了一批农副产品、百姓生活领域重要国家标准；市场监管总局办公厅印发了《关于进一步落实食用农产品批发市场食品安全查验要求的通知》等；海关总署发布了《中华人民共和国进口食品境外生产企业注册管理规定》和《中华人民共和国进出口食品安全管理办法》。

（3）保障市场供应　2021 年，国务院部署多项措施确保生猪供应和价格稳定，李克强总理要求更多用市场化方式缓解“猪周期”波动。国务院办公厅印发了《“十四五”冷链物流发展规划》。中央农村工作领导小组办公室、农业农村部、国家乡村振兴局印发紧急通知，部署农村地区疫情防控和农产品稳产保供工作；农业农村部、国家发展改革委、财政部、自然资源部、生态环境部、交通运输部、商务部、国家卫生健康委员会（以下简称卫健委）、市场监管总局、银保监会、中国证券监督管理委员会印发关于修订《“菜篮子”市长负责制考核办法实施细则》；国家发展改革委会同财政部、农业农村部、商务部、市场监管总局等部门，联合印发了《完善政府猪肉储备调节机制　做好猪肉市场保供稳价工作预案》；国家发展改革委发布生猪价格过度下跌三级预警；商务部会同有关部门启动中央储备猪肉收储工作；农业农村部部署加快推进农产品初加工机械化，启动农产品产地冷藏保鲜设施建设工作。

（4）防控疫情风险　2021 年，海关总署、农业农村部发布一系列公告，防止法国、塞内加尔、立陶宛、阿尔及利亚、芬兰、爱沙尼亚、马里、莱索托、贝宁、博茨瓦纳、挪威等11国高致病性禽流感传入我国，防止斯里兰卡、柬埔寨、老挝、蒙古等4国牛结节性皮肤病传入我国，防止毛里求斯及蒙古国西部5省口蹄疫传入我国，防止马来西亚、多米尼加非洲猪瘟传入我国；防止玻利维亚新城疫传入我国；农业农村部、海关总署还公告了新的《中华人民共和国禁止携带、寄递进境的动植物及其产品和其他检疫物名录》；海关总署发布《关于加强对来自动物疫区运输工具监督管理的公告》；交通运输部印发《公路、水路进口冷链食品物流新冠病毒防控和消毒技术指南（第三版）》。

（二）科技创新

2021年，我国肉类产业科技创新、研发工作取得了新进展。

1. 肉制品加工技术

（1）腌腊肉制品标准化加工与质量安全控制技术　火腿、腊肉、香肠等腌腊肉制品是传统肉制品中的瑰宝，历史悠久，易于加工贮藏、风味独特。西式腌腊肉制品已完全融入现代肉制品加工体系，以其生态、优质、高档基本能够适应消费者需求。而中式腌腊肉制品仍停留在原始状态，存在工艺设备落后、产品档次低、质地干硬、易于霉变酸败等问题。成都大学四川肉类产业技术研究院以产品特性、风味形成机制及存在的质量安全隐患研究为基础，对传统加工进行现代化改造，应用冷链调控、微生物干预、智能风干发酵、栅栏控制等技术，实现质量安全可控，提升产品品质，确保产品优质可贮。在剖析腌腊肉制品特性的基础上，对原料减菌保鲜、关键点标准值控制和多因子联合防腐等技术构建的质量安全栅栏控制进行了新的解析。

（2）鸡肉加工科技创新　近年来，鸡肉加工受到动物疫情和产业政策的多重影响，产业以“毛转光”“冻转鲜”等为特征的发展需求与趋势愈发迫切与明朗，鸡肉消费量再创新高，已形成以白羽和黄羽肉鸡为核心的多元化发展态势。南京农业大学研究开发“冷鲜鸡肉感官与食用特性”品质保障技术和以延长“新鲜度与货架期”为核心的系统化保鲜技术，从产业链协同、技术革新、消费新需求、产业新业态等角度探索冷鲜鸡肉产业发展的未来。

（3）高品质磷酸盐及功能配料在肉类加工中的应用　磷酸盐是食品添加剂中的一类重要成分，也是功能配料的核心要素，在食品加工中起到改善口感、提升品质、减少营养及风味物质流失的作用。磷酸盐种类较多，每种都有特定的性质与使用特点，即使同种磷酸盐，也存在规格、性质等差异。兴发集团食品加工应用中心针对不同的肉种、加工设备、工艺选择合适的原料、高品质的磷酸盐，设计最佳的配比和肉类加工解决方案，以达到安全、稳定、高效的应用效果。

2. 肉品保鲜技术

（1）复合天然保鲜包装在肉品保鲜中的应用　目前，肉品包装主要是以石油为基质的合成塑料，但其在自然界中难以降解，因此，绿色、可持续利用、可食用的包装材料受到广泛的关注。可食用包装可用于承载活性成分，抑制肉品中微生物的繁殖生长，延缓脂质和蛋白质氧化，从而延长肉品的货架期。但由于原料的特性，导致可食用包装均存在不同程度的缺点。安徽农业大学集中研究利用高新技术和改性的方法来提升可食用包装的性能。同时，研究含花青素和姜黄素的活性智能指示包装薄膜，通过检测包装内部的环境变化来指示肉品的新鲜度，力求为肉品企业提供一种肉品保鲜和新鲜度检测的新思路和新方法，既解决了肉品绿色保鲜问题，又解决了检测肉品新鲜度的传统方法耗时长、成本高、破坏食品完整度的缺点。

（2）肉制品质量提升和货架期控制解决方案　由细菌、霉菌等造成的肉制品污染是影响肉制品品质与安全的主要因素之一。食品防腐剂是保证食品质量安全不可或缺的添加剂之一，选择天然防腐剂代替化学防腐剂将是未来的发展趋势。研究表明，纳他霉素是由纳塔尔链霉菌等微生物产生的，能有效抑制和杀死霉菌、酵母菌和丝状真菌的天然生物防腐剂，可有效地降低真菌对食品的污染及真菌毒素对人类的危害，已被许多国家广泛应用于乳制品、肉制品、果蔬制品和粮食等的生产和保藏。我国已有企业围绕影响肉类品质的因素研究纳他霉素在肉品防腐保鲜、延长货架期方面的应用。

（3）低温等离子体冷杀菌保鲜技术装备创新及生鲜调理肉冷链物流应用研发　低温等离子体冷杀菌（CPCS）作为国际上一种新型高效非热杀菌技术，特别适用于生鲜调理肉及其冰鲜产品的冷杀菌保鲜，在冷链物流成为新型冠状病毒传播主要通道的今天受到越来越多的关注。南京农业大学重点研究了生鲜调理肉 CPCS 冷杀菌保鲜机制及调控机制，及等离子活性水（PAW）协同介质阻挡放电（又称无声放电，DBD）-CPCS 用于生鲜调理肉冷杀菌保鲜，并适应中央厨房的快速发展研发“PAW 清洗杀菌—MAP 保鲜包装—CPCS 冷杀菌”智能一体化生产线，并且为应对冷链物流疫情防控之急需，研发高压电场低温等离子体新型冠状病毒消杀专用生产线装备。

（4）物理场辅助原料肉冻结、解冻技术研发和应用　冷冻肉是肉类生产、运输和进出口贸易中主要的产品形态，也是国家肉类储备、调节市场的重要手段。传统的冻结、解冻方式存在能耗高、冷冻肉解冻品质劣变严重等问题。新型物理场辅助冻结、解冻技术具有提高冷冻速率、降低解冻损耗等优点，在肉类冷冻解冻与保鲜贮藏中表现出良好的应用潜力，是国内外研究与技术应用的热点。中国农业科学院农产品加工研究所历经多年攻关，探讨了物理场辅助冻结、解冻抑制冷冻肉品质劣变背后深层次的原因，为原料肉新型冷冻、解冻技术开发提供了理论依据和支撑。

3. 新产品研发

（1）预制菜品的研发、生产与管理　“十四五”时期是我国居民食物消费结构升级的关键期和窗口期，构建符合中国国民饮食消费习惯和膳食模式的肉品科技理论体系、技术体系、产业体系至关重要。中国农业科学院农产品加工研究所立足自主创新，根据我国居民饮食习惯特点和现代社会生活节奏快的现状，致力于开展即食（Ready-to-eat）、即热（Ready-to-heat）、即烹（Ready-to-cook）、即配（Ready-to-prepare）4R 肉制品制造技术及装备研发。2021 年，肉类行业已有许多企业开始通过类似中央厨房的工厂生产制造预制菜并推向市场。有的企业针对现有预制菜品行业区域化、分散化、小规模化的特征，利用信息技术打通菜品管理过程中的产研销协同流程，帮助企业实现整体供应链优化，大幅度提高企业经营效益。

（2）素肉制品肉类风味形成技术与成型制备技术研发与应用　目前，传统畜牧业供给渐趋饱和，动物蛋白供应将出现不足。鉴于畜牧业会带来大气污染、水污染、粪便污染、土地占用率高等问题，以及蛋白类食品对人体生理的重要作用，急需植物蛋白类素肉制品的研发技术。针对素肉制品存在的风味难以仿真、质构难以达到真实纤维状的难题，中国肉类食品综合研究中心研究团队以植物蛋白为原料，借助酶解技术及美拉德反应技术，形成了肉类风味的形成技术；通过调控加工基料，优化蛋白的添加种类和比例，同时优化加工工艺参数，建立了素肉制品的成型技术，模拟了肉制品的质构特性。

三、行业面临的问题与应对举措

当前，我国肉类加工业发展面临四大

难点。

一是畜禽养殖基础不稳。2021年我国肉类总产量约9000万t，达历史最高水平。但是，受新冠肺炎及非洲猪瘟等重大疫情冲击、资源环境约束趋紧、玉米等饲料粮供需矛盾突出、产加销利益联结机制不健全、一些地方缺乏发展养殖业的积极性、部分畜禽品种核心种源自给水平不高、行业竞争力较弱、畜产品进口连年增加等多重因素影响，猪牛羊禽肉在高水平上保持稳定供应难度加大。

二是工业制造升级困难。2021年我国屠宰及肉类加工规模以上企业3737家，约占行业企业总数的15%。大量中小微企业设施设备落后，食品安全管理水平较低，劳动生产率、科技进步贡献率、资源利用率与发达国家相比有较大差距，产业升级任务艰巨。但是，由于企业资金不足、人员素质不高、科技基础薄弱等多重因素影响，产业升级难度很大。

三是肉品流通堵点增多。由于新冠肺炎疫情等因素对居民就业收入的影响，近两年来需求收缩、预期转弱，肉类食品销售不旺、库存增加；对冷链物流传播新型冠状病毒风险的防控，使肉类冻品流通速度减缓、流通费用增加、产品价格上升、商品损耗加大。由于管理体制及法律法规原因，肉类食品流通中出具动物检疫合格证、入境货物检疫检验合格证障碍较多，影响企业对市场的正常供应。

四是企业经营效益下降。受以上各种因素的叠加影响，2021年屠宰及肉类加工业规模以上企业营业收入增长，但利润同比减少17.2%，使扩大再生产能力及科技研发投入水平下降，减弱了产业整体竞争力。一些地区的企业因经营困难而停业、倒闭，部分知名品牌企业不得不破产重组或面临破产的边缘。

在未来五到十年内，肉类生产供应依然是我国经济的短板之一，按照国家“十四五”规划和2035年远景目标，保障肉类稳定供应、提高肉类自给率是一项艰巨任务。面对国际局势变化推动全球粮价上涨、各种疫情多发削弱肉类保供能力、贸易保护主义增大产业发展风险、肉类产量下降缩小进口调节空间的外部环境，肉类产业发展将按照中央经济工作会议精神，在2021年肉类产量明显提升的基础上，坚持稳字当头、稳中求进，着重把握好以下要点。

一是切实保障肉类产业发展安全。遵循“发展与安全并重”的方针，有效防范化解重大风险，提前做好应对各种复杂局面的工作预案，以安全保稳定，以稳定求发展。将动物疫病防控作为防范肉类产业风险的第一道防线，加强动物防疫体系能力建设，落实生产经营主体责任，保障肉类生产安全；坚持人病兽防、关口前移，从源头前端阻断人畜共患病传播路径，保障公共卫生安全；加强产业运行监测，从核心种源、价格波动、产品质量等方面防范各类风险，保障市场供应安全。

二是稳步提升肉类产品供应能力。目前，猪牛羊禽肉自给率都还没有达到“十四五”规划目标要求。“稳中求进”是要在巩固前期成绩的基础上，通过改革创新，争取更大发展。要在保障产业安全的前提下，优化产业结构，稳住种养业，提升制造业，顺畅流通业；优化区域布局，按照国家有关生猪、家禽、肉牛、肉羊等不同产业的区域布局规划分区推进；优化肉类产品结构，坚持市场主导，努力提升肉类产品供应的适配性。增加优质、特色差异化产品的供给。

三是大力推进肉类产业绿色发展。遵循绿色发展理念，促进资源环境承载能力、畜产品供给保障能力和养殖屠宰废弃物资源化利用能力相匹配，畅通种养结合循环链，协同推进畜禽养殖屠宰加工和环境保护，形成种养结合、农牧循环的绿色发展新方式。在畜禽养殖环节，重点推进“牧光互补”项目实施，促进光伏发电与畜禽养殖相结合；在屠宰加工环节，重点推进“绿色制造”项目实施，开展绿色低碳技术和产品示范应用；在贸易流通环节，重点推进“绿色贸易”项目实施，促进肉类产业供应链提质增效、可持续发展。

四是全面开展肉类产业现代化建设。要深化改革、扩大开放，依靠科技创新和进步，突破发展瓶颈，推进全行业全要素现代化。要加快建设一批种养结合的标准化规模养殖场（园区），提高畜禽良种化、养殖机械化水平和资源利用效率，促进畜牧业发展方式转变；要启动一批屠宰加工及冷链物流集约化、标准化、自动化、智能化建设项目，加快构建现代肉类加工流通体系；要充分发挥市场在资源配置中的决定性作用，更好发挥政府政策引导和市场调控等作用，消除限制肉类产业发展的不合理壁垒，打通各种“卡点”“堵点”，增强产业发展活力和市场竞争力。

四、政策建议

针对我国肉类产业发展面临的主要困难和重大挑战，以及国家政策落实过程中出现的操作性问题，为稳定产业发展和市场供应，把国家“十四五”发展规划的有关部署真正落地见效，特提出以下政策建议。

（一）建立政府、协会和企业密切协同的畜禽养殖公共服务平台

为发挥肉类加工业的主导作用，稳定畜禽养殖业基础，建议国务院有关主管部门指导中国肉类协会组织屠宰加工企业建立畜禽养殖公共服务平台，将国家有关支持性政策落实到广大中小养殖场户，改变主要通过行政系统分级贯彻的传统做法，建立健全畜禽养殖、屠宰加工、肉品流通产加销利益联结机制，推进肉类一二三产业融合，增强各项产业政策的操作性和实效性，稳定肉食供应的货源基础。

（二）加强肉类产业升级政策落地见效方案及措施的研究

国家“十四五”规划对推动传统产业高端化、智能化、绿色化，发展服务型制造做出了总体部署。但是，从肉类产业目前的情况看，这一总体部署如何落实还缺乏具体的实施方案和细则。例如，具体由哪些部门负责、重点支持企业的具体标准、产业政策的具体内容、落实这些政策的具体措施，等等。建议国务院明确机构职能，制定统一、有效、高质量的肉类产业政策实施方案，加快产业现代化体系建设。

（三）理顺动物检疫、肉品检验监管体制，尽快消除肉品流通堵点

针对目前肉类市场流通中部门职责不清、地区不能互认、出证难、效率低、损耗多，影响稳定供应的问题，建议国务院组织有关部门理顺动物检疫、肉品检验监管体制，全面推进肉品检疫检验和消杀地区互认，消除流通堵点，提高流通效率，降低肉品损耗和流通成本，保证市场稳定供给。

（四）发挥行业协会作用，协助政府增强纾困政策的可操作性

在目前压缩政府行政经费的背景下，为了及时将国家给企业的纾困政策落实到位，建议各地政府在加强干部培养教育和监督管理的同时，注重发挥行业协会的助手作用，协助政府明确纾困对象，制定实施细则，降低政策成本，消除操作障碍，提高工作实效，解决形式主义和官僚主义依然突出的弊端。

中国肉类协会

乳制品工业

乳被誉为营养价值最接近于完善的食物，人均乳制品消费量是衡量一个国家人民生活水平的主要指标之一。乳制品是补充优质蛋白质、平衡膳食、增强体质不可或缺的营养食品，在国家卫健委发布的《新型冠状病毒感染的肺炎防治营养膳食指导》中，明确"科学合理的营养膳食能有效改善营养状况、增强抵抗力，有助于新型冠状病毒感染的肺炎防控与救治。"并推荐每天摄入不少于300g的乳制品。在我国，随着人们对营养健康的愈发重视，以及《"健康中国2030"规划纲要》的持续推进和人民生活水平的提高，乳制品消费将继续不断提高。

一、行业概况

2021年，国内乳制品消费持续增长，乳制品行业产销情况良好，但受企业经营成本明显增加影响，行业整体经营效益有所回落。

（一）主要经济指标

据国家统计局月报数据，2021年1—12月，全国乳制品产量3031.7万t，同比增长9.4%（上年为2.8%）。

2021年12月底，全国乳制品企业营业收入近4700亿元，同比增长10%；利润总额不到400亿元，同比下降6%；销售收入利润率为8%（上年为9%）。行业亏损额与利润总额的比值为1∶5（上年同期1∶19），整个行业的经济效益不如上年。

（二）行业发展分析

2021年，乳制品原料价格维持高位，加之新型冠状病毒疫情间续影响，乳制品生产成本明显提高，一些企业经营状况不佳；但受益于国内乳制品消费量的持续较快增长，全年行业仍平稳运行。

1. 价格

（1）原料价格　2021年，国内奶源供求持续偏紧，生乳收购价格波动幅度较往年明显缩小，价格始终处于高位运行。

据农业农村部对内蒙古、河北等10个奶牛主产省（自治区）（河北、山西、内蒙古、辽宁、黑龙江、山东、河南、陕西、宁夏、新疆）生乳平均价格的调查数据，2021年全国奶牛主产省（自治区）生乳平均价格为4.29元/kg，同比增长13.2%；其中，1月生乳平均价格为4.25元/kg，5月为4.24元/kg，12月为4.31元/kg（图1）；12月生乳平均价格环比涨0.2%，同比涨3.9%。

（2）乳制品零售价格　2021年，由于受原料价格持续走高影响，乳制品消费价格继续保持增长，产品价格涨幅与2020年相当。根据国家统计局的统计数据，2021年12月，乳制品价格环比涨0.4%，同比涨1.4%；全年乳制品平均价格同比涨1.8%，高于同期食品全年平均价格-0.3%的增长。

2. 市场

2021年，全国乳制品消费量超过3400万t，同比增长达10%，乳制品消费继续加速增长，国产乳制品市场规模快速扩大。乳制品产成品存货占销售收入比例为2%，保持在正常区间。

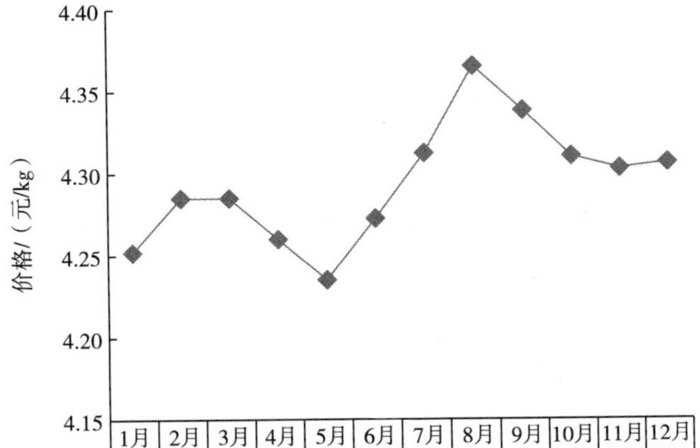

	1月	2月	3月	4月	5月	6月	7月	8月	9月	10月	11月	12月
—◆— 价格	4.25	4.29	4.29	4.26	4.24	4.27	4.31	4.37	4.34	4.31	4.30	4.31

图 1　2021 年全国奶牛主产省（自治区）生乳平均价格变化情况

资料来源：农业农村部监测数据。

3. 投资

全年乳制品生产投资保持增长。2021 年全国乳制品企业资产总计超过 4600 亿元，同比增长 13%，增速较上年有所提高。

4. 区域分布

2021 年，乳制品产量居前的省（自治区）与上年一样，分别是河北、内蒙古、山东、河南和黑龙江，五省（自治区）乳制品总产量近 1400 万 t，占全国的 46%，占比较上年略增。五省（自治区）都为正增长。全国 31 个省（自治区、直辖市）中，乳制品产量处于正增长的有 25 个（上年为 16 个），负增长的有 6 个（上年 15 个）。有 11 个省（自治区）乳制品产量超过 100 万 t，分别为河北、内蒙古、山东、河南、黑龙江、宁夏、江苏、湖北、安徽、陕西和四川；其中，增长的有 9 个，增幅最大的是宁夏，同比增长 24%，下降的有 2 个，降幅最大的是安徽，同比下降 5%。液体乳产量居前的省（自治区）是河北、内蒙古、山东、河南和宁夏，五省（自治区）液体乳总产量超过 1300 万 t，占全国的 47%，占比较上年提高 1 个百分点。有 11 个省（自治区）液体乳产量超过 100 万 t，分别是河北、内蒙古、山东、河南、宁夏、黑龙江、江苏、安徽、湖北、四川和陕西；其中，增长的有 9 个，增幅最大的是宁夏，同比增长 24%，下降的有 2 个，降幅最大的是安徽，同比下降 5%。乳粉产量前五位的省（自治区）是黑龙江、陕西、内蒙古、河北和江苏，五省（自治区）合计生产乳粉近 80 万 t，占全国的 81%，占比较上年提高近 3 个百分点。有 10 个省（自治区）乳粉产量超过 1 万 t，其中增长的有 7 个，江苏同比增幅最大，同比增长 36%；下降的有 3 个，河北降幅最大，同比下降 8%。

5. 行业集中度

根据中国乳制品工业协会统计，2021 年国内营业收入居前列的乳制品企业有：内蒙古伊利实业集团股份有限公司、蒙牛集团、光明乳业股份有限公司、黑龙江飞鹤乳业有限公司、君乐宝乳业集团、新希望乳业股份有限公司、北京三元食品股份有限公司、雀巢（中国）有限公司、北大荒完达山乳业股份有限公司和上海妙可蓝多食品科技股份有限公司。2021 年，10 家企业营业收入合计 3013.59 亿元，同比增长 17.96%，10 家企业营业收入占全行业的 64.29%。

6. 进出口

据海关总署统计数据，2021 年 1—12 月，全国共进口各种乳制品 410.29 万 t，货值 143.74 亿美元，同比分别增长 17.96% 和 14.09%；进口乳制品总货值与国内乳制品工业销售收入的比值为 1∶5.06（上年为 1∶4.83）。从数量上看，乳粉、液体乳、乳清类产品、稀奶油、零售婴幼儿食品、干酪类产品、奶油和无水奶油、乳糖进口量较多，产品进口量都超过了 12 万 t；从增速上看，炼乳、稀奶油、干酪类产品、乳粉、酪蛋白等产品增长较快，增幅都超过了 28%。2021 年全国乳制品进口情况见表 1。

表 1　2021 年全国乳制品进口情况

商品名称	数量/万 t	同比增长/%	金额/亿美元	同比增长/%
进口合计	410.29	17.96	143.74	14.09
液体乳[1]	99.56	17.77	8.66	26.64
稀奶油	27.28	40.36	9.47	51.50
乳粉[2]	127.52	30.21	45.95	39.63
炼乳	3.39	42.80	0.63	57.53
发酵乳	2.76	-14.06	0.56	-3.74
乳清类产品	72.32	15.53	10.23	25.07
奶油和无水奶油	13.10	13.35	6.67	22.16
干酪类产品	17.62	36.31	8.13	37.76
乳糖	12.01	5.37	1.70	23.68
零售婴幼儿食品	27.27	-21.80	44.53	-14.63
酪蛋白	3.81	28.33	3.74	48.95
白蛋白	3.65	-9.03	3.47	1.38

注：1. 液体乳数据不包括发酵乳、稀奶油。

2. 乳粉数据不包括婴幼儿配方乳粉。

资料来源：海关总署。

从进口来源看，新西兰是我国最大的乳制品进口来源地，其次是德国、美国、澳大利亚和法国（图 2），我国分别从这些国家进口了 155.03 万 t、53.31 万 t、43.61 万 t、27.91 万 t 和 22.34 万 t 的乳制品，五国合计占乳制品总进口量的 73.66%，占比较上年升高 0.08 个百分点。

其中，液体乳主要来自德国、新西兰、波兰、澳大利亚和奥地利，进口量分别为 38.83 万 t、22.79 万 t、15.00 万 t、11.88 万 t 和 2.83 万 t，五国合计占液体乳总进口量的 91.72%，占比较上年升高 0.27 个百分点（图 3）。

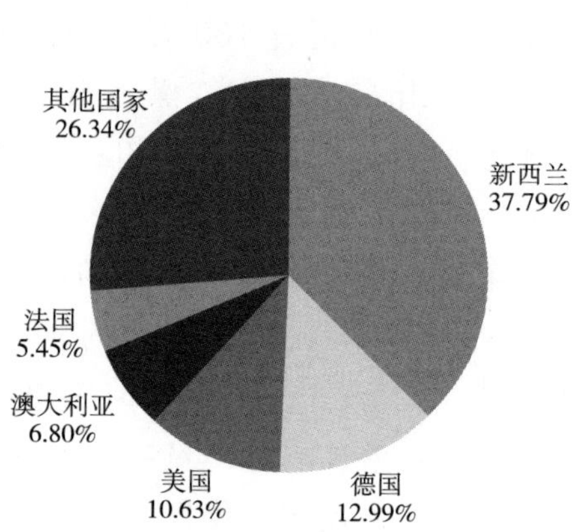

图 2　2021 年乳制品进口来源情况

资料来源：海关总署。

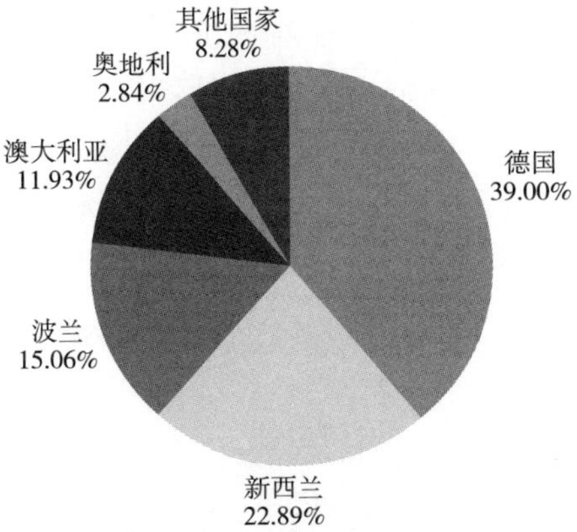

图 3　2021 年液体乳进口来源情况

注：2021 年以前液体乳进出口数据包括稀奶油，2021 年不再包括稀奶油。

资料来源：海关总署。

稀奶油主要来自新西兰、法国、西班牙、英国和德国，进口量分别为 13.55 万 t、5.25 万 t、1.97 万 t、1.48 万 t 和 1.22 万 t，五国合计占稀奶油总进口量的 86.05%，占比较上年升高 4.74 个百分点（图 4）。

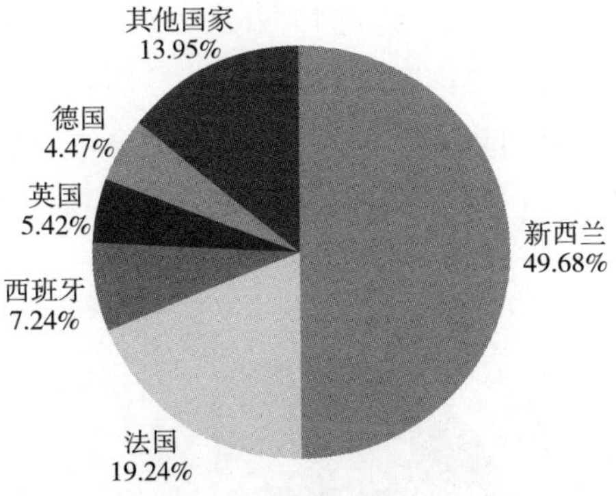

图 4　2021 年稀奶油进口来源情况

资料来源：海关总署。

乳粉主要来自新西兰、澳大利亚、美国、乌拉圭和法国，进口量分别为 88.87 万 t、9.02 万 t、4.78 万 t、3.96 万 t 和 3.59 万 t，五国合计占乳粉总进口量的 86.42%，占比较上年微升 0.06 个百分点（图 5）。

乳清类产品主要来自美国、法国、白俄罗斯、荷兰和波兰，进口量分别为 28.64 万 t、6.51 万 t、6.24 万 t、6.04 万 t 和 4.95 万 t，五国合计占乳清类产品总进口量的 72.42%，占比较上年降低 2.69 个百分点（图 6）。

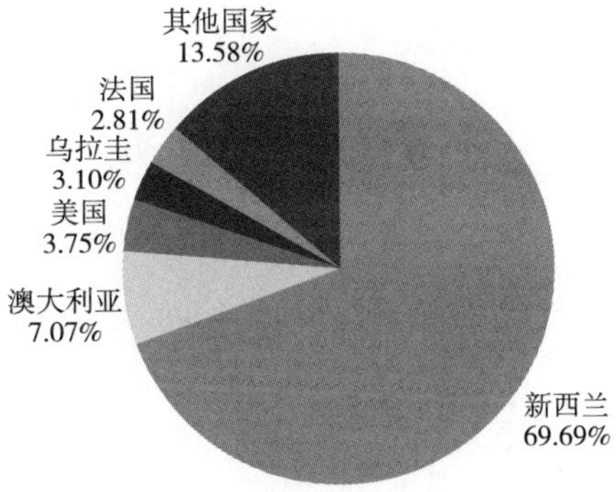

图 5　2021 年乳粉进口来源情况

资料来源：海关总署。

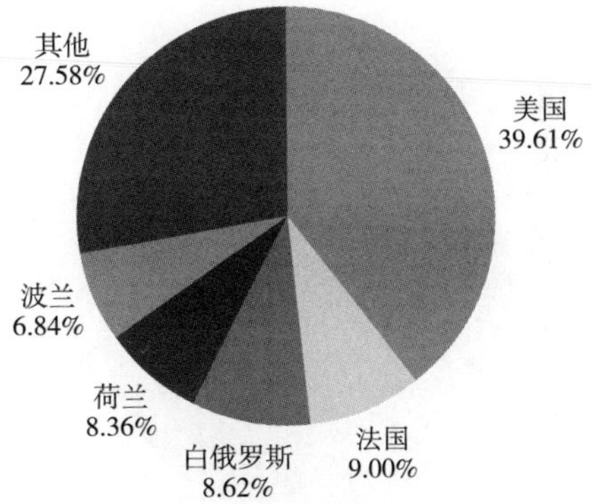

图 6　2021 年乳清类产品进口来源情况

资料来源：海关总署。

零售婴幼儿食品主要来自荷兰、新西兰、法国、爱尔兰和德国，分别进口 9.70 万 t、6.06 万 t、3.33 万 t、2.49 万 t 和 1.62 万 t，五国合计占零售婴幼儿食品进口量的 85.05%，占比较上年降低 0.15 百分点（图 7）。

干酪主要来自新西兰、澳大利亚、丹麦、美国和意大利，进口量分别为 9.57 万 t、2.67 万 t、1.36 万 t、0.86 万 t 和 0.65 万 t，五国合计占干酪总进口量的 85.81%，占比较上年升高 1.02 个百分点（图 8）。

乳糖主要来自美国、德国、波兰、法国和意大利，进口量分别为 7.71 万 t、1.40 万 t、0.88 万 t、0.38 万 t 和 0.35 万 t，五国合计占乳糖总进口量的 89.38%，占比较上年升高 3.03 个百分点（图 9）。

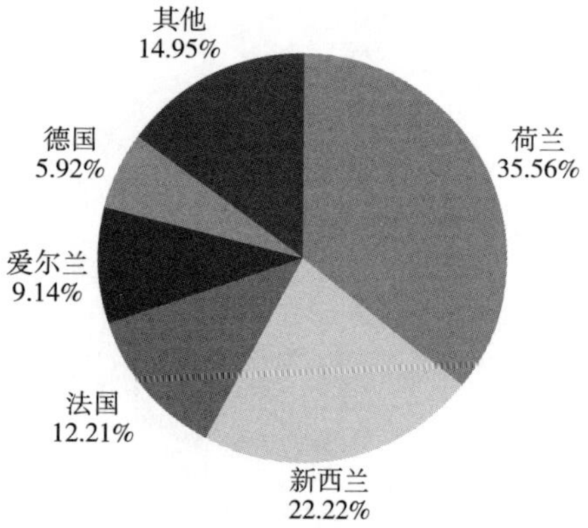

图 7　2021 年零售婴幼儿食品进口来源情况

资料来源：海关总署。

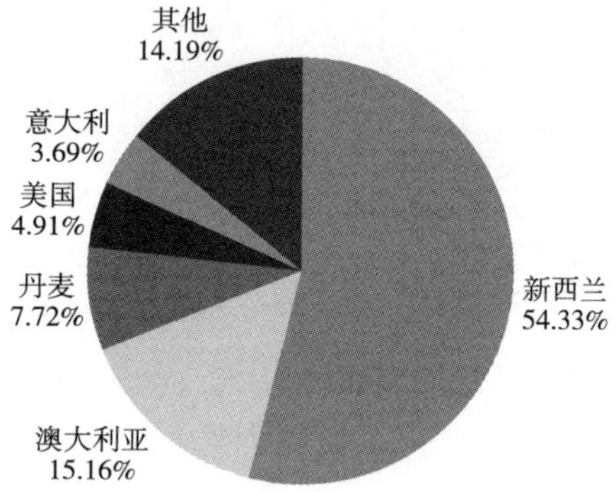

图 8　2021 年干酪类产品进口来源情况

资料来源：海关总署。

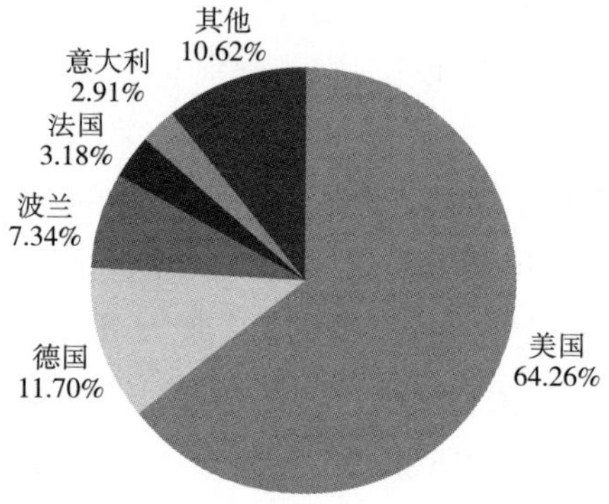

图 9　2021 年乳糖进口来源情况

资料来源：海关总署。

奶油和无水奶油主要来自新西兰、澳大利亚、法国、荷兰和比利时，进口量分别为 10.34 万 t、0.55 万 t、0.55 万 t、0.37 万 t 和 0.27 万 t，五国合计占奶油和无水奶油总进口量的 92.20%，占比较上年降低 2.35 个百分点（图 10）。

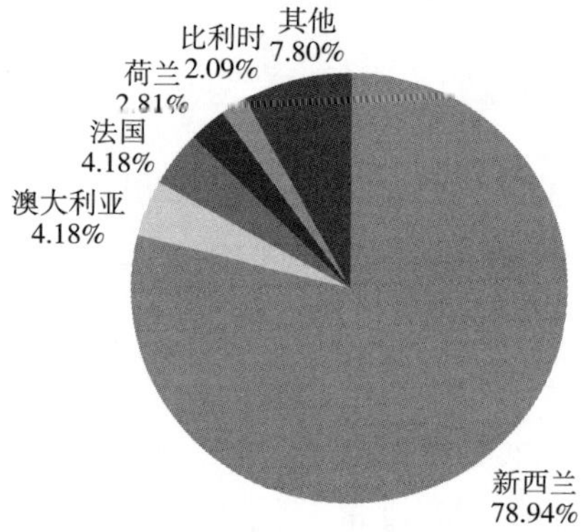

图 10　2021 年奶油和无水奶油进口来源情况

资料来源：海关总署。

酪蛋白主要来自新西兰、荷兰、法国、德国和爱尔兰，分别进口 2.30 万 t、0.48 万 t、0.33 万 t、0.24 万 t 和 0.19 万 t，五国合计占酪蛋白总进口量的 93.02%，占比较上年升高 1.22 个百分点（图 11）。

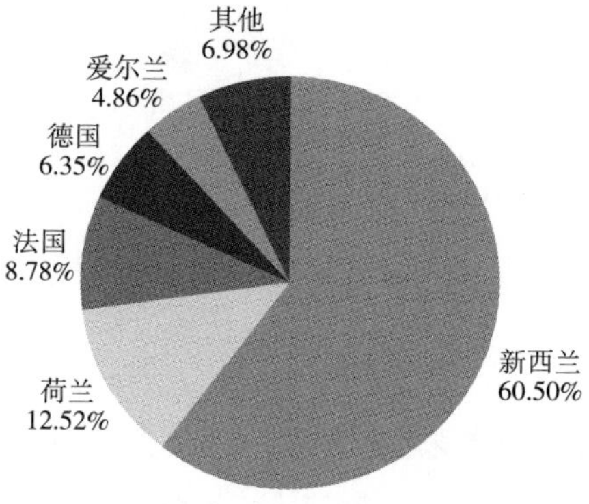

图 11　2021 年酪蛋白进口来源情况

资料来源：海关总署。

2021 年，乳制品进口价格情况见表 2。

表 2　2021 年乳制品进口价格情况

商品名称	12 月平均价格 /(美元/t)	同比增长 /%	1—12 月平均价格 /(美元/t)	同比增长 /%
液体乳[1]	895	12. 34	870	7. 54
稀奶油	3650	7. 63	3471	3. 29
乳粉[2]	4085	20. 46	3604	7. 23
炼乳	1694	4. 37	1871	10. 31
发酵乳	2062	10. 50	2018	12. 01
乳清类产品	1674	29. 77	1414	8. 26
奶油和无水奶油	5887	33. 58	5091	7. 77
干酪类产品	5058	8. 45	4617	1. 06
乳糖	1428	0. 95	1414	17. 38
零售婴幼儿食品	15665	3. 81	16331	9. 17
酪蛋白	11214	56. 15	9809	16. 07
白蛋白	12491	72. 60	9500	11. 44

注：1. 液体乳数据不包括发酵乳、稀奶油。

2. 乳粉数据不包括婴幼儿配方乳粉。

资料来源：海关总署。

2021 年，我国乳制品出口与上年相比变化不大。全年乳制品出口 4. 62 万 t，货值 3. 30 亿美元，同比分别增长 0. 35% 和 35. 66%。其中，液体乳、零售婴幼儿食品、发酵乳、炼乳是出口的主要产品。2021 年全国乳制品出口情况见表 3。

表 3　2021 年全国乳制品出口情况

商品名称	数量/万 t	同比增长/%	金额/亿美元	同比增长/%
出口合计	4. 62	0. 35	3. 30	35. 66
液体乳[1]	2. 30	-8. 85	0. 22	-1. 14
稀奶油	0. 00	-100. 00	0. 00	-100. 00
乳粉[2]	0. 43	165. 70	0. 17	138. 21
炼乳	0. 17	-34. 04	0. 04	-24. 52
发酵乳	0. 51	8. 42	0. 12	14. 76
乳清类产品	0. 02	-69. 31	0. 00	-73. 57
奶油和无水奶油	0. 18	68. 12	0. 07	65. 88
干酪类产品	0. 02	-53. 75	0. 02	-16. 55
乳糖	0. 01	-81. 77	0. 00	-54. 62
零售婴幼儿食品	0. 93	27. 94	2. 58	44. 66
酪蛋白	0. 04	-65. 47	0. 04	-43. 36
白蛋白	0. 01	-94. 47	0. 04	-17. 21

注：1. 液体乳数据不包括发酵乳、稀奶油。

2. 乳粉数据不包括婴幼儿配方乳粉。

资料来源：海关总署。

我国乳制品出口主要是为中国香港和澳门地区提供产品，2021 年共向中国香港和澳门地区出口乳制品 3.80 万 t，同比增长-0.78%，占出口总量的 82.25%。

2021 年，我国乳制品进出口数量逆差 405.67 万 t，同比增长 18.19%；金额逆差 140.43 亿美元，同比增长 13.67%。

7. 质量安全

根据收集到的国家监督抽检结果，2021 年市场监管部门食品安全监督抽检婴幼儿配方乳粉 11288 批次，不合格 13 批次，合格率 99.88%，不合格批次产品主要涉及微生物污染、质量指标不符合标准、质量指标与标签标示值不符、食品添加剂超范围使用等问题，从婴幼儿配方乳粉的抽检结果看，国产产品整体质量好于进口产品；乳制品（不含婴幼儿配方乳粉）100032 批次，不合格 131 批次，合格率 99.87%，不合格批次产品主要涉及相关质量指标不达标、质量指标与标签标示值不符等问题。2018 年以来，乳制品与婴幼儿配方乳粉的合格率始终保持在 99.7%以上，产品质量稳定可靠。

2021 年，国家监督抽检出的质量不合格产品都是由于产品生产、贮存、运输中出现问题造成的，都是属于偶发性的质量问题，不具有系统性、普遍性或区域性的安全风险。

8. “三品”战略实施情况和典型案例

2021 年，乳制品行业继续践行增品种、提品质、创品牌的“三品”行动，取得了一些新的成绩。

（1）增品种　产品创新是推动企业和行业发展的重要力量，乳制品企业根据市场需求、消费趋势和营养研究成果，不断推出新产品，及时满足不断发展的消费需求和营养需求。

乳制品骨干企业普遍建立有国家或省级工程技术中心或分中心、创新研究中心等研究平台，具有稳定的科研团队和研发投入，通过与相关大学、研究机构等合作，持续推进产学研用融合发展，增强企业研发水平和研究成果产业化能力。根据企业公开数据，2021 年，内蒙古伊利实业集团股份有限公司、黑龙江飞鹤乳业有限公司、蒙牛集团、北京三元食品股份有限公司、新希望乳业股份有限公司、光明乳业股份有限公司、皇氏集团股份有限公司、上海妙可蓝多食品科技股份有限公司、广东燕塘乳业股份有限公司、贝因美股份有限公司十家公司研发投入总计 18.79 亿元，同比增长 31.29%。

2021 年，乳制品行业在保证传统产品供应的基础上，继续在细分产品、差异化产品、特色产品等方面发力，陆续推出新品，满足不同消费需求。打造区域特色产品，升级专属牧场系列特色产品，推出具有少数民族区域特色的乳制品，如塞上牧场枸杞牛乳、高原有机纯牛乳、香格里拉酸乳、玫瑰酸乳、阿尔泰酸乳等地域特色产品。创新休闲干酪零食新品，将干酪与果干、膨化食品等类别的零食结合成新品；紧跟年轻人消费趋势，进行品牌年轻化升级，推出鲜乳布丁、冰激凌酸乳、布丁酸乳、活润代餐（大杯）酸乳、风味爆珠酸乳、奶啤等产品。

乳制品行业积极贯彻国家“三减三健”行动，继续推出和优化减糖、低糖、无蔗糖产品。继续推出添加不同益生菌的儿童乳粉；推出符合中老年人群身体特征及营养补充需求的产品，如添加有益菌株及膳食纤维等成分，改善中老年人肠道功能，增加钙、初乳碱性蛋白粉等成分，满足中老年人群特定的营养需求；推出适合血糖敏感人群的低血糖生成指数（GI）、低食物血糖负荷（GL）产品；让乳与食品级透明质酸钠（玻尿酸）、叶黄素酯、胶原蛋白肽、益生元等相结合，开发出能够满足不同特定人群营养需求的产品。

（2）提品质　企业持续布局产业链上游，从源头上做到全程可控，助力乳制品产品品质的不断提升。

企业依托管理体系建设，提升企业产品质量管控水平。建立和实施质量管理体系和食品安全管理体系，并将管理体系向上下游适当延伸。建立并实施全过程的基于风险的预防管理体系，并通过日常检查、内审、外审、管理评审、分析评价等方式持续改进体系，确保产品质量持续、稳定地满足顾客的期望与需求；在接受和配合政府相关部门监管的同时，开展内部审核，必要时聘请食品安全专业机构对工厂开展第三方检查评价，并对检查结果进行绩效考核；借助数字技术为品质保驾护航，将企业管理解决方案（SAP）与实验室信息管理系统（LIMS）融合，利用实时数据形成数据库，通过数据监控平台实时监控与预警，有效杜绝人为操作的失误；在终端质量管理环节，实行经销商全生命周期管理，设定准入必备项目要求；日常管理实行食品安全审核评估制度，同时推动冷链改善，提升经销商冷链硬件水平，并通过冷链信息化建设推进整体冷链水平提升。

乳制品行业持续进行产品提升，以推动和满足不断发展的消费升级需求。企业通过配方创新、技术迭代、包装变革，实现产品升级换新，推出和提升原有的原生天然产品、有机产品、浓缩牛乳等。

（3）创品牌　企业持续完善线上和线下服务体系，不断升级消费者服务体验，最大限度提高与消费者的线上互动，合理利用有针对性、注重成果的媒体报道配合品牌推广。借助数字化系统提供的定制化内容，有针对性地提供更个性化的服务。

加强品牌宣传活动，提升品牌形象和影响力。积极参加扶贫助困、爱心捐助等活动，全方位践行企业社会责任。在做好防疫措施的同时，继续有序开展“透明工厂游”活动，展示工厂形象、乳制品生产环境和加工过程，做好食品安全和乳制品等科普宣传教育和知识传播。同时利用网站、短视频平台、微信公众号等线上和新媒体渠道，大力开展网上工厂游、乳制品知识普及等活动。通过企业展示、品牌宣传和文化输出，增强企业和产品品牌正面形象，提升消费者消费意愿，实现品牌提升。

在国内发展的同时，企业国际化不断发展，提升了中国乳制品的国际形象。2021年，伊利集团、蒙牛集团等企业继续大力扩展国际市场，其中，伊利集团主要产品已覆盖到五大洲、60 多个国家和地区，海外业务收入比上年同期增长 8%。

品牌建设带动产品销售持续提升。2021年，伊利集团成为中国和亚洲第一家年销售收入超 1000 亿元的乳制品企业，达到1101.44 亿元，同比增长 14.11%；蒙牛集团销售收入达到 881.42 亿元，同比增长15.92%；其他骨干企业也都有不错的发展。在企业销售收入不断提升的同时，单个产品品牌的销售额也不断突破，根据企业信息，“蒙牛特仑苏”年销售额已突破 300 亿元，“伊利纯牛乳”“金典纯牛乳”“安慕希常温酸乳”等系列产品年销售额均超过 200 亿元，更有一大批品牌产品实现了年销售额超过 20亿元、10 亿元。

9. 绿色制造、智能制造

（1）绿色制造　严格执行和实施污染防治相关法律法规要求。建设项目中防治污染的设施严格根据经批准的环境影响评价文件要求设计，保证防治污染的设施与主体工程同时设计、同时施工、同时投产使用。建立排污许可档案，严格落实排污许可管理要求；企业按属地生态环境部门要求安装环境在线监测系统，并与属地生态环境部门进行联网，实现企业排污数据的实时监控，定期与第三方专业监测机构数据进行比对，确保各项污染物达标排放。制定突发环境事件应急预案，并在所属地生态环境部门进行备案，定期组织氨泄漏、污水异常排放等突发环境事件的应急演练，并配备相应的应急物资。

重视环境保护的管理和投入。严格对标国家最新法规及标准开展生态环保改善提升工作，持续环保投入。2021年，伊利集团环保投入合计1.2亿元，主要用于在线监测设备升级、引进新型环保设备、污染物处理系统升级改造等环境污染防治措施的改善。光明乳业节能技改投入1654万元，环保投入5088万元，吨产品综合能耗以及碳排放同比持续下降。

持续推动节能减排技术改造和设备更新，如淘汰高耗能设备、进行锅炉节能改造、优化生产工艺、建立光伏或风力发电系统，加强余热、冷凝水、冷却水、沼气等的回收利用，对空调系统、空压机、风机实施变频改造，对工厂进行节能诊断、建立能源管理体系等。推动燃气锅炉改用低氮燃烧器，提高运行效率，降低氮氧化合物排放量。通过优化运输路径、提高车辆满载率，降低运输油耗及碳排放量。2021年，光明乳业通过光伏发电475万kWh；新希望乳业在河北、安徽、杭州、苏州等地的工厂建设光伏发电设施，总装机容量4.545MW，2021年发电总量435.6万kWh。天润科技对锅炉房热量进行了回收，每年可回收10亿kJ热能，可节省相应燃气2.86万m^3；伊利集团回收沼气利用量84万m^3，提高废物资源化利用率，有效减少了温室气体排放量；河北新希望天香乳业沼气利用量达到10.4万m^3，减少天然气用量6.4万m^3。截至2021年年底，伊利集团已经推动22座污水处理厂（站）的污水好氧系统运行方式由活性污泥法改为生物膜法，实现污泥削减1.77万t。飞鹤集团通过开展分汽缸疏水阀改造，实现每小时节约天然气约16.11kg；采用岩棉保温材料对除氧器保温改造，减少了超过27%的热量损失。企业也因地制宜地采取措施实现节能目标，例如北方地区的冷库及制冷车间在冬季采用风机吸入自然风配合冷库内蒸发器制冷，以节约用电。2021年天润乳业沙湾盖瑞工厂停用制冷设备共计120d，仅使用风机、水泵进行循环，共节电约50万kWh。在节约资源的同时，企业也在逐步提高清洁能源使用占比，例如新希望乳业位于昆明、大理的工厂，目前已有89%的用电为绿色电力，蒸汽已全部采用生物燃料替代天然气。2021年，伊利集团共开展节能项目1621个，共计节约用电10303万kWh，节约用水580万t，节约天然气598万m^3，节约蒸汽9.73万t，全年节约能量约3.28万t标准煤，减少碳排放量14万t。

开展碳达峰、碳中和工作。关注全球可持续发展动向，开展“双碳”路线研究和目标测算项目，对历史碳排放数据进行核算，研究制定碳达峰、碳中和目标及实施路径。构建碳达峰、碳中和模型，预测达峰趋势、年份和峰值，制定碳中和实施路径、管理策略，看齐国内外碳排放管理先进企业，开发实现碳减排的技改措施，积极开展碳足迹、碳排查培训等工作。将绿色低碳实践深度融入生产运营各个环节，从水资源管理、废气治理、物料处置利用、绿色储运与包装、降低噪声污染等各个生产环节全面降低碳排放量，对上、下游企业施加碳排放管理影响力，推进乳制品产业链各环节减碳工作。例如，推动智慧牧场建设，改进饲料配比，减少奶牛温室气体排放；优先使用可以100%回收再利用的包装，提高能源使用效率、减少污染物产生量及碳排放量。

2021年，有12家乳制品企业被评为国家级“绿色工厂”。截至2021年年底，累计已经有超70家乳制品企业被评为国家级“绿色工厂”。

（2）智能制造　企业引入集约高效的前处理中央控制系统、全自动码垛机器人、自动化智能立体仓库等智能管理体系。

企业通过中台连接起供应链、生产端、消费端流动循环，从更深层次驱动管理效率的提升和产品质量控制的精细化。供应链在线涵盖了奶源、采购、计划与生产、仓储物流、质量五大业务领域，通过信息技术为业务强力打造流程规范化、管理数字化、质量追溯全端化、产销协同一体化、生产制造智能化、物流全程可视化等核心能力。在企业资源计划（ERP）系统基础之上积极推进数字化转型，通过数字化平台的全面建设和应用，彻底消除信息孤岛，让端到端产业链上的人、机、料、法、环等要素真正实现互联互通、信息共享、作业协同。

在协同办公数字化方面，通过数字协同办公项目，全面实现“组织在线、沟通在线、协同在线、业务在线、生态在线”；并同时通过数字化手段在疫情关键时期实现在线办公，降低疫情扩散风险，实现安全生产。

根据企业调查，实现整个生产流程的系统化管理后，不合标产品率趋零。

二、行业面临的问题

乳制品行业需要关注的问题主要有如下几方面。

（一）政策与市场

1. 婴幼儿配方乳粉产业竞争加剧，企业经营压力增大

近几年，由于国内新生儿出生率快速下滑，婴幼儿配方乳粉消费需求在下降，婴幼儿配方乳粉产能相对过剩，婴幼儿配方乳粉企业对存量市场的竞争愈发激烈，企业终端销售压力增大，投入产出效益下降。

2. 部分城市禁限电动三轮送奶车上路，宅配产品发展受限

目前部分城市禁限电动三轮送奶车上路，企业只能采用人力三轮车、保温箱配送，制约了当地宅配产品的发展。通过电动三轮车、电动冷藏箱配送低温乳制品可以提高送奶效率，实现鲜乳产品的全程冷链，确保产品质量，并且可以通过车载全球定位系统（GPS）等技术实现智能化管理。

3. 大城市域内牧场外迁，进一步增加了生乳的成本

随着我国经济的发展，城市快速扩张，尤其是对于北京、上海这样的一线城市，随着城市的不断扩张，原本配套在城市郊区的牧场需要向外迁移，增加了企业生乳的调运成本。以上海为例，近些年为响应上海市号召，仅光明乳业就从域内外迁牧场 8 个，奶牛 12000 余头，涉及生乳 5 万 t，使用域外奶源增加了协调难度，也提高了运输成本，平均运输费用增加超过 110 元/t，企业为此每年需多承担超过 550 万元的成本。

4. 浓缩乳的使用因缺少法规而受限

为缓解我国生乳供需矛盾问题，工业和信息化部早在 2019 年就发布了 QB/T 5395—2019《浓缩乳》行业标准，然而浓缩乳是新增产品类别，目前受相关产品标准定义中原料种类的限制，其使用受限，甚至有些可以使用乳粉作为原料的产品都不能使用浓缩乳。

5. 海外代购、跨境电商婴幼儿配方乳粉产品存在安全隐患

随着近些年跨境电商的快速发展，加之通过海外代购途径，每年有大量执行国外标准的婴幼儿配方乳粉产品被我国婴幼儿食用。这些产品并不完全符合我国标准要求，也无须通过配方注册，属于我国监管盲区，产品安全状况具有非常大的不确定性，存在安全隐患，如假冒伪劣、问题产品不能及时召回、售后及维权困难等。

（二）科技创新

1. 人才培养方面需增加投入

近些年，国内乳制品行业持续快速发展，加之激烈的市场竞争，企业普遍加大了产品创新投入，乳制品相关各类高技术专业人员需求大增，行业面临相关人才不足的

问题。

2. 产品结构需进一步调整

我国是婴幼儿配方乳粉的生产和消费大国，婴幼儿配方乳粉的必需原料如乳清粉、乳糖等，基本全部需借助于进口，产品主要来自于美国、法国、荷兰、德国等美洲、欧洲国家。关键原料过度依赖进口，大大增加了原料紧缺的风险，例如2020年以来，受新冠肺炎疫情影响，国外供应情况不稳定，加之国际运力紧张，国内相关原料就曾出现过库存不足的问题。乳清粉、乳糖等原料一般是通过干酪生产的副产品乳清获得或通过乳的综合利用分离得到，我国干酪和乳综合利用方面发展缓慢，产品研发及产业化亟须加强。

（三）其他

1. 原料乳及其他关键原材料方面的问题

（1）原料乳及其他关键原材料成本增加　当前，国内原料乳、进口乳制品原辅料、纸类及塑料包装材料价格以及物流运输价格持续走高，提前储备的物料库存占压流动资金，企业成本控制压力加大。

（2）供应链物流受限，效率低　自全球爆发新冠肺炎疫情以来，国际远洋运输、冷链存储及国内跨省物流的服务稳定性下降。疫情以来，港口普遍存在不同程度的货物滞留时间长、集装箱紧缺等情况；同时，受疫情管控影响，国内部分时间段内跨省、跨城（区）物流运输与配送受到限制，企业物流运输效率降低。

2. 企业奶源建设压力逐年增加

（1）牛源不足，奶牛进口成本走高，奶源增量受限　目前，我国只准从澳大利亚、新西兰、乌拉圭、智利进口奶牛，而这四个国家可出口的牛源远远不能满足我国进口需求，直接导致进口成本上升，企业负担加重。另外，国内奶牛种业刚刚起步，奶牛单产水平还有待提升。

（2）国内优质粗饲料种植面积不足，牧场养殖成本高　苜蓿草和燕麦草是奶牛养殖最重要的优质粗饲料，但我国优质苜蓿草和燕麦草种植面积严重不足，需大量依赖于进口，奶牛养殖成本居高不下。

三、发展趋势

根据国内外形势以及乳业发展趋势，预测国内乳制品消费市场会继续得到发展。

目前我国人均奶类消费量仍处于世界比较低的水平，仅为亚洲人均消费量的1/2，世界人均消费量的1/3。随着我国经济的快速发展，尤其是农业农村的发展，人们收入水平不断提高，人们对健康和健康饮食越来越重视，直接食用的乳制品消费量会持续得到增长，各种功能性产品和细分产品会得到较好发展。另外，随着人们饮食结构和饮食多样化的发展，干酪、奶油等产品消费量也会得到进一步增长。

四、政策建议

面对行业问题，我们亟须做好以下工作。

（一）继续抓好奶源基地建设，降低生乳成本，保证生乳供需基本稳定

奶源是乳制品行业发展的根本所在，提高奶源质量，降低生乳成本，保证生乳供需的基本稳定，对乳制品行业至关重要。

第一，鼓励国内良种奶牛的培育和推广，降低奶牛购进成本，扩大良种牛群，提高单产。

第二，提高国产饲草料等的供应，降低饲养成本。

第三，建议按照省级或市级区域制定各地的生乳最低和最高指导价，鼓励养殖企业与乳制品加工企业互相持股，保持奶牛养殖业和乳制品加工业的稳定发展。

（二）推动产品结构调整

加强乳制品深加工产品的研发，提升产品技术含量和附加值，提升产品竞争力；利用好国际资源，研究利用进口原料发展干酪、

乳清制品等产品的可能；要不断提升牛奶的品质和品牌影响力，将发展高端牛乳作为企业利润增长的突破口和重要抓手，积极抢占高端市场。

（三）尽快研究解决浓缩乳应用的问题

推动调制乳、发酵乳等产品标准的修订进度，解决浓缩乳应用的问题。

（四）统一婴幼儿配方乳粉监管要求，拒绝不符合我国法规要求的婴幼儿配方乳粉进境消费，保护婴幼儿饮食安全

加强对海外代购和跨境电商的监管，统一所有进入我国的婴幼儿配方乳粉监管要求，如统一工厂注册、配方注册等要求，与国产产品执行相同的检测要求等。拒绝不符合我国法规要求的婴幼儿配方乳粉进境消费，保护婴幼儿饮食安全。

（五）制定电动三轮车标准，准许合规上路

制定电动三轮车标准，解决部分地方电动三轮车无法上路行驶的问题，促进宅配产品的发展。

（六）加大对企业创新投入政策支持力度

增加创新项目的财政支持力度，尤其是解决卡脖子的技术、产品攻关项目，增强内循环保供能力和大力发展涉及产业安全的产业链项目；对创新投入可以视同利润，以提高企业创新投入积极性；对企业创新投入的软件和硬件投入按比例纳入税收抵扣项，尤其是采用国内自主研发的软硬件产品等；扶持、培育和树立创新重点标杆项目和典型企业案例，分享好的创新理念、做法、模式，带动更多企业开展创新，提升中国乳品企业国际竞争力。

中国乳制品工业协会

水产品加工业

2021年是“十四五”的开局之年，全球渔业经济持续回暖，水产品产量稳步增长，水产品加工业平稳发展，消费市场供需两旺，渔业经济克服了新冠肺炎疫情、洪涝灾害及生产成本上涨等不利因素影响，产业布局逐步优化，结构加速调整，技术不断进步，为稳产保供，保障粮食安全、增加农民收入和就业提供了有力支撑。

一、行业概况

（一）主要经济指标

1. 渔业生产稳步增长

2021年，全国水产品总产量6693万t，同比增长2.2%。其中养殖产量5388万t，同比增长3.1%；捕捞产量1305万t，同比减少1.5%；养殖产量占比增至80.5%，同比提高0.7%养殖产品与捕捞产品产量比例为81∶19。水产加工业加速转型升级，市场交易量增加，交易价格同比上涨，2021年渔业总产值14507.27亿元，同比增长13.6%。

2. 水产品加工业持续发展

2021年，全年规模以上水产品加工企业主营业务收入近2800亿元，同比增长2%；实现利润总额超96亿元，同比增长24%。亏损企业累计亏损额超26亿元，同比下降3%。冷冻加工依旧是水产品加工主要形式，全年冷冻加工主营业务收入超2100亿元，同比增长7%；实现利润总额约61亿元，同比增长31%。鱼糜及干腌制品主营业务收入超490亿元，同比增长5%；利润总额超23亿元，同比增长4%。

（二）行业发展分析

1. 价格

据对全国80家水产品批发市场监测，受养殖成本、运营费用上涨、伏季休渔等因素影响，2021年水产品价格大幅上涨，综合平均价格超过25元/kg，同比上涨8.2%，处于历史高位。从月度价格变化来看，上半年，受消费快速回暖、春季存塘减少、饲料成本增加等多种因素影响，水产品特别是大宗淡水鱼价格出现显著上涨，1—7月水产品综合平均价格由23.95元/kg涨到26.22元/kg，8月开始，随着供给增加，价格逐步下调，至12月，降至24.67元/kg。从品种来看，2021年除黄颡鱼、加州鲈价格与上年基本持平外，其他水产品价格均高于上年同期，其中草鱼、鲫鱼、鲤鱼、对虾、罗非鱼、乌鳢年均价格创近6年历史新高。

2. 市场双循环稳健

市场流通数据显示，2021年全国水产品交易批发市场销量同比上涨，水产品流通方式由传统的线下销售慢慢向线上转换，其中社区团购与新零售市场销量因疫情及便利性增长最快。同时，我国市场巨大的消费潜力吸引了一大批外贸企业转向国内市场，通过提高质量拓展营销渠道，完成出口转内销的转型发展，极大丰富了国内消费者的餐桌。

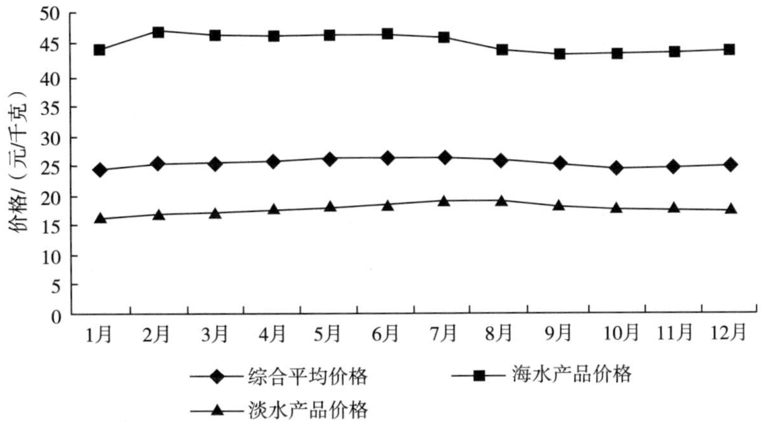

图 1　2021 年水产品批发市场价格

2021 年，水产品进口量额双增，全年水产品进口量 571.95 万 t，进口额 178.9 亿美元，同比分别上涨 0.72% 和 14.94%。自主要进口市场进口量呈现不同程度下降，进口额普遍增加，东盟仍是我国水产品第一大进口市场，2021 年进口量 122.28 万 t，进口额 30.10 亿美元，同比分别下降 6.86% 和 2.59%。其中，自越南进口量额同比分别下降 16.00% 和 23.33%。秘鲁和厄瓜多尔量额双增，其中自秘鲁进口量额增幅分别为 63.54% 和 79.44%（表 1）。

表 1　主要进口市场统计

国家和地区	占进口总额比例/%	2020 年		同比增长/%	
		数量/万 t	金额/亿美元	数量	金额
东盟	16.82	122.28	30.10	-6.86	-2.59
越南	5.31	46.66	9.50	-16.00	-23.33
厄瓜多尔	12.62	43.63	22.58	20.91	29.04
俄罗斯	11.75	76.36	21.03	-29.00	7.01
秘鲁	11.29	123.89	20.20	63.54	79.44
美国	6.66	32.12	11.91	-2.58	21.83
加拿大	5.92	9.05	10.59	-18.72	26.22
印度	5.38	22.54	9.62	-3.45	13.93

从出口市场来看，我水产品对主要出口市场的出口额均有所增长，对日、韩、欧盟出口量有所下降，其中对日出口量下降 0.43%；对韩出口量下降 18.34%；对欧盟出口量下降 5.00%。对东盟出口量额双增，超过日本成为我国第一大出口市场，其中对泰国出口量减额增，出口量下降 26.17%，出口额增长 5.97%。对中国香港出口量额同比分别增长 9.86% 和 23.10%（表 2）。

表 2　主要出口市场统计

出口市场	数量/万 t	同比增长/%	金额/亿美元	同比增长/%
东盟	60.32	1.27	46.97	35.43
泰国	17.79	-26.17	14.77	5.97
日本	55.94	-0.43	38.50	10.98
美国	43.19	1.30	25.84	21.26
中国香港	20.07	9.86	19.24	23.10
韩国	39.48	-18.34	18.26	8.61
欧盟	39.13	-5.00	17.52	2.88

3. 投资

2021 年，渔业固定资产投资（不含农户）比上年增长约 5%，在相关政策、项目、资金引导和带动下，水产加工行业资产总计约 2000 亿元，同比增加 0.5%，如百洋产业投资集团股份有限公司，2021 年在海南省分别投资约 2.36 亿元、1.86 亿元建设综合水产品加工项目和水产饲料加工项目，用于罗非鱼、金鲳鱼等水产品及水产饲料的加工生产，有效提升加工能力及品牌竞争力。

4. 区域分布与行业集中度

我国水产品加工企业主要集中在浙江、山东、福建、广东、辽宁、江苏、海南等沿海省份及内陆水域发达的湖北、江西和安徽等省份。这些地区具备资源优势，水产加工业发展迅速，成为我国水产加工业的主力军。山东、福建、辽宁是我国传统水产品加工大省，其中，山东省加工总量指标连续多年在全国名列前茅，已经打造为集传统初级加工和精深加工为一体的多层次复合型产业；福建省的水产品加工已形成规模效应，加工产品种类达数百种；辽宁以来进料加工为主要加工形态，同时重点规划了特色优势品种精深加工。

5. 进出口

2021 年我国水产品进出口总量 939.38 万 t，同比下降 1.02%，总额 401.59 亿美元，同比增长 16.05%；与 2019 年相比，总量下降 10.81%、总额增长 2.05%。总体看，水产品进出口总额首次突破 400 亿美元，创造历史新高，其中出口量减额增，进口量额双增，贸易顺差 43.79 亿美元，同比增长 25.98%，食用水产品保持净出口。

头足类、对虾、罗非鱼、鳗鱼、贝类等是一般贸易的主要出口品种。各主要品种的出口普遍增长。其中，头足类出口量额同比分别增长 21.6% 和 28.59%，对虾出口量额同比分别增长 19.81% 和 36.89%，罗非鱼出口量额同比分别增长 10.29% 和 27.65%（表 3）。

表 3　一般贸易主要出口品种

出口品种	占一般贸易出口额比例%	2021 年		同比增长%	
		数量/万 t	金额/亿美元	数量	金额
头足类	24.24	54.47	42.86	21.60	28.59
对虾	10.97	16.66	19.40	19.81	36.89
罗非鱼	8.80	48.74	15.57	10.29	27.65

续表

出口品种	占一般贸易出口额比例%	2021年		同比增长%	
		数量/万t	金额/亿美元	数量	金额
贝类	7.15	6.53	12.65	31.96	35.97
鳗鱼	6.99	20.61	12.37	9.58	21.28
金枪鱼	6.27	19.15	11.09	0.00	21.97
鲭鱼	2.90	24.96	5.12	3.72	5.60
蟹类	2.79	7.10	4.93	8.43	23.91
藻类	2.73	4.28	4.84	1.69	20.29
大黄鱼	1.73	3.95	3.06	14.59	17.32
淡水小龙虾	0.67	0.98	1.19	27.62	58.59

来进料加工贸易出口持续下降。2021年水产品来进料加工贸易出口量76.86万t，出口额43.07亿美元，同比分别下降13.58%和6%，在水产品总出口量额中的占比分别为20.92%和19.34%。其中，进料加工出口量62.98万t，出口额31.81亿美元，同比分别下降13.94%和7.18%，出口额占来进料加工出口总额的73.86%。来料加工出口量13.88万t，出口额11.26亿美元，同比分别下降11.93%和2.48%，出口额占来进料加工出口总额的26.14%。

食用水产品、鱼粉进口均呈量额双增。鱼粉一般贸易进口量182.13万吨，进口额27.29亿美元，同比分别增长28.87%和40.31%；食用水产品一般贸易进口量254.2万t，进口额118.29亿美元，同比分别增长2.05%和17.41%。来进料加工原料进口量82.87万t，同比下降3.55%，进口额21亿美元，同比增长3.43%。详见表4。

表4　一般贸易主要进口品种

进口品种	占一般贸易进口额比例%	2021年		同比增长%	
		数量/万t	金额/亿美元	数量	金额
对虾	26.57	63.43	38.68	11.37	20.21
鱼粉	18.74	182.13	27.29	28.87	40.31
龙虾	9.79	4.27	14.25	-10.91	-0.05
蟹类	8.73	7.71	12.70	34.98	53.79
头足类	6.05	38.57	8.80	58.52	49.81
鲑鱼	4.09	5.39	5.95	30.89	78.80
贝类	3.35	8.54	4.88	83.70	60.80
鲶鱼	2.00	15.08	2.92	-38.20	-27.41

6. “三品”战略实施情况

在2020年的良好工作基础之上，水产行业继续认真落实“三品”行动，2021年在“增品种、提品质、创品牌”方面取得较好的成效。

（1）增品种　2021年，产品品类和消

费形式进一步丰富，消费者对产品的体验满意度进一步提高。最具代表性的酸菜鱼、风味烤鱼、（麻辣）小龙虾、水煮鱼等水产品预制菜品类深受消费者喜爱。湛江国联水产开发股份有限公司的龙霸水煮汉虾年销售额超过2亿元，一场直播卖出了4.5万袋虾仁，而小霸龙风味烤鱼产品，自2021年8月上市后，创下微博热搜6800+万热度；广东恒兴集团有限公司2021年预制菜销售增长40%，销售总额约10亿元，所生产的“金汤酸菜鱼”“连头熟虾”“一夜埕金鲳鱼”“辣烤清江鱼”等成为网红热销单品，其中“金汤酸菜鱼”产品日销10万份。

（2）提品质　通过水产养殖用投入品规范使用专项行动，加强追溯平台推广应用，推行承诺达标合格证制度等措施，有效防范和控制质量安全风险隐患，全力保障水产品食用安全，2021年水产品质量安全水平总体稳定向好，全国产地水产品兽药残留监测合格率为99.9%，同比上升0.8%，连续9年保持在99%以上，其中罗非鱼、对虾等35个品种水产品合格率达100%，养殖水产品质量安全仍保持在较高水平。另外，根据2021年国家市场监督管理总局的食品监督抽检情况来看，2021年水产制品共抽检48167批次，不合格样品627批次，合格率高达98.7%，较2020年提高0.6%（表5）。

表5　2021年市场监管总局抽检水产制品情况

食品种类	时间	样品抽检数量/批次	合格样品数量/批次	不合格样品数量/批次	样品合格率/%
水产制品	第一季度	2873	2837	36	98.8
	第二季度	11979	11825	154	98.7
	第三季度	15845	15595	250	98.4
	第四季度	17461	17274	187	99.0
	总计	48167	47540	627	98.7

（3）创品牌　重视品牌建设，实施品牌战略，以独特优势和地域特色水产品，扩大加工水产品名牌产品的市场影响力和市场占有率。劲仔食品集团股份有限公司、广东恒兴集团有限公司、石狮市华宝明祥食品有限公司、福建闽威实业股份有限公司、长乐聚泉食品有限公司、广东环球水产食品有限公司等十九家水产品加工企业入选《第七批农业产业化国家重点龙头企业名单》。

7. 发展新亮点与新增长点

（1）政策支持利好水产品加工产业发展后劲　2021年，政府不断加大政策支持力度，助推水产加工产业提档升级，各地立足水产资源优势和产业发展基础，以市场需求为导向，重点发展水产品加工产业集群建设，同时加强科技创新力量，推动水产加工业的转型升级，现代水产品加工体系不断完善，水产加工龙头企业不断壮大，产业链条不断延伸，产品附加值进一步提高，品牌影响力也得到进一步提升。财政部、农业农村部支持开展水产品初加工和冷藏保鲜项目建设，对暂养净化、生态环保等设施和原料处理、分级分割、灭菌包装，以及冷藏冷冻等设备、设施购置予以补助，有效提高产地水产品加工能力和仓储现代化水平，促进产业结构持续优化，推动了水产加工业绿色高质量发展。

（2）流通渠道多元化发展促进水产品消费　2021年水产品消费持续回暖，消费量

6888 万 t，比上年增长 2.3%，其中，食用水产品消费 2965 万 t，比上年增长 1.7%；加工水产品消费增长较快，达到 2783 万 t，比上年增长 4.2%。批发市场仍是水产品流通主渠道，但占比逐渐下降；新冠肺炎疫情防控期间，餐饮消费受到一定影响，更多餐饮连锁企业、团餐企业直接与产地签署战略合作协议，保证原材料的优质优价，同时拓宽销售途径开始推出预制菜品；随着居家消费需求的增长，平台电商、直播电商、社区电商、商超到家等流通新业态也得到快速发展。

（3）水产品预制菜成为发展新热点　随着水产品销售渠道从 B 端向 C 端转变，国内水产品消费形态和消费习惯发生新变化，加工更加精细化，产品更加多样化，消费更为便捷化，消费者对质量、品质、口味、包装等要求进一步提高。2021 年国内预制菜市场火爆，广东、福建等地纷纷举办预制菜产业大会和展览展示会，湛江国联水产公司、恒兴集团、福建安井食品公司等知名企业加大了水产品预制菜的开发和市场拓展作力度。据艾媒统计数据显示，2021 年我国预制菜市场规模超过 3000 亿元，预计 2023 年将超过 5000 亿。预制菜企业数也呈快速增长态势，据企查查数据显示，中国现存预制菜相关企业 6.81 万家，仅 2020 年新注册的预制菜相关企业就达 1.25 万家，同比增长 9%。水产品预制菜发展，极大促进了水产加工标准化、食品化进程，为有效提升水产品价值空间创造了条件。

二、行业面临的问题分析

（一）进出口贸易面临挑战

在新冠肺炎疫情和国际局势双重影响下，水产品供应链面临诸多不确定性，国际物流运输受到阻碍，主要港口集装箱拥堵，国内集装箱紧缺，国际海运费、机票、原油价格大幅上涨，运价持续处于较高水平；各个港口货物积压严重，通关速度较慢，滞箱和滞港费居高不下，如荷兰的港口鹿特丹，青岛港出到荷兰达鹿特丹港口的正常航期是 37 天左右，但是 2021 年实际航期有时达 52 天。进口水产品检出阳性情况仍时有发生，阳性货物被强制退运或销毁，原料供应不足，企业被迫降低产能；疫情反复，企业停工停产，产业复工复产率较低，部分地区的企业复工率甚至低于 30%。原料不足、订单不稳定、招工难、资金周转难等多重因素叠加，水产品进出口贸易仍面临挑战。

（二）经营成本上涨挤压利润空间

水产加工业以及上游的养殖业和捕捞业，均为密集型产业，随着国内经济的快速发展及疫情影响，产业链带来的成本上升压力较大，饲料成本上涨、能源价格上调、原料价格上升、劳动力成本持续走高、流通受限、运费上涨等情况不断推高运营成本，企业利润不断被摊薄，水产加工企业获利潜力收窄。

（三）加工区域发展不平衡

水产品加工主要集中在沿海地区，加工品产量远高于内陆水产品的加工产量，内陆水产品加工能力相对薄弱，区域发展不平衡导致水产品加工产业发展整体后劲不足；目前仍以初级加工为主，位于价值链底端，产品附加值低，精深加工产品少，产业链条短、价值链不高，产业链延长和提升的空间还很大。

三、发展趋势

（一）水产加工业持续提档升级

受市场需求影响，水产品加工业将从完善产业结构、优化空间布局、促进产业升级等方面持续提档升级。一是通过统筹发展初加工、深加工和综合利用加工，推进水产品多元化开发、多层次利用、多环节增值，完善产业结构；二是统筹产地、销区和园区布局，形成生产与加工、产品与市场、企业与农户协调发展的格局，进一步优化空间布局；三是进一步加快技术创新，提升装备水平，打造标准化、品牌化，促进水产品加工业提档升级。

（二）消费需求多元化发展　水产品消费保持增长态势

随着人们经济收入增加和消费人群年轻化，消费者对于水产品的需求也向高品质、个性化、多元化方向发展，助推水产加工业分赛道拓宽，除了传统冷冻水产品，更多地向预制菜、休闲食品等精深加工产品倾斜，未来随着市场竞争的加剧，行业将会分化出更多的新的水产加工细分行业，不断推动水产加工行业市场多元发展。随着国内居民消费持续升级、结构不断优化，水产品高蛋白、低脂肪的特性，将受到更多青睐，消费增长空间较大，加工产品消费占比将进一步提高。

（三）现代物流体系建设利好水产加工行业发展

“十四五”现代流通体系建设规划提出，加快建设现代物流体系，商品和资源要素流动将更加顺畅，商贸、物流设施更加完善，国内外流通网络和服务体系更加健全，流通业态模式更加丰富多元，流通市场主体更具活力，交通承载能力和金融信用支撑能力将进一步增强，应急保障能力和绿色发展水平显著提升，流通成本持续下降、效率也将明显提升。水产品对保鲜技术及冷链物流要求较高，建设现代物流体系将加快冷链物流发展的同时也利好水产加工行业发展。

（四）水产品预制菜发展势头持续发力

预制菜作为农村一二三产业融合发展的新模式，推进“菜篮子”工程提质增效的新业态，农民“接二连三”增收致富的新渠道，对促进创业就业、消费升级和乡村产业振兴具有积极意义，水产品预制菜提升了水产品的价值含量，对打造现代化产业链有重要意义。随着消费升级和生活节奏加快，外卖及团餐业务兴起，叠加冷链运输行业的快速发展，水产品预制菜行业迎来供需双击，消费市场有望持续快速增长，目前水产品预制菜发展仍处于发展阶段，企业数量庞大但市场集中程度较低，区域性特征明显，竞争激烈但格局不明朗，未来整个行业将向着标准化、规范化、规模化、品牌化、全链条、高质量发展。

四、政策建议

（一）加强贸易政策支持，加大国内市场开拓

加强水产品市场贸易研究，积极应对水产品进出口贸易形势变化，针对冷链水产品开展更为全面的科学评估与流通管理，建立更为科学的冷链食品监管防控措施及标准，明确冷链水产品防控处置方式，在科学防疫基础上加快通关速度；保持政策的连续性，继续对困难企业给予融资、贷款等方面支持，助力企业渡过难关；加大国内水产品消费促进力度，充分释放消费潜能，降低以国际市场为单一市场可能带来的贸易风险，提升市场风险抵御能力。

（二）发展“精深加工”提质增效

促进水产养殖、加工提质增效，支持水产加工业做大、做强，推动精深加工发展，加大方便、调理水产食品的研发力度，提高水产品加工综合利用水平，以加工业的转型升级反推消费潜力释放。进一步加大对水产品加工企业技术提升、装备更新改造的支持力度，推动加工装备升级改造补助资金的落实，惠及更多企业，助力产业升级。

（三）优化水产品加工业布局

推进水产品加工业集聚发展，在水产养殖主产区、特色水产品优势区打造标准化原料基地，依托现代农业产业园区、现代渔业加工示范区，使加工原料生产、展示销售进行有机结合，培育一批前后相连、上下衔接的水产品加工全产业链集群，推动生产要素向优势企业集中，加快培育和扶持水产品龙

头加工企业，提升加工示范引领作用；推进水产品加工业结构优化，提升水产品加工品质，加强品牌建设，推动水产品加工业标准化建设；完善水产品加工技术体系研发体系，促进科技成果转化，加强创新人才培养，为水产品加工业发展注入新活力。

中国水产流通与加工协会

饮料行业

2021年随着新冠肺炎疫情防控常态化，饮料市场逐渐恢复，全国饮料产量较2020年有了大幅回升，饮料行业走势向好。在“十四五”规划实施的起步之年，面对错综复杂的国际环境和不断深化的国内改革发展任务，找准创新升级方向、促进高质量发展已成为饮料行业的新课题、新任务。

一、行业概况

（一）主要经济指标

2021年全年饮料总产量超过1.8亿t，比上年同期增长约12%。其中碳酸饮料产量比上年同期增长接近20%；果蔬汁类及其饮料产量比上年同期增长超过10%；包装饮用水产量比上年同期小幅增长；“非三大”饮料产量比上年同期增长20%（图1）。

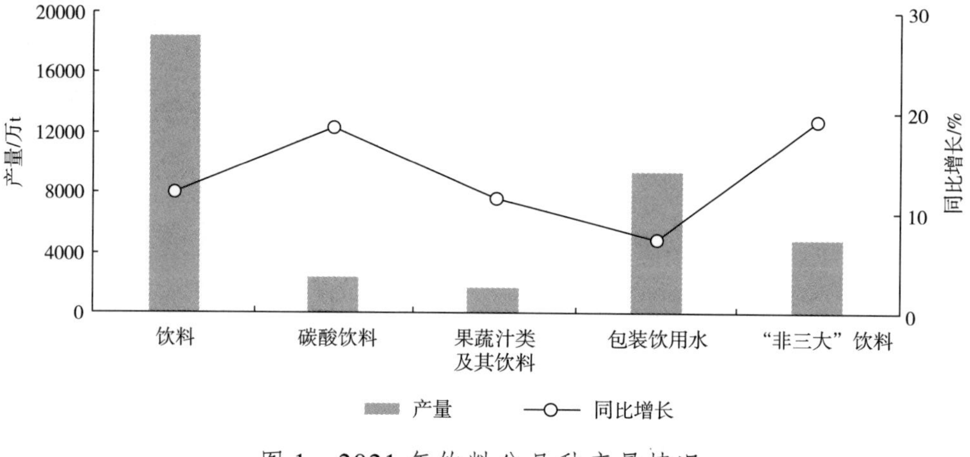

图1　2021年饮料分品种产量情况

各饮料品种产量占比情况，包装饮用水仍占到饮料总产量的一半；碳酸饮料、果蔬汁类及其饮料各占约10%；除包装饮用水、碳酸饮料、果蔬汁类及其饮料外的“非三大”饮料约占饮料总产量的30%左右（图2）。

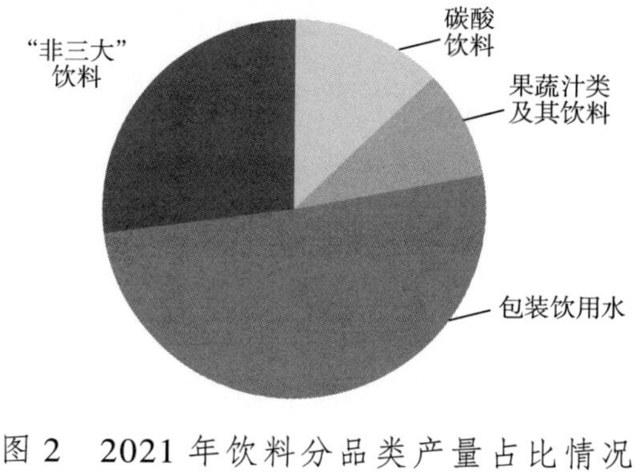

图2　2021年饮料分品类产量占比情况

（二）行业发展分析

1. 价格

生产成本是影响价格的主要因素，受疫情影响，大宗原材料价格上涨，2021年全行业规模以上企业饮料产品出厂的平均价格与上年相比有微弱上涨。但饮料产品可替代性强，市场竞争激烈，加之消费者对饮料产品的价格较为敏感，饮料的销售价格仍相对平稳。

2. 市场

线上电商平台是数字经济时代快速消费品企业实现拓宽销售渠道的新路径，为众多企业提供了新的增量市场。2021年，有更多饮料生产企业在努力维护传统渠道的同时布局了新型电商平台，以及社区团购平台，探索新的市场生态环境下的细分市场和营销模式。例如，欢乐家食品集团股份有限公司加入抖音、社区团购等新型电商平台，针对年轻消费群体的消费习惯，开通了新媒体直播等方式协助产品行销；雀巢中国携手小米合作打造雀巢健康管家“Nesfinity”，这是一项在智能物联网和大数据应用上的综合性智能健康生活的合作；娃哈哈推出集合供货商赋能于渠道商并共同服务于顾客的全新电子商务营销模式（S2B2C模式）的实体电商平台“快销网”，是专门为快消品行业开发的一款面向全行业开放的营销平台；华彬快消品集团成立的新零售公司依托顾客需求、消费习惯大数据，借助明星直播带货、粉丝分享等渠道，用新渠道和新内容满足消费需求；元气森林气泡水和绿箭口香糖组合销售，在天猫旗舰店进行自播售卖外，还在线下场景联合烧烤店“北二楼”进行联名直播，带来了一拨线上线下的联动。

3. 投资

2021年，众多饮料企业继续扩大供应链投资，布局全国主要区域市场，进一步提升企业的核心竞争力。同时，推进与投资区域的生态工业领域深入合作，也为促进该地区共同富裕注入强劲动力。例如，天地壹号投资数十亿元建设天地壹号先进制造与自动化平台项目，在广东省江门市建设第四个工厂；元气森林在湖北省咸宁市投资10亿元投产第4座工厂，年产能超9亿瓶；娃哈哈投资近5亿元，在浙江省文成县巨屿镇建立娃哈哈智能化饮料生产基地，该基地占地约120亩；内蒙古大窑饮品有限责任公司与安徽省阜阳市阜南县人民政府签订合作协议，投资2.4亿元在安徽省阜阳市阜南经开区建设年产20万t饮品、果蔬汁智能化项目，项目全部建成投产后，年产值约5亿元，预计创造税收约3000万元。

4. 区域分布

经济较发达的东部地区饮料生产企业相对集中，与上年相比，2021年东部地区饮料产量在全国的饮料产量中占比略有上升；中西部地区的饮料产量占全国饮料产量的比重相当，与上年几乎持平。饮料产量前五名的省份分别是广东、四川、湖北、浙江和湖南。

5. 行业集中度

疫情之下，相较于大中型企业，小企业的生产经营受到影响更大，难以为继。2021年饮料行业规模以上企业数量比上年略有减少，有1700多家；头部的“二十强”企业产量在全行业的占比接近50%，比上年增加约2个百分点，行业的集中度继续提升。

6. 质量安全与标准法规

2021年，市场监管部门全年在全国范围内共抽检饮料224555批次，样品合格率为98.56%，与2021年饮料产品合格率（98.08%）基本持平。为了进一步加强固体饮料质量安全监管，引导企业合规经营，国家市场监督管理总局发布关于加强固体饮料质量安全监管的公告（2021年第46号），公告中对固体饮料的标签标示提出了明确的要求。

饮料行业的标准化工作持续推进，标准制修订工作继续开展。2021 年 12 月，《非浓缩还原果汁　橙汁》（QB/T 5627—2021）行业标准发布。该标准作为国内第一个非浓缩还原（NFC）果汁的行业标准，是饮料产品标准体系的重要补充，对规范和引导中国 NFC 橙汁产业的健康发展具有重要意义，也为其他品类 NFC 果汁的规范和创新提供了借鉴和参考。此外，两项饮料团体标准《熟水饮用水》（T/CBIA 007—2021）、《固体饮料》（T/CBIA 008—2021）发布。

7. 重点行业

包装饮用水是中国饮料行业市场中最大的品类，近些年包装饮用水销量处于增速放缓阶段，而疫情让人们的健康意识增强，使包装饮用水在家庭消费的场景被进一步扩大，如泡茶、煲汤等应用场景，大包装水迎来了大爆发，各大品牌纷纷入局推新。例如，农夫山泉在最近几年在全国铺设了超过 5 万台自提水柜，向消费者提供 4L、5L 和 15L 一次性大包装水，成为了这一市场中份额很高的品牌。2021 年年初，百岁山瞄准家庭生活消费端，主打泡茶、煲汤等多元化饮用场景，上市 4.5L 装矿泉水新品；4 月，怡宝推出 6L 和 12.8L 大包装产品，形成从 350mL 到 12.8L 多规格包装水布局；年中，中粮悦活饮用天然矿泉水瞄准泡茶等消费场景，布局一次性桶装水推出了 4.8L 桶装水，这也是中粮悦活首次推出大包装水。

8. “三品”战略实施情况和典型案例

2021 年，饮料行业积极践行“三品”战略行动，扩展各自的产品品类，进军饮料细分市场，饮料新品向功能饮料、气泡水等多元化方向延伸，饮料的品种丰富度、品质满意度、品牌认可度明显提升。

气泡水是近几年深受消费者青睐的产品，2021 年有多款气泡水新品上市。例如，百事推出“会笑”的气泡水——bubly；农夫山泉旗下的苏打气泡水系列推出油柑新口味；喜茶“喜小瓶”推出了海盐柚子味无糖气泡水；美汁源推出苹果气泡水，在国内多城上市；好望水推出佛手柠檬气泡水，配料含有草本植物，在 2021 年夏末上市；雀巢咖啡推出气泡咖啡、风味汽水等。

2021 年，饮料行业在恢复性增长的同时，产品也进入了一个去边界化、融合创新的探索阶段，跨品类的产品在 2021 年层出不穷。例如，伊利旗下的味可滋上线了果汁茶产品——微醺梅梅，此产品用果汁与茶为原料，以“微醺”为突破口进行创新；蒙牛“优益 C”推出了活菌型益生菌气泡饮“优益 C 活菌泡泡”；喜茶上线了果汁茶饮料，通过添加果汁结合原叶茶现萃而成；脉动推出维生素气泡饮，拓宽产品的消费场景；香飘飘推出 Meco 蜜谷果汁茶，该产品使用“果汁+原茶现萃”的制作方法；维他奶推出了气泡柠檬茶，正式进军气泡饮料市场。

9. 绿色制造、智能制造

近年来，饮料行业装备技术水平不断提升，行业企业自主创新能力不断提高、自主创新体系逐步加强，开发了众多具有自主知识产权的产品。节能减排、绿色发展得到整个行业的重视，绿色、智能技术与产业结合逐步成为行业的发展大势。

2021 年，维他奶佛山工厂太阳能光伏发电项目正式投入运营，平均年发电量为 350 万 kWh，年减排二氧化碳量 2943.5t，每年能为工厂减少标准煤 1384t，节约电费支出近 50 万元，该项目在为企业创造经济效益的同时，助力碳达峰；蒙牛整合产业生态力量，联合塑料原料供应商、包装制造商、回收再生商等产业链各方，全面应用消费后再生塑料（PCR）作为产品外包装薄膜，实现塑料包装的循环再生利用，全部切换使用后预计每年将减少二氧化碳排放量约 300t，规模化减少资源浪费和碳排放；雀巢在我国推行绿色物流，截至 2021 年 7 月，已贡献二氧化碳减排 4767t，新能源车由年初的 27 个城市覆盖到 77 个城市，贡献二氧化碳减排 1312t。

10. 发展新亮点、新增长点

（1）重视营养健康相关政策，推进营养健康产品的研发和创新　积极推进“健康中国”建设是饮料行业义不容辞的义务，更是全行业持续健康发展的重要路径。随着“健康中国”建设的不断深化，各项中央及地方政策陆续出台，行业及时了解跟进包括《中国居民膳食指南》《食品安全国家标准　预包装食品营养标签通则》《深圳经济特区健康条例》《上海关于深入推进爱国卫生运动的实施意见》等政策和标准法规的制修订进展。积极与相关单位建立沟通渠道，在说明行业情况、提出行业建议的同时，在业内传递政策趋势，促使各企业做好积极的政策应对，注重营养健康产品的研发和创新。

（2）积极开展“双碳”工作　2021 年全国“两会”，“碳达峰”“碳中和”正式写入政府工作报告。为积极响应落实国家的号召和统一部署，行业召开了专题座谈会，探讨饮料行业如何为实现“碳达峰”“碳中和”履行责任；许多企业也根据行业特点开展可持续发展工作。例如，康师傅确立企业的碳中和战略上分步走的路线；雀巢中国主办“雀巢可持续发展日”活动；百事集团启动了“百事无废公众教育项目”等。

（3）饮料产品的新增长点　为满足消费者不断进阶的营养健康需求，“去边界化”的饮品已然成为了饮料的发展新亮点。饮料行业各细分品类边界不断模糊化，“果汁+气泡”“气泡+咖啡”“茶+果汁”等多品类渐向融合化发展，不断推动饮料行业创新，提升产品供给质量。

此外，植物蛋白饮料基于其本身营养丰富、风味独特，可替代动物奶供乳糖不耐受人群食用，加之宣称其有利于全球可持续发展，可减少温室气体排放、土地使用和能源消耗，在 2021 年市场规模也增长迅速。未来几年，植物蛋白饮料的市场仍有保持逐年上升的趋势。

二、行业面临的问题

（一）政策与市场

2021 年，健康中国战略稳步推进、更加深入人心，消费者对营养健康的需求更加迫切，这给饮料行业的发展提出了新的挑战；新冠肺炎疫情防控已然常态化，疫情的不确定影响使原有的市场规律被打破，企业生产的不确定性增加；停电、运力紧张、原材料涨价、能源涨价、包装涨价等导致企业生产成本上升、工作效能降低、资金周转率降低等；饮料库存压力影响到资金周转，企业流动资金紧张，线下产品促销和新品宣传难以开展，阻碍了产品的市场活力。

（二）科技创新

1. 基础研究、产品创新能力略显不足

虽然我们的传统饮料产品发展较好，但由于行业基础理论积累和技术研发能力不足，使产品创新能力、创新理念有待进一步提高，这就要求饮料行业夯实原料基础研究，加强创新型生产技术的应用和推广。

2. 核心基础零部件（元器件）先进基础工艺和产业技术发展对外依存度仍较高

饮料行业高速、成套、自动化程度高和可靠性好的高端装备及其核心基础零部件对外依存度较高，例如瓶装、灌装饮料产品制造装备中一些重要的零部件仍依赖进口，需要做好这些产品的储备以及提高国内企业自主研发能力以保障饮料行业顺利发展。

三、发展趋势

（一）线上饮料市场消费人数持续走高

近年来，随着饮料消费场景的延伸，家庭囤货、户外即饮、宴会分享、运动健身等成为消费者饮料需求的延伸场景，新需求带动线上饮料市场持续扩容。日益多元化的销售渠道，如便利店、电商平台、自动贩卖机等，增加了消费者购买产品的便利性，进而增加了产品的消费频率。

（二）立体口感、健康升级

消费者在搜索饮料产品时关注的口味和口感越发多元化，尤其对叠加口感有所偏好。在大健康的趋势下，消费者对于饮料的健康成分也愈加重视，“单纯”的饮料已难以满足消费者诉求，更崇尚有滋有味的立体口感和有健康功能的饮料。

（三）环保意识增强

伴随着企业环保意识的增强，近年来越来越多的品牌将可持续发展作为核心战略，不断在研发、设计、包装及回收等产业链各环节创新地融入更多环保举措。

四、政策建议

（一）鼓励开发、推广国产化智能饮料生产包装技术装备

开发、推广国产化的饮料生产包装高端智能装备，鼓励民族工业企业的发展，让饮料行业朝着高技术、高智能、高品质、可持续性方向发展，解决卡脖子问题，建设饮料工业强国。

（二）推动助企纾困、减税降费政策的进一步落地

应聚焦当下环境和企业发展面临的突出问题，优化营商环境。推动各种刺激消费、扶持就业的优惠政策落地，使能源、大宗商品保供稳价措施和纾困惠企、减税降费政策落地显效，继续遏制原材料快速上涨、海运价格高位、货柜短缺及拉闸限电等影响食品生产的不稳定因素。

（三）打击侵犯知识产权和制售假冒伪劣产品

通过相关政策扶持，提升饮料行业知识产权保护能力，包括强化知识产权风险防范、加强技术秘密保护、加大知识产权保护力度等。促进知识产权合规使用，拓宽知识产权价值实现渠道，建立知识产权运营平台。

（四）相关标准体系建设以及产品质量标准的细分、升级

深化标准化改革创新，着力提升标准质量效益，加强标准国际化工作，确保标准化的执行、实施到位，促进相关标准体系建设，推动构建高质量发展的标准体系，利用标准体系规范市场、引领产业发展。

中国饮料工业协会

制糖工业

2020/2021 年制糖期①，全国食糖产量小幅回升，食糖消费平稳增加，食糖进口继续增长。国内食糖价格下跌，制糖行业略有盈利。为促进糖业健康稳定持续发展，建议继续进一步做好食糖宏观调控，加强食糖进口管理，完善蔗糖糖浆及食糖预混粉进口管理，严厉打击食糖走私，加大对糖料生产和制糖企业的财税金融支持力度，优化食糖消费市场环境，加快糖业转型升级。

一、行业概况

（一）主要经济指标

1. 制糖行业略有盈利，农民种植收入增加

2020/2021 年制糖期，食糖销售价格同比下跌，制糖行业略有盈利，财政税收增加。根据中国糖业协会统计，2020/2021 年制糖期，全国制糖行业实现销售收入超过 600 亿元②（图 1），比上个制糖期增加 20 多亿元；实现利税总额近 30 亿元，比上个制糖期略增，其中，上缴税金超过 20 亿元，比上个制糖期增加 1.6 亿元；利润超过 9 亿元，比上个制糖期略有减少。

糖料收购价格上涨，农民种植糖料收入增加。2020/2021 年制糖期，农民种植糖料收入 460 亿元，比上个制糖期增加超过 20 亿元，增幅接近 5%。

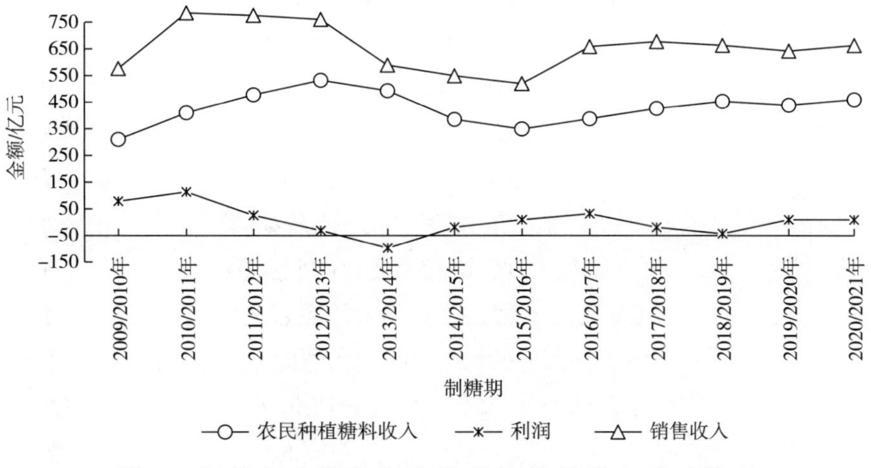

图 1　制糖行业效益与农民种植糖料收入波动情况

资料来源：中国糖业协会（CSA）。

① 制糖期是自每年 10 月 1 日至翌年的 9 月 30 日。例如，2020/2021 年制糖期是自 2020 年 10 月 1 日至 2021 年 9 月 30 日。

② 数据仅包括以国产甘蔗或甜菜为原料生产食糖的制糖企业，不包括单一原糖进口加工企业。如无特别声明，以下相同。

2. 实际加工产能略减，糖料平均单产提高

开工生产时间方面，2020/2021 年制糖期于 2020 年 9 月 21 日呼伦贝尔晟通糖业科技有限公司正式开机生产，至 2021 年 7 月 2 日孟连昌裕糖业有限责任公司最后一个停机，历时 285d，比上个制糖期少生产 2d。

开工糖厂方面，2020/2021 年制糖期全国开工制糖生产企业（集团）49 家，开工糖厂 186 间。其中，甜菜糖生产企业（集团）7 家，糖厂 31 间；甘蔗糖生产企业（集团）42 家，糖厂 155 间；单一原糖进口加工企业 26 家。与上个制糖期相比，开工制糖生产企业（集团）相同，开工糖厂减少 6 间，其中甘蔗糖厂减少 4 间，甜菜糖厂减少 2 间；单一原糖进口加工企业增加 10 家。

实际加工产能方面，2020/2021 年制糖期全国制糖生产企业（集团）日加工糖料能力 94 万 t，比上个制糖期下降 2 万 t。其中，甘蔗日加工能力 82 万 t，比上个制糖期下降 2 万 t；甜菜日加工能力 12 万 t，与上个制糖期基本持平。

单产方面，2020/2021 年制糖期甘蔗平均单产 4.52t/亩①，比上个制糖期增加 0.34t/亩；甜菜平均单产 3.52t/亩，比上制糖期减少 0.22t/亩。

产糖率方面，南方甘蔗产区受干旱天气影响，2020/2021 年制糖期全国甘蔗平均产糖率下降至 12.59%，比上个制糖期降低 0.25 个百分点。其中，广西甘蔗产糖率 12.78%，比上个制糖期降低 0.33 个百分点，但仍为历史次高水平；甜菜产糖率上升至 12.74%，比上个制糖期升高 0.04 个百分点。

（二）行业发展分析

1. 食糖产量回升，消费量增加

全国糖料种植面积减少。2020/2021 年制糖期，全国糖料种植面积 2035 万亩，比上个制糖期减少 1.7%。其中，甘蔗种植面积接近 1700 万亩，比上个制糖期减少 3.2%；甜菜种植面积接近 350 万亩，比上个制糖期增加 6.5%。

全国食糖产量小幅回升。2020/2021 年制糖期，全国食糖产量 1067 万 t（图 2），比上个制糖期增加 3.4%。其中，甘蔗糖产量超过 900 万 t，比上个制糖期增加 1.2%；甜菜糖产量超过 150 万 t，比上个制糖期增加 10%。

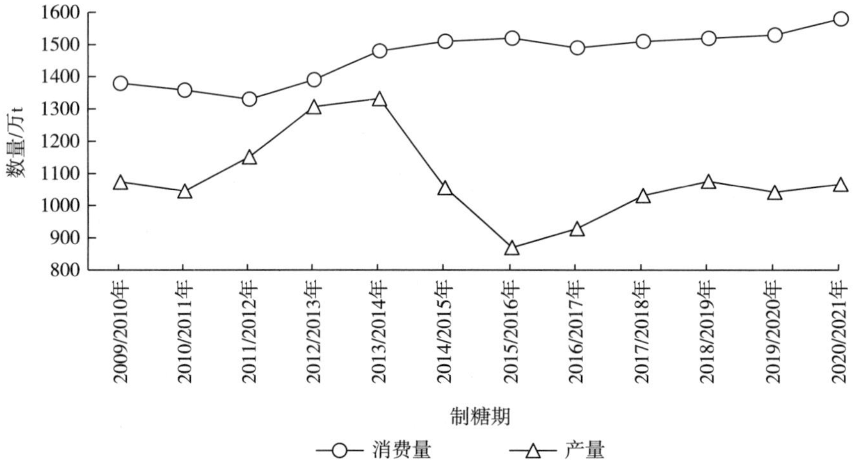

图 2 全国食糖产量与食糖消费量变化

资料来源：中国糖业协会（CSA）。

① 1 亩 = 666.67m^2。

受居民收入水平提高、人口规模增长、城镇化快速推进等因素影响，我国食糖消费量稳中趋升，食糖消费结构发生变化。2020/2021 年制糖期，全国食糖消费量 1580 万 t（图 2），比上个制糖期增加 50 万 t，增幅 3.3%；年人均消费量略增，达 11.2kg，同比增加接近 0.3kg。食糖消费总量中，民用消费量占比上升至 46.3%，工业消费量占比下降至 53.7%。

2. 食糖进口继续增加，蔗糖糖浆及食糖预混粉进口减少

食糖进口创历史最高水平，出口减少。海关总署统计数据显示，2021 年全国累计进口食糖 567 万 t[①]（图 3），同比增加 40 万 t，增幅 7.5%；累计出口食糖 12.2 万 t，同比减少 2.6 万 t，减幅 17.4%。

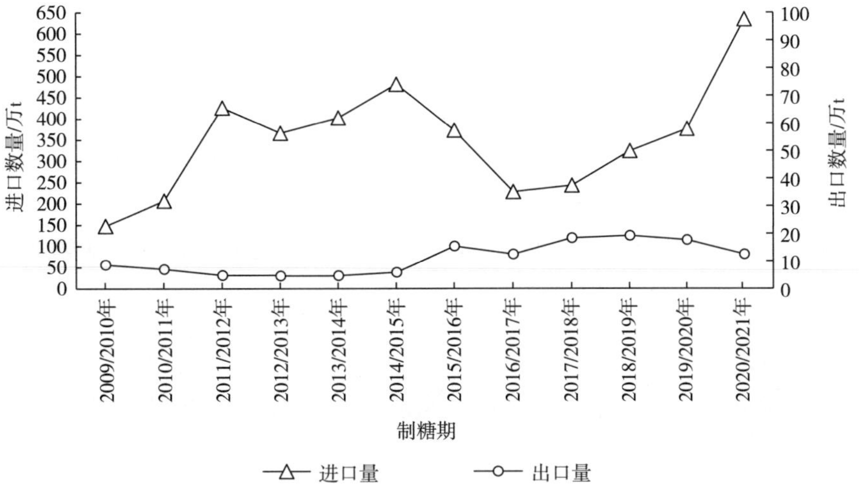

图 3 全国食糖进出口数量变化情况

资料来源：海关总署，中国糖业协会（CSA）。

根据海关总署数据计算，2020/2021 年制糖期，全国累计进口食糖超过 600 万 t，同比增长 68.5%；累计出口食糖 12.5 万 t，同比减少 29%。

2021 年，国家有关部委通过规范管理，行业积极开展自律，蔗糖糖浆及食糖预混粉进口减少，增长势头得到有效遏制。2021 年，蔗糖糖浆及食糖预混粉[②]进口 66 万 t，同比下降 38.6%。

3. 糖料收购价格持稳，食糖价格小幅下跌

2020/2021 年制糖期，甘蔗平均收购价格（地头价，不含运输及企业对农民各种补贴费用等，下同）498 元/t，比上个制糖期上涨 9 元/t，涨幅 1.8%；甜菜平均收购价格 509 元/t，比上个制糖期上涨 10 元/t，涨幅 2%（图 4）。

---

① 进口食糖种类包括原糖和白砂糖等。为分析方便，本文未考虑进口食糖种类的差异。

② 2020 年 12 月 21 日国务院关税税则委员会发布《关于 2021 年关税调整方案的通知》（税委会〔2020〕33 号）（以下简称《通知》），新增甘蔗糖或甜菜糖水溶液等糖类产品本国子目，自 2021 年 1 月 1 日起实施。《通知》调整 17029000 子目，新增子目 17029011（甘蔗糖或甜菜糖水溶液）、17029012（蔗糖含量超过 50% 的甘蔗糖、甜菜糖与其他糖的简单固体混合物）、17029090（其他）；新增子目 21069061（含香料或着色剂的甘蔗糖或甜菜糖水溶液）、21069062（蔗糖含量超过 50% 的甘蔗糖、甜菜糖与其他食品原料的简单固体混合物）。

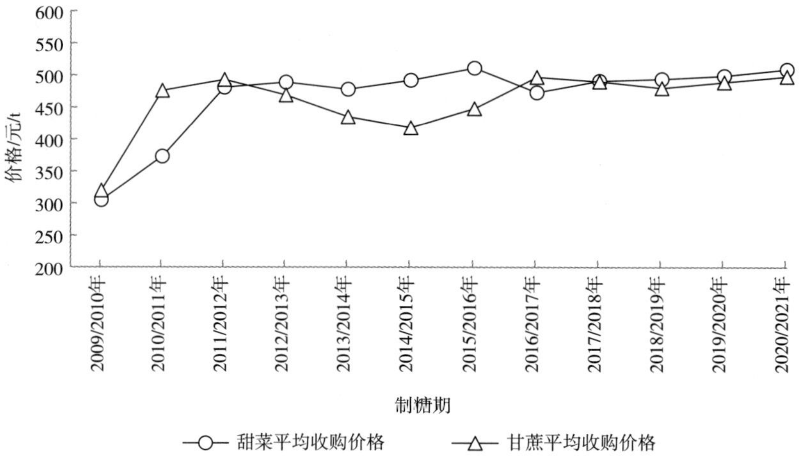

图 4 糖料收购价格变化

资料来源：中国糖业协会（CSA）。

2020/2021 年制糖期，全国食糖价格同比下跌。反映全国食糖平均价格水平的中国糖业协会食糖综合价格为 5536 元/t，较上个制糖期下跌 176 元/t，跌幅 3.1%（图 5）。

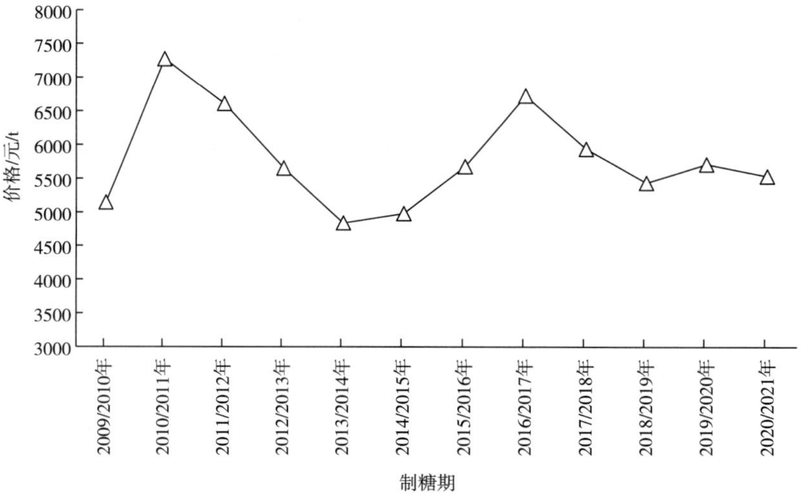

图 5 全国食糖综合价格变化

资料来源：中国糖业协会（CSA）。

2020/2021 年制糖期，国际食糖价格大幅上涨。受干旱和霜冻等不利天气影响以及能源价格走强影响，巴西中南部食糖产量下降。新冠肺炎疫情对食糖消费的拖累逐渐缓解，食糖消费恢复增长，全球食糖产消由此前预期的过剩转为缺口。与此同时，美元汇率走弱，以美元计价的美国纽约原糖期货价格震荡上扬，于 2021 年 8 月中旬创制糖期最高，也是 4 年半新高，最终报收于 19.93 美分/lb①，比上个制糖期末上涨 52.14%。整个制糖期，纽约原糖期货价格波动区间为 13.31~20.37 美分/lb。

① 1lb=0.4536kg。

4. 主产糖省（自治区）产量占比有所波动

我国既生产甘蔗糖，又生产甜菜糖，其中，甘蔗糖产区主要分布在广西、云南、广东湛江地区和海南等省（自治区）；甜菜糖产区主要分布在新疆、内蒙古和黑龙江等省（自治区）。食糖主产糖省（自治区）均是我国老少边贫地区。2020/2021 年制糖期，上述七省（自治区）的糖料种植面积和产糖量占全国比例均达到 99.5%，比上个制糖期略增。

2019/2020 年制糖期，广西产糖量居首。其甘蔗种植面积份额缩小，缩减 0.5 个百分点；产糖量份额增加，扩大 1.3 个百分点（图 6，图 7）。云南产糖量位居第二，其甘蔗种植面积份额略增，扩大 0.2 个百分点；产糖量份额缩小，缩小 0.1 个百分点。内蒙古产糖量列第三，甜菜种植面积及产糖量份额分别扩大 1.9 个百分点和 1.4 个百分点。广东产糖量列第四，甘蔗种植面积及产糖量份额分别收窄 0.5 个百分点和 1.7 个百分点。新疆产糖量列第五，甜菜种植面积缩小 0.1 个百分点，但产糖份额收窄 0.2 个百分点。海南产糖量列第六，甘蔗种植面积及产糖量份额均收窄 0.3 个百分点。

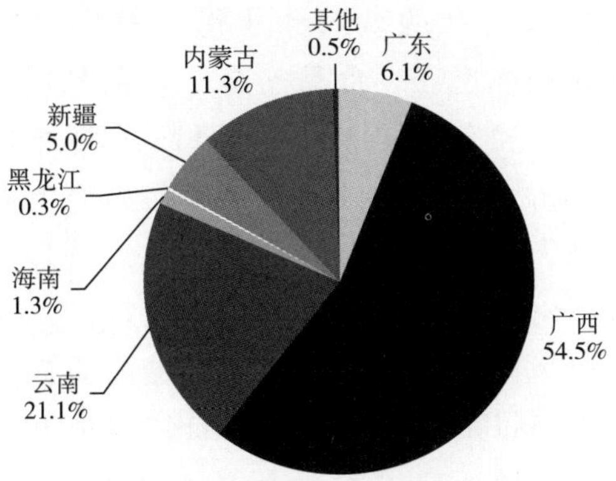

图 6　2020/2021 年制糖期全国主产糖省（自治区）糖料种植面积份额

资料来源：中国糖业协会（CSA）。

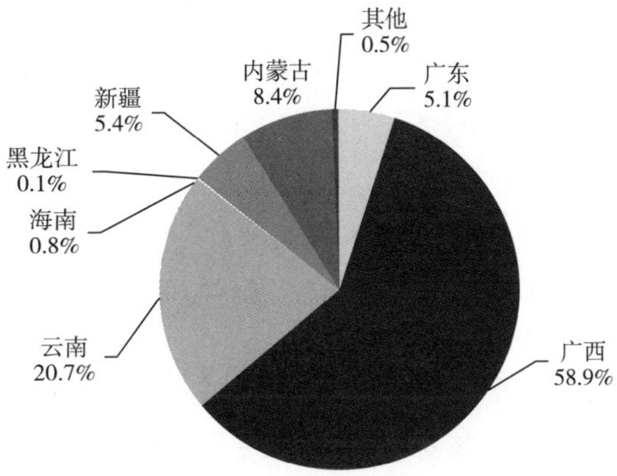

图 7　2020/2021 年制糖期全国主产糖省（自治区）产糖量份额

资料来源：中国糖业协会（CSA）。

5. 打击食糖走私取得成效

近几年来，全国打击走私综合治理办公室、海关总署缉私局、中国海警局、国家市场监督管理总局和公安部等执法部门高度重视并严厉打击食糖走私，取得阶段性成果。2021 年上半年共侦破两起食糖走私案件，共查获走私白糖总数 3875t，涉案走私白糖金额 2200 余万元，共抓获犯罪嫌疑人 35 人。

6. 行业集中度进一步提高

为提高竞争力，各主产糖省（自治区）不断推进制糖企业兼并重组，产业结构不断优化，集中度进一步提高。2020/2021 年制糖期，产糖量 60 万 t 以上的制糖企业（集团）有 8 家，食糖产量占全国食糖总产量的 74.7%，比上个制糖期扩大 6.2 个百分点。

7. 行业节能减排和技术进步等工作持续推进

自 2012/2013 年制糖期，连续 9 个制糖期在制糖行业开展“同业绩效对标”工作。制糖行业通过“比指标、学标杆、练内功、创佳绩”，不断推进企业间的比学赶超，加快技术进步和提高节能减排水平，促进行业转型升级和降本增效，取得明显成效。2020/2021 年制糖期，我国甘蔗糖厂吨蔗耗新鲜水同比降低 3.84%，吨糖化学需氧量（COD）

排放量同比降低4.96%；甜菜糖厂百吨甜菜耗标煤同比降低6.89%，吨菜耗新鲜水同比降低19.54%，吨糖COD排放量同比降低13.83%。

8. 绿色制造、智能制造积极推进

围绕绿色、智能生产的目标，制糖企业积极推进建设绿色工厂，稳步提升生产线的智能化水平，加快利用高效节能环保技术装备，提高资源综合利用水平。例如，广西洋浦南华糖业集团股份有限公司稳步、有序提升相关下属企业智能化水平，主要包括引进自动燃烧硫黄炉，磷酸、絮凝剂自动配制添加系统，分蜜设备的自动化，糖浆全自动过滤器等；并引进酒精废醪液浓缩工艺及技术，采用较高的自动化控制、清洗技术，符合环保综合达标治理要求，同时降低了人工用量，增加了操作安全性。

东亚集团下属扶南东亚公司、驮卢东亚公司、宁明东亚公司、海棠东亚公司投入项目金额约3300万元，改造自动装包智能码垛系统，应用自动装包及机械手智能码垛作业代替人工，提高工作效率，用工成本同比大幅下降；实施分布式控制系统（DCS）优化升级集中控制，减员增效，提高工厂“三化”（自动化、智能化、数字化）水平，每年节省人工成本约550万元，人工成本同比大幅下降，同时实现全生产线自动化运行。

9. 积极贯彻落实“三品”战略，提升食糖有效供给水平

根据工业和信息化部《关于印发2017年消费品工业“三品”专项行动计划的通知》（工信厅消费〔2017〕24号），制糖行业积极贯彻落实“三品”战略，提高产品质量，加强品牌建设，延伸糖产业链，提高精深加工水平，提升食糖的有效供给能力和有效供给水平。

（1）增品种　为满足消费者的多样化需求以增加企业效益，制糖企业加强食糖产品研发和生产，积极开发生产特种糖、营养糖、功能糖和液体糖等多样化产品以及酵母、蛋白饲料、木糖醇等高附加值新产品。例如，中粮糖业辽宁有限公司开发新品种药用蔗糖，推动药用辅料蔗糖标准逐步提升。公司于2018年开发，2019年投产，2021年完成药用辅料与药品关联审评。现有药用蔗糖规格有50kg/袋、25kg/袋，也可根据客户需求增加包装规格。依据国家药品审评中心要求，参考国外药典，在现有《中华人民共和国药典（2020年版）（四部）》药用蔗糖标准检查项目基础上，增加了电导率、亚硫酸盐、糊精、干燥失重四项检查项目。公司采用均衡化、小批量生产，根据市场需求的变化调整生产。

（2）提品质　制糖行业为提高产品质量和增加企业效益，不断加大在智能制造、绿色制造等方面的投入及建设力度，深入开展全面质量管理，加强从原料采购到生产销售全流程质量管控，开展自动化、智能化工厂技术改造，同时积极采用新技术，不断提高食糖产品质量。例如，中粮糖业辽宁有限公司在“中糖”牌精制白砂糖基础上，引进日本三井制糖株式会社的品质管理方法，2020年通过日本三井制糖株式会社的品质审核及质量标准，“糖匙牌”产品取得了日本三井制糖株式会社的认可。获得“糖匙牌”认可，在法规遵守、食品安全、产品品质、客户服务、持续改善等各方面都需要通过审核。“糖匙牌”精制白砂糖产品品质上尤其对干燥失重、粒度、异物进行重点管理，严格管控生产工序，提升产品稳定性。东亚集团扶南精糖公司改造超级精制糖品质提升项目，该项目由公司生产团队自主改造升级离子树脂系统、自主设计新型不锈钢煮糖罐，新型煮糖罐具有自主知识产权，节约了设计等大量费用。

（3）创品牌　创品牌的实质就是赋予品

牌要素以创造价值的新能力的行为，即通过技术、质量、商业模式和企业文化创新，增强品牌生命力，同时，制糖企业品牌意识增强，不断加强品牌建设，着力整合企业资源，打造企业品牌，提升食糖产品附加值和企业竞争力。例如，广西洋浦南华糖业集团股份有限公司在传承古法制作工艺（甘蔗原汁制作红糖）的基础上，将传统经验与现代科技相结合，研发应用工业化甘蔗压榨全产红糖工艺，实现了红糖连续煮制、间歇煮制两种煮炼工艺，打造了国内最大、质量稳定的红糖生产工厂。产品生产全程采用无菌现代化干燥技术，数据化调控、机械化生产，目前开发生产的“金伦”“福乐丹”品牌红糖通过了中国绿色食品、有机产品认证。

10. 糖业在巩固脱贫攻坚成果中的重要作用

我国糖业主要分布在广西、云南、广东（湛江）、海南、新疆、内蒙古及黑龙江省等省（自治区）的贫困地区。2020/2021年制糖期，全国制糖企业加工糖料超过8400万t，糖农实现糖料收入460亿元，占制糖行业销售收入的69%，制糖企业支付支农资金33亿元。以中国糖都广西崇左为例，据广西统计年鉴显示，2020年广西崇左人均甘蔗占有量12316kg，甘蔗收购价按500元/t计，农民种植甘蔗款收入6158元/人；人均可支配收入14306元，种植甘蔗收入占人均可支配收入比例达43%。蔗糖产业长期以来是振兴地方乡村经济的支柱产业，在巩固脱贫攻坚成果中发挥重要作用。

二、行业面临的问题

（一）政策与市场

2020/2021年制糖期，我国糖料种植面积减少，农民生产积极性有待提高，制糖企业生产经营仍十分困难，影响糖业健康稳定持续发展大局。

究其原因，政策方面的主要原因：一是世界各国都将食糖列为重要战略物资和多边、双边自贸谈判“敏感”商品，实施供求总量平衡管理。无论是美国、日本、欧盟等发达国家和地区，还是印度、泰国等发展中国家，都没有完全放开食糖市场，而是通过对食糖进口设置高关税壁垒等进行严格管理，并对食糖生产或出口给予补贴支持，将本国市场与世界市场隔离开来，对本国糖业发展进行严格保护。相比之下，我国对糖业保护的力度非常有限，面临的挑战和压力巨大。二是我国加入世界贸易组织（WTO）时承诺食糖进口关税水平低、市场准入量大，食糖进口极易超量。配额内食糖进口关税15%，进口数量194.5万t，远高于世界贸易组织（WTO）规定的不高于国内消费量5%的水平；配额外关税50%，且无数量限制。2021年我国食糖进口创历史高位，达567万t，食糖进口对国内食糖市场冲击上升，国内制糖企业生产经营压力巨大增加。三是在生产支持、市场流通、贸易政策等环节分散、多头管理，未能建立统一的糖业管理体制和机制，对于产业发展、价格形成、利益分配、宏观调控等糖业管理缺乏法律规范，不能满足糖业长远高质量发展的需求。

市场方面的主要原因是，世界食糖市场是过剩食糖产品的倾销市场，国际糖价多数年景在主产糖国生产成本以下运行，其食糖市场机制放大了世界食糖周期性供求不平衡，世界食糖价格大幅波动。在较低的进口准入条件下，世界食糖市场波动传导至国内，通过白糖期货市场机制，影响我国食糖定价，进而影响我国食糖销售和制糖工业企业效益。随着国内食糖市场国际化、金融化程度不断提高，金融市场容易放大国际食糖市场波动等因素影响，加剧国内食糖价格大幅波动，给我国制糖企业生产经营造成困难。

（二）科技创新

1. 糖料原料成本过高，综合效益低，国际竞争力不强

制糖行业是传统的农产品加工产业，已经形成了以重点制糖企业（集团）作为龙头企业的农工紧密结合的产业模式。但是，由于主产糖省（自治区）的自然资源禀赋条件及土地制度的约束，糖料生产现代化程度仍然偏低，且暂时较难明显提升，始终是影响我国糖业国际竞争力的重要因素。

我国糖料土地使用及生产成本过高，造成原料收购价格居高不下；另外，我国甘蔗收获机械化程度低，95%以上为人工收获，居高不下且日益攀升的人工收获成本显著推高了我国甘蔗原料成本。

我国食糖生产成本的70%左右为原料成本，因而导致了我国食糖生产成本处于国际市场的较高水平。2020/2021年制糖期，泰国和印度的甘蔗收购价格约为920泰铢（折合185元/t）和2850卢比（折合238元/t），而我国甘蔗和甜菜的平均收购价格分别达到498元/t和509元/t。以甘蔗收购价格比较，我国分别高于泰国和印度313元/t和260元/t。结合我国糖料种植自然禀赋条件和社会经济发展水平等国情判断，我国糖料种植成本将长时间高于巴西和泰国等世界其他糖料主产国家（地区）。

因此我国糖业在参与国际市场竞争中处于相对劣势，这是我国国情决定的，需要在国家帮助下的行业努力才能实现“补短板”，提高国际竞争力。

2. 甘蔗农机具和全程机械化等农机农艺配套技术研发滞后

我国甘蔗生产由于立地条件差（多为坡地且地块小），适宜的中小农机具成型和量产较小，加上农机农艺不配套、收获损失率高等，收获机械化技术推广难，综合机械化水平较低，从而导致适合我国国情的甘蔗农机具和全程机械化综合栽培技术及农机农艺配套技术研发滞后。再加上人工成本居高不下、土地成本高等因素，导致我国甘蔗生产成本过高、效益低，制约我国甘蔗产业综合竞争力的提升。

3. 物耗、能耗、水耗和污染物排放水平仍需降低

据中国糖业协会编制的《2020/2021年制糖期对标指标汇编》显示，我国甘蔗糖厂吨蔗耗新鲜水0.476t，吨糖化学需氧量（COD）排放量0.134kg；甜菜糖厂百吨甜菜耗标煤5.930t，吨菜耗新鲜水0.556t，吨糖化学需氧量（COD）排放量0.355kg，与国外先进水平还存在较大差距。此外，从《2020/2021年制糖期对标指标汇编》还可以看到，不同食糖主产省（自治区）企业的清洁生产水平也很不均衡。以广西、云南和广东为例，三个省（自治区）吨蔗耗新鲜水分别为0.188、0.573、1.184t；吨糖化学需氧量（COD）排放量分别为0.064、0.160、0.311kg。可见，省（自治区）际之间还存在较大的差别。

因此，需加大节能、节水和污染排放技术改造的步伐。推行绿色制造技术，实施清洁生产，降低制糖生产过程的能耗、水耗和污染物排放。从原料预处理、压榨（渗出）提汁、澄清过滤、加热蒸发、煮炼助晶、分蜜包装以及锅炉发电生产全过程推广实施一批绿色制造新技术新装备，加大节能、节水和污染排放技术改造的步伐，在糖业转型升级过程中改善产业生态环境，实现经济效益与环境效益的双赢。

4. 科技创新能力不足，制糖加工设备技术更新换代速度慢，全过程自动控制水平偏低

我国甘蔗制糖除少数制糖企业（集团）外，相当部分企业一直沿用着建厂装备技术，更新换代速度慢，在节能减排、清洁生产等方面尚存可挖掘空间。尤其是在全过程自动

控制方面，目前大部分企业仍处于单机或单工序自控水平，对降耗增效不利。

5. 副产物的综合利用单一，产品附加值不高

我国糖业大部分企业精深加工和综合利用能力低，对副产品和废弃物的资源化利用深度不够，企业综合利用产品少，产业链条没有得到有效地延伸。一方面，传统的综合利用项目如蔗渣造纸、余热发电、糖蜜发酵制酒精、酵母产品等要上规模、上水平，实现资源、能源的高效利用。另一方面，制糖行业要利用糖厂副产物（蔗渣、甜菜粕、滤泥、糖蜜）开发甘蔗渣生产木糖、木糖醇、糠醛、活性炭、动物饲料、生物质能源、膳食纤维；甜菜粕制食药用果胶、甜菜多糖；糖蜜发酵生产酒精、高档蒸馏酒、酵母及抽提物、生物肥；糖蜜发酵废水提取甜菜碱、结晶钾盐等高附加值产品，提高资源使用效率。

（三）食糖消费环境

受利益驱使，长期以来，一些食品生产企业打着保健功效，在产品广告、包装上明确打出“无蔗糖”“0 蔗糖”等宣传字样，由于某些商家刻意宣传，将“减糖”的矛头直接对准食糖，暗示蔗糖（即食糖）是消费禁忌，抵制蔗糖成为一种潮流和“消费时尚”。2019 年开始，国家卫生健康委员会开展的“三减三降”行动和印发的《健康中国行动（2019—2030 年）》中关于“减糖”的要求，目的是引导公众合理摄入糖类物质，但却引起消费者对食糖产生误解，且呈愈演愈烈之势，造成食糖消费受阻，产业受损。在缺乏严谨的科学研究、临床试验以及得出科学结论的前提下，无差别化、针对所有人群以“减糖”之名取代蔗糖是不科学的，将会带来严重隐患。

三、发展趋势

展望新制糖期，国际食糖市场方面，市场普遍预期食糖主产国（地区）印度、欧盟和泰国食糖产量增加，而巴西食糖产量下降，全球食糖产量回升；食糖消费继续增长，食糖产消出现缺口。国际食糖是兼具有农产品属性、能源属性和金融属性的大宗农产品，影响其价格波动的因素包括天气、产业政策等食糖供求基本面变化，还包括能源价格和美元波动，等等，众多影响因素交织、复杂且多变。新制糖期的全球食糖产消缺口是否符合市场预期，以及美元汇率是否维持基本稳定等因素，将决定国际食糖价格能否维持高位整理甚至再创新高，从而影响全球食糖生产和消费，并最终导致全球食糖供求关系变化。

国内方面，糖料种植面积减少，制糖成本增加，预期食糖产量将有所减少。在食糖消费层面，人民生活水平提高、人口增长、城镇化程度提高以及糖精限产限销管理等因素有利于食糖消费增加，但食糖“妖魔化”宣传、居民消费方式和消费观念的变化以及人口老龄化加快，影响食糖消费增加速度和结构。另外，食糖大量进口和蔗糖糖浆及食糖预混粉进口的影响依然存在，食糖价格低迷，糖厂持续面临资金流动性不足、经营亏损、融资困难等难题，开展技术升级改造、维持糖业体系运转难度加大。受农作物比较效益、糖料种植成本上涨等因素影响，种植面积下滑导致糖厂“吃不饱”，制糖企业因糖料含糖分下降、产能利用率严重不足、原材料上涨、疫情防控支出等因素造成生产成本大幅增加，后续深加工及综合利用面临系统性萎缩，全行业经济下行压力持续加大，维护国家食糖产业安全和健康稳定发展面临新的挑战。

四、政策建议

（一）坚持“食糖立足国内，进口适当补充”的战略方针

国家食糖宏观调控政策应坚持“食糖立足国内”战略方针，根据我国糖业特征，从

保护4000万糖农利益、维护边疆地区社会稳定和脱贫攻坚的大局出发，从保障国内供给、维护产业安全的大局出发，促进糖业健康稳定可持续发展。加强食糖进口管理，做好对进口关税配额外食糖实施自动进口许可管理工作；按照“从糖管理、从糖计税”原则，加强对蔗糖糖浆及食糖预混粉进口管理，择机采取贸易救济措施。

（二）政策保障支持国内糖业发展

1. 实施糖料生产补贴政策

从糖业生产集中度高、糖料与制糖联系紧密的行业特点看，糖料最适宜实施生产补贴。糖料进厂及其产品出厂受到税务等政府有关部门的严格实时监管，可以通过糖厂加工糖料量实现对糖料种植者的补贴，操作成本低、管理便捷、很容易实施。借鉴世界主产糖国成功经验，完善糖料价格形成机制，推进糖料生产补贴政策的实施，通过制糖企业反哺农业，促进糖料生产发展，稳定糖农种植收入，形成良性循环。

2. 将糖料蔗收购资金列入政策性银行的政策性贷款范围

食糖与粮、棉、油同列为国家战略层面的大宗农产品。粮、棉、油的收购资金都有政策性银行提供，而糖料收购资金尚未列入政策性贷款的范围。建议参照棉花收购的做法，将糖料收购资金列入政策性银行贷款支持范围。

（三）稳定市场运行和加强监管

1. 做好中央储备食糖投放工作

规范中央储备糖投放，使中央储备食糖发挥以丰补歉和稳定市场的调控作用，杜绝恶意炒作和市场过度投机。

2. 加强食糖市场有效监管

加强对期、现货食糖市场的有效监管，防范过度投机炒作，充分发挥白糖期货市场服务糖业实体经济发展的功能。

3. 严厉打击食糖走私

严厉打击食糖走私，建立健全常态化的联合执法长效机制，进一步加大对市场流通环节尤其是食品加工企业、小作坊的监管力度，对使用、加工走私食糖行为予以打击，规范和整治国内糖市场秩序。建立罚没走私食糖定向拍卖机制，防止涉案走私食糖二次冲击市场，加强对走私食糖仓储、运输、销售、使用等环节的查处整治力度。

（四）净化食糖消费舆论环境

在充分调研的基础上，针对特定区域、特定人群等实施“减糖”计划，做好科学认识食糖的宣传和引导工作。

（五）加强糖精等高倍化学合成甜味剂管理

做好糖精限产限销工作，规范市场销售和使用；加强监管三氯蔗糖、安赛蜜、阿斯巴甜和甜蜜素等高倍化学合成甜味剂在食品中的添加使用，严禁滥用、超量使用；制定高倍化学合成甜味剂管理办法。

中国糖业协会

方便食品制造业

方便食品是以米、面、杂粮等为主要原料加工制成，可直接食用或只需简单烹制即可食用的食品，传统方便食品以主食类居多。2021 年是我国方便食品制造业面对近年突发疫情，完成应急、救灾后，市场回归常态的第一年。疫情中的诸多消费模式被延伸，方便食品的特征被重新认可，后疫情时代中国食品工业的诸多变化趋势在方便食品制造业浓缩，总体趋势是：中国食品工业具有强大的实力和韧性，完整的工业链条，相对自主的原料来源，日益提升的市场价值空间，成为中国双循环经济中扩大内需的主体力量。其长期向好的态势愈发鲜明。

一、行业概况

（一）主要经济指标

2021 年，全国方便食品制造业累计主营业务收入 3054 亿元，同比增长 4%。其中，米面制品行业主营业务收入 819 亿元，同比增长 0.7%；速冻食品行业主营业务收入 1015 亿元，同比增长 13%；方便面行业主营业务收入 725 亿元，同比下降 11%；其他方便食品制造业主营业务收入 494 亿元，同比增长 18%。表 1 为方便食品制造业近五年经济运行情况。

表 1　2017—2021 年方便食品制造业经济运行情况

经济指标	2017 年	2018 年	2019 年	2020 年	2021 年
主营业务收入/亿元	3921	2940	2901	2945	3054
利润总额/亿元	228	214	186	204	154

资料来源：国家统计局规模以上企业数据统计。

（二）行业发展分析

1. 价格

2021 年方便食品制造业负债 1185 亿元，同比增长 12%，高于食品制造业 9% 的增幅。累计利润总额完成 154 亿元，同比下降 24%。本年度与方便食品产业链相关的面粉、糖、包材等原材料及能源、运输成本持续上涨，方便面生产主要用到的棕榈油的价格也快速上涨，使方便食品行业整体市场价格出现小幅上扬。疫情让消费者从餐饮、外卖又回归到了家庭，新兴起的预制菜的需求端和供给端实现井喷式增长，价格区间大，同品类菜品低至几十元高则达上千元。在消费端不断倒逼产业端创新升级、产品迭代加速的背景下，方便食品制造业创新提升价值予以充分体现。

2. 市场

以线上渠道作为增长核心渠道的方便食品制造业，随着品牌消费升级，营销策略也通过增加与消费者之间的沟通频次和维度随之联动。由于互联网流量越来越贵，营销同质化越来越明显，从线上起家的新品牌开始谋求借助线下获得更大增长空间，核心商超、便利系统以及新零售渠道成为新品牌得以长期稳定发展的重要渠道。一些在线上平台销量领先的品牌，在线下也同样拥有了近百家占据全国核心位置购物中心的体验餐厅/门店，并在全国铺设了包括盒马鲜生、便利蜂等在内的3万多个线下渠道终端。

此外，为迎合更多年轻消费群体，部分方便食品企业开出了线下快闪店，出动人偶吸引消费者。进店体验的消费者不仅可以享用方便食品产品，还能通过趣味游戏赢取各类礼品。

后疫情时代，预制菜因其帮助餐饮业降本增效、提升盈利能力的特征，在团餐快速发展的新形势下，维持了足够高的市场热度。预计已有超过70%的连锁餐饮企业自建了中央厨房，配送预制菜至门店制作，其中头部连锁餐饮企业预制菜使用比例高达80%以上。而学校、企业、机关、医院、军队食堂等场景下有时效性的团餐需求，以及以农村红白喜事为主的乡厨市场要求菜品有较高的性价比，大菜的制作更高效，均驱动了预制菜的广泛渗透。

3. 投资

2021年全国规模以上方便食品制造企业资产总计2292亿元，同比增长6%。其中，流动资产总计1145亿元，同比增长2%。

伴随着“宅经济”的崛起，加之疫情的催化，千亿方便食品市场在2021年继续受到消费者与投资界的高度关注。其中，预制菜仍是行业空间广、头部品牌缺乏的蓝海市场，涌现了众多中等规模、增长迅速的预制菜品牌，吸引着资本进入。入局预制菜行业的投资机构不乏知名风险投资机构。从披露的融资金额上看，这些企业拿到的融资金额都在千万元级别以上。

自热食品领域“自嗨锅”“莫小仙”“饭乎”“黄小猪”等品牌从自热食品、轻烹饪食品、粥类等不同角度切入，均在2021年完成新一轮融资，赛道之中不乏美团、IDG资本、英诺天使基金等的支持。方便面不甘落后，紧跟“云经济”“宅经济”的趋势，踩着消费升级和市场扩容的风口，被资本竞相追逐。“劲面堂”“瓷面江湖”“寻味狮”等新锐品牌也在2021年完成数千万元人民币融资。

4. 行业集中度

方便面行业市场较为成熟，加之行业利润相对微薄，多年以来行业格局呈现稳定。2021年，国内方便面市场依然保持着康师傅、统一、今麦郎三足鼎立的局面，三强的市场占有率仍维持在80%左右。新兴品牌中“拉面说”“空刻意面”“劲面堂”“鲜面传”“阿宽”“嬡娘娘”“辣来主义”“画面”“杨掌柜”“高人拉面”等以新消费和新技术的不同角度为创新起点，均取得了销售规模的突破，并成为引领新消费的风向标。拥有线下场景的餐饮品牌如味千拉面、和府捞面等也都推出了方便面产品，以期抢夺新消费蛋糕。整体而言，方便面行业传统巨头固有的优势正在被一一打破，如线上新兴渠道瓦解了其线下渠道的强势控制力、个性化瓦解了其大品牌效应、全新的供应链需求则瓦解了其规模化稳定质量的产能等。在过去几次消费升级时，传统巨头通过推出新的产品系列即可轻松收复失地，而如今，面对消费和产业生态的深度变革，传统巨头也须实现全面升级。

2021年，速冻食品行业中三全食品、思念食品、安井食品、海欣食品、惠发食品、千味央厨维持着较为稳固的行业基础。其中三全食品、思念食品、安井食品、通用磨坊依然是行业内的龙头企业，总资产和营收远在其他企业之上。三全食品在2021年代理了7-11河南便利店业务，加大了对“锅圈食汇”的投资力度并入股其供应链公司，意在进一步强化渠道拓宽和品类供应链布局力度，不断延伸零售终端赛道。三全食品还在 2021 年推出了袋内加热即食的微波炒饭新品，满足当下主流消费者的消费需求，助推消费者端（C 端）热度。安井食品收购了新宏业食品 71% 的股权，对上游原料淡水鱼糜产业及速冻调味小龙虾菜肴制品进行布局，子品牌“冻品先生”的产品矩阵主要分为三大类，一类为千层、毛肚、鸭肠、滑牛肉、孜然嫩羊肉等火锅食材；二类为蚝油牛柳、雪花牛仔粒、牛仔骨、蒜香骨等调理产品；三类为酸菜鱼、金汤鱼、牛肉羹、牛肉滑、香辣牛杂等预制菜肴，以爆品系列化的战略持续推广新品。以肯德基的油条、真功夫的包子等产品为代表，致力于为餐饮、酒店、团体食堂提供全面供应解决方案的千味央厨于 2021 年 9 月在 A 股主板成功上市，成为速冻食品行业助力餐饮供应链发展的重要标志。后疫情时代，随着消费者的消费习惯和口味变化，速冻食品市场也将走向更加细分的行业格局。

2021 年我国挂面产、销量均实现增长，疫情带来市场消费需求大增，同时也为中小企业入局带来机遇，部分低价产品焕发新生。2021 年克明面业、金沙河、想念食品、益海嘉里、今麦郎作为挂面行业的头部企业，产量占比稳步增长，行业的集中度进一步提升，品牌企业对市场的占有率持续加速，市场向优质企业聚集趋势更加鲜明。行业将特色产品、独特卖点及有市场细分策略作为企业的发力点，并逐步抢占市场，在一定程度上也削减了领先企业的份额。

2021 年螺蛳粉行业迈上了高质量发展的新台阶，原材料质量与产量大幅提升，发展前景持续向好。其中，“好欢螺”“螺霸王”“李子柒”“柳江人家”等品牌市场知名度和占有率较高，而 2021 年新注册企业量同比增长超过 40%，凸显了持续攀升的行业热度。相比于以产业集群助推行业发展的螺蛳粉，方便米线（粉）由于特色品类涉及的地域较为分散，包括云南米线、衡阳米粉、安义米粉、河源米粉、绵阳米粉等，还未出现行业龙头企业，目前“自嗨锅”“张生生”等品牌的布局引领着行业的发展。

5. 进出口

受全球疫情影响，2021 年国外市场对方便食品的需求异常旺盛。部分地方政府立足海关职能职责，发挥海关技术政策优势，指导企业按照危害分析与关键控制点（HACCP）控制体系要求确保生产质量水平，打造方便食品出口绿色通道。其中，四川绵阳 1480 万元魔芋方便食品出口全球 50 多个国家和地区，货值同期增长 75%；江苏泰州有针对性地研发出口了高端方便面类产品；广东湛江海关支持企业以市场需求为导向，推动研发“虾仁烧卖”“金汤酸菜鱼”“一夜埕金鲳鱼”“小龙虾意面”等预制菜品，多个品类实现出口零突破。

近年来，韩国方便面不断加大在中国市场的推广力度，收获了不少中国“粉丝”，特别是在国内一些社交媒体平台，不时能刷到分享韩国方便面吃法的视频。2021 年韩国方便面对中国大陆出口额超过 1 亿美元，占出口总额的近 22%。与很多传统国内方便面品牌相比，韩国方便面中辛辣的料包更能刺激味觉，拉面加芝士等新吃法也让消费者更有新鲜感。韩国产品之所以受到青睐的原因，不仅是更早的本土化布局降低了物流成本，还有韩国方便面企业的善于营销，尤其是将宣传植入韩国电影、电视剧和综艺节目，起到了较好的传播效果。

6. 重点行业

2021 年，我国方便食品重点行业加快自身的转型与价值提升。

（1）米面制品　米面制品工业化生产主要以挂面、粉丝、方便米饭等产品为主。2021 年挂面产品的优质化、健康化持续推动着行业升级，增加了杂粮面、发酵面、鲜湿面和半干面等中高档产品的开发，同时更加注重消费者的消费体验，推广“DIY 挂面”，让消费者在家就能吃到各地特色风味挂面。自热米饭产品中，各种冲泡饭新品层出不穷，品类和口味不断拓宽，正在经历从“能吃”“好吃”到“好吃且性价比高”，再到“好吃+性价比+体验感好”的迭代升级。

（2）速冻食品　如何通过不断创新的工艺和技术的革新，用真材实料去还原地道的街头巷尾风味，再用尽量少添加的方式满足消费者对品质的需求依然引领着速冻行业的突破与创新。2021 年以速冻抄手、速冻米饭为主的主食系列产品获得了较高的市场热度。处于市场成长期的预制菜领域吸引了不少成熟品牌入局，连锁餐饮支撑品类创新、速冻龙头企业保证市场覆盖率、新零售渠道助推预制菜抢占其他食品的“客源”，成熟品牌各司其职让预制菜将持续保有对资本的吸引力。

（3）方便面及其他方便食品　2021 年方便面产业从过去电商平台主导的线上线下融合主题逐渐过渡到平台内容化、社交化生态重组的新阶段，新的产业生态是新兴品牌崛起的摇篮，传统巨头也通过社交平台、直播带货等形式“出圈”。调味面制品行业通过不断推行标准化运作模式，奠定了全行业向更高质量迈进的基础。2021 年龙头企业携手 SGS 通标标准技术服务有限公司开展“夯实全球食品安全体系基础、筑牢 FSSC22000 和 HACCP 根基”项目，进一步激发了企业参与标准化工作的热情。正因为标准体系与经济社会发展各领域、各层级的深度融合，集聚了行业蓬勃发展的新动能。

7.“三品”战略实施情况

（1）增品种　2021 年的创新产品，除了传统的面食外，以米为载体的方便食品呈现井喷式增长，如冲泡米饭、泡泡饭、荷香糯米鸡、低脂鸡胸藜麦饭等让人眼前一亮。地域风味和带有地域特色的各种辣味一直是人气比较高的风味，这种趋势也同样表现在方便米饭上，如新品中有拉面口味、泡菜口味和墨西哥辣椒饭等。

（2）提品质　诸多产品融入了“三减三健”健康理念，在食材的选择上更加用心，按照科学配比添加丰富的食材。如海胆、羊肚菌、黑松露等高端食材，杂粮、豆类、蔬菜等多样食材，在保留食材营养素和风味的同时，主配料营养搭配更加合理，可作为完整的一餐呈现。此外，还有初创品牌使用南瓜子蛋白、小麦面筋、葡糖内酯、蚕豆蛋白等 100% 植物基原料作为主要成分，大幅降低了方便面单位质量的热量供给。减糖、减盐版的盒装面和荞麦面等新品，都已实现 30% 以上幅度的健康升级。

（3）创品牌　2021 年成立的微波速食品牌“叮叮袋”，其产品的核心亮点是微波加热、袋内即食，不需要额外的餐盘。不仅出餐快，还节省了洗碗的步骤。“福迪宝”的微波速冻水饺无须开火、烧水、加水等步骤，放进微波炉内加热几分钟就可以食用，更加方便。“亨亨袋”的速冻炒饭包装可以耐受 −18℃冷冻到 150℃加热的温度范围，自带排气口设计，消费者拿到产品后，无须撕袋，直接放进微波炉中加热 3 分钟就可还原出带“锅气”的炒饭。更方便的加热方式、更贴合“宅经济”的“懒人”包装持续引领着方便食品制造业中新品牌的创立。

8. 绿色制造、智能制造

方便食品制造业的快速发展，倒逼机械装备与食品包装工业的创新研制。随着新冠肺炎疫情后制造企业建设智能工厂的需求激增，以及制造业一系列调结构、促转型产业政策的落地，智能工厂非标自动化集成商迎来重大发展机遇。2021 年日清启动了一条全新的智能型自动化生产线建设，该生产线配备机器人、传感器和智能系统，可实时监控方便面的生产过程。速冻汤圆的生产在智能制造的带动下，和面机、擀皮机等面食机械与搅拌机、包馅机、输送机、速冻机、包装机等相互配合，形成了“组合拳”。挂面行业在 2021 年创制了多向压延技术与装置，集成多形式压延、节能干燥、精准切断与高效包装等技术装备，最终实现了挂面规模化、智能化加工关键技术装备与集成示范。

从 2020 年《关于进一步加强塑料污染治理的意见》到 2021 年《“十四五”塑料污染治理行动方案》，再到“2060 双碳政策”的提出，方便食品制造业正在不断升级塑料污染相关治理政策与战略布局。用地集约化、生产洁净化、废物资源化、能源低碳化的趋势在行业内逐渐扩散。如应用更易回收的淀粉基餐具和包装、食品级牛皮纸等材质，追求环保与“双碳”结合；超高压非热杀菌技术在方便食品生产中的应用已愈发广泛，该技术在保留原料色香味和营养的基础上，实现了远低于热杀菌的碳排放。

9. 包装与装备

2021 年，方便食品包装的多元化更加深入人心，创意与实用并重。如康师傅的“番茄鸡蛋牛肉面”在包装上采用迎合年轻群体的设计，自创二次元形象“蛋定仔”，以年轻化的视觉营销吸引年轻人群。统一的“开小灶”与“中国国家地理”联名款设计，助推了其明星产品的热度。日清将泡面杯盖升级为“双耳盖”，由一个杯面开口变成“猫耳双开口”，密封效果与原来的杯盖贴纸相同，并取消了杯面贴纸的使用，可以减少每年约 33t 的塑料用量。

方便食品制造业的装备创新步伐明显加速。例如，应用冻干技术最大程度保留原料中的营养成分、以油汤融合技术熬制高汤、用栅栏技术确保保质期、用全杂粮挤压技术加强挂面营养成分；针对我国玉米、豆类方便即食食品产业存在的营养不均衡、产品品质与消化性差、生产能耗高、质量控制不到位等问题，突破了组合式挤出耦合匀化脱水、挤压微体化-风味修饰等质构重组与控制关键技术；针对我国畜禽水产方便即食产品存在质构失衡、产品安全隐患大、货架期短等问题，突破了超声波辅助腌制、氧化修饰质构调控等关键技术，改善了产品的质构品质，并延长了产品的货架期。科技在差异化竞争中的影响力日益凸显，方便食品制造业进入科技成果转化的关键期。

10. 发展新亮点与新增长点

作为消费市场的新热点，2021 年，预制菜助力“老字号”重新焕发生机、新消费品牌挖掘蓝海以及欠发达地区农产品深加工。行业在渠道端（B 端）和 C 端平行发力，使许多连锁餐饮和大型酒店中的传统餐饮食品开始被方便食品所取代，包括早餐类、点心类、菜肴类和季节性食品。

2021 年夏天夜宵整体搜索量提升，相关方便食品品类搜索引导量占比增长接近 10%，且引导类目更丰富。该场景下，消费者品类偏好明显，即食火锅、方便面、方便米饭三个方便食品细分类目表现出高于平均的偏好。精细化产业链布局帮助方便食品制造业不断开发出新增长点。

二、行业面临的问题分析

（一）政策与市场

1. 后疫情时代产能过剩，市场争夺激烈

经历了疫情期间挂面的高速发展，2021 年，挂面出现了产能过剩的局面。目前的市场需求只有 700 万 t，低于全国企业的总产量。疫情期间，挂面需求大增，各个企业纷纷加码挂面产能，回归常态后很多快速进入的企业纷纷退出。对速冻食品而言，相较于上一年的净利润大幅提升，对三全、安井、海欣、惠发四家上市企业来说，能保住净利润微增、不亏损已经不易。商超渠道销量下降的同时，渠道费用也一定程度上削薄了速冻食品企业的利润。一边是零售端销售量的减少，一边是产能的增加，如何继续寻找合适的产品和销售渠道、打通商业模式会是后疫情时代行业面临的共同难题。

2. 标准化工作需紧跟并前瞻市场动向

预制菜作为 2021 年方便食品中的“爆点”，面临着行业集中度低、规模化企业少、多数企业依然停留在作坊式的生产加工模式等问题。作坊式意味着原料采购、生产流程、仓储物流等方面与规模化企业差距较大，难以实现可追溯、标准化生产和冷链物流配送。部分企业存在使用劣质食材、菜品高盐高脂肪、包装材料不安全、菜品变质等情况。部分预制菜还存在调味后产生亚硝酸盐、反复烹调或烹饪时间过长叶酸和维生素 B_{12} 被高温破坏等问题。目前消费者端预制菜市场增速较快，一部分来自新增消费，还有一部分原因是原有其他类的消费品被重新划归为预制菜。瞬息万变的市场仍需标准化工作不断跟进并具有前瞻性。

3. 产品风味稳定性亟待加强

龙头企业在高附加值产品的发力难以掩盖方便食品制造业中仍广泛存在的中小企业质控体系缺失的问题，如预制菜领域由于中餐烹饪口感与食材新鲜度、烹饪过程密切相关，口味清淡的菜品对食材新鲜度的要求较高，而运输、储存过程中的损耗导致部分口味清淡的菜品无法完美呈现，因而行业当前多以重口味菜品为主。如何聚焦营养与健康，依靠科技创新，加工上做到标准化、智能化和连续化以及智能包装的柔性开发，进而推动方便食品制造业走向“新食代”，仍需行业内从多维度发力，提升产品的核心竞争力。

4. 科技助推行业发展的动力仍需提升

目前方便食品制造业整体适度加工和柔性制造程度不高，初级农产品营养和能源双重损耗较为广泛；生鲜食品储运冷链流通率偏低，如约有 20% 的果蔬、10% 左右的肉类会在流通过程中损耗，水产品和粮食也是损耗的大宗产品；与国外先进生产企业相比，在生产自动化、智能化和可追溯性方面仍存在较大差距；而作为主要生产原料的棕榈油仍需依靠进口。加大研发投入，通过科技创新打通国产化产业链依然任重道远。

5. “网红”产品需要注重产品品质

对于近年来新兴产品中的佼佼者自热食品而言，基础仍不够扎实，新产品的核心竞争力尚未形成或少数形成，其关键技术依然主要沿袭方便面的脱水、干燥、冷冻升华干燥和软罐头工艺，这些都可以从方便面的创新当中找到基础根底。

（二）科技创新

“十四五”时期以及今后更长时期内，食品产业发展对科技创新提出了更为迫切的要求。方便食品制造业如何紧扣高质量发展的主题？需要通过高水平谋划布局，在加强基础研究的同时，真正实现产学研融合的前沿核心技术创新，以构筑起方便食品产业科技发展的新优势。

1. 资源利用率亟待提升，绿色制造需更广泛渗透

目前方便食品加工增值和资源利用还亟待加强，生产能耗高，绿色制造技术普遍缺乏。其干制过程吨产品耗电量是发达国家的 2~3 倍，速冻食品平均吨产品耗能比国际水平高 30% 以上，吨糖耗水量是发达国家的 2~3 倍；种养殖方式粗放、品种退化和质量偏低限制了食品原料的有效供给，残次果与加工副产物综合利用不足，粮油、水果、豆类、肉蛋、水产品等深加工率仅有 30% 左右，低于发达国家 70% 以上的水平。

2. 核心技术自主创新能力不足

在经历疫情期间以产能扩张为主要方式的“总量提升”时期后，方便食品制造业步入以安全、营养为目标的“价值提升”关键时期。当前，科技原创能力和产业引领能力

建设不足，研发投入强度低于我国制造业平均水平；装备智能成套水平偏低，高端高压均质机、高性能高温连续杀菌等高端成套装备、主要大型企业的关键高端装备仍依赖进口。行业内由于大量小规模企业长期存在，工业化程度低，无法应对特殊、多样的加工要求，核心技术硬件匹配不到位。

3. 产业整体协同发展的创新机制需尽快形成

整体而言，方便食品当前前沿性、创造性和颠覆性技术研究投入不足，基础创新支撑不够，缺乏国家级战略研发、交叉学科和成果应用平台，缺乏高素质科技人才和高水平队伍；全国科研能力区域分布不均衡，学科融合能力薄弱，科技成果处于实验室研究阶段及中试阶段占比偏高，成果转化应用比例低；方便食品制造规模以上企业数量不足10%，为数众多的中小企业生产集中度低、研发经费投入较少、追逐利润胜过技术和品质，产品低值化、同质化倾向比较严重。

三、发展趋势

方便食品制造业未来需要延续和保持良好的发展态势，牢固树立习近平总书记提出的“大食物观”，通过全方位、多途径开发食物资源，创新丰富多样的产品品类，实现供求平衡，更好地满足老百姓日益多元化的消费需求。我国食品产业以“大规模、大科技、大业态、大市场、大龙头、大安全、大品牌”为特征的发展趋势日渐显现。

（一）行业发展趋势

1. 健康内涵的提升

在行业实现健康转型的过程中，绝不仅是减油、减盐、减糖的“三减”，而是需要迫切提升现有食品的健康内涵，深度挖掘原料与成品中的营养元素，着力提升产品附加值，发展以中华传统饮食文化为根基，以科学为基础，以食品为载体，应用具天然、健康特征的功能物质和原料，来满足不同人群多元化需求的产业链。

2. 工艺日益精湛，口感更细腻

科技进步使方便食品的生产工艺日益精湛，尤其体现在产品的感官体验和消费环节。例如，速冻食品的复温方式更加多样，包括煮、蒸、煎、烤、微波等多种形式；面点类产品的皮层和馅料衔接的紧致性提升了，消费者具有更好的食材咀嚼感；挂面面体具有独特结构，易于煮制（3～5min），更易入味、消化和吸收；菜肴的口味更接近家庭厨房烹饪的味道。工艺的改进使方便食品更加家庭化和方便化。

3. 预制菜火热，风险与机遇并存

我国餐饮市场规模庞大，整个行业原材料成本居高不下，降本增效的需求高。预制菜起到降低损耗、减少对厨师和配菜人员的需求、节约厨房操作空间等作用，提升了餐饮品牌出餐效率。行业长期以来以中国传统菜系菜品为主，近年来部分企业跟随消费群体偏好的改变逐步推出西餐类、油炸类、火锅类等热门形态的餐食产品。同时，行业参与者要构建更为可靠的食品安全保障体系，加强品控，确保产品质量符合标准，杜绝食品安全事故的发生。

4. 持续创新突破难点，标准化还原经典口味

从手工大包子到完整红豆入馅儿的红豆包，从60%超高馅含量的蒸煎饺到速冻北方老面馒头，速冻食品口味向地方化、特色化转变的趋势依然火热。具有健康、天然特征的新一代方便食品正在逐步扩大市场占有率。而强化米、面复热后的口感，菜肴复热后风味衰减及产品健康内涵的理论支持和安全性研究，将支撑行业长久发展。

5. 场景化设计增加，满足不同消费人群

消费人群的细分，使消费场景日益增多，对产品创新提出了更高的要求。方便食品制造业围绕“多口之家”“单身一族”“都市银

发”、健身人士等细分消费人群，研发适合特定场景食用的创新产品；针对“上班族”布局具备复热功能的智能售卖终端，使“上班族”就餐时间和就餐地点更灵活，可在最短时间内享用热气腾腾的一顿正餐。同时为迎合不同消费场景的需求，咸味香精调味料行业强化天然、高品质原料的应用，顺应了让美味变得更健康、“简单不简约”和天然绿色的消费趋势。

6. 装备创新突出，为传统食品工业化提供解决方案

不论是整线装备，还是单机装备，装备的企业自主创新设计能力还需突破。更快的速度、更小的占地、更低的能耗，以及远程操控功能的集成，正成为方便食品装备研发创新的新趋势。企业不断追求更加高效、节能、稳定的成套生产装备，尤其是聚焦在米粉、面片、纯杂粮面的生产上，工艺的原始创新和装备的集成创新将为传统方便食品的大批量生产提供全新的解决方案。

（二）产品创新趋势

从目前趋势上看，未来方便食品的产品创新需要在针对不同人群偏好的一些新兴细分市场发力，包括针对年轻消费者群体，与热门游戏、动漫形象合作，推出联名产品；针对素食主义者，开发鲜蔬面、植物肉水饺等素食产品；针对快节奏生活趋势与家庭消费需求，推出预包装鲜湿面、预制菜肴等；针对消费者的营养健康需求，推出青稞面、杂粮面、黑芝麻面筋等。我国消费者对产品价格的敏感程度逐步降低，在线上销售渠道的加持下，方便食品消费未来将愈发呈现个性化消费特征。

1. 米面制品行业

“面强米弱”的格局正在被打破。随着技术的创新发展，快煮煲仔饭、冲泡米饭这类方便的米制品将逐渐更多地占据市场份额。实现明火、微波炉、电饭煲、电磁炉等不同方式，15min 即可煮一锅带锅巴的煲仔饭已成为可能。而用 8~10min 开水冲泡就可还原一碗接近厨房手作口感、营养搭配丰富的米饭，也将让“方便食品主食化，主食食品便捷化”的趋势得以充分体现。

2. 速冻食品行业

一是围绕场景化开发产品线成为行业趋势，比如带上速冻标签后的广式早茶，让早茶党们收获了“早茶自由”“虾饺自由”。基于锁鲜方式、锁鲜比例、锁鲜包装、新鲜食材、即热速享等多维度的新品研发方向，也将带动速冻粥市场的升温。二是将传统产品的迭代升级作为主攻方向，比如饺子类向煎水饺、抱蛋煎饺、酸汤水饺、冰花煎饺等方向发展，再配以各式各样的自制蘸料，可以简餐，也可以搭配沙拉、拌面等成为中西合璧的正餐。

3. 方便面及其他方便食品制造业

方便面曾经是方便食品领域的先锋，但由于外卖和其他方便食品的兴起，市场受到一定冲击。但行业通过不断推陈出新和强化产品力，拓展消费场景，满足消费者享受美味与食用便利的双重需求实现突围。例如，在面体的创新方面，以“飞刀削面”的形式还原传统刀削面劲道口感。另外，可以当今年轻群体对于身材管理及热量摄入控制为切入，将比传统面饼减少约三分之一热量的“0油炸”健康面和快速冻干工艺相结合，推出更多满足特殊人群需求的产品。

自热食品在行业同质化竞争较为突出的背景下，也需要基于营养和安全理念的创新突破，在丰富菜单、使用“低 GI”全谷物为原料等上发力，为行业创新和市场开拓提供更广阔的空间。

四、政策建议

（一）加快特色方便食品的数字化和功能化转型升级

以我国传统饮食文化为根，以科学为基

础，采用现代食品制造技术、数字化技术等改造升级我国传统特色方便食品，促进产业高质量发展。针对传统方便食品多样化、特色化和经验化特点，凝聚全产业链科技和人才等要素资源，大力开展特色方便食品的标准化、规模化、集约化研究；构建特色方便食品的仿生化数字设计与制造平台，建立加工过程的感知、决策、执行、学习与进化的智能控制系统，开发更具柔性化和更广适应性的方便食品现代加工技术与装备；以健康为导向，充分挖掘我国特色食品资源，采用精准营养设计等技术开发更具健康功能、绿色天然的新一代方便食品。

（二）加大方便食品高层次创新人才的培育力度

基于我国方便食品产业特征，构建方便食品产业领域高校与高校、高校与院所、高校与地方、高校与企业、高校与国际、高校与协学会等多种协同创新的高层次人才培养体系；通过方便食品产业领域的产学研融入式合作，培养一批面向生产一线的产业技术人才队伍；通过国际交流与合作，培养一批具有国际视野的中青年科技人才队伍，引进一批方便食品产业发展亟须的海外高层次人才队伍；通过培养一批交叉复合型高水平创新人才，构建一支适应未来方便食品产业创新发展需求的高水平人才队伍，为我国方便食品产业高质量发展提供智力保障。

（三）加速方便食品法规标准的修订和完善

加速方便食品领域相关标准和法规的落地与完善，为行业自律、创新与高质量发展起到积极作用。在2021年9月《食品安全国家标准　速冻面米与调制食品》（GB 19295—2021）发布的基础上，加快对全谷物食品等新型方便食品的标准制定，鼓励方便食品企业制定严于国家标准、行业标准或者地方标准的企业标准，鼓励行业协会制定严于食品安全国家标准的团体标准，提升方便食品产品质量；推动方便食品标准与科技创新的互动，加强关键技术领域标准研究；积极参与方便食品领域的国际标准化活动，推进中外标准互认，构建与国际标准兼容的标准体系；在全行业建立标准沟通会、标准追溯和监管应用反馈机制。

（四）加紧实施方便食品品牌战略

积极制定方便食品品牌发展战略，加强品牌文化建设，不断提升品牌的影响力和认可度；加强方便食品知名品牌挖掘、遴选和培育，重点维护原有品牌，创立新品牌；引导方便食品企业增强品牌意识，鼓励方便食品企业提升产品附加值和软实力，打造优质产品品牌；通过主流媒体渠道、新媒体渠道、公益代言等方式作为权威发声，打造科普平台，增加与消费者交流的广度与深度，帮助方便食品行业树立更积极的形象。

（五）加强构建方便食品国家战略物资储备体系

方便食品作为战略保障物资的重要组成，在满足民众普通营养健康消费需求的同时，还应该加强其战略物资贮备、应用和管理职能。加强严重自然灾害、突发性公共卫生事件、公共安全事件及军事冲突等突发公共事件应急处置过程中方便食品的供应保障，以及高原高寒、边防海岛等不同地域部队战时应急热食的食品与功能保障，支持高能量，能有效提高机体抗缺氧、抗疲劳、改善认知能力等功效的特需方便食品开发，优化方便食品储备品类、规模、结构，完善储备模式，加大监管力度。

中国食品科学技术学会

生物发酵产业

2021年，我国生物发酵产业沉着应对百年变局和世纪疫情，迈出了构建新发展格局的步伐，取得了产业发展的新成效，实现了“十四五”的良好开局。我国生物发酵产业在认真总结“十三五”发展取得的成绩，深刻思考发展存在的突出问题，聚焦产业结构调整、关键核心技术突破、绿色低碳和智能制造发展、标准体系建设的基础上，制定发布了《中国生物发酵产业“十四五”发展指导意见》，为我国生物发酵产业明确了发展方向。

一、行业概况

（一）主要经济指标

在能源双控、原辅料价格上涨、国内外疫情冲击等因素的影响下，我国氨基酸产品、有机酸产品、多元醇和功能发酵制品产品、酶制剂产品、酵母产品逆势实现产量、产值增加；淀粉糖和食用酵素受影响较大，均为负增长。根据中国生物发酵产业协会统计，2021年，生物发酵产业主要行业产品产量约3200万t，较2020年同比增长约0.8%；总产值约2600亿元，较2020年同比增长约4%。

（二）行业发展分析

1. 价格

（1）氨基酸　2021年玉米原料价格依然呈现波动大幅上涨趋势，虽然2021年下半年有所下降，但依然比2021年上半年价格有较大涨幅。同时，煤炭及辅料价格大幅度上涨，导致氨基酸生产企业2021年上半年经济效益严重萎缩，但从2021年8月氨基酸价格开始回涨，2021年9月达到稳定，2021年下半年有较大提高。

（2）有机酸　受疫情影响，海外柠檬酸生产企业开工率较低，国内柠檬酸及盐类产品的出口旺盛，柠檬酸行业扭转多年来亏损的局面，价格大幅提升。柠檬酸行业整体价格上涨，柠檬酸盐及酯价格上涨速度低于柠檬酸。其他小品种有机酸（苹果酸、丁二酸等）发酵法生产技术有所突破，但由于生产成本较高，并不具备市场竞争优势。乳酸行业由于新增产能加速释放和原辅材料价格上涨等原因，导致利润空间缩减。

（3）淀粉糖、多元醇　受拉闸限电、原辅料价格大幅上涨和部分产品供应紧张等因素的影响，极大增加了淀粉糖、多元醇的生产成本。从价格上看，麦芽糊精、结晶果糖等固体产品盈利情况较好，产品价格随着玉米价格波动调整。

（4）酶制剂　农副产品、无机盐类、化工类等原辅料价格及生产用电、蒸汽、污水处理等价格快速上涨，导致企业进行了部分产品的提价，但依然不能冲抵原辅料涨价带来的成本压力，企业利润大幅缩减。

（5）酵母　2021年酵母主要生产原料糖蜜的价格比2020年上涨2倍多，部分辅料价格如硫酸比2021年亦上涨数倍，导致酵母的生产成本大幅上升，对企业利润造成一定压力。2021年第四季度，部分酵母产品提价，企业利润压力缓和。

2. 市场

（1）氨基酸　目前我国主要生产的氨基酸类产品有 40 余种，总产量约 640 万 t，较 2020 年同比增长约 9%；工业总产值约 600 亿元，较 2020 年同比增长约 20%。行业整体依旧呈现以大宗饲料级氨基酸产品为主，高附加值医药级、食品级、日化级等小品种氨基酸产品为辅的产业格局。大宗氨基酸产品有新上产能，小品种氨基酸产能略有增长，并有继续扩张的趋势。其中，支链氨基酸、丙氨酸、苯丙氨酸在小品种氨基酸中产能较大。受疫情、碳中和、碳达峰、环保、饲料市场等因素影响，大宗氨基酸产品出现限产、转产或停产、限量接单的局面，企业全年开工率呈现 V 字形趋势，2021 年第四季度生产较好。

（2）有机酸　2021 年受国家产业政策导向影响，乳酸及其衍生品丙交酯、聚乳酸市场前景较好。国内乳酸产能快速扩增，2021 年产量约为 27 万 t，较 2020 年同比增长约 71%；有机酸总产量约 260 万 t，较 2020 年同比增长约 5%；柠檬酸产量约 170 万 t，较 2020 年同比增长约 1%；葡萄糖酸产量约 60 万 t，衣康酸产量约 5 万 t，与 2020 年基本持平，市场较为稳定。

（3）淀粉糖、多元醇　2021 年全国淀粉糖总产量约 1400 万 t，较 2020 年同比下降约 5%；产值约 480 亿人民币，较 2020 年同比增长约 3%。其中，固体糖（结晶葡萄糖、麦芽糊精及其他）产量约 560 万 t，较 2020 年同比下降约 5%，增幅最大的是结晶葡萄糖产品；液体糖（果葡糖浆、葡萄糖浆、麦芽糖浆）产量约 890 万 t，较 2020 年同比下降约 5%。产品用途依然是以食品工业为主，医药、日化、化工等其他工业为辅。

在疫情常态化和减糖、健康需求的推动下，消费者对维生素 C 等营养健康产品、低热量甜味剂等的需求日益增长，带动了糖醇市场的增长。赤藓糖醇的低热量、抗龋齿、耐受性高等特性逐步显现出优势，应用市场逐步扩大，产能增加较快，多家企业陆续扩产及投产，带动赤藓糖醇产量增加，部分企业新建的愿望较强烈，2021 年年底新建产能超过 40 万 t，暴发式的增长对市场容量是很大的挑战，行业竞争格局将会日渐显现。麦芽糖醇、甘露糖醇、木糖醇生产状况良好。2021 年糖醇总产量约 180 万 t，较 2020 年同比上涨约 3%。

（4）酶制剂　2021 年酶制剂行业总产量和产值与 2020 年同期相比均有增长，酶制剂产值约占全球市场 10%；国产酶制剂的国内市场占有率显著提升，达到近 50%。食品酶制剂作为酶制剂最大的应用领域，受下游市场的带动，市场良好。洗涤用酶、造纸用酶、医药用酶等其他工业用酶制剂受合成生物学的带动以及下游发展绿色化、健康化趋势的影响，2021 年的销售状况良好。我国生产的酶制剂品种主要还是集中在淀粉酶、糖化酶、蛋白酶、植酸酶等品种。

（5）酵母　后疫情时代我国消费结构发生变化，家庭、电商和餐饮行业消费习惯改变，食品行业发展趋势总体稳中向好，显示出下游产业对酵母及相关深加工产品需求的增长。2021 年酵母产量约 44 万 t，较 2020 年同比增长约 6%。其中，活性酵母类产量约 30 万 t，酵母抽提物类产量约 12 万 t，其他酵母制品产量约 2 万 t。产能利用率约 95%，行业产值约 97 亿元，较 2020 年同比增长约 5%。

3. 投资

2021 年生物发酵产业重点企业新增投资主要集中在新产品生产、产品质量品质提升、技术改造以及绿色化智能化改造、绿色生产基地和新型智能工厂建设。氨基酸行业在保持大宗氨基酸规模化生产为主的格局下，重点扩大高端氨基酸及核苷酸衍生物高值化生产能力，提升我国小品种氨基酸产品市场供给。有机酸行业通过自动化技术的实施和新增柠檬酸生产设备，实现绿色智能制造，使各类产品向着精细化、多元化、系列化发展。淀粉糖行业围绕技术升级与改造，进一步提升产品品质和市场竞争力，赤藓糖醇产能快速增加，多家企业陆续扩产。酶制剂行业加快建设高标准食品级生物酶制剂的生产线，扩大特种酶、复合酶生产能力。酵母行业围绕提升制造的绿色化和智能化水平，实现酵母产业升级，重点实施酵母绿色生产基地建设、酵母制品绿色制造生产线建设。

4. 行业集中度

我国生物发酵产业企业围绕玉米主产区进行投资建设和产能转移，目前形成了东北和黄淮海两个玉米加工产业密集带，集群式发展的格局已经基本形成。产能主要集中在东三省、内蒙古、山东、河北、河南和安徽等玉米产区，新增产能最快的省（自治区）为吉林、黑龙江、辽宁和内蒙古。经过行业整合，企业数量逐步减少，行业主体由以中小企业为主的局面已经转变为以大企业、大集团占据主导地位的格局，形成了一批跨地区、跨行业且具有较强竞争优势的企业和集团，部分龙头企业规模已达百亿元以上。以山东省禹城市“中国功能糖城”和山东省昌乐县“中国柠檬酸特色产业基地”为代表的生物发酵产业集群对产业发展的带动效应显著，成为助推地方经济发展的新动能。山东省禹城市“中国功能糖城”功能糖产品涉及8大系列60余个品种，总体产能约130万t，低聚异麦芽糖、低聚果糖、木糖醇、低聚木糖、赤藓糖醇、低聚半乳糖、海藻糖等产品生产规模居世界前列，综合产品国内市场占有率70%以上，国际市场占有率35%左右；低聚异麦芽糖、低聚果糖、抗性糊精等产品国内市场占有率超过75%，是目前全国集聚程度最高、规模最大、品种最多、市场占有率最高、品牌知名度最好的功能糖制造基地。山东省昌乐县中国柠檬酸特色产业基地形成了集柠檬酸生产、原辅料供应、产品物流运输、设备加工、废弃物资源利用于一体的上下游产业链，柠檬酸年产量约占世界总产量的25%，国内市场占有率约66%以上。

5. 进出口

2021年生物发酵产业主要产品进口量约14万t，较2020年同比下降约40%；进口额约21亿美元，较2020年同比增长约11%。2021年生物发酵产业主要产品出口量约570万t，较2020年同比增长约0.4%；出口额约82亿美元，较2020年同比增长约44%。

（1）氨基酸　进口氨基酸类产品总量虽然不大，但近几年呈现出波动上涨的趋势，主要为高品质小品种氨基酸类产品。出口氨基酸仍以大宗饲料级氨基酸及味精（谷氨酸钠）为主，其中味精（谷氨酸钠）出现下降，但出口额有所增长。

2021年谷氨酸类产品出口以亚洲、非洲国家为主，主要为味精（谷氨酸钠）；赖氨酸类产品出口以欧洲、亚洲、美洲国家为主，主要为赖氨酸酯及盐，多用于饲料；其他氨基酸类产品出口以欧洲、美洲、亚洲国家为主。

（2）有机酸　有机酸出口价格提高，柠檬酸、柠檬酸盐及酯出口价格提高约60%以上，葡糖酸及其盐和酯的出口价格较2020年提高约25%，乳酸及其盐和酯的出口价格涨幅相对较低，较2020年提高约11%。主要原因是国外柠檬酸企业由于疫情影响无法正常生产，依靠国内企业供货，本土柠檬酸企业掌握出口议价权。乳酸出口量较上一年度有较大涨幅。

有机酸的进口除乳酸外其他量都很小，这主要是近几年聚乳酸研究和制造很热，国内高档乳酸供应不足所致。然而，乳酸进口量较2020年同比下降约14%，说明我国高端乳酸已能实现部分供给，产品质量有较大提升。

（3）淀粉糖、多元醇　2021年淀粉糖出口量大幅下降，主要是果糖及果糖浆（果糖含量>50%）出口量较2020年同比下降约70%。近几年东南亚国家陆续对果葡糖浆进口采取的措施对我国果葡糖浆的出口带来了致命打击，我国糖浆产品的出口局面日益严峻，国内市场的竞争形势日益激烈，液体淀粉糖企业都在积极寻求新的发展出路。

2021年淀粉糖进口量继续保持较大降幅，主要是2021年海关总署将蔗糖糖浆等产品移出了“17029000其他固体糖及未加香料或着色剂的糖浆”条目，此条目进口量较2020年同比下降约95%；此外，下降幅度较大的是葡萄糖及葡萄糖浆（20%≤果糖含量<50%），较2020年同比下降约96%，果糖及果糖浆（果糖含量>50%）较2020年同比下降约63%，侧面反映了国内果葡糖浆供应充足。

多元醇出口量持续增加，除编码2905.4400以外的山梨醇、丙三醇（甘油）出口量下降外，包括赤藓糖醇在内的其他化工多元醇、未列名二元醇的出口量大幅增加；出口价格除木糖醇价格较2020年下降外，其他产品均不同程度上涨。

多元醇进口量小幅下降，编码2905.4400以外的山梨醇、其他多元醇、未列名二元醇、山梨醇下降幅度较大，降幅最大的是编码2905.4400以外的山梨醇，较2020年同比下降约87%。进口价格除木糖醇较2020年同比下降37%外，其余产品的价格均不同程度上涨。上涨比例最高的是丙三醇（甘油），较2020年同比增长约97%，侧面反映出我国市场对丙三醇的刚性需求。

（4）酶制剂　我国酶制剂产品的种类与国外相比还有一定差距，仍需进口一些国内需要但制造尚不及国外的酶类。另外，进口酶制剂产品的价格要远远高于出口酶制剂产品的价格，说明进口的酶制剂是一些高端产品，而出口的则是附加值较低的一般大宗产品。

（5）酵母　2021年酵母类产品进口幅度呈现增长趋势，其中发酵粉产品的进口大幅度下降，国内同类产品产量增长，出口增长较快。2021年酵母类产品出口有小幅增长，主要出口品种为面用酵母、酒用酵母、饲料酵母及酵母抽提物等。

6．“三品”战略实施情况

（1）增品种　生物发酵产业始终坚持科技创新、政产学研用合作的理念，不断加大科研投入，依托国家企业技术中心、国家和省部级重点实验室、国家和省部级工程技术研究中心、博士后工作站、企业自有研发中心等创新平台及中国合格评定国家认可委员会（CNAS）实验室，致力于生物发酵新品的研发、技术创新和工艺改进，不断突破技术难题。氨基酸行业加快氨基酸产品在食品营养强化剂领域的应用和开发，启动氨基酸产品食品营养强化剂的申报工作。酵母行业注重酵母产品、酵母制品和酵母衍生制品等产品的深度开发与利用，立足实现酵母产业链产品全利用。合成生物技术成果的广泛应用，为酶制剂行业新品种开发提供了新动能，加速了自主知识产权菌种构建和应用开发，丰富了国产酶制剂产品种类，满足了市场需求。淀粉糖和糖醇行业注重迭代产品的研制开发，做好产品储备，加快食品用新品种的申报工作。

2021年，氨基酸行业龙头企业阜丰集团实现了L-茶氨酸、聚谷氨酸等新产品产业化生产，持续开发优质新产品满足多元化的市场需求。酵母行业龙头企业安琪酵母股份有限公司始终保持研发投入在营业收入的4%以上，宽糖度低糖酵母、饮料专用酵母抽提物、人造肉专用酵母蛋白、肽鲜系列、低成本泡打粉系列、酵母浸出物超滤系列、糖水曲、白酒风味曲、谷氨酰胺酶、调制乳粉等157项新产品上市，备案保健食品25项，上市保健食品17项。

（2）提品质　生物发酵企业继续以高标准严格要求，利用全链条质量管理体系，加强产业链条上各环节的管理和控制能力，确保产品质量和安全。通过不断提高质量管理水平、工艺技术水平、质量管理软实力等，来推动产品在市场的认可度和知名度。通过积极组织开展标准制修订工作，来引领、带动行业技术进步与质量提升。2021年，承担的在研制修订标准共计66项，其中食品安全国家标准11项、国家标准1项、行业标准28项，生物发酵产业团体标准6项；截至2022年1月，发布国家标准3项、行业标准4项、团体标准9项，报批行业标准20项。所研制标准以产品标准为主要类型，其他涉及方法标准和清洁生产、绿色制造等类型。

氨基酸行业龙头企业梅花生物科技集团股份有限公司多年来持续增加研发投入，提升生产中关键技术指标，实现了产品质量的稳定和提升。产品涉及农产品加工、基础化工、食品添加、饲料养殖、医用保健、日用消费等多个领域。糖醇行业重点企业浙江华康药业股份有限公司注重开发并建成多个国内领先的数字化示范车间，通过精益生产、绿色制造和智能制造，公司形成了具有特色的生产制造体系，为制造高品质的产品提供了保障。

（3）创品牌　产品质量是保证产品销售和企业品牌的前提条件，生物发酵产业企业一直将品质保证作为首要任务来抓。生产企业均设有专门的品质管理部门，从原辅料采购一直到产品销售建立了完善的管理体系，保证了产品的安全生产。企业还通过了ISO 9001管理质量体系、HACCP国际质量体系认证、清真食品认证（HALLA认证）和犹太认证（KOSHER认证）等，并严格按照体系要求开展生产经营，为客户提供最佳的品质保证。各企业还积极分析消费趋势，开展市场攻坚，推进渠道下沉。通过市场实施组合销售，整合线上线下资源，推行渠道数字化管理。不断提高客户服务的标准和质量，深入渠道网络建设，做好客户培训和销售协同。同时，加快推行渠道数字化应用，提升经销商的客户开发和管理能力，强化终端掌控与服务。2021年山东隆科特酶制剂有限公司、华熙生物科技股份有限公司、保龄宝生物股份有限公司获评国家“制造业单项冠军示范企业”，江苏一鸣生物股份有限公司、青岛蔚蓝生物集团有限公司、山东福瑞达生物科技有限公司获评国家“专精特新‘小巨人’企业”。

7. 绿色制造

行业企业更加注重产业和环境协同发展，将节约资源能源、低碳转型绿色发展作为企业的社会责任。在绿色环保方面，不断研发新工艺、引入新设备，以达到节能、降耗、减少污水排放、提高综合利用率的目的。2021年糠醛生产节水工艺装备被列入工业和信息化部、水利部《国家鼓励的工业节水工艺、技术和装备目录（2021年）》。同时，为了配合国家相关部门开展绿色产品、绿色工厂的评价工作，提高产业的绿色制造水平，氨基酸行业、有机酸行业、淀粉糖（醇）行业等制定并发布了相关的团体标准，以推动产业的绿色健康发展。

8. 发展新亮点

（1）持续加强新技术、新工艺和新产品开发　生物发酵产业龙头企业和重点企业持续保持研发投入，研发投入约占主营业务收入的4%以上，开创了生产技术指标不断提高、生产工艺明显改进、产品质量和产酸率持续提升的局面。企业在菌种性能提升、生产工艺优化、资源综合利用、产品应用研发等方面与各科研院所及下游用户紧密协作，取得了实质性成果。2021年行业组织开展了“高端氨基酸产品‘一条龙’应用示范”项目，整合产业链重点创新团队、制造团队和应用机构，共同推进氨基酸产品质量提升关键技术的突破、产品标准建立和高端应用领域的拓展。

（2）高度重视知识产权工作　龙头企业和重点企业内部设立知识产权工作办事机构，加强专利解读，定期开展知识产权风险测评、专利信息检索分析，并制定了加强知识产权管理的制度、办法及相关规定，积极推动利用专利信息进行科技创新。在不断推进国内知识产权布局的同时，积极谋划和开展国际知识产权申报，持续通过专利合作条约在欧美、日本等国家和地区进行知识产权布局。

二、行业面临的问题

（一）政策与市场

1. 生产经营成本升高

玉米的价格波动上涨及化工类原料价格持续上涨，增加了生产企业产品成本的不确定性，给生物发酵行业玉米加工产业链、供应链安全带来严重影响。酵母行业的主要原料糖蜜资源严重紧张，糖蜜进口的合规问题尚未解决，酵母行业面临原料成本的压力，酵母提价将影响到酵母作为有机氮源的生物制药、工业发酵制品、酿酒、焙烤、饲料以及民用酵母等行业，加快新的糖质、糖蜜替代原料加工性能提升，成为生物发酵行业亟须解决的紧迫问题。

2. 遗传改造微生物生产的新产品审批难问题仍未解决

目前遗传改造微生物生产的食品用酶制剂新品种由国家卫健委统一受理其行政许可申请，受理后分别由农业农村部组织开展生物安全评价，然后由卫健委组织开展产品安全性评价。除酶制剂之外的，通过遗传改造微生物生产的新食品原料、新食品添加剂存在申报生物安全评价难获通过、缺乏明确审批机制等问题。

（二）科技创新

1. 对玉米原料过度依赖

全球疫情加上地域性战争影响，我国对大宗农产品的种植结构进行了调整，玉米种植面积调减，虽然国家也在增加进口，且在保饲料用玉米安全的要求下，生物发酵产业加速了低廉生物质资源的规模化、高值化利用技术、工艺和装备攻关，开发替代玉米和糖蜜的可发酵糖质原料，但就最终满足工业化规模生产要求和综合成本来看，还需要时日。

2. 共性关键技术存在短板

生物发酵产业产品结构调整加快，功能性和高端化产品成为企业新的产品布局和增长点。新产品的功能性评价和应用性能评价，除现行法规要求因素之外，更重要的是为客户提供选择依据。由于目前行业尚未建立能够提供专项服务的公共平台，所以在新产品成果议价以及给客户提供更完整的产品信息方面存在支撑缺陷。生物发酵产业专用的异构酶和酶的固定化技术，发酵条件和工艺水平上的改进和优化，连续离交技术或色谱分离、膜分离装备等分离提取高端装备和高效的分离提取技术，新产品检测及性能、特性和功能评价技术，自控及智能化控制水平与国际先进水平有较大差距。

三、发展趋势

（一）生产标准化推动提升行业准入门槛

瞄准国际先进水平，坚持高安全、高品质定位，突出行业特点，继续加快生物发酵产品标准研究的同时，加强菌种安全性评估标准、生产过程质量控制标准、检测标准、基础标准、节能减排标准、污染物标准、智能制造标准等的制修订和宣贯，提升行业标准化程度及整体水平。

（二）核心自主创新能力增强推动行业竞争力

生物发酵产业是高技术产业，随着生物技术不断创新，提升菌种效能、优化生产工艺等均成为竞争的主要手段。企业通过不断自我研究和创新，形成拥有自主知识产权的核心技术优势，利用核心技术提升竞争力，扩大市场规模。

（三）合法合规意识提升推动产品国内循环

生物发酵产品的多样化，且对化工产品的替代性逐步增强。国际疫情以及局势的动荡、国外市场的饱和，使企业的目光聚焦在国内庞大的消费市场。随着我国法律法规及监管体系的完善，产品的市场准入程序越发清晰明确。为了开拓国内市场，行业必须通过正规申报程序，完善产品的申报信息，确保产品的安全性。同时，通过申报，对自有知识产权的产品进行保护。

（四）消费升级带动产业向高质高值发展

随着经济总量的增长及收入水平的提高，人们的消费观念正在悄然发生变化，对个性化、多样化、高档化、绿色化、健康化的消费需求催生出新的应用市场。生物技术产品的多样性正好迎合了这一消费趋势，为产品结构调整、发展高附加值产品提供了良好的支撑。

（五）产业结构向合理化发展

生物发酵产业集中度已经达到了一定的水平，产业逐步开始从规模主导型向效益主导型转变，高端产品及市场成为关注重点，产品结构亦向多元化、多领域应用调整。随着产品的不断创新与研发，产业结构将更趋于合理，为提高利润率、做强产业奠定基础。

四、政策建议

（一）继续给予财税政策支持

激励和扶持生物发酵制品的出口，增加高科技含量产品的出口退税率，鼓励企业出口，增强国际市场竞争力。健全对生物发酵企业节能环保奖励机制，进一步提高节能减排财政补贴标准。在金融政策上，多向民营企业、中小企业倾斜，适当降低融资成本，提供专项贷款，放宽贷款审核条件，降低贷款利率，保障企业运营安全。在减税降费、社保等方面继续给予生物发酵企业支持。

（二）持续支持生物发酵前沿和共性技术研发

建议在绿色生物制造产业链、生物制造工业菌种和工业酶的创制、智能生物制造过程与装备以及生物制造产业示范四个环节的前沿和共性技术方面，持续在项目、重点实验室、工程中心、工程技术中心等方面给予支持和建设，这将有利于缩短与国际水平之间的差距，实现技术并跑和某些领域的技术领跑。

（三）加快建立工业用遗传改造微生物安全评价体系

为了解决经过遗传改造微生物用于新食品原料、新食品添加剂、新食品等生产的生物安全问题，加快建立工业用遗传改造微生物安全评价管理体系和监督检查体系，设立由工业用遗传改造微生物研究、生产、加工、检验检疫以及卫生、环境保护等方面的专家组成的“工业生物安全评价委员会”，负责工业用遗传改造微生物的生物安全评价工作，由归口机构开展产品安全性评价，由此解决该类产品市场准入政策性问题。

（四）加强科普宣传和引导

通过联合相关部门开展宣传活动，举办相关展会，借助新媒体多形式的传播、服务和互动，推送专业知识、科普内容，发动全社会的力量，加大宣传生物发酵产业对社会、环境和经济可持续发展的贡献，推动生物发酵产业获得更多的认知度和支持。发挥典型宣传在产业创新、技术交流、经营管理等领域的重要作用，通过表彰先进集体、先进人物、典型经验，正确引导、激励和动员同行和企业为生产、技术、经营领域提供示范；通过典型案例分析发挥警示教育作用，从反面典型中吸取教训，禁于未然。

（五）加快完善政策法规及标准制修订

发挥行业协会的桥梁纽带作用，结合行业发展中遇到的问题、最新国际动态、研究成果、行业发展需要及特点，及时准确梳理现有政策法规、标准配套、行政许可等与产业实际发展不适应的部分，并及时提出修正意见和建议。同时，发挥各部委的协同作用，高效、高质完成标准制修订工作。

中国生物发酵产业协会

酿酒工业

2021年是“十四五”规划和第二个一百年奋斗目标的开局之年。在机遇与挑战并存的一年，酿酒行业充分发挥民族产业的韧性与魅力，克服疫情震荡困扰，全力满足产销供给；传统、智能酿造交融并驱，确保品质引领消费；线下线上有机互补，确保市场流通顺畅。酿酒行业与我国社会经济发展同步，交出了一份消费者满意、世界酒业瞩目的答卷，充分彰显了中国酒类产业永续发展的后劲，成功拉开了中国酒类产业“十四五”稳健、高质发展的序幕。

一、行业概况

2021年1—12月，全国酿酒行业规模以上企业完成酿酒总产量超过5400万kL，同比增长约4%。其中饮料酒产量接近4600万kL，同比增长4%；发酵酒精产量约800万kL，同比增长近2%。

2021年1—12月，主要经济效益汇总的全国酿酒行业规模以上企业总计1761家，累计完成产品销售收入近8700亿元，与上年同期相比增长14%；累计实现利润总额超过1900亿元，与上年同期相比增长近30%。

（一）主要经济指标

1. 主营业务收入

2021年，全国酿酒行业累计完成销售收入近8700亿元，与上年同期相比增长14%。其中，白酒制造业完成销售收入6000亿元，同比增长近19%；啤酒制造业完成销售收入近1600亿元，同比增长近8%；葡萄酒制造业完成销售收入约90亿元，同比下降近10%；黄酒制造业完成销售收入约130亿元，同比下降5%；其他酒制造业完成销售收入约250亿元，同比下降3%；发酵酒精制造业完成销售收入约600亿元，同比增长近10%。

2. 利润

2021年，酿酒行业累计实现利润总额近2000亿元，同比增长约30%。分行业看，白酒制造业实现利润总额约1700亿元，同比增长近33%；啤酒制造业累计实现利润总额近190亿元，同比增长约38%；葡萄酒制造业累计实现利润总额约3亿元，同比增长约8%；黄酒制造业累计实现利润总额约17亿元，同比下降近1%；其他酒制造业累计实现利润总额约40亿元，同比增长近0.9%；发酵酒精制造业累计实现利润总额近0.1亿元，同比下降近100%。

总体来说，白酒和啤酒制造业总体经济效益向好，而其他酒类制造业则出现不同幅度下降。

（二）行业发展分析

1. 价格

2021年，除黄酒和发酵酒精制造业利润总额有所下降外，其他酒类制造业的利润总额均较上年同期有所上升。从单位产品利润看，白酒、啤酒、葡萄酒较上年同期均有大幅上升，而发酵酒精较上年大幅下降。

以经济指标占比最大的白酒为例看价格走势。2021年全国白酒批发价格同比总指数上涨2.36%，比2020年同期略高0.07个百分点，比 2019 年略低 0.04 个百分点。2021 年全国白酒批发价格总指数同比涨幅高于疫情发生的 2020 年，略低于疫情前的 2019 年，显示行业从疫情冲击下逐渐复苏，但尚未回到疫情前的正常运行轨道中。

分月来看（图 1），2021 年在酱酒热带动下，行业景气度依然较高，全国白酒批发价格同比指数保持了上涨态势，多数月份同比指数保持在 102～103，其中 8 月份上升到 102.87，创下 2020 年 5 月以来单月新高。随后监管部门召开部分企业的座谈会为市场降温，加之国内经济下行压力增大，疫情散发、多发打乱了市场节奏，市场热度有所降温，从 9 月份开始全国白酒批发价格同比指数开始逐月下降，其中 9 月份为 102.72，10 月为 102.34，11 月为 102.16，12 月降为 101.87，较 8 月份收窄 1 个百分点，达到年内低点。

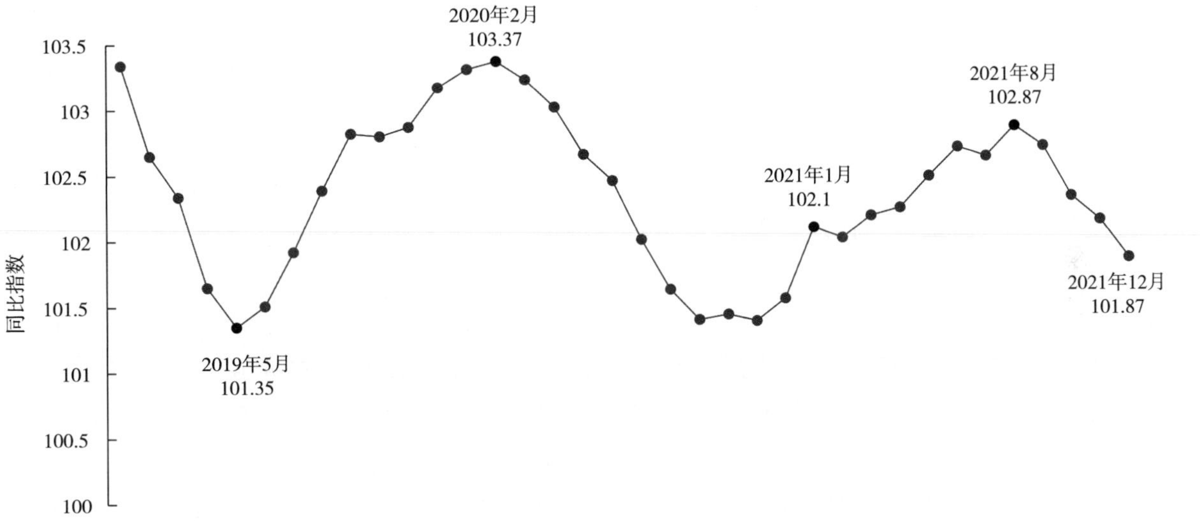

图 1 2019—2021 年全国白酒批发价格同比指数

资料来源：《2021 中国白酒价格运行报告》。

分类来看（图 2），2021 年全国名酒、地方酒、基酒批发价格同比指数延续了上年的分化走势。其中，名酒作为行业发展的主引擎，价格走势更为强势也更有韧性，2021 年低开高走，冲高回落，全年名酒批发价格同比指数为 103.75，比同期地方酒高 3.08 个百分点，比基酒高 2.93 个百分点。相对名酒，地方酒一方面在名酒挤压下增长困难，另一方面在疫情散发、多发下影响动销，即便跟随式被动涨价，奈何市场认可度不高，出现边涨价边促销的价格倒挂景象。市场不友好造成 2021 年地方酒批发价格同比指数表现疲弱，全年走势呈现高开低走的格局，年初 1 月份地方酒批发价格同比指数为 102.11，即为全年高点，之后指数逐步震荡下行，10 月份开始指数进入下跌区间，12 月以 99.06 的年内低点收官。基酒得益于行业市场景气度保持在相对高位，以及酱酒热带来的红利，加之高粱等原料成本增加影响，批发价格同比指数弱于名酒，强于地方酒。2021 年全年基酒批发价格同比指数为 100.82，低于 2020 年 0.49 个百分点，呈现弱势上涨，尤其是年底 12 月同比仅为 100.65，创下年内低点。

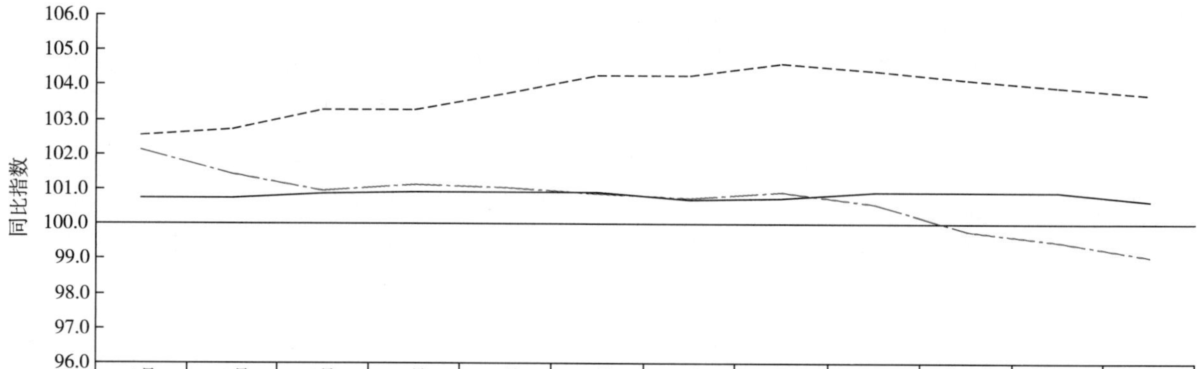

	1月	2月	3月	4月	5月	6月	7月	8月	9月	10月	11月	12月
----名酒	102.54	102.74	103.28	103.27	103.77	104.27	104.26	104.6	104.42	104.13	103.95	103.71
—·—地方酒	102.11	101.42	100.94	101.15	101.05	100.86	100.75	100.9	100.57	99.78	99.47	99.06
——基酒	100.75	100.75	100.85	100.91	100.91	100.91	100.69	100.74	100.91	100.9	100.92	100.65

图 2　2021 年全国名酒、地方酒和基酒批发价格同比指数

资料来源：《2021 中国白酒价格运行报告》。

从判断价格长期运行趋势的定基指数①（图 3）看，进入 2021 年后，在酱酒热带动下行业景气度依然较高，全国白酒批发价格定基指数不断创新高，一路攀升，从 1 月的 106.39 到 9 月的 107.92，连续刷新历史新高。虽然四季度多方因素影响下市场热度有所降温，但全国白酒批发价格定基指数在高位运行，10 月、11 月、12 月分别为 107.78、107.73、107.83，离历史高点仅一步之遥。全国白酒批发价格定基指数的强势反映了疫情影响的主要是产销量，对价格的影响尚不明显。但量在价先，价格反映相对产销量有一定滞后期，未来是否能够保持强势仍待观察。

2. 市场

2021 年，随着酒业调整进程的加快，酒类消费需求在趋向多元化、时尚化、个性化的同时，更加追求健康消费、品质消费，这也促使酒类产业更加注重产品结构优化、产品品质提升、品牌文化升级，同时叠加消费持续升级，“喝好点，喝少点”理性饮酒的消费场景正在成为常态。从酒业市场运行的角度来看，主要有如下特点。

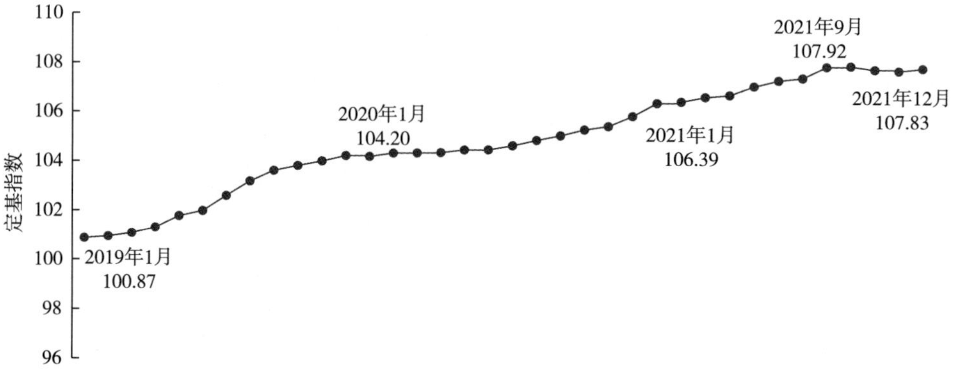

图 3　2019—2021 年全国白酒批发价格定基指数

资料来源：《2021 中国白酒价格运行报告》。

① 定基指数指在按时间顺序编制的指数数列中，各时期指数的对比基期均以同一个固定时期对比而形成的指数。这里的全国白酒批发价格定基指数以 2012 年 2 月为基期，即以 2012 年 2 月全国白酒批发价格为指数 100。

第一，数字驱动，酒类厂商关系开始重构。目前，大数据已经开始应用到各行各业，再加上疫情防控常态化，2021 年酒类产业数字营销已渐渐落地，让酒类厂家、品牌方直接链接消费者和终端，有效缩短了生产厂家与消费者之间的距离。基于此，酒类厂家、品牌方也展现出对消费者前所未有的关注，生产厂家也更加关注终端关系。酒类电商的竞争日趋白热化，酒类流通企业的兼并重组进一步加快。

第二，互融互通，业外资本跨界酒业增多。在外部政策利好和内生动力增强的驱动下，资本跨界酒业互融互通增多，成为资本市场的风向标。与此同时，资本市场酒业板块的火热和年轻化美酒品牌的迅速崛起使得我国酒业的发展备受消费者关注。整体上看，我国酒业市场在业外资本的加持下，正在转型升级发展中焕发出新的面貌。

第三，产业集中，引发酒商走向集中化。纵观整个酒类流通市场，不仅生产端集中化程度越来越高，流通端的酒商也正在走向集中化。一是连锁新零售，向上整合供应链，向下锁定消费者，如 1919、酒便利等就是典型代表；二是品牌运营商，不仅在快速建网络做陈列，更是在积极做品鉴做品牌。数据显示，中国酒商数量正在逐年减少，正在走向集中，走向规模化发展，大商、超级大商正在成为酒业新风景。

第四，跨界营销成为酒业营销新模式。2021 年，跨界营销在酒类产业的应用逐渐成为一种新的营销模式，而且越来越多的著名酒水品牌开始借助跨界营销，寻求强强联合的品牌协同效应。在酒类营销中实施的跨界营销均以强化消费者的体验为基础，通过酒类产品的品牌、渠道、客户跨界合作带给消费者不同的体验，从而实现彼此的相互渗透和融合，实现品牌效应叠加，真正让酒类品牌走进消费者心智，打通消费通道。

第五，供大于求，酒类市场供需矛盾愈发明显。近年来，酒类行业一直处于快速增长期，酒类流通企业因价格上涨预期、销售形势良好、盈利前景看好等各种原因，增加了大量酒类商品库存。酒类市场由供需总体平衡转为供大于求，酒类市场特别是白酒市场供需矛盾逐步显现。

3. 投资

2021 年，酿酒行业总体资产总额增加约 20%，所有子行业资产总额均有所增加，其中白酒制造业增长约 26%，增幅最大。全国酿酒行业规模以上企业共亏损 311 家，亏损面约 18%，亏损企业累计亏损额近 53 亿元，比上年同期增长约 47%。截至 2021 年 12 月底，行业资产负债总额达到近 5800 亿元，负债率达到近 42%，较上年同期增长约 23%。

4. 区域分布

2021 年我国酿酒产量最大的五个地区四川、山东、广东、黑龙江、河南五省酿酒总产量约 2400 万 kL，比上年同期增长近 6%，约占全国酿酒总产量的 45%。除河南省酿酒总产量同比小幅下降外，其他四省均有增长，其中广东省增幅最为明显，比上年同期增长约 13%，达到近 450 万 kL，上升到全国第三位。酿酒总产量最大的四川省产量约 700 万 kL，同比增长约 8%；山东省酿酒总产量近 600 万 kL，同比增长约 3%；黑龙江省酿酒总产量超过 360 万 kL，同比增长约 5%；河南省酿酒总产量约 350 万 kL，同比下降近 3%。

5. 行业集中度

酿酒行业经过深度调整之后，从 2015 年开始，酒类消费市场持续向好，酒类产业集中度一年比一年提高，市场结构升级愈发明显。

以白酒产业为例，2016 年规模以上企业数量 1578 家，2021 年这一数字下降到 965 家。白酒产业集中度在 2021 年再次提升。竞争加剧、分化复苏、快速集中已成为白酒产业的发展常态与主流方向。2021 年白酒头部企业表现较好，其中贵州茅台销售额 1090 亿元，五粮液 667 亿元，江苏洋河 250 亿元，山西汾酒 210 亿元，泸州老窖 200 亿元，这五家企业销售额合计达到约 2417 亿元，占全行业年度销售额比重达 40%，这一指标在 2019 年为 33.17%，2020 年为 34.95%。白酒市场在继续向头部企业集中。

啤酒行业的产业集中度也在稳步提高，雪花、青岛、百威、燕京、嘉士伯五大啤酒企业市场占有率为 87%。同样在葡萄酒、黄酒等产业，营收与利润均在向龙头企业大幅倾斜。

6. 进出口

2021 年，我国酒类商品进出口贸易取得显著增长。根据海关总署数据（表 1），2021 年我国饮料酒及发酵酒精累计进出口总额 64.58 亿美元，同比增长 37.63%。其中，累计出口额 10.85 亿美元，同比增长 80.92%；累计进口额 53.73 亿美元，同比增长 31.28%。饮料酒方面，除黄酒外，我国各类饮料酒出口均有不同程度的提高。其中，白酒出口增幅最大，出口额同比增长 6111.42%，达到 5.65 亿美元；葡萄酒出口增幅也较为显著，出口量同比增长 178.95%，出口额同比增长 228.80%。相反，啤酒、葡萄酒进口量则持续下滑，其中啤酒进口量同比下降 10.18%，这也从一个侧面反映出我国啤酒、葡萄酒产业的有效升级与品质提升，“中国酿造”的影响力在国际上得到有效提升。发酵酒精出口量在 2020 年显著增长之后，2021 年回落至 2.32 万 kL，同比下降 96.23%；进口量则增至 81.55 万 kL，较上年同期下降 1087.02%。

表 1　2020 年我国酒类商品进出口贸易情况

商品名称	出口				进口			
	出口量/万 KL	同比增长/%	出口额/亿美元	同比增长/%	进口量/万 KL	同比增长/%	进口额/亿美元	同比增长/%
白酒	1.60	5151.37	5.65	6111.42	0.37	33.94	1.32	15.64
啤酒	42.42	9.69	2.79	14.92	52.47	-10.18	7.10	2.22
葡萄酒	0.41	178.95	0.81	228.80	41.29	-1.79	15.77	-10.19
黄酒	1.11	-8.23	0.20	0.64	0.0007	-5.17	0.00	-33.83
其他饮料酒①	1.23	257.92	1.22	133.49	15.69	27.39	25.24	69.20
发酵酒精②	2.32	-96.23	0.20	-92.19	81.55	1087.02	4.29	1104.57
合计	49.09	-51.91	10.85	80.92	191.38	59.58	53.73	31.28

注：①根据《饮料酒分类》（GB/T 17204—2008）并结合海关总署统计的类别，其他饮料酒包括：葡萄汽酒（未加香料）、小包装的味美思酒及类似酒（容器容量≤2L；加植物或香料的用鲜葡萄酿造的酒）、蒸馏葡萄酒制得的烈性酒、威士忌酒、朗姆酒及蒸馏已发酵甘蔗产品制得的其他烈性酒、杜松子酒、伏特加酒、利口酒及柯迪尔酒、龙舌兰酒、未改性乙醇（按容量计酒精浓度<80%）及其他蒸馏酒及酒精饮料。

②发酵酒精包括：未改性乙醇（按容量计酒精浓度≥80%）、任何浓度的改性乙醇及其他酒精。

资料来源：海关总署。

7. 重点行业

（1）白酒　2021 年白酒行业销售收入约 6000 亿元，同比增长近 19%；利润总额约 1700 亿元，同比增长近 33%。行业结构性升级明显，头部企业净利润普遍增长。数据显示，2021 年，茅台、五粮液、洋河等 10 家上市白酒企业净利润均实现了同比增长；头部企业营收增长稳定；高端产品是主要增长动力，这也导致了行业分化加剧，同时也验证出产品结构性升级才是满足品质消费的关键。通过最近几年的产业数据变化不难看出，白酒产区建设在向名酒产区和特色产区集中；白酒品牌在向名酒品牌、区域强势品牌集中。综合看来，2021 年，乃至最近几年，白酒产业无论是在消费市场、资本市场，还是收藏市场，都备受关注，呈现出结构性繁荣的发展态势。

（2）啤酒　2021 年规模以上啤酒企业 331 家；完成酿酒总产量约 3600 万 kL，同比增长超过 5%；但与 2019 年相比，产量尚未完全恢复到疫情前水平。从在饮料酒中的占比来看，2021 年啤酒产量在饮料酒中份额约为 78%，较上年增长约 2%，较 2015 年增长约 7%。综合看来，2021 年啤酒产业实现了量价齐升，持续攀升的市场份额正在助力产业效益进一步提升。此外，国内外宏观政策变化及消费升级使得啤酒终端需求呈现多元性变化，特别是家庭型消费和电商渠道都表现出高品质发展趋势。2021 年，啤酒行业紧跟当下新生代群体注重健康、颜值和极致化体验的消费诉求变化，全力满足消费者年轻化、个性化、多样化的消费需求，各大啤酒领军企业纷纷推出高端产品，占领中高端市场。

（3）葡萄酒　2021 年葡萄酒在产销下滑的情况下，却实现了利润增长，折射出葡萄酒产业在高质量发展进程中迈出了关键一步。经过 40 多年的积累，在 2021 年，中国葡萄酒产业教育体系、栽培酿造体系和文化建设体系逐步得到完善，渐渐行成了“中国葡萄酒”IP 的品牌基础。各葡萄酒产区政府发布的“十四五”规划在强化产区建设等方面均加大了对葡萄酒产业的扶持力度。在各种政策的大力支持下，中国葡萄酒的产区概念、产区文化空前发展，葡萄酒产区效应进一步放大。随着全球疫情的缓解，进口葡萄酒总量逐步回升，也说明了中国庞大的葡萄酒消费容量。

（4）黄酒　黄酒行业在 2021 年虽然进行了多种创新，但业绩依旧表现不佳，深度调整、创新发展是 2021 年黄酒产业前行的主旋律。黄酒具有较强的区域性特点，生产与销售主要集中在江浙沪地区。近几年，黄酒产业龙头企业致力于黄酒文化的传播推广和黄酒消费的引导，努力构建全国化市场销售网络，积极推进理念创新、产品创新、技术创新和营销模式创新，黄酒产业传统的区域性特征被逐渐打破，2021 年黄酒全国化发展的效果越来越好。与此同时，黄酒企业坚持科技创新，用创新驱动发展，围绕酿造原料、生产中部分关键基础性技术、黄酒生产关键工艺技术及装备、质量安全控制以及新产品开发等方面进行研发，通过技术攻关与科技创新，助推黄酒产业转型升级与创新发展。

（5）露酒　露酒行业的发展特点较为鲜明，长期以来“一超多强众平淡”态势没有改变。销售规模在 100 亿元左右的劲牌公司仍然是露酒产业的龙头老大，几乎占到露酒市场总份额的三分之一；泸州老窖、竹叶青、五粮液、椰岛鹿龟正在向 10 亿元市场规模冲刺；而绝大多数中小露酒企业营收仍在千万元左右体量徘徊。产品方面，大多数露酒在市场一直处于中低端价位，尚没有成熟的标杆型高端化产品，导致行业的市场影响力小。近年来骨干露酒企业相继开发出了单瓶 1000～2000 元的高档露酒产品，拓宽了露酒的价格带，在探寻高质量发展的道路上全面发力。

（6）发酵酒精　2021 年我国发酵酒精总产量约 970 万 kL（含燃料乙醇），同比增长 -3%，出现近五年来首次下降现象。但实际上国内发酵酒精消费量超过 1000 万 kL，同比增长约 8%，消费量增长非常明显。2021 年规模以上发酵酒精企业累计完成销售收入约 600 亿元，同比增长近 10%；但利润仅约 0.1 亿元，同比下降近 100%；亏损企业累计亏损额近 16 亿元，同比增长 176%。

产业利润水平明显下降的主要原因在于受进口激增影响。2021 年上半年，发酵酒精进出口形势在 2020 年全年出口 61.69 万 kL 的情况下迅速反转，月均进口量超过 10 万千 kL，态势迅猛，严重加剧了国内乙醇市场的过剩和竞争；2021 年下半年，国内酒精价格随着玉米价格的调整而不断下降，进口势头得到遏制；但全年总进口量达 81.55 万 kL，创 5 年来最高纪录，是国内发酵酒精利润大幅下滑的主要原因之一。

不同原料发酵酒精利润差异明显。因国内玉米价格较高、国储稻谷专向拍卖量减少、木薯价格稳定、第三季度煤炭价格大幅波动，以及发酵酒精进口量增加，玉米酒精全年处于亏损状态，木薯酒精盈利水平明显；全年玉米酒精产量同比减少近 80 万 kL，稻谷酒精减少近 160 万 kL，木薯酒精增长近 110 万 kL；玉米酒精在全部发酵酒精中占比超过 60%，木薯酒精增长近 1 倍，占比恢复到 23%，稻谷酒精占比从 21% 降至 6%。

8. “三品”战略实施情况和典型案例

2021 年酿酒行业“三品”战略实施情况主要体现在以下三个方面。

（1）增品种　支持企业深度挖掘用户需求，适应和引领消费升级趋势，在产品开发、外观设计、产品包装、市场营销等方面加强创新，积极开展个性化定制，丰富和细化酒类产品种类。

2021 年，酒类产品的消费特征正在由单一型向多元型转变，新场景、新品类打造盛行。在产品选择上，消费者更加倾向于追求个性化、时尚化产品，以满足他们对酒类产品所提供的物质和精神双重需求提升。白酒行业“小酒”的流行就是一个典型的例证。小酒是小瓶装酒的简称，它也有专业的名字——酒版。这些小酒版容量在 50～250mL，售价一般在 15～50 元不等。2021 年，以往不被重视的“小酒”异军突起，取得了销量的大增，各大白酒厂商纷纷推出自己的小酒产品。目前，中国小瓶装白酒市场容量约为 300 亿元，市面上小酒的品类数量多达上千，市场份额不断扩大。

作为一个专门为年轻消费客群量身打造的白酒新品类，小酒在口味、包装、营销等方面不断向时尚化、年轻化靠拢。不少小酒在口味上进行了开发，并针对时下流行的饮酒口味与饮酒“轻”时尚推出相应产品，让消费者以更低的门槛来获得更新的体验。与传统的包装相比，小酒更加重视市场传播推广。出现在短视频平台上的许多新款小酒，它们在包装设计上分别增加了许多时尚元素，包括采用时尚酒标、增加流行宣传语等，极大地拓展了消费者市场。

（2）提品质　重点培育和弘扬精益求精酿造的工匠精神，引导企业树立质量为先、信誉至上的经营理念，立足酒类产品走以质取胜的发展道路。

2021 年，酿酒企业持续加大科技投入，提升产品品质。一是通过科技创新提升原料品质，从酿造源头上为产品品质提供重要保障；二是智慧酿造与传统酿造并驾齐驱，通过科技创新持续提升酿造技术；最后，好酒是严苛检验出来的，酿好酒要用更严的品控，酒类产业通过科技创新，提升了产品的品控水准，使得产品品质更加稳定。

除了科技投入外，标准建设也是品质保障的必要途径。近年来，酿酒行业持续推动国家标准、团体标准、企业标准协调使用，使得酒类酿造有了更优的精选、分级，品质有了标准的保证。2021 年，新修订国家标准 GB/T 15109—2021《白酒工业术语》和 GB/T 17204—2021《饮料酒术语和分类》正式出台。这两项标准清晰界定了各香型白酒的工艺特征，并规定了饮料酒相关术语、定义和分类标准。新标准以“粮谷”为核心，明确了液态法白酒和固液法白酒不得使用非谷物食用酒精和食品添加剂，为白酒品质正名，为消费者明明白白饮酒、健健康康饮酒提供了保障。

（3）创品牌　深入发掘酒类品牌背后的人文底蕴和文化价值，夯实品牌发展基础，提升酒类产品的附加值和软实力，推动中国产品向中国品牌转变。

近年来，“国潮”日渐成为消费品行业的时尚新风向。所谓国潮，是一种传统文化元素于当下时尚化的表达，国潮品牌则是介于中国传统文化与现代消费品之间品牌化、文创化的超级符号。酒类行业也一直都在蓄积“国潮力量”。无论是茅台、洋河持续不断推出的妙趣横生生肖酒，还是张裕葡萄酒推出的国潮版系列产品，都彰显出酒类企业厚重的品牌内涵与文化底蕴。

啤酒在大多数人印象中是舶来品，但事实上，我国古代即开始酿造啤酒。“曲法酿酒、蘖法酿醴”，这里用“蘖”酿造的“醴”就类似于如今用麦芽酿造的啤酒。2021 年，华润雪花推出超高端啤酒“醴”，体现出对于中国数千年酿酒文化的传承，丰富了中国啤酒文化建设，展现出中国品牌的坚定与自信。中国黄酒是世界三大古酒之一，是不折不扣的国粹。然而，一直以来黄酒作为一种“家常酒”，一直没有获得“登堂入室”的尊崇。借着国潮化的东风，不少黄酒品牌重新挖掘黄酒背后的国粹技艺与文化传承，有力地推动了黄酒的品牌建设与形象升级。

9. 绿色制造、智能制造

2020 年，中国向世界宣布了 2030 年前实现碳达峰、2060 年前实现碳中和的目标，“做好碳达峰、碳中和工作”也被纳入我国“十四五”规划中。酒类酿造作为与生态环境较为密切的产业，全行业更是将绿色制造上升到了前所未有的高度。目前，绿色制造已经在酿酒行业广泛推广，通过加强生产管理的提升、酿酒技术的优化、酿酒废弃物的资源化利用，基础设施水平不断提升，企业有效实现了生产过程中的减污降碳，加快了企业绿色转型发展。2021 年 12 月，工信部“2021 年度绿色制造”公示名单中，共有 20 家酒类企业拟入选。与此同时，行业也在积极制定相关标准。2021 年，中国酒业协会发布《白酒工业绿色工厂评价要求》和《啤酒工业绿色工厂评价要求》征求意见稿，推动实现酿酒行业绿色制造专业化，建立高效、清洁、低碳、循环的行业绿色制造体系。

白酒传统酿造在过去几年发生了巨大变化，在“中国白酒 169 计划”“中国白酒 158 计划”引领下，部分传统的生产方式被机械化、自动化取代，促进了白酒产业技术升级和装备升级。同时，全行业加大白酒酿造的基础科学研究，将智能技术引入产业，以白酒酿造智能化实现高品质酿造。劲牌公司自 2006 年起，与北京大学、华中科技大学等科研院所开展产学研合作，启动小曲白酒酿造新工艺项目，在全面使用自动化机械生产代替传统手工劳动上迈开实质性的一步，首创加压蒸粮、固态培菌、控温糖化、低温槽车发酵、机械上甑蒸馏等新技术，实现了酿造过程的机械化和信息化的有效融合，原料全程不沾地、不与操作人员接触，减轻了员工劳动强度，提高了生产效率，消除了人为因素对生产过程的影响，标志着白酒酿造告别传统作坊式生产，迈进工业化，并逐步实现了机械化、自动化酿造生产模式转变。

10. 包装与装备

我国酿酒装备不断通过转型升级寻求在技术、运营和管理上的突破，装备技术水平与国际先进水平的差距不断缩小。酒类包装和装备企业科技创新能力显著增强，企业间、企业与科研院所间技术合作日益频繁。酿酒装备、灌装装备、酿酒配套辅助装备的制造技术和能力已经达到一定水平，新建厂中装备配套能力和高精度机械制造能力已经基本实现自给。此外，包装材料，包括硅酸盐玻璃、分离材料、造纸、印刷等行业的生产和供给也达到国际要求。随着我国整体消费水平的提高、物流和互联网的发展，差异化、个性化、便携化的酒类包装形式将越来越受到消费者的青睐，酒类包装和装备产业发展形势良好。

我国啤酒装备制造业已建立起比较完整的装备制造体系，低速贴标装备和低速灌装装备基本实现了国产化，高速贴标和灌装关键部件质量与国际顶尖水平差距较大，国产高速灌装设备尚在研究或实验阶段，未见啤酒厂使用。其他装备如杀菌机、洗瓶机、麦芽处理设备等已基本实现国产化，质量已接近或达到国际水平。国际上啤酒装备智能化尚在研究和实验阶段，啤酒厂真正应用很少，随着劳动力成本的上升，是未来的发展趋势。葡萄酒行业的装备进步迅速，关键设备已经基本实现国产。作为我国传统产业，大部分白酒企业的生产工艺技术装备水平相对落后，多数工序环节仍采用传统的手工或半机械化生产方式，行业整体机械化水平较低。通过使用信息技术和智能化技术改造提升传统装备，结合实验和检测先进技术的推广应用，机械制造业的整体水平得到提高。黄酒行业20世纪70年代曾发起机械化、大罐发酵、黄啤合一等技术革新，其后少数企业机械化蒸饭、大罐发酵、机械化压榨和煎酒等工序得以保留，但再未有实质跨越性进展，技术水平和装备水平基本停留在原有状态。

11. 发展新亮点与新增长点

（1）数字化建设　近年来，随着消费需求不断升级，酒类市场竞争加剧，同时疫情加剧了酒类流通渠道变革，包括电商、O2O、直播、社区团购在内的数字化渠道渗透率提升。2021年，越来越多的酒类企业将数字化建设作为提升企业核心竞争力的重要手段。

五粮液与IBM合作建设数字化管理平台，实现了酒厂到消费者的精细化管理。通过数字化体系，厂家、各级经销商、终端、消费者层层扫码，监测经销商的销售情况、库存情况、销售价格、销售区域，快速响应市场需求变化。张裕酒业与腾讯合作推出区块链合作项目，利用区块链防篡改的技术和功能属性，实现对每一瓶酒庄酒全流程信息的上链追溯，推动品牌安全管理体系升级。2021年8月，会稽山酒业试水数字化营销，“会稽山数字酒庄”项目正式上链，短短4个月时间里完成销售1200多万元，吸纳数字酒庄用户1万多名。2021年10月，作为首家被华为鸿蒙审核认可的葡萄酒企业，山西的戎子酒庄正式接入基于华为HarmonyOS2.0系统的原子化服务，迈出数字化营销的实质一步。

（2）酒旅融合　对酒文化的挖掘一直是中国酒类企业的主要课题之一。2021年，酒旅融合成为名酒企业跨界发展和文化挖掘的新突破点。随着各大名酒产区和名酒企业纷纷布局工业旅游，酒旅融合成为酿酒行业集群发展、产区升值的新增长点和新亮点。

2021年，多个酒类产区政府将酒旅融合发展纳入“十四五”发展规划，整合政府、协会、酒企、酒商、投资商、旅行社等各方之力，结合本身的旅游资源禀赋，推动产区经济发展。宁夏回族自治区政府先后出台《宁夏回族自治区贺兰山东麓葡萄酒产区保护条例》《关于促进贺兰山东麓葡萄产业及文化长廊发展的意见》《中国（宁夏）贺兰山东麓葡萄产业及文化长廊发展总体规划》等一系列政策文件，为贺兰山东麓葡萄酒产区的酒旅融合和文化发展提供了政策支撑。山西吕梁白酒产区也在酒旅融合上下足功夫，着力打造清香型白酒生产基地和酒文化旅游胜地，不断提高白酒产业全产业链发展水平，推动形成融古村古镇、酒业基地、文化交流、会展博览等功能为一体的酒文化融合发展示范区。相信不久的将来，消费者将会看到更多各具特色的“酱香之旅”“清香之旅”“大漠红酒之旅”等文旅产品。

二、行业面临的问题

我国酿酒行业经济发展基本平稳，增长方式发生转变，产业结构深度调整，产品结构进一步优化，消费市场回归理性，整个酿酒行业实现了由快速增长向平稳增长的过渡。但是，发展过程中积累的政策、市场和创新方面的诸多问题和所面临的困难依然严峻，需要继续深入关注和探讨。

（一）政策与市场

1. 原料供给保障能力不强，部分原料高度依赖进口

目前，我国白酒和黄酒酿酒原料多数属于农户分散种植方式，且原料品种研究投入严重不足，农场化和规模化种植比例很低，很难保障原料品质的稳定性和均一性。葡萄酒方面，酿酒葡萄培育和种植缺乏系统规划，优质原料种植面积有约 500 万亩缺口，且品种同质化严重，机械化程度不高，原料生产综合成本长期高于国外 40% 以上。啤酒酿造方面，大麦等主要原料长期依靠进口，国际依存度高达 80% 以上。加上最近几年国际关系错综复杂，给啤酒酿造带来了诸多不确定性与隐患。

2. 产业发展不平衡，转型升级步伐缓慢

目前，酿酒行业已走出调整期，但是无个性、同质化、缺乏性价比的产能过剩仍是产业转型发展的绊脚石，产业发展不平衡、不充分，美酒稀缺、供需矛盾长期存在。此外，产业普遍存在的重复建设、资源配置不合理、产业规模过于松散的现象也是酿酒行业转型升级、转变经济增长方式过程中需要深刻思考的课题。转型升级、转变经济增长方式是中国酒业未来发展战略的核心之一，是提高综合竞争力的关键。而转变经济增长方式一定是从提高供给质量出发，由不可持续性向可持续性转变，加强优质供给，减少无效供给，扩大有效供给。

3. 法规和标准体系不完善，进口产品标准不明晰

随着酒类市场消费形势的不断变化，适应酒类生产流通特点的专门性法律法规仍然十分缺乏，涉及检测、流通等方面的标准仍然较少。立法和标准的滞后，造成对酒类商品的监管困难，需要进一步加快相关工作的进行。进口产品方面，大桶酒进口标准和使用规范不清晰，进口葡萄酒品类中约有 12 万 t 以散装酒的包装方式进口，与瓶装酒享有相同的税则待遇，由于较国内生产成本更低，许多企业不再收购国内原料，影响上游种植积极性。此外，少部分葡萄酒企业将散装酒装瓶后仍以“原瓶进口”营销，虚假营销行为扰乱正常市场竞争秩序。

4. 疫情对行业影响不确定，成本上升挤压发展空间

当前新冠肺炎疫情在全球范围内仍未结束，依然存在较大隐患。局部疫情的零星暴发，餐饮、夜店、大型社交活动的间歇性搁置和反复停摆，直接影响酒类终端消费场景的盈利水平。疫情的影响也从服务业延伸到制造业。首先是制造业成本上升。在 2021 年，有近 4 成的小微啤酒生产单位和酿造设备供应商因没有收入和现金流、生存成本过高而被迫倒闭。其次，国内外原材料价格上涨也对酒类企业经营造成冲击，特别是对风险抵御能力较低的中小企业。原材料上涨加速行业分化，龙头企业、大型企业抗压能力较强，中小企业则面临巨大压力。

（二）科技创新

酿酒行业的科技创新能力明显不均衡，啤酒、葡萄酒行业通过引进吸收国外技术装备，促进了生产水平的提升，但自主研发和

自主创新能力尚有不足；白酒、黄酒行业通过加大机械化生产试点，在一定程度上提高了生产效率，但与机械化、自动化、智能化、信息化先进水平差距仍然较大。发酵酒精行业规模企业通过升级改造，技术水平和产品质量逐步提升，但是在全面实现循环经济、资源重复利用、进而提高产出效益方面尚无重大突破。

三、发展趋势

面对宏观经济影响及内外部环境的不确定性，酿酒行业发展呈现出一些新变化和新趋势，产业结构调整将持续纵深，行业集中度也将进一步提高，产业经济高质量发展，为未来发展提供了新机遇、新引擎和新活力。

第一，酒业科技价值将有效提升。酒类产业虽为传统产业，但是随着时代的快速发展，酒类产业必须依靠科技创新的加持才能不断提高产业竞争力，科技创新将会成为酒类产业发展的重要推手。近几年来，行业也充分发挥“产学研协结合”模式的优势，形成以企业为主体、以市场为导向、产学研协相结合的技术创新和合作共建的分享体系，加快“酒类科技创新中心”培育和建设进程，有效提升酒业科技机制。酒类行业当前面向全社会的科普传播远远不够，导致很多人认为酒类酿造没有什么科技含量，反而时常被娱乐，甚至被嘲讽。基于此，强化科技创新、提升酒类科技价值无疑是酒类行业发展的重要趋势，也是中国酒类行业必须长期做好的一项重要工作。

第二，酒业生态酿造体系将逐渐成形。在长期的发展中，广大酒企充分认识到自然生态、酿酒微生态之于酿酒行业的重要意义。同时这与国家、与全球倡导的“双碳”目标高度吻合。无疑，支持和鼓励酿酒行业打造中国酒业零碳示范产区、中国酒业零碳示范工厂标准，引导酿酒行业践行“双碳”目标将会成为接下来的主要工作。“零碳”“绿色生态”是促进酒业转型升级的重要任务，更是实现酒业绿色发展的有效途径，同时也是酒类企业主动承担社会责任的必然选择。

第三，消费体验、美酒消费将成新焦点。伴随这两年疫情的反复困扰，人们对健康生活方式、对品质消费的追求更加强烈。基于此，人们在酒类消费选择上更加强调品牌与品质，尤其是对于品质选择更加挑剔。所有这些都将对酿酒行业未来走势以及酒类产业结构调整方向产生深远影响。无疑，健康消费、理性消费将成为酒类消费的新潮流，酒类消费也将因健康消费变得更具魅力，酿酒行业将用更加过硬的品质满足消费体验需求。而这些正是美酒美生活的有效演绎，可以预见，在我国全面进入小康社会的今天，消费体验将成为新的关注焦点，也将从消费端助力酿酒行业稳健前行。

第四，酒业“元宇宙经济”将显现。2021年被称为“元宇宙经济”元年，数字化时代引发互联网第三次革命，“元宇宙”作为数字社会发展的高等形态，以服务和反哺实体经济为发展目标，盘活经济的存量价值，创造经济的增量价值，将为众多传统行业在虚实融合上赋能。“元宇宙”更偏重营销概念，是基于年轻化的一种考量，而互联网公司也希望利用这样一种概念与酒业进行深度合作，共同碰撞出针对酒业的一个有效的营销解决方案。酒业与“元宇宙”相结合的核心是将社群放大化，满足社群营销的趋势，与用户产生共鸣。酒业创新发展，要紧抓互联网时代革命发展契机，“元宇宙”将会有效赋能酒业发展。

四、政策建议

（一）优化产业环境，提升优质原料供给保障能力

积极推进白酒、黄酒酿酒专用粮基地建设，提高种粮效益，降低粮食生产成本，促进粮食转化，从原粮保障上确保白酒、黄酒

高质量发展。在葡萄酒主产区开展试点，探索实施酿酒葡萄种植政策性保险，支持规模化葡萄酒小镇建设用地审批，摸索通过林权证、葡萄酒产品和酒庄经营权进行抵押担保的可行操作模式。实行财政专项稳定支持机制，稳定和加强大麦优质高产机制、绿色高效生产技术，以及公益性育种研究。

（二）加强政策建设，建立健全酒类行业标准体系

进一步加快、加强酒类行业政策建设，依据酒类市场消费形势的不断变化，制定适应酒类生产流通特点的专门性法律法规。出台鼓励措施，支持酿酒行业在提高自主创新能力、促进节能减排、提高产品质量、改善安全生产条件、保障酒业食品安全等方面开展的技术改造项目。完善原料、包装、计量、进口等标准，通过标准软联通推动产业链、供应链畅通，提升“中国制造”品牌认可度。

（三）加大酒类知识产权保护力度，支持行业健康发展

通过相关政策扶持，提升酒业知识产权保护能力，建立酒类知识产权保护联合机制。包括强化知识产权风险防范、加强技术秘密保护、加大知识产权保护力度、提升海外知识产权保护能力。促进酒类知识产权高效运用，强化地理标志和证明商标保护作用，加大知识产权实施力度，加强知识产权合规使用，拓宽知识产权价值实现渠道，建立知识产权运营平台。

（四）优化税收政策，充分释放企业发展活力

取消葡萄酒消费税，将采用国产葡萄酿制葡萄酒纳入《享受企业所得税优惠政策的农产品初加工范围》，免征或减征企业所得税，参照初级农产品的增值税优惠政策，建议进一步将增值税率由13%优化降低至9%。取消白酒产品每500g 0.5元的“从量定额消费税”，这样有利于鼓励守法经营企业的发展，促进白酒产品质量提升，有效遏制非法生产经营，避免发生白酒食品安全事故，从源头杜绝偷漏税及假冒伪劣的非法经营行为。

中国酒业协会

食品添加剂和配料工业

食品添加剂和配料行业作为现代食品工业的重要构成因素，在改善食品口感、增加食品营养、提高食品品质、助推食品创新、延长食品的保质期等方面有极其重要的作用。随着我国食品工业的快速发展和人们生活水平的不断提高，食品添加剂和配料行业的生产、应用日渐活跃，造就了食品添加剂和配料行业的繁荣，其在食品工业的地位也日益突出。2021 年，食品添加剂和配料全行业市场规模实现稳定增长，保持了其持续发展、稳步推进的态势①。

一、行业概况

在国外疫情形势依旧严峻的情况下，2021 年，我国新冠肺炎疫情的防控已经进入常态化阶段，在机遇与挑战并存的环境下，全行业致力于贯彻以国内大循环为主、国内国际双循环相促进的发展方针，推动“三品”战略，优化产品结构，提高创新能力，促进行业向中高端水平迈进。纵观 2021 年全年，添加剂和配料行业的生产与销售总体处于平稳增长的态势，上半年的产销增速较快，产销旺盛，而进入第三季度后，由于能源供应紧张、原材料价格大幅上涨等问题，食品添加剂和配料行业生产经营受到较大影响，企业利润不同程度削减，导致增幅放缓。

（一）主要经济指标

1. 主营业务收入

根据协会对行业骨干企业、会员企业所报数据的统计和分析，2021 年食品添加剂主要品种总产量 1480 万吨，比 2020 年同期增长 11%（图 1）；销售额为 1400 亿元人民币，比 2020 年增长 9.4%；出口额 37.6 亿美元，同比增长 8%。

2. 利税

食品添加剂和配料行业已渗透到所有食品加工领域，品种繁多，不同品种所产生的经济效益各不相同，导致添加剂和配料行业的利税无法进行系统的统计。其中大宗产品由于市场供需的影响，竞争更为激烈，利润相对更低，而小品种产品受其影响较小，总体利润相对更高。总体而言，2021 年全行业的总利税率约为 15%。

（二）行业发展分析

随着消费者多元化的需求不断增加，我国食品工业发展迅速，同时随着《中华人民共和国食品安全法》（以下简称《食品安全法》）等法律法规的不断完善，食品添加剂的生产经营管理日益规范，行业企业的规模和产品生产集中度进一步提高，我国食品添加剂行业已经进入了保证食品安全规范发展的时代。

---

① 除特别说明，本报告所有数据均来源于中国食品添加剂和配料协会。

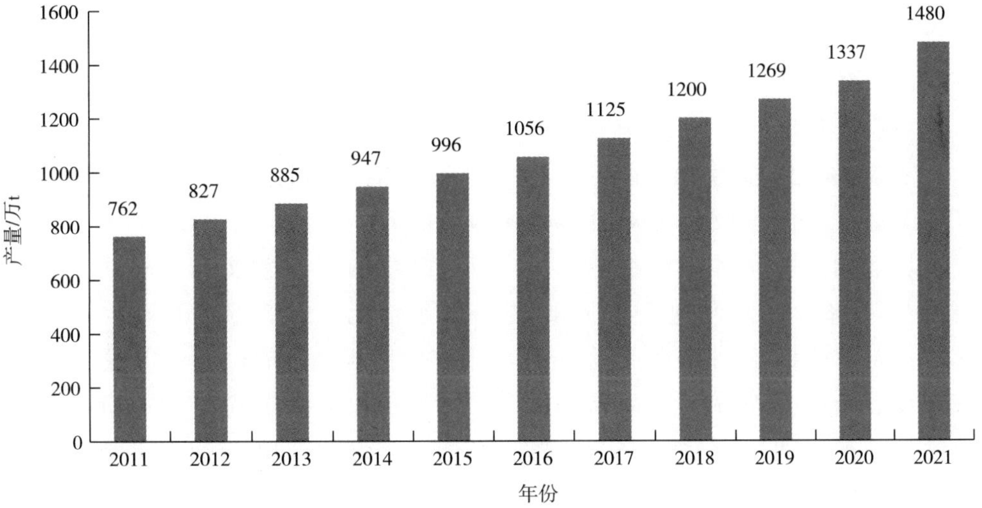

图1　近些年来中国食品添加剂产量示意图

作为国际食品添加剂法典委员会（CCFA）的主席国，我国也拥有一系列较为完善的食品添加剂生产、使用和管理的法规和标准。在此相对完善的大环境下，全行业不断增强企业实力、扩大生产规模，促进产业升级，产量和销售额都有明显增长；此外，随着国家对食品添加剂行业监管力度的加强，行业企业注重严格遵守国家的法律、法规和标准，更加关注行业发展动向，积极参与国家标准的制定，配合政府做好行业监督和管理工作，行业企业整体素质进一步提高。

2021年，尽管行业企业的生产经营受到疫情，原材料、能源及劳动力成本增加，“拉闸限电”等多种外界因素的影响，但大多数行业企业都将困难化作动力，坚持科技进步和管理创新，将提高产品质量、降低成本、开发新品、改进和提高销售及技术服务力度等作为工作重点，取得了良好成效。

1. 价格

市场上流通使用的食品添加剂的品种较多，对不同产品的需求也不尽相同，致使相应产品的价格也复杂多样，因此并未进行系统统计。总体看来，2021年食品添加剂的价格总体水平呈平稳趋势，其中主要产品的价格变化幅度不明显。

2. 市场

2021年，我国市场对食品添加剂的需求呈增加趋势，食品添加剂的生产额与销售额呈现双增长，实现产销两旺，同时能够满足国内外市场对食品添加剂的基本供应需求。此外，在疫情的持续影响下，国际经济增长速度减慢，复苏放缓，伴随各国间贸易摩擦的频发和国内出口产品退税政策调整等多种因素的影响，部分食品添加剂的出口量增长明显放缓。

3. 投资

食品添加剂和配料行业作为较早进入市场化的行业，在其发展过程中，竞争十分激烈。由于食品添加剂企业一般规模较小，投资不大，当产品市场较为明朗时，在吸引资本的同时也会引起各企业的价格竞争，而当个别产品市场前景还未明确时，则会出现企业盲目竞争的现象，不利于产业的良性发展。经过国家、行业积极的引导和企业经营者自身管理和自律的加强，多数产品发展已趋于平稳，产业结构已有明显改善。

从产量、产值上看，食品添加剂行业在食品工业中所占的比例仅为2%左右，虽然其在食品工业发展中的作用是不容忽视的，但企业在融资和贷款等资金筹措方面仍面对许多阻力。一方面，由于食品添加剂行业品种繁多，产品单一、产量较低，导致企业基础发展薄弱、规模扩大受阻；另一方面，由于市场提升空间不足以及国家政策上对食品添加剂行业的限制增加，新品种审批缓慢，使得企业投资意愿下降，导致产业升级困难，竞争水平较低，无法全面推动新产品的开发与推广。2021 年，全行业总体获得的新增投资量屈指可数，只有个别行业及企业尝试在技术创新和科研开发上有所投入，总体新增产能提升不明显。

4. 区域分布

食品添加剂生产企业主要分布在广东、上海、浙江、山东、江苏、天津等省市，如酸度调节剂生产企业主要分布在上海、湖南等，山梨醇的生产厂家主要分布在河北、山东等。近 5 年内，借助国家政策的扶持和各地资源优势的发挥，一些西部地区的食品添加剂生产企业数量和规模都有明显提高，同时能源、环保和原材料等因素是影响企业产品产出的重要因素，致使高耗能、高原料成本的产业逐步向中西部转移，进而形成新的区域优势，促进了食品添加剂行业的进一步发展。

5. 行业集中度

自《食品安全法》及其修订稿颁布实施以来，食品添加剂行业进一步加强生产经营管理，行业企业的规模和产品生产集中度也进一步提高。近 5 年来，食品添加剂生产企业的数量虽呈现一定的下降趋势，但行业产品的产量和销售额却均有增长，进一步说明食品添加剂企业正通过科学统筹规划、产业结构优化、在原料基地附近设立分厂等形式进行技术创新、产业升级，扩大产能和销售额。同时，行业中的骨干企业起到带头作用，通过兼并小型企业、重组内部结构等方式扩大企业规模、组成企业集团，不断增强企业实力，带动食品添加剂行业的高质量发展。

6. 进出口

2021 年受新冠肺炎疫情的影响，防疫投入增加，出口影响较大，全行业出口额 37.6 亿美元，同比增长 8%。在国际市场中，我国食品添加剂的发展速度较快，有很多种食品添加剂无论在产量还是在生产技术方面都已处于世界领先地位，尤其是一些大宗产品的生产量和国际贸易量均居世界前列，其中包括柠檬酸、苯甲酸钠、山梨酸钾、糖精、木糖醇、维生素 C 和维生素 E、乙基麦芽酚等品种，但高端产品和新产品的占比不高。此外，国外的消费趋势已经向天然产品发生转移，随着中国与世界标准的接轨，天然产品也将成为国内消费的主流方向，目前国内的天然抗氧化剂如茶多酚、天然甜味剂如甘草提取物、天然色素和天然香料等植物提取物也逐渐打开了国际市场的大门。

7. 重点行业

（1）着色剂　2021 年着色剂行业继续保持平稳发展，产量和销售额同比增长幅度高于往年。全年产量 45.1 万吨，同比增长 6.3%；销售额 57.9 亿元，同比增长 20.8%；出口量约 3.4 万吨，同比增长 4.2%；出口额 3.1 亿美元，同比下降 14.9%。三大类产品中，焦糖色素产量 42 万吨，同比增长 5.0%；合成色素 0.4 万吨，产量同比持平，销售额同比增长 2.2%；天然色素产量 2.7 万吨，同比增长 36.4%。总体上，2021 年着色剂行业发展平稳，具体产品情况分析如下。

焦糖色素：年产量较 2020 年增长 5%，价格上涨 15.4%，主要原因是焦糖色素的生产原料大幅度涨价。目前焦糖色素实际产能与市场需求基本吻合，行业利润率维持在一定的合理空间，未来的上升空间较小。国外焦糖色素企业受疫情的影响出现减产，使中国的焦糖色产品出口出现了一定的增长。

天然色素：产量和销售额较 2020 年增幅较大，主要贡献来自于辣椒红色素和万寿菊-叶黄素产业。辣椒红色素在经历了连续五年的高速增长后，2021 年的产量和销售额同比增长幅度高于往年，年产量达到 1.2 万吨，同比增长 45%。主要原因是印度的辣椒产业受疫情影响萎缩，为我国提供了更大的市场。加上前几年的去产能、结构优化调整，使我国辣椒红色素加工产业集中度越来越高，优势产业资源得到发挥，行业发展稳定，形势乐观。万寿菊浸膏产量 0.8 万吨，同比增长 54%。叶黄素产量经过连续三年的下降后趋于平稳，价格大幅度反弹。2020 年云南万寿菊种植基地出现了大面积干旱，导致万寿菊减产，价格上涨到每吨 22.5 万元；价格大幅上涨，利润增加，引发扩大种植面积和产能，2021 年万寿菊浸膏的产量大幅度增长，而价格回落到每吨 19.5 万元。目前，云南的万寿菊种植基地已占到全国万寿菊种植基地的 80%以上，应合理安排万寿菊花种植面积，使下游生产和市场平稳、有计划发展。保持万寿菊-叶黄素产业平稳可持续发展应做好扩大叶黄素和叶黄素酯应用范围的申报工作，提高市场消费量，并走制剂化道路，向应用化发展。

其他天然色素情况如下。

红曲色素：红曲红色素的产量与 2021 年同期持平，主要是发酵产业的稳定性较好。红曲黄色素出现一定幅度的增长。从近两年红曲色素行业运行情况来看，说明前几年去产能明显，行业发展趋势平稳、乐观。

栀子黄、栀子蓝、栀子红：2021 年原料栀子的价格出现了一定幅度的上扬，导致企业原料成本增加，保持原料种植面积和价格的相对稳定是行业应关注的问题。栀子黄生产企业合理安排原料基地的收益，使栀子黄色素行业平稳可持续发展，避免了因原料短缺而引起行业的大起大落。

姜黄色素：2021 年全年表现由 2020 年的高峰继续回落。姜黄色素的生产原料姜黄主要依赖从缅甸、泰国、印度、印度尼西亚等国家进口，而受到原料供应国疫情的影响，原料进口出现了很大困难，出口受到疫情影响也非常明显。

水溶性花色苷色素（紫甘薯、甘蓝红、萝卜红等）：行业运行出现饱和、产能过剩现象，各品种均出现原料价格上涨，面临持续增加的环保压力。紫甘薯色素和萝卜红色素较为平稳，甘蓝红色素继续出现下滑。

（2）甜味剂　主要产品是功能性糖醇和高倍甜味剂。

功能性糖醇：2021 年行业总体稳中向好，继续保持稳定增长。木糖醇产量 6.2 万 t，比 2020 年增加 15%；市场和产品价格稳步提升，内销价格 18000 元/t，变化不大，外销稍好，26000 元/t，同比增长 18%。在健康意识的影响下，食品饮料行业掀起了低糖、无糖的消费热潮，使甜味剂和功能糖产品迎来快速发展的良机，尤其是赤藓糖醇的市场迅速扩大，各企业纷纷扩大产能或新上项目，产能经估算已达 30 万吨，预计 2022 年市场将供大于求。

高倍甜味剂：2021 年原材料涨价、环保督察力度较大，行业采取促进国内销售、维持国外客户销售渠道、改进生产和环保技术、优化内部管理等措施，发展形势继续向好，产销量稳中有升。全年产销量约 10.6 万吨，同比略有增长。主要品种中，糖精（钠）销售量约 2.4 万吨，同比增长 6.8%；销售价格在 3.5～4.0 万元/t 范围变化。甜蜜素销量 3.8 万 t，同比增长 5%；销售额 3.4 亿元，同比持平。安赛蜜销量约 0.5 万 t，同比增长 2%；企业利润下降，效益下滑。阿斯巴甜销量约 0.8 万 t，同比增长 1.2%；销售额 8.5 亿元，同比增长 3%；85%～90% 都出口到欧洲等地，价格总体稳定。三氯蔗糖销量 0.7

万 t，同比增长 2%；销售额 23 亿元，同比增长 2%；价格维持在 35~45 万元/t。甜菊糖销量约 0.5 万 t，同比增长 12%；出口略有下降；销售额 6.6 亿元，同比增长 7%。罗汉果苷销量有所下降，销量仍然偏低，而价格仍然较高。

近几年，功能糖产品的集中度越来越高，企业集团化日趋明显，企业狠抓技术创新，用高新技术改造传统产业，保龄宝、华康药业、百龙创园、福田药业、龙力生物、山东三元、唐和唐等龙头企业实现了自动控制、智慧生产，保证了产品质量，提高了企业的竞争力，在引领行业稳步发展过程中发挥了重要作用。

（3）食用香精香料　受原辅材料价格、能源成本、出口成本、劳动力成本上升影响，环保要求也越来越高，行业承受较大压力。行业面对市场的变化，积极进行产品结构调整，不断通过开源节流、降本节费、技术创新、设备改造提高产品附加值、降低生产损耗，以保障行业的可持续发展。2021 年，食用香精香料行业在产能、销售、出口等方面均呈现恢复性增长态势，消费市场旺盛，对外出口也逐步回升，生产经营总体恢复。但食用香精香料行业在技术研发、产品创新、新品种申报方面受一些因素的影响进展仍较慢。

（4）防腐剂和抗氧化剂　行业发展平稳，全年保持稳定增长。苯甲酸和苯甲酸钠产销量 17.8 万吨，同比增长 14%。其中，苯甲酸产量 12.4 万吨，同比增长 11%；苯甲酸钠产量 5.4 万吨，同比增长 23%。山梨酸（钾）全年运行平稳，产销量同比增长 1%~2%；整体出口量比 2021 年有所增长，但由于原料成本高、海运费用的持续走高，企业利润被侵蚀得较为厉害。未来的出口形势仍面临很大的不确定性。聚赖氨酸盐销售量的增长率更是达到了三位数，但是基数小，对全行业整体销售影响不大。纳他霉素产品由于受中美贸易战、国外疫情暴发等原因影响，失去部分市场。

由于能源和原材料价格大幅上涨，供应紧张，行业普遍面临生产成本增加、原料价格大幅波动和采购困难，以及环保压力的制约。企业普遍通过技术改造，减少水、电、汽等能源消耗，同时提高生产安全性，提高产品品质，取得一定成效。出口方面，受海运集装箱紧缺、舱位不足、国内点发疫情等影响，出货不顺畅，面临国外市场货物短缺、国内仓库货物积压的窘境。

（5）增稠剂、乳化剂和品质改良剂　2021 年，增稠剂、乳化剂和品质改良剂产品呈现平稳小幅增长，乳化剂主要品种（单甘酯、司盘、吐温）销量 5.2 万 t，销售额 5.6 亿元。增稠剂（不包括淀粉产品）销量 2 万 t，面粉改良剂销量 9.5 万 t，与 2020 年相比基本持平。变性淀粉销量 2.4 万吨，同比增长 26%。磷酸盐产品销量 5.1 万吨，同比增长 0.2%。复配膨松剂销量 5.5 万吨，同比增长 3.5%；销售额 2.8 亿元，同比上升 0.9%。增稠剂、乳化剂、复配膨松剂等产品的原料价格大幅上涨，企业于 2020 年就都有部分原料储备，一定程度上消化了原料涨价的影响，涨价幅度不大。进出口因海运运费涨价、限电导致连续化生产线停产、原料普涨，企业效益有所下降。

（6）营养强化剂和功能性配料　在国家大力扶持营养产业发展以及我国居民健康营养观念不断加强的基础上，营养强化剂和功能性配料市场和产销形势稳步向好。新冠肺炎疫情使得消费者对健康问题更加关注，营养均衡膳食深入人心，为营养强化剂、功能性配料提供了发展的空间。2021 年，营养强化剂、复合营养素及功能性配料产销量有较大增长。合成维生素 E 系列产品销售额和总销量均呈现同比增长。天然维生素 E 系列产品因原料价格及成本问题，总体处于缺货状态，总销量同比略有下降，但其销售额同比略有增长。类胡萝卜素系列产品市场需求稳定，产销量与 2020 年相比均有所上升。

8. 发展新亮点与新增长点

（1）“双碳”决定企业未来，行业加速向低碳发展切换频道　坚持走生态优先、绿色低碳发展道路，是我国实现可持续发展的长远之举，食品添加剂和配料行业虽然不是高耗能行业，但“双碳”目标决定了未来企业的生存之道。在 2021 年国内外能源供应紧张的大背景下，为更好地顺应绿色发展趋势，让“能耗双控”恢复正常水平，全国多地出台“双控”攻坚行动，对企业启动限电措施。帝斯曼是一家国际性的营养保健品、化工原料和医药集团，其产品被广泛应用于食品和保健品等。根据其可持续发展目标，到 2030 年，帝斯曼可再生能源购电量将达到总购电量的 75%。同时，帝斯曼积极响应绿色发展理念，将与各界伙伴携手，不断提升本土化技术创新能力，共同助力实现“双碳”目标。

（2）“无糖”产业蓬勃发展，健康和美味可兼得　在全球低糖减糖趋势的带动下，以及受国内以“元气森林”为代表的无糖低糖饮品热销的影响，以赤藓糖醇、甜叶菊、罗汉果、阿洛酮糖为主的天然甜味剂日渐受到市场关注，减糖已经成为人们的共识，在饮料、零食、营养补充剂等领域越来越多的下游产品配方中出现了这些配料的身影。代糖原料产销规模出现较快增长，预计未来五年无糖饮料还会保持两位数的增长率，为功能糖等甜味剂提供进一步发展空间。功能糖生产企业山东百龙创园已布局阿洛酮糖产业，不断优化生产线新增产能，并在着手进行阿洛酮糖的新食品原料申报工作，待国内规范批准、市场放开后，其或有可能复制现在赤藓糖醇的辉煌。目前，还有一些甜味剂制造商在研究稀有糖，如岩藻糖、曲二塘、纤维二糖、黑糖等，但仍处于研究阶段，所面临的主要挑战是产品可行性和配方要求。代糖原料远不止于此，未来技术的发展将会让人们健康和美味兼得。

（3）植物提取物作为大健康产业的重要原料对“健康中国”发展战略的实施意义很大　随着社会进步和人们生活水平的提高，公众对天然健康产品的需求不断增加，植物提取物行业的技术也在快速进步，会有越来越多植物有效成分被发现并通过加工得到应用，植物提取物行业未来发展的潜力和空间巨大，有希望成为国民经济新的增长点，推动我国成为全球“大健康”的原料和产品制造强国。

我国植物提取物行业起步于 20 世纪 80 年代，经过几十年的快速发展，现在无论是生产规模、技术水平，还是产品品种丰富程度，已经处于国际领先地位，并成为国际上植物提取产品主要供应国，且保持良好的发展势头。截至 2021 年，我国从事植物提取物进出口的企业已超过 2000 家，出口额超过 1000 万美元的超过 50 家，出口额合计达 27 亿美元。以晨光生物科技集团为例，在受新冠肺炎疫情影响的 2020 年上半年，仍然实现了出口创汇 8200 万美元，同比增长 53.7%。但同时，国内植物提取物行业集中度不高、企业众多且分散、资质良莠不一、技术装备水平参差不齐，高新技术企业和作坊式小厂并存；作为原料产业，相关法规和标准不完善使终端产品开发与市场拓展缺乏动力。可见，植物提取物行业的挑战与机遇并存。

（4）数字化转型将成为“十四五”行业企业发展的新引擎　随着互联网、物联网等技术不断发展，食品添加剂和配料行业的数字化时代已然来临，当前数字化经济时代下，食品添加剂和配料行业从生产到销售整个产业链的发展模式正在发生深刻变化。从原辅料源头、生产、加工、包装、物流、仓储到营销、市场、消费服务终端的全过程中，所有环节都已经开始和互联网融和，智慧化工厂、数字化车间日益成为食品添加剂和配料行业中的发展热点。食品添加剂和配料行业必须充分利用数字化的优势，以数字化、信息化、智能化为突破口，深入推进企业数字化转型升级，打造数据供应链，以数据流驱动各个环节业务流，形成产业链上下游和跨行业融合的数字化生态体系。预计“十四五”之后，食品添加剂和配料行业的数字化转型会创造更多的新业态、新模式，有力促进高质量发展。

9. “三品”战略实施情况

近几年来，我国食品添加剂和配料行业积极推进供给侧结构性改革，积极实施品牌战略，提升品牌形象；贯彻落实食品安全政策，在消费升级的推动下，保持健康稳定的发展态势。

（1）增品种　2021 年，国家卫生健康委员会公告了 18 个食品添加剂新品种以及 12 个扩大使用范围的品种。

（2）提品质　近年来，食品工业中获得的国家级科技进步奖和发明奖很多都与食品添加剂和配料相关，许多新产品的开发都离不开食品添加剂和配料新产品或新功能的出现。

（3）创品牌　2021 年，行业企业注重树立品牌及宣传，利用期刊广告、发表技术论文、举办展会活动和行业专业会议等营销方式，扩大行业品牌知名度，创立并发展我国食品添加剂民族品牌。

二、行业面临的问题

2021 年行业整体生产经营随着食品工业的发展而稳步向前，同时也面临一些共性问题。

（一）政策与市场

1. 法规和标准在实施方面的问题

为保障食品安全、加强食品添加剂生产的监督管理，我国制定了一系列有关食品添加剂的法规和食品安全国家标准，但食品添加剂制剂类、食品配料、功能性成分、天然提取物等产品的国家标准缺失，此类企业生产许可证的申领受到影响，严重阻碍了这类行业高品质、高端化产品的生产和销售。因此，需进一步补充和完善食品添加剂的标准建设和管理制度，通过加快食品添加剂相关标准的制（修）订工作、努力推动食品添加剂企业制定标准并允许备案等方式改善相关企业的发展环境。

2. 企业生产成本上升，效益下降

近几年能源、原材料价格大幅上涨，特别是 2021 年，原材料和能源价格的上涨幅度远超许多企业的预期，涨价幅度迅猛。例如，用于生产磷酸盐产品的矿产黄磷的涨价幅度高达 3~5 倍，食品添加剂企业不得不承受巨大的生产压力。同时产品出口成本的提高和市场价格的限制，使得企业的利润空间被大幅度压缩，影响了企业的正常采购及生产，对企业的正常运转及供货产生了较大影响。

3. 环保问题成为企业和行业发展瓶颈

食品添加剂行业中小企业居多，很多企业环保装备和节能减排技术水平有限，在环保督查和要求越来越严格、我国经济社会全面绿色转型、各行业加速向低碳发展的新形势下，环保问题成为制约企业发展的瓶颈。2021 年下半年，部分地区“拉闸限电”对行业发展产生短期不利影响。拉闸限电导致企业停产或限产，一是造成产量下降，使产品供应不稳定，导致供货不足，价格波动，影响对下游食品行业供应的连续性；二是导致生产经营成本上升；三是生产装备反复启停，对连续化生产不利，给安全生产带来隐患。

4. 产能过剩，同质化产品低价竞争现象依然存在

由于行业内的激烈竞争，多种大宗产品如辣椒红色素、甜菊糖苷、三氯蔗糖、万寿菊浸膏、阿斯巴甜等多年来一直存在产能过剩的问题，与此同时，有些品种继续形成新

的产能，生产同一食品添加剂产品的企业数量增多，造成资金和设备的重复投入和产品的重复产出，进一步加剧了食品添加剂产能过剩的问题。过剩的产能直接导致同质化产品利用低价抢占市场份额，进行恶性竞争，影响食品添加剂市场的正常运作，企业的利润不断下降，生产效益受到严重影响。长期处于恶性竞争不仅会危害行业的整体效益和健康发展，还会阻碍食品添加剂行业开发潜在市场、扩大产品销售、促进产品高端化的前进脚步。

5. 新冠肺炎疫情对行业生产和经营造成阶段性影响

2021 年，随着国内疫情防控的常态化，国内食品添加剂行业积极推动产业转型升级，加快淘汰落后产能。而对于出口企业而言，由于国外疫情仍在蔓延，海外客户对产品的保障性要求更高，使得空运和海运的价格不断上涨，企业的运输成本增加，利润空间进一步被压缩。但新冠肺炎疫情对食品添加剂和配料行业影响较小，行业发展整体走势依然乐观。

6. 仍有假冒产品和不符合国家标准的产品在市场上流通

极少数食品添加剂企业为降低成本追求利润，掺杂使假，在产品包装上贴上行业龙头企业制造的标签，冒充优质产品上市销售，或因自身检测能力受限，仍沿用已废止的国家标准进行生产和销售，扰乱市场秩序，侵害了合法守规企业的利益，并给食品安全带来潜在隐患。

7. 不规范使用食品添加剂问题仍时有发生

食品生产企业特别是中小型食品生产企业对食品添加剂的认识不清晰，使用规则不能够准确掌握，造成食品添加剂超范围超量使用的问题时有发生，历次抽检过程中也经常出现此类问题。因此，迫切需要对食品生产企业的从业人员进行规范使用食品添加剂的教育，从而进一步保障食品安全。

（二）科技创新

食品工业的创新多得力于食品添加剂和配料新品种的出现，作为食品工业发展的内在动力，行业企业应积极开发食品添加剂新品种，以适应我国食品工业发展的新需求。虽然 2021 年国家卫生健康委员会公告了 18 个食品添加剂新品种以及 12 个扩大使用范围的品种，但大多数是食品用酶制剂，其他类添加剂占比不高。对食品添加剂的严格管控使得企业对新品研发的投入降低，新产品推出速度和种类更新都在变慢，进而影响食品工业的发展速度减缓。

美国、欧盟、日本等国家和地区每年都有很多食品添加剂新品种被批准使用，而我国食品添加剂新品种的创新仍有许多阻力。目前我国食品添加剂新品种的审批过程十分复杂烦琐，条件有限的企业申报起来举步维艰。因此应鼓励食品添加剂的创新发展、简化食品添加剂新品种的审批申报程序，建立以企业为主体、市场为导向、面向生产的技术创新体系，在推动相关产业实现重大技术突破、引领产业技术创新的同时，促进相关产业与标准、管理、监督等职能部门的良好沟通，从而加快食品添加剂产业新品种的研发，提高我国食品工业的整体技术水平。

（三）食品添加剂在食品中的不当标识问题

近年来，国内外食品安全事件频发，使得消费者更加关注食品安全问题，但由于消费者自身对食品安全知识的缺乏和大众媒体的过度宣传，使得消费者对食品添加剂的误解进一步加深，所产生的认知风险远大于食品本身的安全风险。在此背景下，部分食品企业以“不添加或不含有食品添加剂”为噱头进行大肆炒作，利用消费者的忧虑心理牟取经济利益，进一步加深了消费者对食品添加剂的错误认知，阻碍了食品添加剂行业的正常发展。为维持食品添加剂市场的正常秩序，引导消费者正确、理性地对待食品添加剂和食品安全问题是促进食品添加剂行业健康运转更为重要的一环，社会以及政府应通过多种形式、多种途径加大对消费者关于食品添加剂科普知识的宣传教育，使消费者从科学层面上了解食品添加剂的真正含义，消除大众对食品添加剂的误解和顾虑，对食品添加剂建立最基本的观念认知。此外，食品企业应增强自律意识，辅助引导消费者建立正确的食品添加剂安全意识，维护食品行业的良性发展。

三、发展趋势

食品添加剂和配料行业发展至今，已从原本分散、小规模生产经营发展成为技术力量强、规模和产量皆满足我国食品工业需求的成熟业态。随着生活水平的提高，人们对食品添加剂提出了更高的要求，为提高我国食品添加剂产品在国际市场的竞争力，推动行业企业技术进步、产品创新和可持续发展尤为重要。

2022 年，由于全球疫情发展态势的不明朗和产品原材料价格可能出现的大幅波动等诸多不确定因素，行业的发展仍会经受一定冲击，但食品工业、大健康产业等终端消费市场的需求相对稳定，食品添加剂和配料行业发展整体走势依然乐观。食品添加剂生产企业可通过集约化、规模化经营不断增强实力，不断提高产品质量、降低生产成本、开发新产品，从而在同质化产品中突出优势，形成不同于其他企业的核心竞争力。另外，天然食品添加剂和功能性食品配料在未来将继续受到消费者的青睐，天然和功能性产品的产量占比会逐步提高，逐步带动我国食品添加剂和配料产品的国际竞争力。

四、政策建议

（一）完善食品添加剂的标准建设和管理制度，继续加强食品添加剂相关标准的制（修）订工作

（1）允许制定食品添加剂企业标准并能够备案。

（2）加快制定食品添加剂相关标准或管理办法，解决包括制剂类产品在内的一批产品的生产许可问题。

（3）加快研究食品配料中使用食品添加剂的问题，使食品配料中使用食品添加剂的情况能够规范并得到解决。

（二）加强对食品添加剂生产过程的监管，在行业内推广良好操作规范（GMP）、危害分析与关键控制点（HACCP）等管理方法

在行业企业中鼓励推广 GMP、HACCP 等行之有效的管理体系和方法，根据产品和生产特性，形成适合企业自身的食品安全计划，关口前移，鉴别并控制潜在风险，全面保证食品安全。

（三）政策积极引导，加大科技投入，促进产业升级

引导食品添加剂行业进行产业结构调整；构建产学研联盟和集约化经营；支持行业重点项目建设和示范产业基地的建设，驱动科技创新；扶持食品添加剂和配料行业龙头企业发展，带动行业整体提升；结合行业特点，给予这些中小企业一定的政策倾斜。

（四）严格禁止一些企业为迎合消费市场，在产品上声称不含食品添加剂或不正确标识

社会以及政府有关部门应有针对性地加大对消费者的科普宣传教育，使消费者真正了解食品添加剂的科学含义，同时进一步规范企业产品标识，不能以不含食品添加剂为噱头迎合消费市场，从根本上杜绝这一错误引导，进一步促进食品添加剂和配料行业的健康、可持续化发展。

中国食品添加剂和配料协会

营养与保健食品制造业

营养保健食品作为民生产业重点发展方向，其行业发展一直备受瞩目。据统计，2021 年保健食品的销售额为 5000 亿元，同比增长 2%。由于我国目前并无营养食品的明确定义和相关法规标准，且统计分类和食品监管分类有所冲突，因此本篇相关内容主要针对保健食品行业①。

一、行业概况

（一）主要经济指标

2021 年是新型冠状病毒肺炎（以下简称新冠肺炎）疫情暴发的第二年，企业依然受到疫情一定程度的影响。根据中国保健协会对 665 家保健食品生产企业进行抽样调查，2021 年新冠肺炎疫情对公司的保健食品业务是否有影响的结果可知（图 1），认为影响很大的企业占比为 27.59%，影响较大的企业占比为 48.01%，没有受到影响的企业仅为 2.92%。

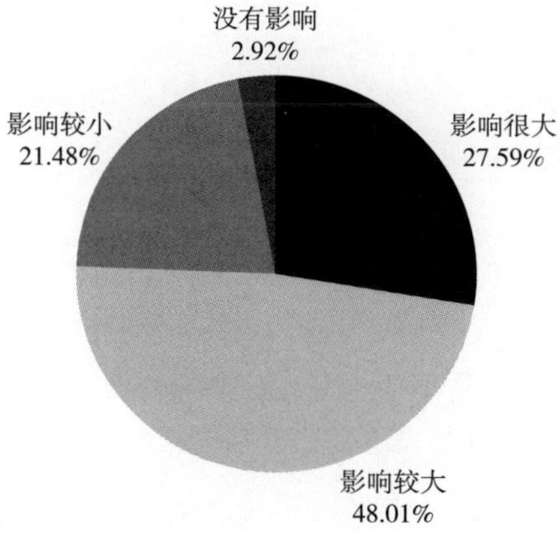

图 1　2021 年新冠肺炎疫情对保健食品企业保健食品业务的影响程度

进入“十四五”，保健食品行业较 2020 年增长速度放缓。根据中国保健协会的调查分析，2020 年我国保健食品销售额为 4900 亿元，2021 年保健食品销售额为 5000 亿元，同比增长 2%。在中国保健协会抽样调查的 665 家保健食品生产经营企业中，规模达到 1000 万元以上的企业数量达到 72.68%，其中规模 1 亿元以上的企业数量达到 16.18%。被抽样调查的保健食品生产经营企业中，只生产或经营注册制保健食品的企业数量占比为 16.71%，只生产或经营备案制保健食品的企业数量占比为 26.26%，两者均生产或经营的企业数量占比为 57.03%。从单一生产或经营某一种类型的保健食品企业数量来看，分析原因可能是由于备案制保健食品较注册制保健食品的行政审批成本和企业市场准入成本有效降低，企业高质量发展的内生动力有效提升。

从 2021 年保健食品企业业务收入情况（图 2）可知，2021 年我国保健食品企业主营业务收入为 3000 万元以上的企业占到被调查企业总数的 61.00% 以上，其中保健食品业务收入达 5000 万元以上 1 亿元以下的占 35.00% 以上，达 1 亿元以上的占 13.26%，亏损的保健食品企业占到 2.00%。从 2021 年保健食品销售额增长情况可知，66.31% 的企业年销售额较 2020 年有所增长。从保健食品企业业务收入整体情况来看，2021 年保健食

① 除特别说明外，本报告所有数据均来源于中国保健协会。

品企业的销售业务虽然受到疫情一定的影响，但是其市场需求巨大，所以整体情况比较可观。

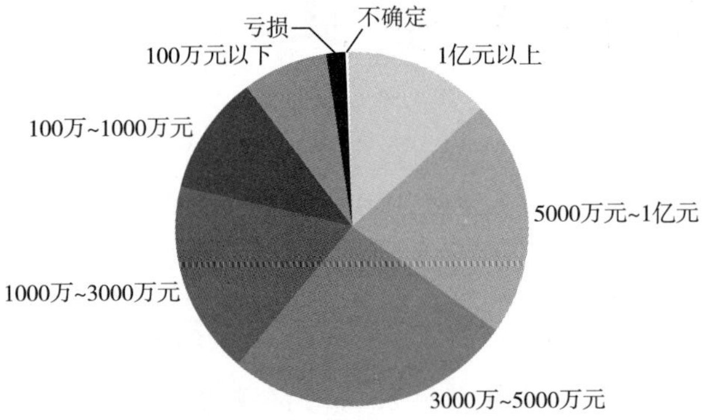

图 2　2021 年保健食品企业业务收入情况

2021 年，国家对于保健食品的注册和备案工作也在稳步推进。据中国保健协会统计，2021 年保健食品注册产品总数为 2316 件［依据国家市场监督管理总局（以下简称市场监管总局）食品审评中心发布保健食品批件领取公告内容进行统计］，其中国产保健食品注册产品有 2313 件（包括新注册/延续注册/变更注册/技术转让），进口保健食品注册产品有 3 件；备案产品总数为 3088 件，其中国产保健食品备案产品有 3065 件，进口保健食品备案产品有 23 件。

（1）国产注册保健食品　由于市场监管总局食品审评中心以“待领取信息”和“邮寄详情单”形式公布的内容有限，且市场监管总局的特殊食品信息查询平台存在更新周期，本部分分析以市场监管总局特殊食品信息查询平台查询的 2021 年新注册的产品为准。根据市场监管总局特殊食品信息查询平台数据统计，2021 年新注册的国产保健食品共 271 件。从图 3 可知，国产保健食品申报剂型种类繁多。其中，胶囊、软胶囊和片剂的保健食品申报数量最多，分别为 75 件、68 件和 50 件，占总申报数量的 71% 以上。此外，在申报剂型中，不免有普通食品剂型也在申报之列，包括饮料类、茶类、酒类等，总量为 28 件，占总申报数量的 10% 左右。

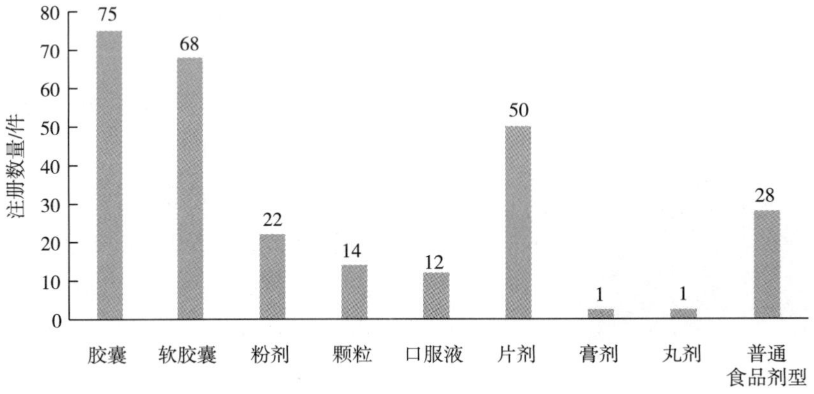

图 3　2021 年国产注册保健食品申报剂型情况

资料来源：国家市场监管总局。

在申报的保健食品功能方面，大部分保健食品申报的为单一功能，有 18 个产品申报的为双功能。根据国家相关规定，保健食品可申报的功能共 27 种，在 2021 年所申报的保健食品功能中，共有 13 种功能的产品进行了申报。其中，增强免疫力的产品申报数量最多，达总申报数量的 51% 左右，缓解体力疲劳和辅助降血脂的产品申报数量紧随其后，分别占到 14%和 11%，但与增强免疫力的产品占比相比仍相差较大。

（2）进口注册保健食品　3 件进口的注册保健食品分别为来自韩国的正官庄牌人参提取液、美国的天维美牌钙与维生素 D 片和中国香港的余仁生牌灵芝加破壁孢子粉胶囊，功能分别为缓解体力疲劳、增加骨密度和增强免疫力。

（3）国产备案保健食品　属于营养素补充剂的产品共备案 2780 件，属于辅酶 Q_{10} 等五种功能类备案保健食品的产品共 285 件，后者相对应的保健功能涉及增强免疫力、辅助降血脂、改善睡眠和抗氧化。从国产功能类备案保健食品申报原料情况（图 4）可以看出，以破壁灵芝孢子粉为原料的产品最多，共 83 件，占功能类备案保健食品申报总数的 29.12%；其次为以鱼油为原料的产品，共 70 件，占功能类备案保健食品申报总数的 24.56%；以螺旋藻为原料的产品备案数量最少，共 6 件，仅占功能类备案保健食品申报总数的 2.11%。在五款国产功能类保健食品备案剂型中，软胶囊的数量最多，达 119 件；其次为硬胶囊的数量，达 68 件；颗粒剂型的数量最少，仅为 10 件。具体五款国产功能类备案保健食品申报剂型情况如图 5 所示。

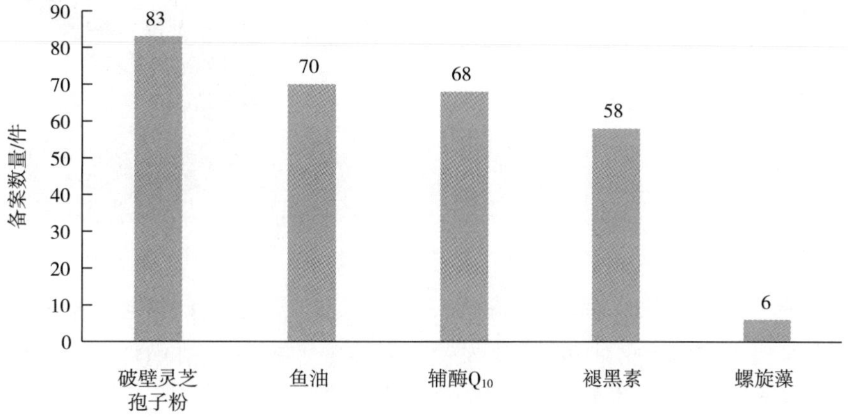

图 4　2021 年国产功能类备案保健食品申报原料情况

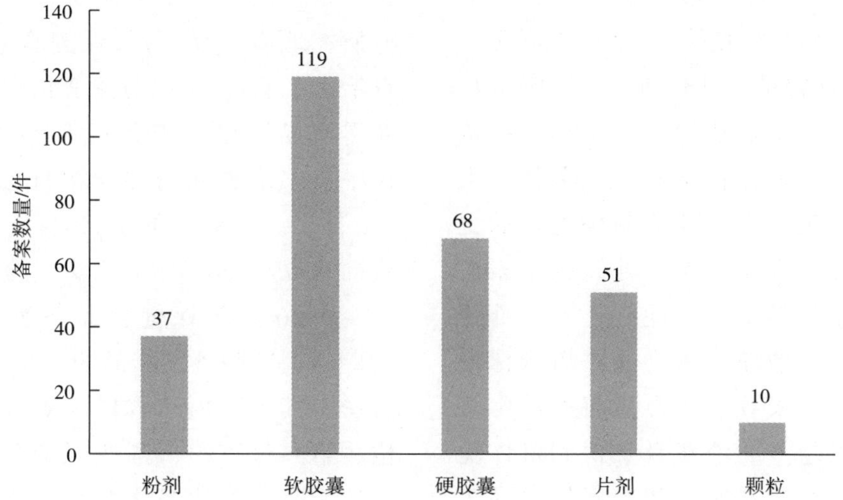

图 5　2021 年国产功能类保健食品备案剂型申报情况

（4）进口备案保健食品　进口的备案保健食品均属于营养素补充剂产品，备案剂型包括片剂、硬胶囊和软胶囊。其中，片剂产品备案数量最多，共20件，占总量的86.96%；软胶囊和硬胶囊的备案产品数量分别为2件和1件（图6）。

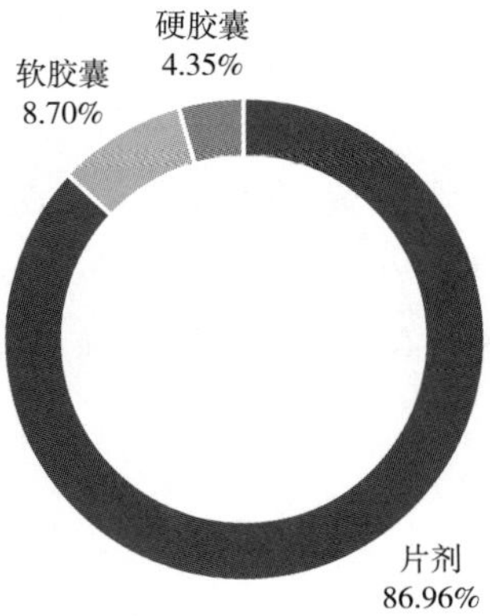

图6　2021年进口保健食品备案剂型申报情况

（二）行业发展分析

1. 研发投入

中国保健协会调查了665家保健食品企业，根据2021年保健食品企业研究与开发（R&D）投入资金情况（图7）可知，投资金额在5000万元以上的企业数量占14.32%，投资金额在3000万~5000万元的企业数量占32.10%，投资金额在1000万~3000万元的企业数量占24.67%，投资金额在100万~1000万元的企业数量占18.57%，投资金额在100万元以下的企业数量占7.69%，投资金额不确定的企业数量占2.65%。其中，大部分公司在增强免疫力的注册制保健食品上投入的研发力度最大，其次为补充维生素矿物质类的备案制保健食品，此外还有一部分企业专注于减肥、增加骨密度等注册制保健食品的研发。综合来看，结合目前疫情常态化的形势，越来越多的消费者意识到机体免疫力的重要性，会选择购买相关保健食品来提升免疫力。根据企业未来重点生产研发的保健食品类别的调研结果可知，越来越多的保健食品企业表示将加大增强免疫力保健食品的创新及研发力度。此外，辅酶Q_{10}、破壁灵芝孢子粉、螺旋藻、鱼油、褪黑素这五种功能类保健食品原料目录的发布，正顺应当前国家大健康战略和疫情常态化的需求。这几种类型的保健食品在上市前只需进行备案，无须通过烦琐的注册过程，将更加促使企业加快备案和生产适宜的产品以满足消费者对增强免疫力保健食品日益增长的需求。

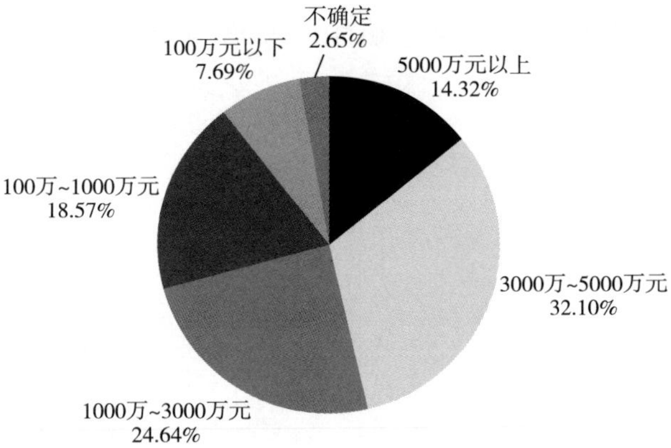

图7　2021年保健食品企业研究与开发（R&D）投入资金情况

2. 区域分布

从2021年国产保健食品注册（包括新注册、延续注册、变更注册、技术转让）的企业所在地看（图8），保健食品各地区（省、自治区、直辖市）的注册情况千差万别。在获得产品注册、变更、延续、技术转让的批件中，广东省获得注册批件的产品最多，共402件，占总数量的17.37%；其次为北京市，获批产品为360件，占总数量的15.56%。

从2021年保健食品备案企业所在地看（图9），这些备案产品的产地分别来自23个省份，其中，山东省以806件备案产品数量位居第一位，约占国产保健食品备案产品总数的30%；其次备案数量居多的省份为安徽省、江西省和江苏省。

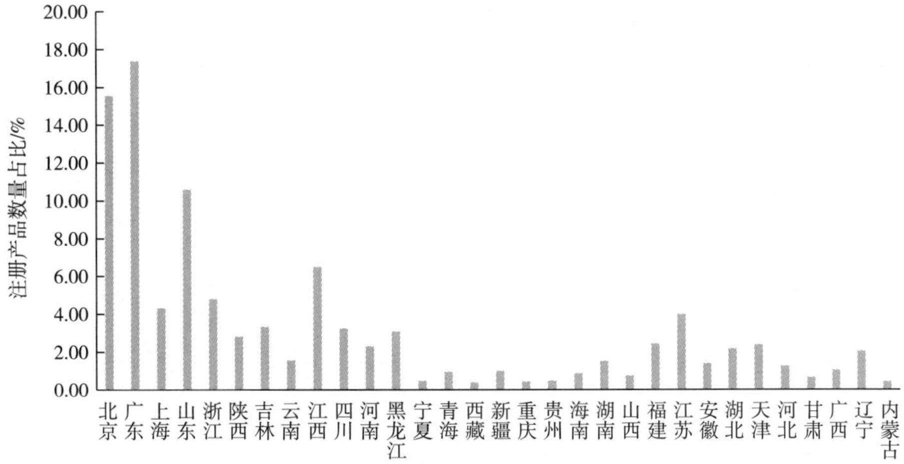

图 8　2021 年我国国产保健食品注册

（含新注册、延续注册、变更注册、技术转让）区域分布

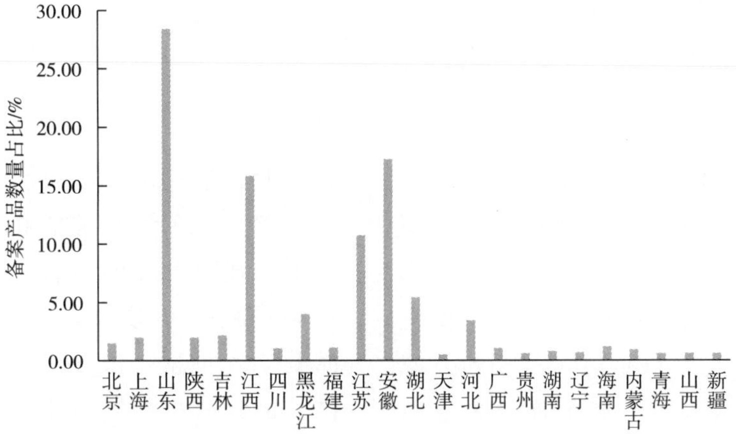

图 9　2021 年我国国产保健食品备案区域分布

3. 进出口

根据中国保健协会抽样调查的保健食品生产企业出口情况（图 10）显示，在被抽样调查的 665 家保健食品生产企业中有 23.08% 表示不出口保健食品，18.83% 准备出口保健食品。在现阶段已有出口保健食品业务的保健食品生产企业中，超过 10% 的产品用于出口的企业占比为 35.54%。

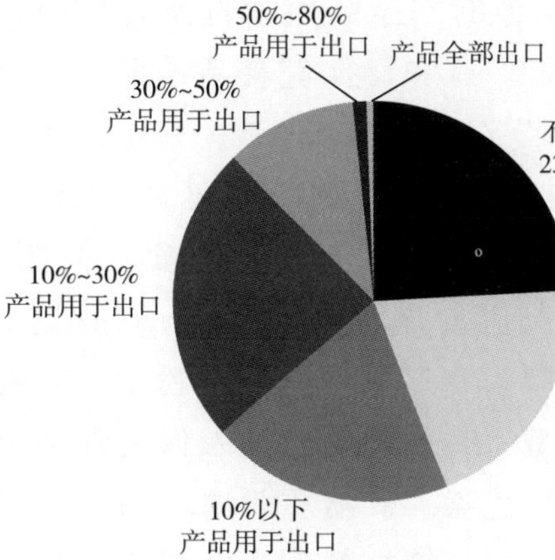

图 10　2021 年保健食品生产企业出口情况

4. 基本监管情况

（1）相关法规标准　2021 年，国家食品相关监管部门共发布了 2 项涉及保健食品的重要法规及公告（表 1），以及 1 项法规的征求意见稿（表 2）。

表 1　国家食品监管部门发布的重要保健食品相关法规及公告汇总

法规及公告名称	发布机构	发布日期
市场监管总局关于发布《辅酶 Q_{10} 等五种保健食品原料备案产品剂型及技术要求》的公告	国家市场监督管理总局	2021 年 1 月 29 日
市场监管总局关于发布《保健食品备案产品可用辅料及其使用规定（2021 年版）》和《保健食品备案产品剂型及技术要求（2021 年版）》的公告	国家市场监督管理总局	2021 年 1 月 29 日

表 2　国家食品监管部门发布的保健食品相关法规征求意见稿

征求意见稿名称	发布机构	发布日期	截止日期
市场监管总局关于公开征求《保健食品原料目录　营养素补充剂（2022 年版）（征求意见稿）》《允许保健食品声称的保健功能目录　营养素补充剂（2022 年版）（征求意见稿）》和《保健食品原料目录　蛋白质（征求意见稿）》意见的公告	国家市场监督管理总局	2021 年 12 月 13 日	2022 年 1 月 9 日

2021 年 1 月 29 日，市场监管总局发布《辅酶 Q_{10} 等五种保健食品原料备案产品剂型及技术要求》。此前，《辅酶 Q_{10} 等五种保健食品原料目录》已于 2020 年 11 月 23 日发布，这意味着辅酶 Q_{10}、破壁灵芝孢子粉、螺旋藻、鱼油和褪黑素五类功能类保健食品原料自 2021 年 3 月 1 日起可以以备案制保健食品的形式进行申报。

2021 年 1 月 29 日，市场监管总局发布了《保健食品备案产品可用辅料及其使用规定（2021 年版）》和《保健食品备案产品剂型及技术要求（2021 年版）》。其中，《保健食品备案产品剂型及技术要求（2021 年版）》规定了七种保健食品备案产品剂型。在此前已批准的片剂、硬胶囊、软胶囊、口服溶剂、颗粒剂基础上，新增粉剂、凝胶糖果两种剂型。其明确以已纳入保健食品原料目录中的维生素、矿物质为原料的产品可以使用粉剂、凝胶糖果剂型。保健食品备案剂型的进一步扩展和备案原料的进一步扩大，将进一步促进保健食品行业多元化发展，提升行业自信心。

（2）国家食品监管机构监管执行情况

为了加强对食品的监管，2021 年，市场监管总局共通报 38 次食品抽检不合格，不合格食品共 406 批次。其中不合格保健食品 10 批次，部分产品相同批次产品检出多个不合格项，不合格项目包括卫生指标不达标、咖啡因含量不符合要求、功效成分未达到标准要求等。

此外，市场监管总局于 2021 年 2 月 19 日发布了《落实食品药品安全“四个最严”要求专项行动典型案例》，其中有一起案件是关于生产、销售有毒、有害食品案，主要是在保健食品中使用了国家禁止在保健食品中非法添加的物质及其他西药成分。

5. “三品”战略实施情况和典型案例

（1）增品种　中国保健食品企业在国家政策法规的指引下，结合企业自身实际情况和市场发展情况，通过加大研发投入，不断丰富产品线以满足消费者需求。

2021 年，国家发布了辅酶 Q_{10}、破壁灵芝孢子粉、螺旋藻、鱼油、褪黑素这五种功能类保健食品原料目录，同时初步放开备案制保健食品中凝胶糖果和粉剂这两种剂型。威海百合生物技术股份有限公司、华润圣海健康科技有限公司、威海南波湾生物技术有限公司等保健食品生产企业不断投入研发力度，在单纯补充维生素矿物质备案产品的基础上，扩宽产品线，不断增加新的品种以迎合市场需求，2021 年分别共备案产品 240 项、79 项和 62 项，从多维度提高企业和产品竞争力。

（2）提品质　生产合格满意的产品，必须通过建立和落实严谨的质量控制体系来实现。保健食品企业积极采用先进的技术设备和严格的管理体系来提升产品品质，以确保提供顾客满意的产品。

北京东方红航天生物技术股份有限公司、康宝莱（中国）保健品有限公司等保健食品生产企业积极推行“种子到餐桌”的质量管理体系，强化原材料的种植、采购和产品的生产、加工等工序，严把每个环节的品质安全，建立全程可追溯体系，不断提升产品的品质。

（3）创品牌　选择品牌化的产品是市场的消费趋势。2021 年，保健食品企业通过参加各类活动，增加媒体曝光度，不断提升行业品牌影响力。

无限极（中国）有限公司不断加大对基础研究、持续创新的投入，该公司的无限极牌悦扬胶囊及达韵胶囊两款保健食品双双荣获“2021 年度广东省食品行业优秀新产品一等奖”，这不仅提升了企业品牌影响力，更给同行业的其他企业树立了很好的榜样。安利（中国）日用品有限公司 2021 年积极投身各种健康科普活动，通过“安利纽崔莱营养中国行”“长三角一体化健康促进行动暨新民健康大讲堂巡讲”等各类活动的参与来提升企业品牌形象。

二、行业面临的问题

（一）市场状况

“十四五”开局之年，国家发布了众多“大健康”相关的政策法规，如《健康中国行动推进委员会办公室关于印发健康中国行动 2021 年工作要点的通知》《国务院关于印发“十四五”国家老龄事业发展和养老服务体系规划的通知》《国务院关于印发中国妇女发展纲要和中国儿童发展纲要的通知》等。“十四五”规划提出，我国人均预期寿命将在“十三五”77.3 岁的基础上再提高 1 岁，达到 78.3 岁。为实现再提高 1 岁的目标，“十四五”期间，我国将深入实施健康中国行动，强化慢性病预防，这些政策均为营养健康产业营造了良好的营商环境。同时，随着新冠肺炎疫情的持续影响，国民对于自身身体素质的提升非常迫切，对于营养保健食品的需求越来越大，在这样的背景下，对于保健食品企业来说是机遇也是挑战。为确保保健食品行业能够健康有序发展，目前亟待解决一些行业内存在的共性问题。

（二）生产经营中存在的问题

1. 保健食品与普通食品混放销售

《中华人民共和国食品安全法》明确，特殊食品包括保健食品、特殊医学用途配方食品和婴幼儿配方食品。《中华人民共和国食品安全法实施条例》规定，特殊食品不得与普通食品或者药品混放销售。但是监管部门在对保健食品进行专项检查或抽查、检查所销售保健食品是否设置“保健食品销售专区”时，有很多的经营者没有设置专区，而是与普通食品混放销售，这属于严重的违法行为。经营者会借机将普通食品冒充保健食品进行销售并宣传保健食品功能，误导消费者，扰乱市场秩序。

2. 保健食品欺诈和虚假宣传依然存在

目前，市场上依然存在保健食品欺诈和虚假宣传的现象，包括假借公益活动欺骗消费者，冒充专家恐吓消费者患有某种疾病，利用虚假广告宣传保健食品具有神奇功效、可治百病，虚假认证冒充高科技产品忽悠老年人等行为。有一些欺骗手段，对于老年消费者来说防不胜防、安全隐患大。

3. 非法添加或卫生质量指标不符合要求

近年来，市场监管部门通过日常检查和监督抽检发现，仍然存在部分不法商家在保健食品中非法添加药物、违法使用不合格原辅料等行为，生产经营的保健食品中存在微生物超标、质量指标不符合标准要求，以及功效成分没有达到限值要求的现象。长期服用此类不符合要求的商品将会严重损害消费者身体健康，也会让消费者对保健食品行业失去信心。

4. 注册制保健食品法规体系不健全

目前，注册制保健食品某些功能评价法规尚不完善。自 2018 年《保健食品检验与评价技术规范（2003 版）》废止后，只有抗氧化功能评价方法等 9 个保健功能评价方法，也就是说除了这 9 个保健功能有检验与评价方法，其他保健功能没有相关的评价方法，企业只能对部分保健食品进行生产、注册，大大限制了相关保健食品的研发、生产和销售。

三、发展趋势

（一）高品质保健食品市场需求将越来越大

《国务院关于实施健康中国行动的意见》《健康中国行动（2019—2030 年）》等相关文件明确要求每个人是自己健康的第一责任人。本次全球新冠肺炎疫情的发生给我们敲响了警钟，疫情的背后是国民健康素养水平的亟待提升，加上我国人口老龄化加剧，无论是从民生需求的变化还是国家建设的发展，保健食品行业作为大健康产业的重要分支，都是非常重要的一个环节。从长期来看，保健食品的市场需求将会越来越大，尤其是高品质保健食品的市场需求。

（二）备案制《保健食品原料目录》将进一步扩充

保健食品注册与备案双轨制实施以来，备案制保健食品的同质化现象相当严重。但是在 2021 年，随着辅酶 Q_{10} 等五种保健食品原料被纳入《保健食品原料目录》，同时初步放开凝胶糖果和粉剂，将其纳入保健食品备案剂型，无疑给保健食品企业带来新的希望。相比注册制保健食品来说，这些功能类备案保健食品的放开，大大降低了企业进入保健食品行业的门槛，相信未来也会有更多的原料纳入备案制《保健食品原料目录》中，给企业提供更多的选择空间。

（三）保健食品剂型将越来越趋于零食化

从以往备案的保健食品剂型可以看出，大部分备案制保健食品的剂型为药品剂型。但保健食品目前使用的场景正在逐渐日常化，产品形态零食化、轻量化，从 2021 年备案制保健食品扩增剂型也可以看出，软糖和粉剂的纳入正在迎合市场需求。相信未来不断会有更多的保健食品剂型出现，越来越趋于零食化，迎合大众日常消费需求。

四、政策建议

（一）继续加强对保健食品的监管力度

继续加大对保健食品的监管力度，增加对生产经营场所和产品的抽查频次，增大企业违法成本，定期发布保健食品企业黑名单，多措并举，解决保健食品市场的突出问题，使营养健康食品行业向更加有秩序的方向发展。

（二）加快制定保健功能评价方法

加快制定注册制保健食品的功能评价方法，完善法规空白，使保健食品企业在实际研发、生产过程中有据可依，促进保健食品品类的开发，扩大市场产品线，避免目前严重的产品同质化现象，以迎合日益增加的市场需求。

（三）继续加强消费者教育及科普力度

目前消费者对于保健食品的需求越来越大，应加大科普力度，通过多种科普方式引导消费者（尤其是中老年人）通过正规渠道购买保健食品，了解如何正确区分普通食品和保健食品，通过大量且全面的科普来帮助消费者购买真正需要且适合自身的保健食品。

中国保健协会

罐头食品制造业

罐头食品制造业是我国传统食品产业，一直以来在供应内需、出口创汇、服务“三农”、满足健康消费、稳定扩大就业等方面发挥着举足轻重的作用，发展罐头食品产业，对巩固脱贫攻坚成果，促进农业农村提质增效和农民增收，满足人民对美好生活的期待，具有现实意义和深远影响。2021 年我国罐头产业秉承安全优质、生态环保的发展理念，不断优化产业结构，提高产品质量，大力发展循环经济，努力化解疫情带来的影响和国际贸易摩擦、原辅材料及生产成本上升等不利因素影响，推动我国罐头食品产业持续健康稳定发展。

一、行业概况

（一）行业概况

2021 年，我国规模以上 665 家罐头企业累计完成产量 831.71 万 t，与上一年基本持平；全行业主营业务收入 1173.47 亿元，同比增长约 7%；利润总额 64.78 亿元，同比增长约 2%。

（二）行业发展分析

1. 价格

在成本方面，2021 年受疫情影响，海运费用延续上一年的态势持续增长；由于天气、部分加工用农作物种植积极性下降、区域“退林还耕”政策等的影响，罐头加工用洋梨、黄桃、柑橘和番茄于 2021 年均出现减产，导致原料价格上涨现象较为明显。又由于人民币汇率波动，全年最终增值约 2.63%，罐头产品价格随之受到波及。

根据海关总署数据计算，2021 年我国罐头出口累计平均价格为 2014.49 美元/t，同比增长 14.25%（图 1）。

2. 市场

我国罐头分国内、国外两个市场。在外销市场，我国作为国际上最大的罐头生产和贸易国，产品在国际上具有重要地位。2021 年由于新冠肺炎疫情影响，出口市场需求持续，但疫情导致物流运输不畅，企业交货困难。在内销方面，零售市场较以往活跃度有所增加，后疫情期间餐饮、酒店的罐头市场逐步恢复，尤其餐饮业对预制菜肴类罐头需求持续向好。

3. 投资

2021 年全国规模以上罐头食品制造企业资产总计近 800 亿元，同比增长约 3%；负债合计约 400 亿元，同比增长约 4%；资产负债率约 53%；行业流动资产合计逾 450 亿元，同比增长约 2%。

4. 区域分布

我国罐头行业区域集中度较高，2021 年福建省罐头产量近 300 万 t，占全国罐头总产量的 36%，成为全国罐头产量最高的地区，其后依次为湖南、新疆、山东和湖北。

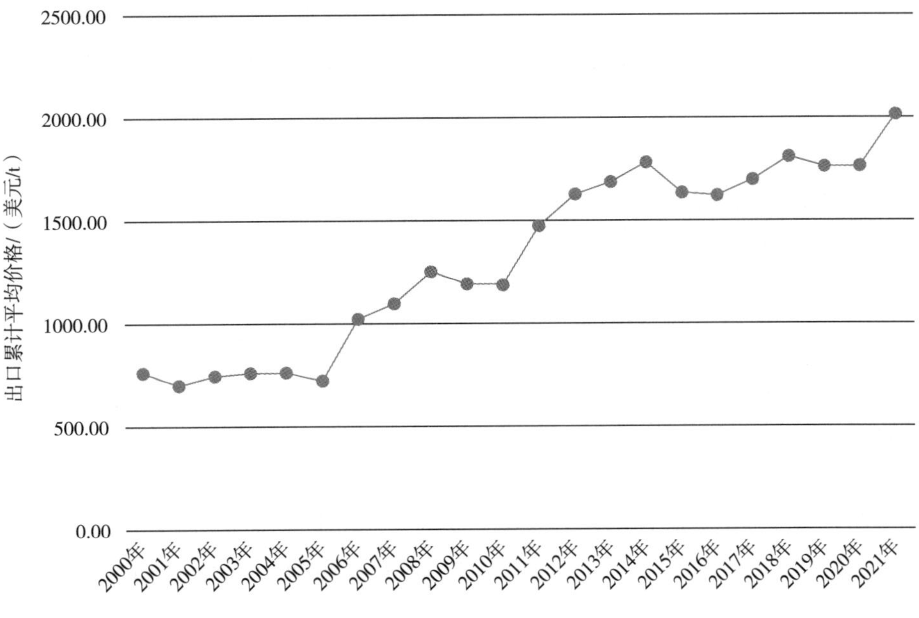

图 1　2000—2021 年我国罐头出口累计平均价格走势图

资料来源：海关总署。

由于罐头产品的主要原料在未经加工时不便于贮存、运输，因此我国罐头企业分布主要与当地原料及市场优势有关，2021 年总体较以往变化不大。例如，我国水产品类罐头以广东、福建、浙江、辽宁等沿海地区为主产区；柑橘罐头以浙江、湖南、湖北等地为主产区；肉类罐头以四川、福建为主产区；黄桃、白桃罐头以河北、山东、安徽和大连为主产区；蘑菇、芦笋罐头以福建、山东、河南为主产区；番茄酱罐头以新疆、内蒙古、甘肃为主产区；竹笋罐头以浙江、福建、江西为主产区；粥类罐头主产区是浙江、福建和河北等地（图 2）。

5. 行业集中度

2021 年延续前几年的发展趋势，行业集中度持续提升，规模以上企业相较上一年下降 21 家；规模以上企业累计年均营收近 2 亿元，同比上涨近 3%。我国罐头行业总体以中小企业居多，行业集中度不够高，受加工原料供应、产品季产年销和人工劳动力的制约，难以形成较高规模效益。近年来总体趋势是行业集中度在逐年提高，主要原因在于在有

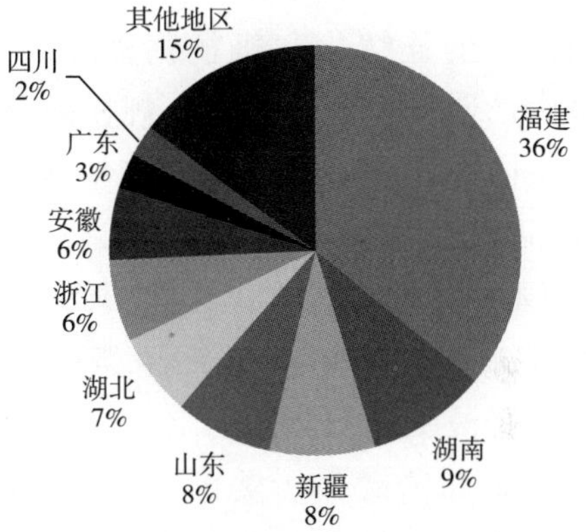

图 2　2021 年我国罐头行业产量地区分布

关政策和市场的引导下，对落后产能进行了淘汰，同时部分子行业由于产能过剩较为明显，兼并和重组的现象较多。

6. 进出口

（1）出口　据海关总署数据显示，2021 年我国罐头出口总量 279.32 万 t，同比下降 6.80%；出口额 56.27 亿美元，同比增长 6.49%。

2021 年由于受到全球疫情影响，国际多个港口吞吐能力大幅下降，导致出口海运能力下降，集装箱供应紧张，运费大幅提升，

严重制约了我国罐头产品出口至其他国家和地区市场。但国际市场需求依然旺盛，出口成本增加导致出口价格有所提高。

（2）进口 2021年我国进口罐头产品总量16.06万t，同比增长13.73%；进口额3.91亿美元，同比增长9.99%。2021年我国进口罐头产品累计平均价格为2432.83美元/t，同比下降3.29%。

7. 重点行业

罐头产品按原料分为肉禽类罐头、水产类罐头、果蔬类罐头和其他类罐头，其他类罐头主要包括粥类、汤类、调味类以及婴幼儿辅食类等罐头产品。

各品类罐头主要产品情况如下所述。

（1）粥类罐头 粥类罐头是我国罐头品种中总量最大的单品，且行业集中度较高。根据国民饮食习惯，产品基本全部内销。粥类罐头生产的连续化和机械化程度高，能一年四季生产，所以产量较大，规模效益明显。粥类罐头同时也是罐头行业中产品创新较为活跃的品种，市场产品多样化较为突出。2021在国内疫情反复的背景下，民众对家庭囤粮的需求增长，粥类罐头品类稳健增长，送礼和自用消费并行驱动。

（2）番茄酱罐头 美国、意大利和中国是世界上最主要的番茄酱罐头生产国。根据世界番茄加工委员会（WPTC）数据显示，2021年全球共加工约3870万t番茄原料制作番茄酱罐头，与2021年基本持平，其中我国由于2021年部分地区农户种植番茄积极性下降等因素，导致原料减少，共加工480万t番茄原料，同比2021年原料减少约100万t，原料价格上涨10%~15%。我国番茄酱罐头加工主要集中在新疆、内蒙古和甘肃地区，2021年总产量约为76.3万t，其中新疆60.7万t，内蒙古14.8万t，甘肃0.8万t。

在市场方面，我国番茄酱罐头依然以国际市场为主。据海关总署数据显示，2021年全年我国出口番茄类罐头产品共计81.10万t，同比减少9.19%；出口额6.51亿美元，同比减少5.94%。其中，大桶番茄酱（>5kg）出口量为51.14万t，同比下降7.51%，累计平均单价782.99美元/t，同比增长2.27%；小包装番茄酱（≤5kg）出口量25.40万t，同比下降14.79%，累计平均单价833.69美元/t，同比增长4.74%。2021年国内市场对番茄酱罐头的需求量增长较为明显，主要得益于调味品行业对番茄酱原料的需求增加。

（3）桃罐头 我国桃罐头加工用原料及生产企业主要集中在安徽砀山、山东临沂、辽宁大连和河北保定等地。近年来，全国桃产业和市场总体呈现上升趋势，黄桃种植规模逐年扩大，国内市场持续增长，企业也加大了对品牌培养的投入，逐渐形成一批全国或区域市场的品牌企业。在市场方面，我国桃罐头近四分之一用于出口。从国际市场看，我国桃罐头加工竞争对手主要是南非、希腊和阿根廷三个国家。全球主要生产国的总加工量大体保持在每年160万t左右的规模。2021年，我国桃罐头出口量13.74万t，同比下降12.94%；出口额1.68亿美元，同比增长0.32%；累计平均价格为1219.94美元/t，同比增长15.24%。2021年由于部分地区天气原因导致桃原料减产，个别企业盲目生产争抢原料，导致原料价格增长。

（4）柑橘罐头 我国是世界上主要的柑橘罐头生产国和出口国，国际市场占有率一直保持在70%以上。柑橘罐头近年来国内市场发展较好，销售规模稳中有升。企业一直重视柑橘罐头的连续化、机械化生产，有助于控制产品生产成本，保证了企业效益。在产品方面，柑橘罐头产品在包装、口感方面不断改善，在稳定既有消费群体的条件下，努力开发新品及扩展新的消费群体。

2021年我国柑橘罐头出口量26.20万t，同比增长3.29%；出口额3.06亿美元，同比下降 1.31%；累计平均价格 1169.69 美元/t，同比下降 4.45%。

（5）食用菌罐头　我国食用菌罐头主要包括双孢菇、香菇、草菇、平菇、金针菇、牛肝菌等罐头产品，其中双孢菇罐头产量最高。食用菌罐头生产主要集中在福建、四川和山东等省份。目前产品约一半用于出口，2021 年我国食用菌罐头出口总量为 23.97 万 t，同比下降 3.53%；出口额 10.63 亿美元，同比增长 13.36%；累计平均价格 4436.51 美元/t，同比增长 17.51%。其中，双孢菇罐头 2021 年出口量 14.51 万 t，同比下降 0.12%；出口额 2.96 亿美元，同比增长 64.89%；累计平均价格 2037.93 美元/t，同比增长 65.08%。

我国食用菌罐头在部分国际市场由于出口受到反倾销及贸易壁垒影响，国际市场拓展困难重重。食用菌罐头在国内市场上销售主要为调味类食用菌罐头，另外针对西式餐饮、快餐连锁和星级酒店，销售表现较为抢眼，实现稳步增长。在出口方面，由于个别企业以出口骗税为目的，虚假申报产品价格，导致 2021 年出口额和产品累计平均价格出现大幅上涨。

（6）猪肉罐头　我国猪肉罐头以午餐肉、清蒸猪肉等罐头为主，以供应餐饮业为主，其余进行零售。2021 年我国猪肉原料供应量快速恢复，原料价格得以下降。我国猪肉罐头出口以东南亚国家和中国香港地区为主。自 2019 年起，个别国家以我国为非洲猪瘟疫区为由，禁止进口我国猪肉罐头，对产品出口造成一定影响。2021 年我国共出口猪肉罐头 2.36 万 t，同比下降 17.27%；出口额 0.93 亿美元，同比下降 14.70%；产品累计平均价格 3953.18 美元/t，同比增长 3.10%。2021 年由于疫情以来民众居家囤积食物作为保障，带动猪肉罐头零售市场向上发展。

（7）金枪鱼罐头　2021 年金枪鱼罐头国际市场需求依然供不应求，但由于疫情防控，我国大量金枪鱼原料无法进口，其他金枪鱼罐头生产国家受疫情影响，加工能力降低，而我国远洋捕捞能力有限，捕捞量不能满足国内金枪鱼罐头加工企业对原料的需求，导致产品产量下降，错失国际市场发展机遇。2021 年我国金枪鱼罐头（含金枪鱼鱼柳）共出口 13.53 万 t，同比下降 0.69%；出口额 7.02 亿美元，同比增长 21.21%；产品累计平均价格 5187.64 美元/t，同比增长 22.05%。由于近年来国内消费者对金枪鱼的营养价值逐渐重视，金枪鱼罐头在国内消费中增长较快。

（8）鲭鱼罐头　2021 年我国鲭鱼罐头出口量 10.10 万 t，同比下降 15.28%；出口额 2.51 亿美元，同比下降 5.44%；产品累计平均价格 2480.43 美元/t，同比增长 11.61%。鲭鱼罐头近几年在国际市场发展较快，产品需求较高，但 2021 年由于南美部分国家又一次对我国出口鲭鱼罐头设置贸易壁垒，导致行业部分企业损失严重，错失该地市场，甚至对我国鲭鱼罐头行业发展造成影响。

8. “三品”战略实施情况和典型案例

2021 年罐头企业在“三品”专项行动中积极落实，总体情况进展良好，并取得了不错的成绩。

（1）增品种　2021 年罐头行业企业立足国内外市场消费需求，深入分析，积极开发新产品。随着国家国力强盛，百姓自信心增强，国货“国潮”开始盛行，杭州娃哈哈集团有限公司 2021 年在新品研发中融入传统特色美食因素，开发了咸口味四川饮食风格的川香腊肉粥和具有云南饮食特色的滇味菌菇粥罐头，弥补了市场咸口味粥罐头空白。针对后疫情时代消费者更加关注营养健康的需求，厦门银鹭食品集团有限公司顺应市场，形成差异化定位，开发新的八宝粥罐头，侧重低糖口味，如“0 蔗糖”“0 脂肪”的银鹭黑米粥，创新添加了圆苞车前子壳，含有丰富的可溶性膳食纤维，更好地满足了消费者健康饮食的需要。中粮集团在午餐肉罐头包装中抛弃传统单一金属包装，推出袋装午餐肉罐头产品，涵盖原味、藤椒和泡椒等多种口味，更新消费体验。

（2）提品质　2021 年罐头行业努力提升产品品质，促进行业高质量发展。福建紫山集团股份有限公司 2021 年共组建了 3 个研发团队，同时与闽南师范大学、福建农林大学、集美大学等高等院校开展产学研长期合作项目，对公司“一杏拉面”自热拉面和“到饭点”自热米饭两大系列产品再度全面升级，提升产品品质，提高消费体验。山东玉泉食品有限公司为提升产品品质，公司研发部门不断进行各种研发活动，积极开展技术创新，先后开展了不同品种桃罐头糖度口感对比试验、不同品种桃罐头储存时间对感观的影响试验、什锦罐头不同配料研究试验、不同杀菌时间对罐头营养的影响对比试验、不同杀菌温度对罐头营养的影响对比试验，确定最佳工艺数据，改善原料品质，提升产品质量。

（3）创品牌　2021 年罐头行业企业积极从各个方面发力，提升企业品牌价值。广州鹰金钱食品集团有限公司通过参加公益活动，借助传统与新媒体等多媒介，以线上线下结合的方式加大品牌曝光量，弘扬社会正能量的同时树立企业“国企担当”品牌形象，同时通过抖音情景剧方式推广“国潮第一罐”企业品牌故事。

9. 绿色制造、智能制造

2021 年能源、人工成本等方面成本上涨较为明显，罐头行业对节能等方面愈加重视，进行转型升级，加大绿色制造、智能制造推进力度，优化加工工艺、杀菌工艺等，积极响应绿色可持续发展，打造环境友好型加工行业。

在绿色制造方面，2021 年罐头行业部分企业针对杀菌冷却系统，改进余氯自动添加及控制设备，自动控制冷却水的水质，提升了冷却水循环次数和冷却水质量，大规模降低了罐头制造产品吨用水量，达到行业先进水平；同时对罐头杀菌系统热能回收，开展杀菌过程中排气热能的回收，对前道配料系统的热水进行预热，既节省了蒸汽又减轻了对温室气体的排放。

在智能制造方面，行业立足自身特点，近年来不断推动智能化制造。如在八宝粥罐头制造方面，部分企业加大改造力度，在原料清洗、预选和处理等方面加大设备投入，引进自动化原料除杂系统；在输送和配比系统上，改进设计了专用吸料系统和称量系统，达到配料精准；在罐装工序上，设计增添了桂圆自动加装机及莲子自动加装机，替代人工添加桂圆及莲子；对杀菌系统，改进了自动化进出缸设备；在装箱工序中开发了自动装箱机器人及码垛机投入到生产线，完成产品自动化的装箱及自动化叠板。同时根据礼盒市场需求，开发全自动八宝粥礼盒装箱机设备，通过提升自动化和智能化，大大减少了劳动力。

10. 包装与装备

（1）包装　罐头产品由于其独特的杀菌工艺，对包装要求较高，包装材料的升级也体现着罐头行业的进步。当前罐头产品包装主要分为硬（马口铁、玻璃、铝等）和软（高阻隔塑料、铝箔、纸塑铝复合等）两种形式。2021 年罐头行业在金属包装方面延续以往节能的材料减薄趋势，同时覆膜铁材料以美观、不生锈的特点受到部分企业的青睐。易撕盖塑料包装在宠物类罐头和水产类罐头中的应用比例逐渐提高。

（2）装备　罐头装备主要包括空罐、实罐和包装设备三大部分，始终伴随罐头产业发展和进步，发挥着举足轻重的作用。近年国内自主研发成功的柑橘去皮机，普遍去皮率达到 95% 以上，每台机器可代替 6 个劳动力，每小时可处理 1～1.5t 橘子原料，在 2021 年由于其优势明显，在行业内被得以快速推广。

11. 发展新亮点与新增长点

2021 年预制菜肴类罐头增长较为明显。菜肴类罐头在我国起步比较早，最早应用于部队军需，作为单兵口粮食品在军队中普及。直到现在，菜肴类罐头仍是部队单兵口粮的主要能量供应部分，常见的有番茄土豆牛肉、狮子头、大盘鸡、鱼香肉丝等。2021 年随着我国餐饮业快速发展，菜肴类罐头以易于储存运输、方便操作、节省人工以及可实现标准化的特点，被越来越多的餐饮酒店所选用，也成为我国罐头行业的重要销售增长点。比如常见的佛跳墙、羊蝎子罐头、红烧带鱼等，据估计，菜肴类罐头产品种类目前已达到 200~300 种。另外近年来部分企业借助成熟的罐头工艺，与传统食品相结合，使部分传统中国菜肴工业化，带动菜肴类罐头产品更具多样化。

二、行业面临的问题

（一）生产、销售等成本持续增加

2021 年罐头生产、销售等各项成本持续增加。在海运方面，新冠肺炎疫情在全球的影响持续，2021 年我国出口国际海运费用价格持续上涨。据中国罐头工业协会统计，2021 年年初至 12 月，我国罐头出口海运费用普遍上涨 200% 左右，热门海运线甚至涨幅超过 300%，出口罐头成本大幅增加，企业资金压力持续增加，出口至国际市场中国罐头产品价格优势削弱，竞争力下滑。在生产方面，2021 年蒸汽、马口铁包材、人工费用也均不同程度增长。

（二）能源紧张造成部分地区拉闸限电，制约生产

2021 年下半年，由于国内部分能源紧张，导致多地实施拉闸限电，对果蔬类罐头生产企业造成一定影响。受“拉闸限电”影响的罐头企业产能大幅降低，部分企业产品产量降低至以往的 50%。食品行业作为重要民生行业，产品短缺不利于社会、市场的稳定。另有部分地区停电通知不及时，导致正在生产的产品遭遇停电后不得不全部报废，造成企业经济损失。果蔬罐头行业大部分产品属于季产年销，产能降低将严重影响企业消化农产品，导致农产品滞销。

（三）原料供应链薄弱，企业盲目生产争抢原料现象较为突出

2021 年罐头加工用果蔬原料如黄桃、柑橘、番茄等受天气灾害、“退林还耕”政策或农户种植积极性下降等原因影响，不同程度出现原料减产的现象，在采购原料期间部分企业盲目采购、争抢原料引起市场恐慌，供应量供需混乱，导致原料价格攀升。

三、发展趋势

（一）行业集中度将持续提升

随着生产成本的持续上涨、国内环保等诸多政策的实施，以及市场优胜劣汰竞争形势愈发激烈，罐头行业内不具备竞争力的中小企业在今后将逐步被市场淘汰，行业集中度将持续提升。

（二）国内罐头消费观念变得理性和科学

在疫情影响下，受居家囤积食物消费需求影响，消费者对罐头食品的观念会有所改观，进而科学、理性地消费罐头产品。居民家中囤积罐头产品应对灾害会有所增加。

（三）国内市场更为活跃

国内市场在今后将成为我国罐头企业发展重点。随着国内消费水平提高，企业愈加重视国内市场的开拓，将根据国内消费者喜好，对产品包装、内容物等积极改善，让包装更新潮，同时注重产品的营养和健康。

四、政策建议

（一）加快各种减税、降费政策落地

面对当前经济形势，积极推进国务院等有关部门发布的针对制造业企业的各种减税、降费政策的落地实施，简化企业申报流程，力求政策红利直达市场主体。切实发挥政策减轻企业资金压力、激发市场主体活力、促进经济发展的作用。

（二）加快产业原料供应链补链强链

支持涉农工业企业强化原料供应链，优化原料质量，保障原料供给。鼓励企业自建标准化、规模化、专用化原料基地，或与农户合作，成立专业合作社统一管理，实现利益、风险共担。

中国罐头工业协会

焙烤食品糖制品行业

一、行业概况

2021 年我国焙烤食品糖制品行业发展遭遇了巨大的下行压力，油脂、乳制品、包装等多种主要原材料成本大幅上升、城乡居民消费预期转弱、企业的正常生产经营活动受到新冠肺炎疫情的持续影响，行业营业收入和利润增长情况均低于同期国民经济整体发展水平。

面对发展环境的变化和多重不利因素的影响，行业企业通过产品创新、技术创新、营销创新等措施积极应对，在确保食品质量安全的提前下，稳就业，保供给，深入贯彻绿色发展理念，积极履行社会责任，行业结构持续优化、发展韧性持续增强。

（一）主要经济指标

1. 营业收入

2021 年我国焙烤食品糖制品行业（包含糕点面包、饼干、糖果巧克力、蜜饯、方便面、其他方便食品和冷冻饮品，下同）规模以上工业企业全年营业收入约 5600 亿元，同比增长 5%左右。其中，蜜饯、糖果巧克力这两个子行业营业收入同比增长率分别达到近 15%和 9%；方便面行业同比下滑约 1%，为焙烤食品糖制品行业中唯一出现负增长的子行业，见表 1。

2. 利润

2021 年，我国焙烤食品糖制品行业规模以上企业实现利润约 380 亿元，同比减少约 15%，2020 年新冠肺炎疫情暴发以来行业利润下降的趋势未见明显改善。除糖果巧克力行业外，几乎所有焙烤食品糖制品子行业利润均出现了明显下滑，其中，方便面行业利润总额同比下跌了 47%。

表 1　2021 年焙烤食品糖制品行业及其子行业经济运行情况

项目		焙烤食品糖制品	糕点面包	饼干	糖果巧克力	蜜饯	方便面	其他方便食品	冷冻饮品
营业收入/亿元	累计	5600	1200	1300	1200	400	700	500	300
	同比增长%	5	4	2	9	15	−1	6	7
利润总额/亿元	累计	380	100	90	90	30	40	11	19
	同比增长%	−15	−12	−15	11	−5	−47	−34	−1

资料来源：国家统计局规模以上企业数据统计（即年主营业务收入 2000 万元及以上工业法人企业，下同）。括号内数字是行业测算数据。

总体看，我国焙烤食品糖制品行业在新冠肺炎疫情等多重压力影响下体现了较强的发展韧性，产量和营业收入基本恢复到疫情前的 2019 年水平，但利润率明显下降，见表 2。

从部分子行业的营业收入增长情况来看，糕点面包、饼干行业依旧处于中低速稳定增长的轨道上，但增速均低于疫情暴发之前的水平；而糖果巧克力、蜜饯、冷冻饮品等三个子行业得益于2021年相对较小的原物料成本涨幅和主要经营环境的稳步恢复，营业收入增长和盈利情况要好于糕点面包、饼干等焙烤食品子行业的表现，见表3。

表2　2016—2021年焙烤食品糖制品行业经济运行年增长率情况

	2016年	2017年	2018年	2019年	2020年	2021年
营业收入年增长率/%	9	8	6	4	−4	5
利润总额年增长率/%	9	5	13	2	−5	−15

资料来源：根据历年国家统计局规模以上工业企业数据统计整理。

表3　2016—2021年焙烤食品糖制品行业部分子行业营业收入增长情况

	2016年	2017年	2018年	2019年	2020年	2021年
糕点面包行业/%	13	10	9	6	−4	4
饼干行业/%	9	5	7	3	−2	2
糖果巧克力行业/%	3.45	6.22	11.33	0.37	−8.12	9.02
蜜饯行业/%	10.29	13.69	−7.95	8.20	−15.13	14.54
冷冻饮品行业/%	4.48	14.54	−1.68	9.40	−2.55	6.72

资料来源：根据历年国家统计局规模以上工业企业数据统计整理。

（二）行业发展分析

1. 价格

近年来，在复杂多变的国内外形势下，我国经济发展始终面临较大的下行压力。对于焙烤食品糖制品行业而言，一方面是不断增长的综合运营成本，另一方面是日益激烈的市场竞争，企业的盈利空间不断受到侵蚀。

2021年国内植物油脂、乳制品等大宗商品价格持续上涨，中国焙烤食品糖制品工业协会8月份针对行业骨干生产企业的一次调研结果显示，棕榈油、乳粉等原料到厂价格与2021年年初相比涨幅均已超过100%，且上涨态势依旧在持续。包装材料、能源、物流、人工等成本也都有不同程度的上涨，据估算2021年全年行业企业综合运营成本上涨超过30%。

由于焙烤食品糖制品属于民生消费品，行业利润率普遍不高，但市场终端对销售价格的调整非常敏感，企业成本的快速上涨难以同时间、同幅度地向市场传递，导致成本上涨压力持续增加。进入下半年后，部分盈利能力较差的中小规模企业处于勉强维持甚至停机状态，行业整体营业收入增长趋势有所减缓，利润率持续下降。第四季度，部分大中型企业小幅上调销售价格，行业的盈利状况才稍有改观，但全年利润总额增速同比依然呈明显下降态势，见表4。

表4　2021年焙烤食品糖制品行业主要经济数据季度变化情况

		1—3月	1—6月	1—9月	1—12月
营业收入/亿元	累计	1300	2600	4100	5600
	同比增长%	16	6	5	5
利润总额/亿元	累计	85	180	275	380
	同比增长%	15	−5	−16	−15

2. 市场

国内市场方面，线下消费进一步向大型连锁超市、便利店等场景集中，品牌影响力和资金实力较差的中小型企业的生存空间被进一步压缩；由于多地散发疫情对人员流动的持续影响，连锁饼店、品牌窗口店等经营业态受到了较大的冲击。得益于邮政快递行业“最后一公里”服务的持续改善，特别是国家“快递进村”工程的持续推进，无论城市还是乡村，焙烤食品糖制品的线上消费更加便捷，在行业整体营收的占比进一步增大。

出口市场方面，得益于我国统筹疫情防控和社会经济发展取得的重大成就，2021 年我国焙烤食品糖制品行业的出口业务得到一定程度的恢复，全年出口交货值超过 170 亿元，同比增长接近 30%（2020 年为-30%左右），见表5。其中饼干、糖果巧克力、蜜饯三个子行业分别增长了近 28%、19%和 97%，合计贡献了全部出口交货值的 89%。但是总体来看，焙烤食品糖制品行业出口型企业不多，出口量在焙烤食品糖制品全行业中只占 3%左右的份额，对食品行业整体的影响不大。

表 5　2016 年以来焙烤食品糖制品行业出口情况

	2019 年	2020 年	2021 年
营业收入/亿元	5600	5300	5600
出口交货值/亿元	200	135	170
出口交货值占焙烤食品糖制品行业比重/%	3.5	2.5	3.0

3. 投资

受百年变局与世纪疫情交织影响，我国焙烤食品糖制品行业结构调整和分化正在加速演进，与 2020 年相比，2021 年规模以上企业数量超过 2700 家；行业资产总额同比增长近 5%达到约 4300 亿元；累计亏损额超过 40 亿元，同比增长 40%左右；共有 500 多家企业亏损，接近全行业的五分之一。

4. 行业集中度

在改革开放四十多年的发展历程中，我国焙烤食品糖制品行业经历了低速起步、高速扩张和高质量发展等几个发展阶段，产业规模不断壮大，产业结构不断优化调整，区域分布渐趋合理，品牌效应明显提高，已经能够较好满足我国居民的消费需求。

受国内外发展环境变化及行业发展本身固有规律等多重因素的叠加影响，我国焙烤食品糖制品行业规模以上企业数量自 2017 年、2018 年前后逐步减少，行业进入产业结构调整的高质量发展阶段，行业集中度逐步提高（表 6），2021 年行业规模以上企业数量总体稳定在 2019—2020 年的水平。

表 6　2015 年以来焙烤食品糖制品行业规模以上企业数量变化情况

年份	行业规模以上企业数量/家							
	焙烤食品糖制品	糕点面包	饼干	糖果巧克力	蜜饯	方便面	其他方便食品制造	冷冻饮品
2015 年	2770	700	707	406	363	407	—	187
2016 年	3013	829	744	433	385	427	—	195
2017 年	3102	902	759	441	379	436	—	185
2018 年	2987	903	731	415	358	143	266	171

续表

年份	行业规模以上企业数量/家							
	焙烤食品糖制品	糕点面包	饼干	糖果巧克力	蜜饯	方便面	其他方便食品制造	冷冻饮品
2019 年	2708	895	656	385	267	129	236	140
2020 年	2637	898	613	362	265	121	246	132
2021 年	2714	949	608	362	253	118	300	124

5. 重点行业

近年来，国内市场线下消费进一步向大型连锁超市、便利店等场景集中，线上消费在行业整体营业收入中的占比逐步扩大，客观上促进了行业向品牌影响力大、资金实力较强的企业集中，一些盈利能力较差或过度依赖乡村市场的中小型企业的生存空间进一步被压缩，甚至被淘汰。但由于焙烤食品糖制品行业各子行业间在生产工艺和消费环境方面存在较大差异，行业集中度又各自呈现出不同的特点。

其中，糕点面包行业中“工厂+连锁门店”的经营模式对资金和劳动力要求较高，而“工厂供应超市便利店”的经营模式又会受限于物流配送半径和产品保质期，综合来看，规模以上企业数量仍处于增长通道上，行业集中度未见有显著提升。2021 年，达利食品、盼盼食品、桃李面包、好利来、广州酒家利口福食品等一线品牌经营及效益情况依旧稳健；同时，詹记、泸溪河、墨茉点心局等“衔跨界资本”而生的许多新品牌也在不断发展壮大；另外，一些为连锁饼店、便利店、咖啡店供应预包装糕点面包产品、冷冻烘焙成品半成品的生产企业数量也在不断增加。

相比之下，饼干行业基本上是以“工厂供应超市便利店”为主的经营方式，较长的产品保质期有利于企业集中生产和长距离配送，近年来行业集中度不断提高。2021 年规模以上企业在实现营业收入增长的同时，企业数量减少 5 家，2018—2021 年累计减少了 123 家（表 6）。知名品牌如亿滋、达利食品、嘉士利、格力高、米老头等企业的市场占有率逐年稳步提高。

与饼干行业类似，糖果巧克力、膨化食品、果冻行业经过几十年的发展，企业的规模效应不断加强，行业集中度已经处于较高的水平。外资、台资企业以及达利食品、盼盼食品等大型民营企业牢牢占据着市场主导地位，中小型企业的产品主要销往三四线城市或乡村市场，生存空间不断被压缩。

冷冻饮品行业经过多年的发展，已经基本形成了以伊利、蒙牛、和路雪、雀巢等知名品牌企业为龙头，遍布各地的区域性中小型企业为辅的行业格局。网红品牌“钟薛高”以其在产品研发和互联网营销方面的独特优势，不断拓宽消费者对于传统冰淇淋产品的认知边界，成为在冷冻饮品行业固有格局中快速成长的一个“破局者”。

蜜饯生产企业的地域性特征较强，有些产区的产品只在本地区和周边地区销售，市场集中度较低。溜溜果园作为行业的领军企业，近几年在青梅产品的品种改良、全产业链建设方面取得了不错的成果。

值得关注的是，随着我国消费者线上购物习惯的普遍养成，部分原来专注于平台销售的“网红”品牌，如三只松鼠、良品铺子、百草味等企业，利用品牌曝光率高的优势，通过代工方式不断增加其经营的产品品类，进而大力拓展线下销售渠道，成为各行业传统品牌不可忽视的一股新的竞争力量。

6. “三品”战略实施情况和典型案例

（1）增品种　持续深耕全产业链，增品种玩出新花样。

稻香村食品集团股份有限公司 2021 年将苏州观前街百年老店升级改造成新型体验店，并结合当地传统人文特色创新研发了“苏州园林”“宝玉饼”“乾隆探店”“1773”等系列文创产品，其中“宝玉饼”入选 2021 年长三角特色伴手礼。广州酒家集团利口福食品有限公司结合产品特色和市场需求，使用部分产自贫困地区的食材开发了“红薯流心酥”“刺梨月之烧”“炭烧红薯流心月饼”“黄皮腊肠”和“青稞杂粮粽”等十余款产品，对相关贫困地区产业发展起到了积极的影响。钟薛高食品（上海）有限公司 2021 年推出了“树上的冰”“钟薛高的糕”“黄酒青梅雪糕”等 17 款新品，并联合新华网客户端青春版打造纪录片《横州·寻味茉莉》，携手中国扶贫基金会推广中国原产地农作物横州茉莉。四川米老头食品工业集团股份有限公司 2021 年开发了以西藏青稞为主要原料的青稞炭烧煎饼、青稞谷物棒、青稞多谷果子、青稞糯米酥、青稞枣粒曲奇、青稞沙琪玛等系列产品。赣州市倧华菲尔雪食品有限公司依托当地脐橙资源制作脐橙果皮果酱，并应用于饼干、蜜饯、糕点、果冻、夹层巧克力等产品，成为赣南地区的特色文旅伴手礼，提升了脐橙种植加工业的附加值。

（2）提品质　产学研深度融合，全面提升产品“科技含量”。

广州酒家集团利口福食品有限公司与多家科研院所建立了长期稳定的产学研合作机制，2021 年新增授权专利 57 项，其中授权发明专利 5 项、实用新型专利 41 项，涵盖了月饼、饼酥、西点等产品的生产工艺、装置及辅助技术；完成新品研发和产品改良近 100 款，其中已上市 65 款。溜溜果园集团股份有限公司依托其与科研机构联合成立的中国梅产业研究院，致力于青梅全产业链产品研发并于 2021 年取得新突破，“苦杏仁苷析出与回收方法”和“青梅筛选输送装置”获得国家发明专利，“梅素”提取、“天然有机酸”分离中试平台等 5 项取得实用新型专利，“溜溜梅 1 号”获得国家林业和草原局新品种权证，“溜溜梅 3 号”“溜溜梅 4 号”获得安徽省林木良种证。溜溜果园还在 2021 年设计推出青梅体验站，结合专业青梅健康顾问，营造沉浸式推广场景，全面提升服务品质和消费体验。福建亲亲股份有限公司引进日本生产线，其果冻产品的灌装精度更高，封口的稳定性和密封性效果好，采用蒸汽杀菌，全方位提升了产品质量。

（3）创品牌　打破行业边界，联手打造品牌形象。

稻香村食品集团股份有限公司与“王者荣耀”“和平精英”“元气森林”“乐乐茶”等年轻品牌开展跨界合作，开展了一系列创新营销活动，力促“百年品牌”年轻化、时尚化，同时，连续两年春节在纽约时代广场投放品牌形象广告，坚定打造国际化的品牌形象。2021 年 4 月，钟薛高食品（上海）有限公司在“天猫超级品类日”发布“高手高手糕糕手”创意视频和一大波创意海报，引发网友大量转发；5 月，“摩登天空”草莓音乐节在上海、北京、武汉、万宁四地前后开场，现场钟薛高“宇宙制冰室”成为关注焦点；6 月，钟薛高与上海近 100 家高品质咖啡店联动造出新的灵感物种“啡”常钟薛高；7 月，钟薛高宣布虚拟偶像阿喜 Angie 上线，带来鲜活、破次元的视觉感受，“树上的冰”系列产品大卖。通过令人耳目一新、目不暇接的跨界营销活动，钟薛高品牌知名度显著上升。安徽美代食品有限公司与日本关东食品研究所、日本柏木株式会社三方共同投资成立松谷屋食品（安徽）有限公司，引进先进的日本加工工艺和食品生产管理系统，生产纯正的和风日式小圆饼、日式小馅饼、日式夹芯饼等三大系列产品，产品口感清脆，香味自然清新，在线上线下渠道迅速打开了市场。

7. 自动化、智能化

日趋激烈的市场竞争和不断提高的用工成本，使焙烤食品糖制品行业中越来越多有实力的企业开始在自动化和智能化方向上寻找解决方案，部分成功案例对于促进行业现代化发展起到了较好的引领和示范作用。

联合利华太仓食品生产基地2021年正式投产，凭借人工智能模型、以消费者为导向的数字化创新工具、柔性生产线、全程自动化操作等技术的帮助实现了真正意义上的“黑灯工厂”，在人工智能（AI）和大数据技术的支持下，可以实现10min内灵活切换，完全能够满足个性化定制。钟薛高食品（上海）有限公司南京工厂与国际领先的工业自动化与信息化服务公司罗克韦尔联手打磨出冰淇淋数字化车间构建规范及相关标准，为推动国内冰淇淋行业的数字化车间技术快速发展、水平提升和产业化进程提供了借鉴。安徽美代食品有限公司投资对现有生产线（配料、成型、焙烤）工段升级改造，实现机电一体化自动控制；对冷却、输送、理饼、包装等后工段安装智能自动控制系统，对产品实行分批、分级自动检测、自动包装。技术改造前后对比，原材料综合利用率由82%提升至98%，产品正品率由86%提升至99%以上，每条生产线一线用工人数由68人减为42人，从而使吨产品生产成本下降18.9%，出厂产品合格率达到100%。江西康怡食品有限公司新工厂2021年投产，工艺设备中收油糖系统、混料系统、巴氏杀菌系统、老化系统、原位清洗（CIP）系统、凝冻系统、成型系统、包装系统等全部采用自动化控制，同时建成全自动、立体化大型万吨冷库，实现了自动码垛、自动穿梭的出入库功能。

8. “绿色发展”迈出坚实步伐

焙烤食品糖制品行业的高质量发展，既要借助相关产业的科技进步，也要沿着“绿色”可持续发展的方向前进。近年来，行业生产企业深入贯彻绿色发展理念，2021年取得了许多新的进展。

联合利华太仓食品生产基地利用精益制造和先进的数字化技术，在运营中可将碳排放减少83%，并减少14%的能源和水消耗。上海江崎格力高食品有限公司积极响应国家“3060”碳达峰碳中和目标以及上海2025年前实现碳达峰的重大目标，于2021年启动光伏发电项目，投资170余万元在厂房屋顶上导入太阳能发电系统，项目铺设面积3000m^2，年发电量达到38万kWh，二氧化碳减排量约299t/年。与此同时，2021年格力高还取得了森林管理委员会产销监管链认证（FSC-COC）和可持续棕榈油圆桌倡议组织（RSPO）认证，并从2021年下半年开始，对主力产品率先采用FSC-COC认证纸盒和纸箱，以及可持续棕榈油圆桌倡议组织认证的油脂。广州酒家集团利口福食品有限公司大力推进车间技改，完成馅料车间导热油锅改造、月饼车间内包线扩容改造等近20项车间设备技术改造项目，效率提升约10%。

9. 包装与装备

（1）包装　2021年，纸浆和纸质包装价格继续维持高位运行态势，众多焙烤食品糖制品生产企业包装成本在2020年的基础上继续上涨，企业在采购时尽量采取多备货的策略，包装库存较高，占用了大量的企业流动资金。

（2）装备　改革开放以来，我国焙烤食品糖制品行业生产装备基本形成了以外资企业的国产化装备和国内大型企业装备为主、进口装备和国内中小型企业装备为辅的供需格局，基本能够满足行业正常运行所需。但是，部分核心成套设备依赖进口、生产企业独立研发、改造生产装备的能力欠缺等问题，2021年未见有明显改观。

二、行业面临的问题

（一）企业经营综合成本持续增加，利润空间不断被压缩

近年来，企业用人成本、商业租赁成本、原材料和包装材料成本，以及物流成本等不断

增长，致使企业的生产经营成本不断增加，行业亏损面始终处于20%左右的高位（表5），企业投资和技术改造的热情和投入受到严重影响。

（二）招工难、留人难的问题普遍存在

生产型企业在生产车间、仓储物流、机电维修等岗位招人难、留人难、工人老龄化严重等方面的问题非常突出，招工压力和用工成本不断上升，企业普遍存在较大的用工缺口。加上疫情期间对务工人员严格的防疫要求和外出限制等措施，使得招工难的问题更加严重。

（三）中小型企业数量众多，生存和发展压力普遍较大

目前，我国焙烤食品糖制品行业内中小型企业占比90%以上，其中大部分企业存在品牌知名度低、创新能力弱、抗风险能力较差等问题，但同时，中小型企业对繁荣地方经济、吸纳城乡人群就业起到重要作用。随着近年来产业结构的持续深度调整，特别是疫情暴发以来企业综合经营成本的快速上涨和主要消费场景的变化，导致部分盈利能力较差、资金实力较弱的中小规模企业长期处于勉力维持甚至停产状态，地方就业稳定和消费水平也相继受到影响。

这些中小企业的经营困境是由多方面因素共同造成的，虽然国家陆续出台了多项减税降费、减租降息等纾困措施，却难以从根本上有效解决其在现阶段面临的生存和发展问题。

三、发展趋势

（一）行业结构持续调整，品牌企业的市场优势进一步凸显

从国际国内经济发展形势来看，2022 年我国焙烤食品糖制品行业企业综合运营成本持续上涨或维持在高位，利润空间不断压缩的困境短时间内难以得到有效缓解。迫于成本压力，预计年内大部分企业会相继提高终端产品售价，但调价幅度难以完全抵消成本的上涨。

另外，在经济下行压力及新冠肺炎疫情等因素的持续影响下，国内市场、国际贸易、商旅餐饮领域，以及劳动力的跨区域流动等难以短时间内恢复到疫情前状态，人均收入水平和消费预期将持续受到影响。理性消费、简约适度将是未来相当长时期内的主流消费趋势，这种现象会在一定程度上限制生产企业的调价幅度和效果。

综合来看，2022 年我国焙烤食品糖制品行业的亏损面有进一步扩大的风险，部分抗风险能力较差的落后产能面临淘汰，头部品牌企业的市场主导地位有望进一步夯实，行业结构将进一步优化调整。

（二）线上消费占比将进一步增长

疫情期间，我国城镇居民的线上消费习惯已经普遍养成，不仅是年轻群体，中老年人群线上消费的比例与频率也在明显提升，线上购物成为居民日常生活的重要组成部分。

随着国家“快递进村”工程三年计划将在2022 年收官，按照规划目标，全国范围内乡村一级的市场将实现物流快递网点100%全覆盖，线上购物将进一步渗透到广大乡村消费市场，线上消费黏性将持续增强，焙烤食品糖制品线上消费占比有望进一步增长。

（三）嗜好型和享受型高端产品、IP 联名“网红”产品有望不断破圈，“国潮”品牌继续受到投资者和消费者的追捧

随着焙烤食品糖制品主流消费群体的年轻化，在互联网“种草”经济的影响下，嗜好型和享受型高端产品以及 IP 联名产品领域有望不断出现新的“网红”，一些品牌也将因此迅速崛起。

与“网红”产品的快速迭代相比，“新国潮”有望成为支撑行业持续增长的稳定原动力。随着我国广大民众民族自信和文化自信的觉醒，特别是随着国际国内发展形势的深刻变化，将促使我国社会、经济、消费各界更加重视推动中华优秀传统文化创造性转化、创新性发展，表现在焙烤食品糖制品行业，“新国潮”和“新中式”产品成为行业生产企业和广大民众表达

"文化自信"的重要载体。

"国潮"品牌和"新中式"概念的产品有望延续较快的增长势头，体现传统文化和民族特色的产品将越来越多，融合地方特产和人文特色的文创类产品在整个行业中的占比有望进一步提升。

四、政策建议

（一）惠企助企政策适度向中小企业倾斜，加强政策落实监督

对于已经出台的减费降税、减租降息等惠企助企政策，适当向符合条件的中小企业倾斜，使产品有特色、发展势头良好的企业，特别是中小规模的民营企业享有同等政策待遇，缓解中小企业在发展壮大过程中遇到的资金难题，激发企业发展活力，保护市场主体和地方就业稳定。出台配套细则，加强对政策实施效果的跟踪落实，确保政策实施过程中在各级地方不变样、不打折扣，使优惠政策真正落地并取得成效，切实加强企业的政策获得感。

（二）强化数据服务，使行业协会能更深入了解行业运行情况

搭建行业协会与统计、税务、海关等相关部门的高效沟通渠道，定时为行业协会提供相关行业数据，健全动态监测、研究预警机制，作为对行业发展的支持。进一步增加统计数据范围，包括企业名录、企业营业收入及利润情况等，使相关行业协会能更加清楚地了解行业，提高行业发展报告的可参考性和指导性，并能更好地针对部分特征企业提供更加精准的服务。

（三）加强对在线购物平台、新媒体以及风险投资企业的监管力度

进一步加强市场监管力度，强化对在线购物平台的经营监管，规范天价广告服务费、不正当的竞价排名等行为。对微信、微博、短视频、直播等新媒体平台发布的内容加强审核和监管，严格限制伪科学、无端制造焦虑的内容发布和传播，严厉打击诱导消费、肆意造谣等不正当竞争行为。

规范风险投资企业及其所投资企业的发展方式，避免脱离正常产品研发、管理人员培训和仓储物流支撑的"烧钱"式和"跑马圈地"式无序扩张，避免因此造成的人才挤兑和资源浪费等现象。

中国焙烤食品糖制品工业协会

调味品制造业

2021年，全球疫情仍在持续，世界经济复苏动力不足，大宗商品价格高位波动，外部环境更趋复杂严峻和不确定。调味品行业也面临着消费需求收缩、成本上涨等压力和挑战。但调味品企业顺应市场的变化，积极探索企业发展新模式，在产品研发方面不断推陈出新，在产品销售方面快速适应渠道变化，获得了稳定的发展，行业继续呈现出“整体发展平稳，大企业引领，各细分领域与各品牌之间出现一定的差异和分化”的发展态势。

一、行业概况

（一）主要经济指标

2021年调味品行业主营业务保持增长，调味品及发酵制品营收约为3065亿元，同比增长13%。酱油、食醋及类似制品、味精产业均保持两位数增长（表1）。2021年，调味品及发酵制品实现利润总额约320亿元，同比增长16%。

表1　2021年调味品及发酵制品经济效益

行业	规模以上企业数量/家	主营业务收入/亿元	同比增长/%	利润总额/亿元	同比增长/%
味精制造	65	438	19	31	37
酱油、食醋及类似制品制造	270	876	10	113	-8
其他调味品及发酵制品制造	815	1750	13	176	36

根据中国调味品协会对著名品牌企业100强（100家）统计得知，总产量与销售收入都保持正向增长。其中，2021年产品总产量在10万t以上的企业有27家，占总数的27%；总产量在5万~10万t的企业有19家，占总数的19%；总产量在1万~5万t的企业有44家，占总数的44%；总产量在1万t以下的企业有10家，占总数的10%（图1、图2）。

《2021年调味品著名品牌企业100强企业统计分析》显示：调味品行业总产量与总销售收入均达到6%以上的增长率。100强企业的产量增速从2020年的5.9%上升到2021年的6.8%；销售收入增速从2020年的7.2%上升到2021年的11.2%。统计的12个分支产业中，除火锅调料、酱腌菜、调味料酒产业产量下滑之外，其余产业产量均呈现稳步上升趋势，其中增速较快的产业依次为鸡精（粉）、复合调味料、味精等分支产业。

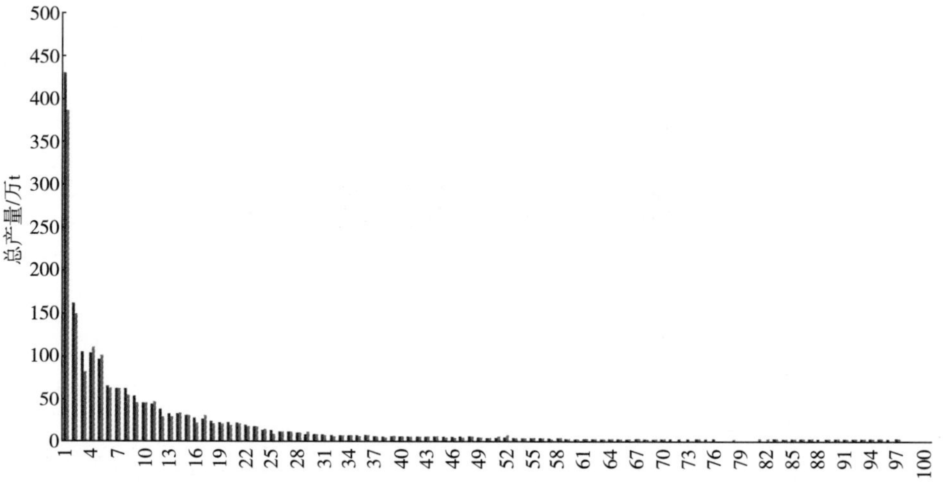

图 1　2021 年我国调味品著名品牌企业 100 强（100 家）产品总产量情况

资料来源：《中国调味品著名品牌企业 100 强 2021 年度数据统计汇总分析》。

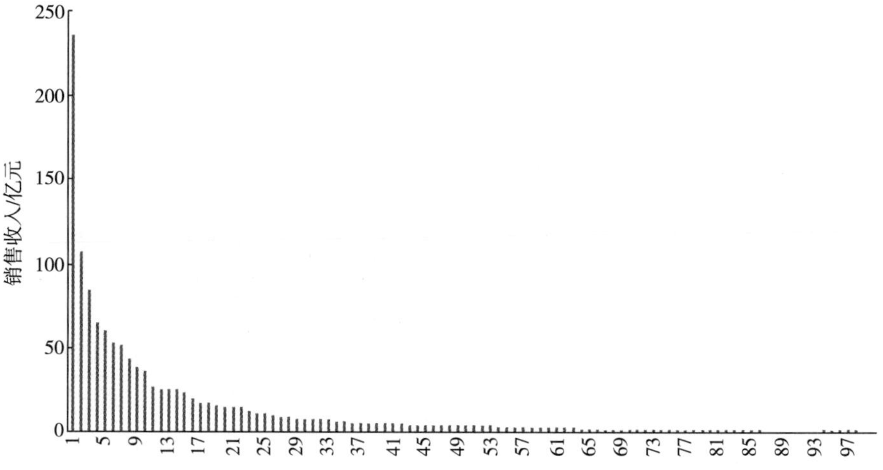

图 2　2021 年我国调味品著名品牌企业 100 强（100 家）销售收入情况

资料来源：《中国调味品著名品牌企业 100 强 2021 年度数据统计汇总分析》。

（二）行业发展分析

1. 价格

2021 年，调味品产品的平均价格呈现上涨趋势，涨幅在 3%～15% 不等。由于原材料、运输、包材、能源、运输等成本的上涨，海天味业、恒顺醋业、加加食品、雪天盐业、苏盐井神、涪陵榨菜等上市公司也对酱油、食醋、蚝油、料酒、鸡精、复合调味料等品类的产品价格进行了上调。

2. 市场

我国调味品产业发展趋势较为平稳，企业在生产经营过程中机遇与挑战并存。受消费大环境影响，调味品行业的部分企业出现了产品滞销的问题，造成一定的经济损失。但调味品行业稳定的发展预期以及细分领域广阔的发展空间吸引了大量新锐企业进入调味品生产领域，在丰富市场主体的同时，也为调味品市场注入了新活力。

从产业链上游来看，农产品及大宗商品的价格整体上涨明显，尤其是大豆、玉米自 2020 年开始出现大幅上涨，并且长时间持续。以酱油为例，上游大豆价格的上涨给酱油企业带来挑战。食醋、复合调味料等企业，乃至上游的机械设备和包装材料等企业也因原材料的上涨带来生产成本的攀升，进而影响到调味品行业，直接影响企业的经营效益。

从产业链下游来看，涉及的环节与场景非常丰富。单从销售渠道方面分析，全渠道的融合与交错式创新使得现有的渠道体系更为“多维立体”，这一全新的渠道体系将影响传统调味品企业的流转效率，也将为新兴调味品企业带来新的发展机遇。

调味品产业进入者众多，包括现有竞争者、上下游之间的转移、产业并购、资本投资和国际合作等，竞争激烈且竞争实力和能力良莠不齐。行业产能相对饱和，竞争主要体现在集中度提高和差异化经营上。行业市场竞争激烈，存在一定的“内卷”行为，个别领域的竞争无序且低效。同时，调味品行业的产能也在快速扩张（表 2）。

表 2　2022—2024 年调味品领域投资规划产能（部分）

序号	企业	项目名称	地点	开工时间	规划投产时间	投资规模/元	建设内容/新增产能
1	佛山市海天（南宁）调味食品有限公司	海天调味品生产基地建设项目	广西南宁	2020 年	NA	20 亿/年度 2.5 亿	建设规模为年产 95 万 t 调味品，其中包含酱油 50 万 t/年、蚝油 25 万 t/年、酱 15 万 t/年和醋 5 万 t/年
2	千禾味业	调味品智能制造项目		2020 年 1 月	2022 年 6 月（一期），2024 年 12 月（二期）	12.6 亿	年产 50 万 t 酿造酱油、10 万 t 料酒。其中，第一期将完成年产 20 万 t 酱油、10 万 t 料酒生产线建设，第二期将完成年产 30 万 t 酱油生产线建设
3	涪陵榨菜	乌江涪陵榨菜绿色智能化生产基地（一期）	重庆涪陵	2020 年	NA	29.5 亿	40.7 万 t 原料窖池、原料加工车间及设备；20 万 t 榨菜生产车间及设备
4	中炬高新	美味鲜中山厂区技术升级改造扩产项目	广东中山	2020 年	2022 年	12.75 亿	酱油产能新增 25 万 t，料酒产能新增 2 万 t
5	颐海（漯河）食品有限公司	颐海调味品生产基地	河南漯河	2019 年 7 月（一期）	2021 年年底	10 亿	25 万 t 调味品
6	颐海（成都）食品有限公司	调味品生产基地工程	四川简阳	2020 年	NA	5.1 亿	NA

续表

序号	企业	项目名称	地点	开工时间	规划投产时间	投资规模/元	建设内容/新增产能
7	四川天味	食品调味品产业化生产基地扩建项目	四川成都	2020年11月	2022年7月	4.15亿	新增火锅底料产能5万t/年，新增川菜调料产能10万t/年
8	东莞永益	永益食品总部项目	广东东莞	2020年	NA	约6亿	形成10亿元产值
9	上海宝鼎	调味品新产能项目	上海	2021年1月	2022年8月	2.6亿	
10	江心味业	永嘉生产基地项	浙江温州	2019年	NA		综合产能为30万t/年，其中10万t/年酱油、8万t/年黄酒和12万t/年食醋
11	仲景食品	1200t调味配料生产线项目	河南	2021年1月	NA	1.06亿	1200t调味配料
12	安琪酵母	酵母绿色生产基地建设项目	NA	NA	NA	不超过20亿	9.3亿元用于酵母绿色生产基地建设项目，5.47亿元用于年产2.5万t酵母制品绿色制造项目，3亿元用于年产5000t新型酶制剂绿色制造项目

注：NA表示未公开披露数据。

近年来，虽然调味品行业有集中化趋势，但由于调味品行业自身的产品消费特点，集中化进展比较缓慢。而随着大量的新增产能投产，产业供需矛盾将更加突出。大企业以成本和品牌优势扩大市场份额，中小生产企业要么进行转型主攻细分领域，要么退出市场。

3. 投资

2021年，受到需求收缩、成本上涨、预期转弱等因素叠加影响，调味品行业发展面临巨大挑战，多数调味品上市公司发展趋缓。面对挑战，调味品上市公司坚定信心，积极应对，通过各种方式降本增效，取得了积极的成果。

16家调味品上市公司2021年营业收入合计为871亿元，净利润合计133.1亿元。营业收入正增长的有12家，占16家上市公司的75%；净利润正增长的有8家，占16家上市公司的50%。

营业收入排名前三位的公司分别是海天味业、梅花生物和安琪酵母；利润排名前三位的公司分别是海天味业、安琪酵母和梅花生物；营业收入同比增长排名前三位的公司分别是雪天盐业、梅花生物和安记食品；利润同比增长前三位的公司分别是佳隆股份、梅花生物和苏盐井神。

2021年以来，调味品企业所用原辅料价格上涨较多，使调味品企业生产成本大幅提升。

而梅花生物、星湖科技、阜丰集团和雪天盐业等以生产调味品企业所需原辅料为主业的上市公司营收和效益大幅提高，股价攀升，成为目前调味品上市公司的一大特点（表 3）。

表 3　调味品行业上市公司 2021 年经营情况

序号	企业名称	营业收入/亿元	同比增长/%	利润/亿元	同比增长/%	每股收益/元
1	海天味业	250.0	9.7	66.7	4.2	1.6
2	梅花生物	228.4	33.9	23.5	139.4	0.8
3	安琪酵母	106.8	19.5	13.1	-4.6	1.6
4	中炬高新	51.2	-0.2	7.4	-16.6	0.9
5	雪天盐业	47.8	35.2	4.0	109.3	0.3
6	苏盐井神	47.6	20.9	3.3	125.3	0.4
7	涪陵榨菜	25.2	10.8	7.4	-4.5	0.9
8	天味食品	20.3	-14.3	1.9	-49.3	0.2
9	千禾味业	19.3	13.7	2.2	7.6	0.3
10	恒顺醋业	18.9	-6.5	1.2	-62.3	0.1
11	莲花健康	18.1	9.7	0.4	-40.2	0.03
12	加加食品	17.6	-15.3	-0.8	-145.5	-0.1
13	仲景食品	8.1	11.0	1.2	-7.3	1.2
14	安记食品	5.5	30.6	0.5	-14.1	0.2
15	日辰股份	3.4	28.6	0.8	0.1	0.8
16	佳隆股份	2.8	15.0	0.3	174.0	0.03

4. 区域分布

截至 2021 年年底，调味品在业存续企业为 419671 家。2021 年调味品企业注册量出现了断崖式下滑，全年共新注册企业 35764 家，同比下降 60.6%。同时，2021 年调味品企业吊销注销量明显上升，全年共吊销注销企业 22903 家，同比上升 102.1%（图 3）。

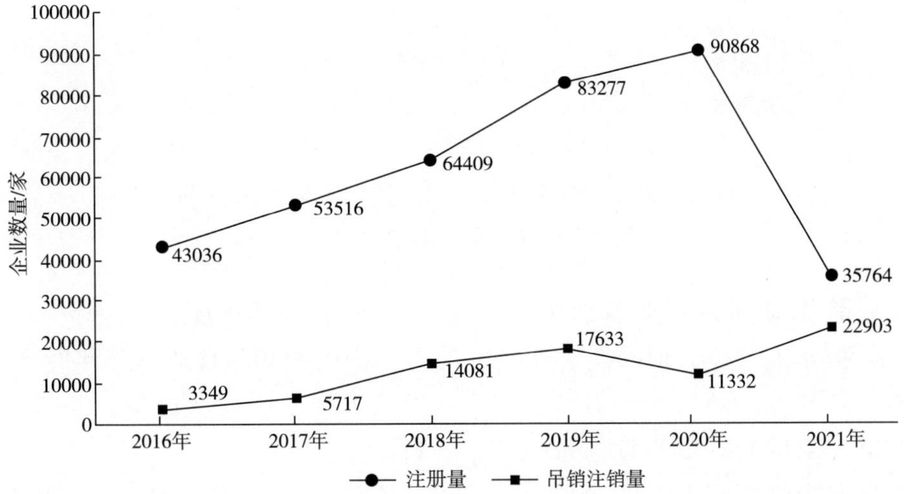

图 3　2016—2021 年我国调味品企业注册量、吊销注销量变化趋势

资料来源：企查查，2021 年。

调味品企业数量排名前五位的省份分别是山东、广东、湖南、四川和安徽，分别有44286家、39534家、36818家、24585家和21879家（图4）。

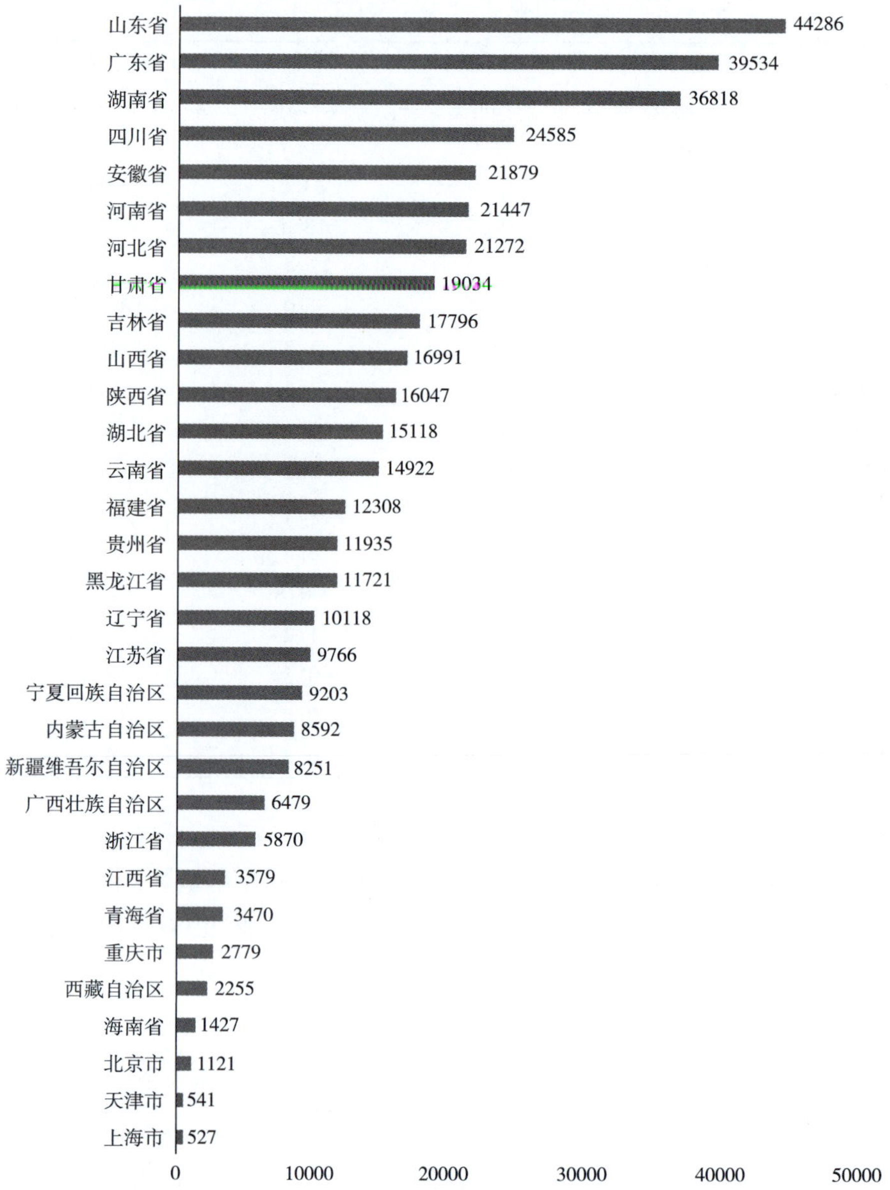

图4　2021年调味品在业存续企业区域分布

资料来源：企查查，2021年。

各区域调味品优势细分产业有所差异。酱油、醋等大产业分布较广，而香辛料调味品等产业各地差异较大。随着产业升级，各地的调味品小镇（园区）建设也逐渐形成规模，以细分产业为特色的地方产业集群也正在建设中。

5. 行业集中度

中国调味品行业近三年行业集中度提高，尤其表现在酱油、食醋、调味酱和复合调味料产业。

《中国调味品著名品牌100强2021年度数据统计汇总分析》显示，2021年上市公司（19

家）总销售收入为 619.1 亿元，占统计内企业总销售收入（100 家）的 47%。

6. 重点行业

2021 年，调味品行业的酱油、食醋、调味酱、复合调味料等重点细分产业发展平稳。

（1）酱油　酱油产业是我国调味品行业的第一大产业，产销量和企业规模均居调味品行业首位，涌现出多家龙头企业。2021 年，酱油大型企业经营状况良好，产业集中度进一步提高。

2021 年酱油企业（31 家）酱油生产总量达到 599.7 万 t，同比增长 7.2%。排名前三位的企业为佛山市海天调味食品股份有限公司、广东美味鲜调味食品有限公司和烟台欣和企业食品有限公司，产量分别为 264.7 万 t、77.3 万 t、49.0 万 t。四川天味食品集团股份有限公司以 163.0% 的增长率、上海太太乐食品有限公司以 105.6% 的增长率、青岛灯塔味业有限公司以 50.8% 的增长率位列酱油产量增长率前三位。11 家企业出现负增长（图 5、图 6）。

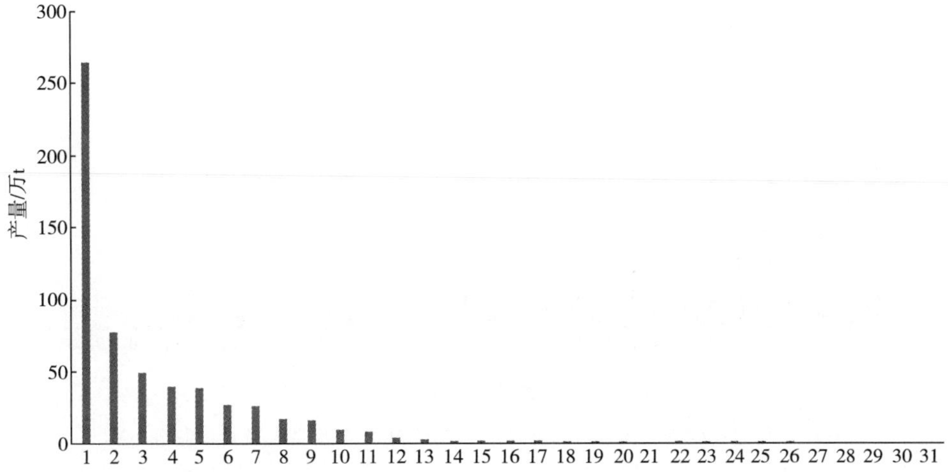

图 5　2021 年酱油企业（31 家）酱油产量情况

资料来源：《中国调味品著名品牌企业 100 强 2021 年度数据统计汇总分析》。

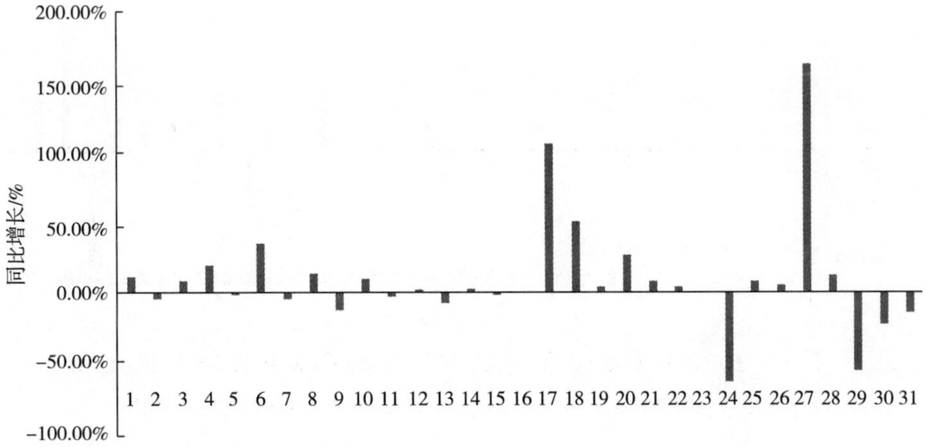

图 6　2021 年酱油企业（31 家）酱油产量同比增长情况

资料来源：《中国调味品著名品牌企业 100 强 2021 年度数据统计汇总分析》。

（2）食醋　食醋企业积极开展产品创新，保持烹饪、佐餐向保健等方向发展，食醋主要产地的文化宣传也取得了一定成效。

2021 年食醋企业（32 家）食醋生产总量为 157.5 万 t，同比增长 3.1%。排名前三位的企业为江苏恒顺集团有限公司、山西紫林醋业股份有限公司和佛山市海天调味食品股份有限公司，产量分别为 34.5 万 t、20.9 万 t 和 20.3 万 t。天津市利民调料有限公司以 89.4% 的增长率、广州致美斋食品有限公司以 22.7% 的增长率、山西中调西堡泉老陈醋有限公司以 22% 的增长率位列食醋产量增长率前三位。6 家企业出现负增长（图 7、图 8）。

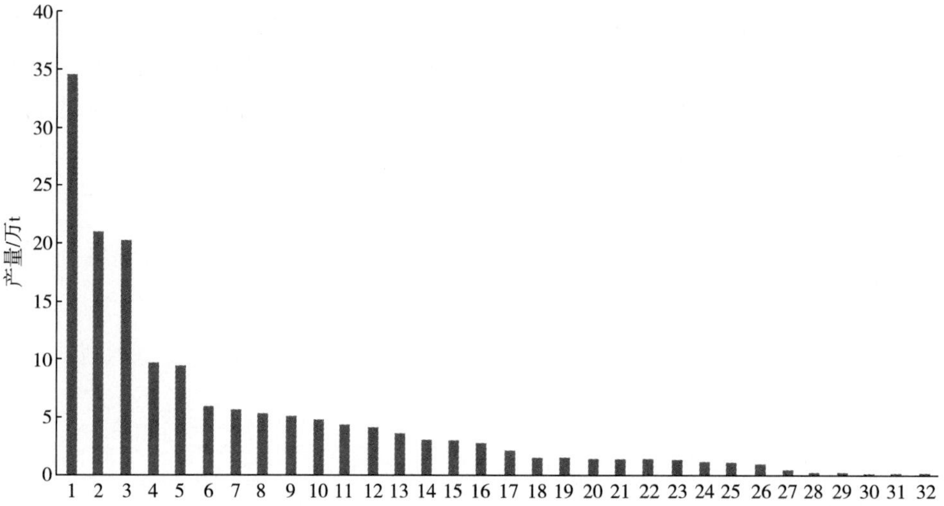

图 7　2021 年食醋企业（32 家）食醋产量

资料来源：《中国调味品著名品牌企业 100 强 2021 年度数据统计汇总分析》。

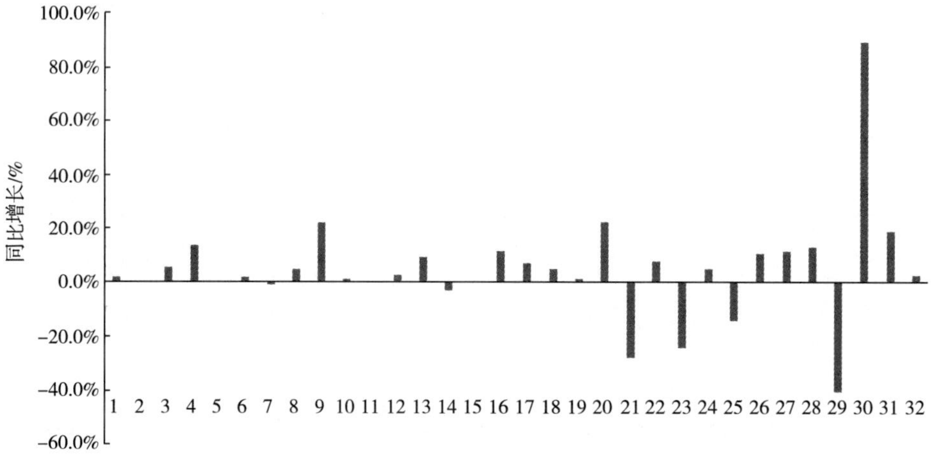

图 8　2021 年食醋企业（32 家）食醋产量同比增长情况

资料来源：《中国调味品著名品牌企业 100 强 2021 年度数据统计汇总分析》。

（3）酱类　随着社会的进步和人民生活水平的提高，消费者对于调味酱的需求正在从满足基本需求向追求更高品质转变。企业也根据消费市场的需求开发了一些适销对路的产品，其中以家庭消费和餐饮消费渠道为主。

2021 年酱类企业（28 家）酱类生产总量为 91.1 万 t，同比增长 0.9%。排名前三位的企业为佛山市海天调味食品股份有限公司、天津市利民调料有限公司和烟台欣和企业食品有限公司，产量分别为 30.0 万 t、12.0 万 t 和 10.2 万 t。上海太太乐食品有限公司以 433.6% 的增长率、辣妹子食品股份有限公司以 56.7% 的增长率、保定槐茂食品科技有限公司以 21.4% 的增长率位列酱类产量增长率前三位。10 家企业出现负增长（图 9、图 10）。

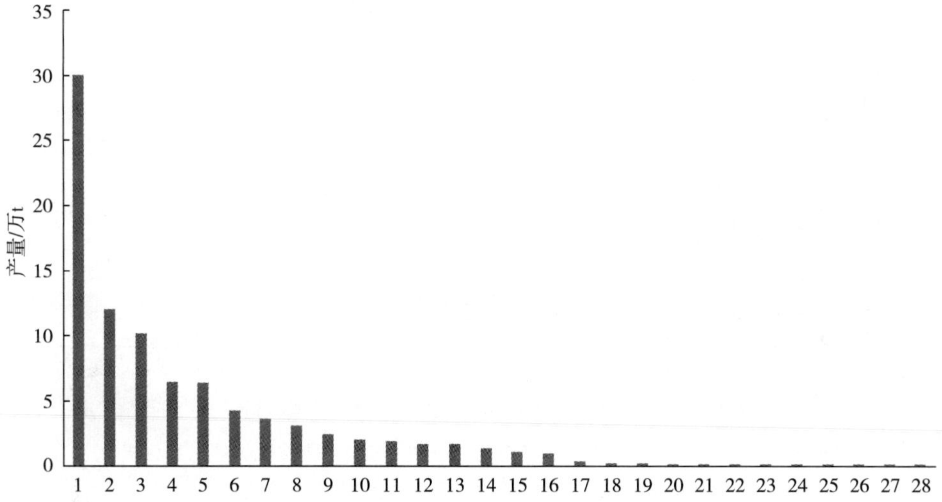

图 9　2021 年酱类企业（28 家）酱类产量情况

资料来源：《中国调味品著名品牌企业 100 强 2021 年度数据统计汇总分析》。

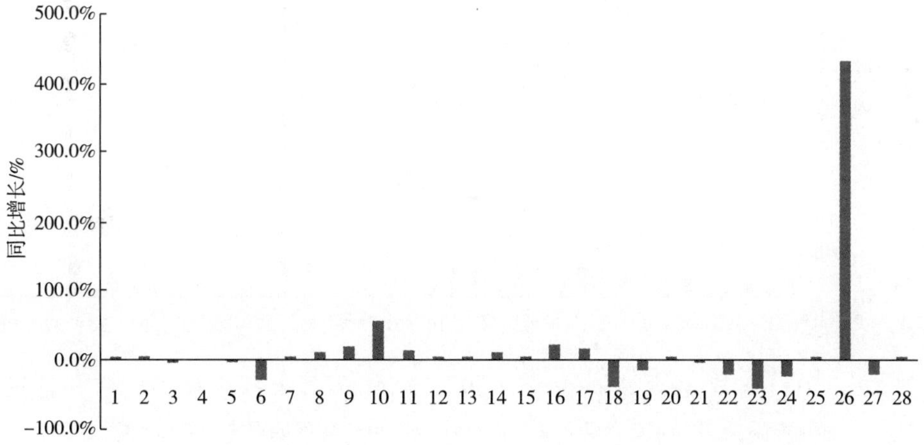

图 10　2021 年酱类企业（28 家）酱类产量同比增长情况

资料来源：《中国调味品著名品牌企业 100 强 2021 年度数据统计汇总分析》。

（4）复合调味料　复合调味料是近年来增长最快的调味品产业之一。随着人民生活水平的提高和生活节奏的加快，消费者对餐饮的多样化和便捷性都提出了更高的要求，复合调味料的发展正好契合这一市场发展趋势。

2021 年度复合调味料企业（39 家）复合调味料生产总量为 89.9 万 t，同比增长 17.8%。排名前三位的企业为李锦记（新会）食品有限公司、四川省丹丹郫县豆瓣集团股份有限公司和丘比（中国）有限公司，产量分别为 12.3 万 t、8.3 万 t 和 7.0 万 t。东莞市永益食品有限公司以 440.6% 的增长率、成都圣恩生物科技股份有限公司以 74.0% 的增长率、杭州市食品酿造有限公司以 52.5% 的增长率位列复合调味料产量增长率前三位。3 家企业出现负增长（图 11、图 12）。

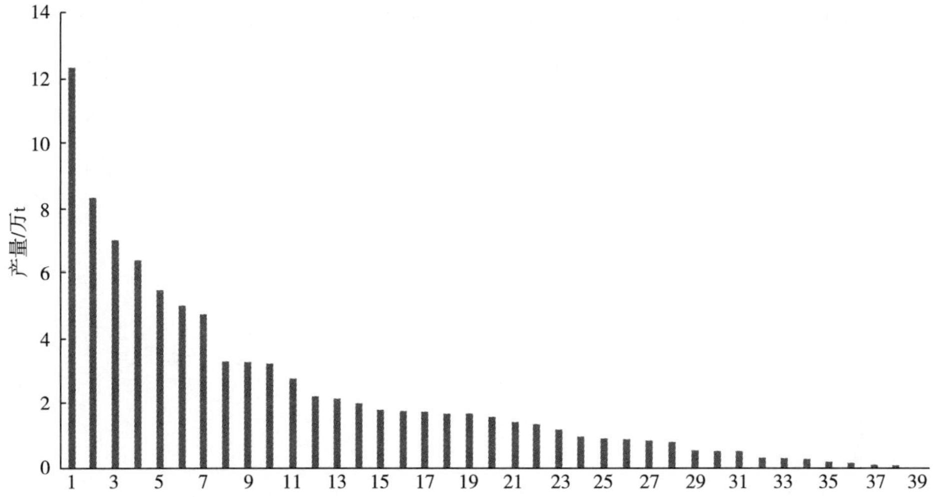

图 11　2021 年复合调味料企业（39 家）复合调味料产量情况

资料来源：《中国调味品著名品牌企业 100 强 2021 年度数据统计汇总分析》。

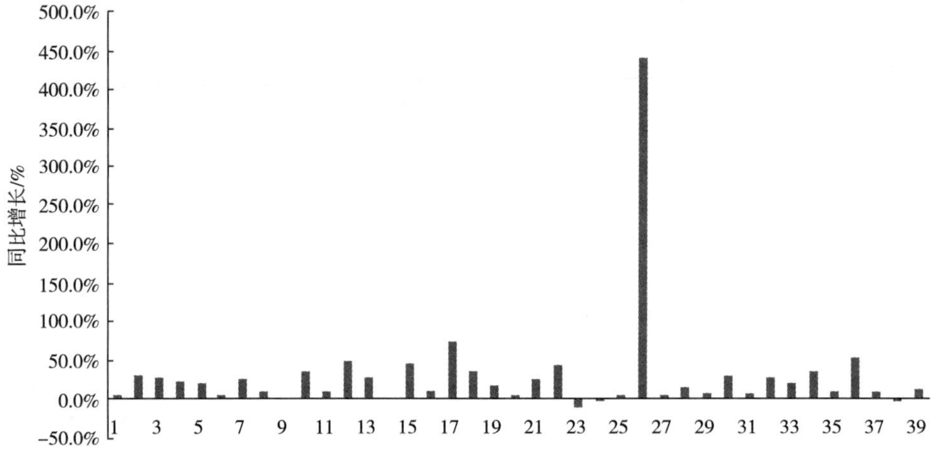

图 12　2021 年复合调味料企业（39 家）复合调味料产量同比增长情况

资料来源：《中国调味品著名品牌企业 100 强 2021 年度数据统计汇总分析》。

7. “三品”战略实施情况和典型案例

2021 年，中国调味品协会积极落实国家“三品”战略，通过展览、报告等多种形式推动行业内企业增品种、提品质、创品牌，并向工业和信息化部推荐了部分品牌企业名单。

（1）增品种　为适应消费者在产品口味、消费能力和产品功能等方面的需求，调味品行业形成了丰富的产品类别。不断丰富和覆盖不同消费者需求的产品线，是形成品牌影响力的一个重要因素。比如，云南妈姆调味品开发有限公司研发的百香果金汤料、烟台欣和企业食品有限公司研发的六月鲜·轻盐系列酱油、鹿邑县澄明食品有限公司研发的“七个番茄一锅汤”的番茄味汤料、幺麻子食品股份有限公司研发的藤椒油在选材和口味上都独具特色，获得了一大批消费者青睐。

（2）提品质　提升产品品质既是国家对食品生产企业的要求，也是企业的核心竞争力。2021年，调味品企业坚持创新驱动，在食品安全、质量提升、新品研发等领域持续加大研发投入，加快新技术应用与科技人才队伍建设，有力地支撑了企业的经营和发展。

2021年，为了增强公司竞争力，调味品上市公司率先实践，积极扩充产品线，加大研发投入。16家调味品上市公司中，研发投入同比增长的有13家，占总数的81.3%。数据显示，绝大多数上市公司的研发投入占年度营业收入的3%左右。海天味业、梅花生物和安琪酵母的研发投入最高，分别为7.72亿元、6.49亿元和4.75亿元。雪天盐业、梅花生物和恒顺醋业研发投入同比增长最快，同此分别增长126.92%、38.66%和35.96%。

各知名品牌企业积极应用科学技术来提升产品的风味，多家知名品牌企业投入大量的资金研发更符合全民健康的减盐减油产品，比如烟台欣和味达美食品有限公司的禾然有机米香料酒、成都太和坊酿造有限公司的太和豆豉都在品质提升上投入了研发力量，给消费市场提供了更有品质的产品。

（3）创品牌　经过多年的发展，调味品行业涌现出不少家喻户晓的品牌，既有知名上市公司，也有在各个细分产业发展较为突出的品牌企业。

调味品行业中，不仅仅是20多家上市公司在消费市场树立了品牌形象，李锦记、太太乐、珠江桥、东古、欣和、首农味业、天津利民、味好美、永益食品、紫林醋业、东湖、水塔、保宁、天立独流等未上市的品牌企业在调味品市场也占有比较重要的位置，有较高的市场占有率。大连金达调味品有限公司的“金葵”、烟台欣和企业食品有限公司的“葱伴侣”与“禾然有机”、东莞市永益食品有限公司的“凤球唛”等品牌在细分领域也获得了一大部分消费者的品牌青睐。

8. 智能制造

2021年，调味品品牌企业持续加大在智能制造领域的投入，酱油、食醋、复合调味料等产业应用较为广泛，包括海天味业、恒顺醋业、加加食品、天味食品等在内的企业都引进了先进的生产线，以提高生产效率，保证食品安全。

2021年，天味集团重点围绕智能工厂开展送料、配料、投料、炒制、冷却、包装、运送、上库等生产全过程的信息化建设，构筑全自动的数字化工厂。利用工业互联网技术，实现智能化排产、加工、包装、入库等。同时，实时监控生产设备的工作状态及参数，并通过数据仓库聚合生产、设备数据，促进生产精益化、运营数字化。

9. 发展新亮点与新增长点

（1）调味品复合化与区域特色融合的新机遇　复合调味料是当前调味品中发展最为快速的品类之一，区域特色在复合调味料的发展过程中发挥了非常重要的作用。以川调（川调是川味复合调味料的简称）为例，川菜口味以麻、辣、辛、香为主，重视三椒（辣椒、花椒、麻椒）和油的使用，复合味型有20多种，包括鱼香味型、麻辣味型、酸辣味型、红油味型、椒盐味型、蒜蓉味型、姜汁味型等。近些年，为适应消费者追求新奇特的消费心理，川菜在这些传统口味的基础上，不断创新，丰富花样，尤其在大众餐饮和家庭厨房中备受欢迎。伴随着川菜的流行和消费者对川菜口味的喜爱，川调产业遇到了良好的发展机遇期，并逐渐发展起来。各类川调产品品种丰富，数不胜数，产品创新和迭代迅速，企业品牌众多，市场繁荣且竞争激烈。

区域特色与调味品复合化的有机融合，将推动调味品产品在原有品种和风味的基础上进一步研发创新，开拓新品，以适应和引导消费者新的口味需求。同时也开创了很多细分品类，产生了一些长尾产品领域的领头羊企业。

（2）调味品出口呈增长态势，复合调味料出口增长较快　据不完全统计，截至目前海外中餐馆超过 60 万家，国外中餐的产值超过 2500 亿美元。与巨大的发展潜力相比，我国调味品企业走向世界潜力虽有，但任重道远。

2021 年，我国调味品积极开拓国际市场，借助中餐国际化的趋势，加大了调味品产品的出口，出口情况较为乐观。主要调味品保持了 20% 以上的增长速度，其中复合调味料同比增长 24.3%，酱油同比增长 9.4%，食用盐同比增长 25%。如“李锦记”“珠江桥”“老干妈”等品牌的出口都获得不错的发展。“老干妈”出口 30 多个国家，是海外许多中餐馆的标配，不论是狭小的外卖店还是精致的餐厅。在洛杉矶，有平价连锁中餐厅颐丰园出售浇上“老干妈”的面条；在伦敦，高档的胡同餐厅提供用“老干妈”腌制的干煸虎虾。而纽约中式快餐店米路餐厅则提供一种混合了辣椒面的自制辣椒酱。更值得一提的是，“老干妈”在华人社区和中餐爱好者之外流行起来。

二、行业面临的问题

（一）原材料价格持续上涨，行业产品成本承压

2021 年伊始，主要粮食品类大豆、小麦、玉米等的价格在 2020 年高位的基础上又有进一步上涨的趋势，引发了以上述产品作为主要原料的调味品生产企业的普遍关注。

主要粮食价格的上涨已经传导到相关调味品生产企业，给相关产业造成了一定的成本压力。而因产品种类不同，主要成本不同，受原材料价格波动影响程度有所差异。

（二）产业归属及标准化工作有待加强

随着标准化工作的深入进行，对调味品产业标准化工作提出了更高和更专业的要求，产业管理及标准化工作需要在深入了解产业的基础上进行长远规划。目前该项工作存在部分产品定位和标准化工作“错位”“越位”的情况。

（三）注重检测技术创新，更要注重检测技术的适用性和实用性

受监管人员数量和专业背景因素的影响，针对产品的检测技术和检测方法依然是进行质量安全监管的重要手段和依据。但是由于调味品原料品类较多，不同产品类别工艺差别较大，有关检测技术和检测方法受到产品本身因素的干扰较大，不能真实反映检测结果，尚需在产业内进行意见征集和验证。

三、发展趋势

（一）行业发展趋势

伴随居民收入及居民消费支出的持续增长，消费者结构的变化，以及餐饮、食品、零售等下游消费终端的波动性增长，调味品行业整体也将保持平稳增长的态势，预期同比增速有望高于国内生产总值（GDP）同比增速，调味品行业的发展空间与未来机会可期。

目前，调味品行业市场竞争激烈，主要品类赛道拥挤，产能相对饱和，市场集中度仍在进一步提高。头部企业的快速扩张和全国性布局越发明显和强势，但细分领域和差异化领域的创新空间仍然存在。尤其是复合调味料、食醋、酱类等细分品类的市场都尚未集中，具有较大的发展潜力。

另外，产业集群也正在加速形成。调味品产业集群主要包括四类：①由于历史发展形成的产业集聚区，如乐陵产业集群；②宏观战略推动的生产基地，如阳西、遂平和宿迁的产业集群；③区域产品形成的集聚区，如郫县豆瓣、清徐醋等产业集群；④当地大

型品牌企业带动形成的产业集聚区，如海天、太太乐产业集群等。这些调味品产业集群的形成，优化了企业间的合作，降低了成本，并促进了产业间的协同。

（二）产品发展趋势

调味品行业产品研发和创新的主要目标与方向是“让餐厅的菜肴更加丰富和美味，让消费者在家也能品尝到如餐厅菜肴一般美味的高品质美食”。

美味是调味品产品发展的核心。近年来，消费者口味需求日渐丰富和多元，既有区域口味的需求，又有特定人群口味的需求。另外，流行口味也在不断更替，辣、麻、臭等口味交替成为主流，持续推动了调味品的风味研发。

在追求美味的同时，健康理念也值得长期关注。《“健康中国 2030”规划纲要》的提出，强化了消费者对“三减”（减盐、减油、减糖）、“三健”（健康口腔、健康体重、健康骨骼）健康理念的认知，减盐、淡盐、有机和绿色成为调味品产品研发的方向之一。

横向小品类创新与纵向功能性细分趋势明显。横向小品类，如油醋汁、有机酱油、烘焙酱料、轻食沙拉汁、方便菜调料、小炒肉酱油等创新产品开始受到消费者的喜爱，也成为众多初创企业入局调味品行业并获得快速发展的主要产品定位方向。纵向功能性细分角度，以食醋为例，根据产品的功能细分出烹饪型、佐餐型、保健型、饮料型等多种产品。

网生品牌与产品成创新趋势之一。伴随着电商、直播带货和新零售等线上业态的快速崛起，一些以网络销售为主要销售模式的调味品品牌企业受到资本的关注，并在初期快速切入调味品市场。

（三）战略与模式趋势

伴随着调味品企业经营压力的持续提升，降本增效与高质量发展成为企业生存的关键。智能制造作为降本增效的重要抓手，将成为调味品企业战略方向之一。智能制造通过打造新的价值链条与网络，助力企业实现产业链的全方位变革。以海天、恒顺醋业为代表的调味品头部企业近年来在智能制造上投入较多，成效显著。

品牌建设作为决定企业竞争力的关键要素之一，仍需持续提升与加强。近年来，调味品企业持续加强内容营销与品牌的结合，通过热门综艺和电视剧、直播及内容 IP 运营、卡通形象代言等多种平台与形式，占领用户心智，实现品牌的增值，但仍有较大的提升空间。

定制化调味品适应了顾客对工厂（C2M）的渠道变革需求，成为潜在的经济增长点。以餐饮业为主的下游产业对调味品的定制化需求愈发明显。调味品企业也加大了定制产品的研发能力，帮助餐饮业和食品企业实现创新发展。

布局预制菜/调理包、半成品菜、方便速食等下游相关领域，成为调味品企业多元化运营的风口之一。尤其是具有良好市场知名度的调味品品牌企业，具备风味研发的优势和流量优势，有利于消费市场的渗透和单个用户价值的提升。

积极拥抱资本，但也要理性选择资本。调味品企业在踏踏实实做好实业的同时，可以考虑在合适的阶段引入资本，让资本为企业的发展壮大助力。但也要警惕目前调味品赛道资本投资过热的风险，理性选择资本并选择优质资本。

依托产业互联网，以数字和价值双轮驱动企业的研发设计、生产制造、渠道供应、营销销售、协同管理等核心环节的重塑，以及商业模式、运营模式、管理模式的重构，充分提升企业的核心竞争力和可持续发展能力。

四、政策建议

（一）建立原材料基地，打造原材料网络大数据平台

建议各地建立原材料基地，保证食品安全、供应安全，平稳市场价格。规范原辅料的信息发布，通过建立并应用网络大数据平台等方式，让调味品行业生产企业得到及时、准确、全面的行情信息，指导企业做好经营计划。

（二）加强各产业标准化管理工作

明确各标准化技术委员会和各行业协会标准化工作的范围，已有明确产业或产品归属和定位的，应保证产业管理和涉及产品标准制修订的严谨性和延续性，避免产品定位错误，阻碍产业发展，误导消费者。

（三）注重涉及产业的检测方法（包括补充检验方法）在行业内的意见征集和验证工作

涉及产业的检测方法，尤其是补充检验方法或检测技术，应科学、合理，易于在行业内推广。特别是在检验方法或检测技术转化为标准或作为监管依据之前，应广泛征集行业内意见和建议，避免检验方法或检测技术的不成熟，给企业造成损失，给产业造成冲击，给监管工作的权威性和严肃性造成不必要的负面影响。

中国调味品协会

茶加工业

2021年，在宏观经济向好的大背景下，中国茶产业主动融入与服务构建新经济格局，通过持续创新保持了稳定发展，在传统产品与业态持续发力的同时，新茶饮、新袋泡、花草茶、混搭风味茶等新赛道崛起，线上线下消费繁荣，茶叶总产量、总产值，内销量、内销额，出口量、出口额等多项经济指标实现历史性突破，在从脱贫攻坚的支柱产业向乡村振兴的支柱产业转化的道路上稳步前行。

一、行业概况

到2021年年底，全国18个主要产茶省（自治区、直辖市）茶园面积达到4896.09万亩，干毛茶年产量达到306.32万t，农业产值2928.14亿元，国内市场年销售量达230.19万t、销售总额3120亿元，茶叶出口量36.94万t、出口额22.99亿美元、出口均价6.22美元/公斤。农业农村部公布的2021年全年茶叶质量安全例行监测合格率为98%，高于国家农产品质量安全例行监测平均水平；国家市场监督管理总局公布的2021全年茶叶监督抽检合格率达99.27%。

（一）主要经济指标

1. 产业规模

（1）茶园面积持续微增　据统计，2021年，全国18个主要产茶省（自治区、直辖市）茶园总面积为4896.09万亩，同比增加148.40万亩，增幅3.13%。其中，可采摘面积4374.58万亩，同比增加228.40万亩，增幅5.51%。可采摘面积超过300万亩的省份有5个，分别是云南（658.44万亩）、贵州（643.37万亩）、四川（487.30万亩）、湖北（421.01万亩）和福建（325.00万亩）。未开采面积超过100万亩的省份有2个，分别是四川（108.90万亩）和湖北（124.00万亩）。

（2）茶叶产量增速放缓　2021年，全国干毛茶总产量306.32万t，同比增加7.71万t，增幅2.58%。产量超过30万t的省份有福建（45.05万t）、湖北（38.40万t）、云南（38.00万t）、四川（35.00万t）和贵州（34.50万t）。

（3）农业产值显著增长　2021年，全国干毛茶总产值为2928.14亿元，同比增长301.56亿元，增幅11.48%。干毛茶产值超过200亿元的省份有6个，分别是贵州（414.6亿元）、四川（335.0亿元）、福建（298.12亿元）、浙江（259.14亿元）、湖北（221.91亿元）和云南（202.12亿元）；干毛茶产值增长超过30亿元的省份有4个，依次是四川（49.93亿元）、山东（44.85亿元）、湖北（33.91亿元）和陕西（33.11亿元）。

（4）茶类结构持续微调　2021年，中国传统茶类中，除黄茶之外，其余五大茶类的产量均有不同幅度增长。其中，绿茶184.94万t，同比增长0.36%，总产量中占比60.3%；红茶43.45万t，同比增长7.47%，总产量中占比14.2%；黑茶39.68万t，同比增长6.3%，总产量中占比13.0%；乌龙茶28.72万t，同比增长3.38%，总产量中占比

9.4%；白茶8.19万t，同比增长11.43%，总产量中占比2.7%；黄茶1.33万t，同比减少8.28%，总产量中占比0.4%。红茶、黑茶、白茶在总产量中的占比出现攀升。

2. 营业收入

国家统计局数据显示，2021年，精制茶加工规模以上企业营业收入为2154.6亿元，同比增长7.3%。

据中国茶叶流通协会2021年度行业调查数据显示，2020年度中国茶叶百强企业年主营业务收入总额为491亿元，同比减少4.8%。主营业务收入在10亿元以上的茶企新增2家，共计12家；主营业务收入在5~10亿元的茶企增长1家，共计20家。行业内龙头企业规模进一步增长，行业向高集中度稳步发展。

3. 利润

据中国茶叶流通协会2021年度行业调查数据显示，茶加工业企业纳税形式以一般纳税人为主，百强企业年利润总额40.35亿元，企均4035万元；百强企业年利润率出现不同幅度的下滑，整体下滑约30%。年利润1亿元以上的茶企11家。百强企业年纳税总额17.7亿元，同比减少6.9%，年纳税亿元以上的茶企3家。66家百强茶企年利润率超过5%，同比减少7家；13家百强企业年利润率在15%以上，同比减少6家。大型茶叶加工企业2021年的盈利水平出现明显下降。

（二）行业发展分析

1. 价格

（1）内销市场保持平稳，数据指标持续上行　据统计，2021年，中国茶叶的内销总量230.19万t，同比增长10.03万t，增幅4.56%；内销总额3120亿元，同比增长231亿元，增幅8.00%；内销均价135.5元/kg，同比增长3.28%（表1）。

表1　2012—2021年中国茶叶内销总量、总额及均价

年份	内销总量/万t	内销总额/亿元	内销均价/（元/kg）
2012年	124.01	1176	94.9
2013年	133.83	1385	103.5
2014年	150.25	1669	111.1
2015年	167.91	1869	111.3
2016年	171.06	2148	125.5
2017年	181.70	2405	132.4
2018年	191.05	2661	139.3
2019年	202.56	2740	135.2
2020年	220.16	2889	131.2
2021年	230.19	3120	135.5

资料来源：中国茶叶流通协会。

（2）消费格局基本稳定，白茶发展势头强劲　2021年，中国绿茶内销量130.92万t，同比增长2.35%，占茶叶总销量的56.9%；红茶33.88万t，同比增长7.97%，占总销量的14.7%；黑茶34.41万t，同比增长9.31%，占总销量的14.7%；乌龙茶22.79万t，同比增长3.97%，占总销量的9.9%；白茶7.05万t，同比增长12.80%，占总销量的3.1%；黄茶1.14万t，同比减少7.32%，占总销量的0.5%（表2）。

表2　2021年中国六大茶类内销量统计

茶类	2021年/万t	2020年/万t	增长量/万t	增长率/%
绿茶	130.92	127.91	3.01	2.35
红茶	33.88	31.48	2.50	7.97
黑茶	34.41	31.38	2.93	9.31

续表

茶类	2021 年/万 t	2020 年/万 t	增长量/万 t	增长率/%
乌龙茶	22.79	21.92	0.87	3.97
白茶	7.05	6.25	0.80	12.80
黄茶	1.14	1.23	-0.09	-7.32
总计	230.19	220.17	10.02	4.55

资料来源：中国茶叶流通协会。

中国绿茶内销额 1994.3 亿元，同比增长 17.4%，占茶叶内销总额的 63.9%；红茶 503.0 亿元，同比增长 0.4%，占内销总额的 16.2%；黑茶 258.2 亿元，同比减少 14.4%，占内销总额的 10.4%；乌龙茶 259.3 亿元，同比减少 7.7%，占内销总额的 8.3%；白茶 91.4 亿元，同比增长 2.1%，占内销总额的 2.9%；黄茶 13.9 亿元，同比减少 18.2%，占内销总额的 0.4%（表 3）。

表 3　2021 年中国六大茶类内销额统计

茶类	2021 年/亿元	2020 年/亿元	增长量/亿元	增长率/%
绿茶	1994.3	1699.2	295.1	17.4
红茶	503.0	500.8	2.2	0.4
黑茶	258.2	301.6	-43.4	-14.4
乌龙茶	259.2	280.7	-21.5	-7.7
白茶	91.4	89.5	1.9	2.1
黄茶	13.9	17.0	-3.1	-18.2
总计	3120.0	2888.8	231.2	8.0

资料来源：中国茶叶流通协会。

各茶类中，绿茶均价 152.3 元/kg，红茶 146.2 元/kg，乌龙茶 113.8 元/kg，黑茶 76.2 元/kg，白茶 129.8 元/kg，黄茶 122.2 元/kg（图 1）。

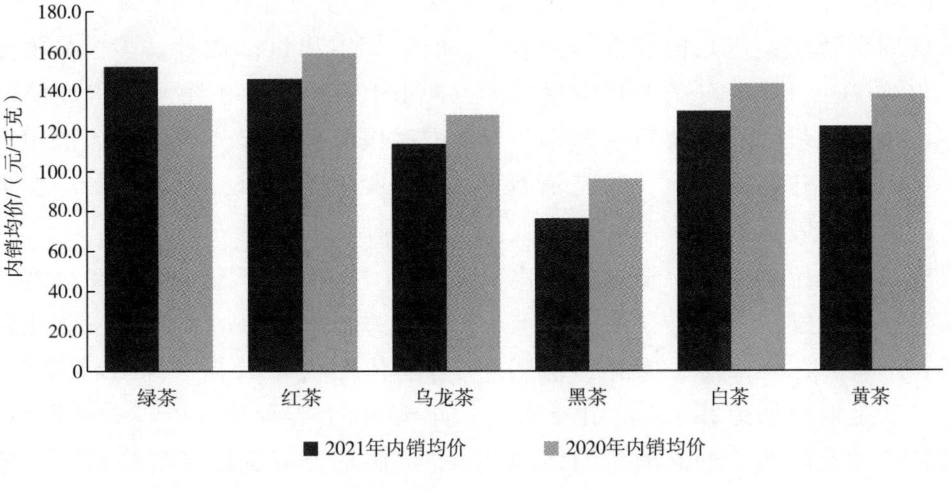

图 1　2020 年与 2021 年中国茶叶分茶类内销均价对比

资料来源：中国茶叶流通协会。

(3) 内销市场持续拉升茶业经济增长　在城市化和居民收入水平提高、年轻群体消费增长、消费方式多元化以及乡村振兴带动农村消费增长等综合因素作用下，中国茶叶内销市场在线上线下均呈购销两旺态势。据统计，2021 年，我国生产的茶叶 86.17% 在国内消费。名优茶作为产业价值的绝对担当，对内销额的贡献率长期保持在 70%～75%。随着新生代消费群体的崛起，茶叶消费市场已经发生变化，正在由大众消费逐步转向个性化、时尚化、科技化的高品质消费。线下消费者对茶叶品牌的认知度不断提升，使品牌茶消费群体不断壮大，芽茶类及一芽一叶、一芽二叶初展等类型的中高端茶消费火热。2021 年，茶叶内销线上化趋势明显。线上卖茶已成为茶企的重要运营模式，线上购茶正在成为消费者采购的重要途径。值得关注的是，与以往不同，品质已成为线上消费者的新偏好。据京东平台 2021 年 1—8 月前 10 位热销茶类单品情况，传统原茶产品占 7 位，产品均价全部高于 300 元/kg，“向上偏好”趋向明显。

(4) 宏观环境持续推进茶叶消费升级　健康消费观深入人心、社交电商与直播带货的发展、日常消费的整体升级及茶业营销现代化，全面助推茶叶消费升级。2021 年中国茶叶需求侧呈现四个特点：一是消费群体年轻化。80 后、90 后甚至 00 后对茶的接受度持续走高，年轻一代的茶产品消费需求和偏好更加个性化、多样化并渐成主流。二是消费思维理性化。受多元因素影响，茶叶消费向旧有认知的中高端价位集中，旧概念的中高价位正在成为普通价位，性价比高的茶叶产品成为消费首选，并注入品牌、文化、情感等消费因素。三是电商渠道壮大化。由于线下渠道受到各种因素制约，电商消费的便利性充分显现，茶叶线上交易规模近年来持续提升，销售量在企业的销售占比中份额明显加大。四是产品赛道多元化。传统品类保持稳定，绿茶、红茶、黑茶、乌龙茶为主，白茶、黄茶、花草茶等小众茶类近年来实现高速增长；产品与服务相结合的新中式茶饮行业迅速扩张；产业深加工与衍生品制造业开始启动。

2. 投资

在经历 2020 年 A 股多企业寻求上市，茶饮赛道资本竞逐的热潮后，2021 年茶行业资本市场再度遭遇“危机”，茶行业资本投资前景充满不确定性。

(1) 定向投资　近年来，社会资本大多定向投资在新茶饮行业。据统计，截至 2021 年年底，2021 年新式茶饮行业共发生融资 32 起，披露总金额超 140 亿元，融资事件数量和所披露融资金额都已经高过 2020 年全年，达到近 10 年来的顶峰，“喜茶”“奈雪的茶”“蜜雪冰城”“沪上阿姨”“古茗”等品牌在 2021 年都相继完成融资。除了头部品牌持续融资外，一些主打细分赛道的茶饮品牌也拿到了融资，如柠檬茶品牌“LINLEE”、车厘子主题茶饮品牌“小满茶田”、桃味茶饮品牌“和气桃桃”等。2021 年也是整个新茶饮行业里程碑式的一年，新式茶饮行业成功拥抱资本市场。“奈雪的茶”成功登陆资本市场，“新式茶饮第一股”横空出世。此外，多个品牌也被传准备冲击 IPO，其中，经河南省证监局披露，蜜雪冰城股份有限公司拟在 A 股市场首次公开发行股票并上市，正在接受广发证券对其进行辅导。

(2) A 股市场　截至 2021 年年底，以茶及相关制品的生产销售为主营业务的上市企业中依然仅有天福一家（港股上市）。2020 年至 2021 年年初，中国茶叶股份有限公司、普洱澜沧古茶股份有限公司、八马茶业股份有限公司三家品牌茶企先后向证券交易所递交招股说明书，中国茶行业再度冲击 A 股。

2021 年下半年，中国证监会对普洱澜沧古茶股份有限公司首次公开发行股票申请终止审查，八马茶业股份有限公司的上市审查也一度因补充材料而中断，至 2021 年年底，中国茶叶股份有限公司与八马茶业仍处于上市审查阶段，关于“中国茶叶第一股”的疑云仍笼罩着茶行业。

（3）新三板市场　除天福在港股上市外，部分茶企选择在市场准入要求相对较低的新三板上市。截至 2021 年年底，新三板共有谢裕大、茶乾坤、雅安茶厂、ST 白茶、天池股份、茗皇天然、抱儿钟秀、龙生茶业、博联股份、清铧股份、白龙茶业、丽宫食品 12 家涉茶企业挂牌上市。2020 年后，已连续两年没有茶企进入新三板。在新三板上市的涉茶公司大部分资产规模在 2 亿元以下，多在千万元级别。近几年新三板融资情况并不乐观，继八马茶业、中吉号、茶人岭、松萝茶业于 2019 年、2020 年退市后，2021 年又有黑美人、美灵宝两家茶企从新三板退市。

3. 区域分布

种植上，中国产茶区域主要分布在东经 94～122°、北纬 18～37°的广阔范围内，包括浙、苏、闽、湘、鄂、皖、川、渝、贵、滇、粤、桂、赣、琼、台、陕、豫、鲁、甘、藏等省（自治区、直辖市），涉及上千个县（区、市）。茶树最高种植在海拔 2600 米的高地上，最低则仅距海平面几十米。在不同地区，生长着不同类型和不同品种的茶树，形成了颇为丰富的茶类结构。我国茶区辽阔，通常划分为三个级别，即：一级茶区，系全国性划分，用以宏观指导；二级茶区，系由各产茶省（自治区、直辖市）划分，进行省（自治区、直辖市）内生产指导；三级茶区，系由各地县划分，具体指挥茶叶生产。国家一级茶区分为 4 个，即华南茶区、西南茶区、江南茶区和江北茶区。

加工上，茶叶加工企业主要集中于茶叶主产区。从 2021 年度百强茶企分布来看，95%的企业集中在茶叶产区，只有 5%的企业分布在北京、上海两处一线城市。全国大多数茶叶主产区均有百强企业样本分布。而从品牌企业样本区域分布图来看，福建、安徽、云南三大产茶省则成为茶叶百强企业最为活跃的地区，分别有 20、13、12 家当地茶企进入百强，成为实力企业分布较为密集的茶叶产区。

4. 行业集中度

截至 2021 年年底，我国茶叶相关注册企业总数已突破 200 万家，其中茶叶加工制造企业占比约 6%，数量约 12 万家，其中绝大多数企业为中小型企业，企业规模小、集中度低的特征依然明显，但整体在向头部集中。

茶叶行业农业产业化国家重点龙头企业数量在 2021 年新增 18 家，总数达到 86 家，国家重点龙头茶企的数量持续稳定增长。龙头茶企在发展过程中立足茶产业特色，有力推动了茶区一二三产业融合发展，在茶产业助力脱贫攻坚和与乡村振兴衔接的进程中发挥了巨大作用。

5. 进出口

（1）2021 年，中国进口茶叶总体呈增长态势，进口量创近年新高。据海关总署统计数据，2021 年 1—12 月，中国进口茶叶 4.6727 万 t，同比增长 7.80%；进口额 1.850 亿美元，同比增长 2.50%；均价 3.90 美元/kg，同比下降 4.90%（表 4）。

表 4　2021 年中国茶叶进口量、进口额和进口均价统计

茶类	进口量/万 t	同比增长/%	进口额/亿美元	同比增长/%	进口均价/(美元/kg)	同比增长/%
花茶	0.0224	-63.80	0.0304	2.50	13.54	183.00
绿茶	0.4334	1.60	0.1104	-39.60	2.55	-40.50
乌龙茶	0.3262	13.00	0.3132	9.00	9.60	-3.50
普洱茶	0.0004	-97.30	0.0013	-86.40	34.20	400.20
红茶	3.8903	9.80	1.3895	7.70	3.57	-2.00
黑茶	0.0001	—	0.0002	—	22.85	—
总计	4.6727	7.80	1.8450	2.50	3.90	-4.90

资料来源：海关总署。

①分茶类看。

进口量：2021 年进口红茶 3.8903 万 t，同比增长 9.80%，占茶叶进口总量的 83.03%；绿茶 0.4334 万 t，同比增长 1.60%，占比 9.25%；乌龙茶 0.3262 万 t，同比增长 13.00%，占比 6.96%；花茶 224t，同比减少 63.80%，占比 0.48%；普洱茶 4t，同比减少 97.30%；新增类目黑茶进口量为 1t（图 2）。

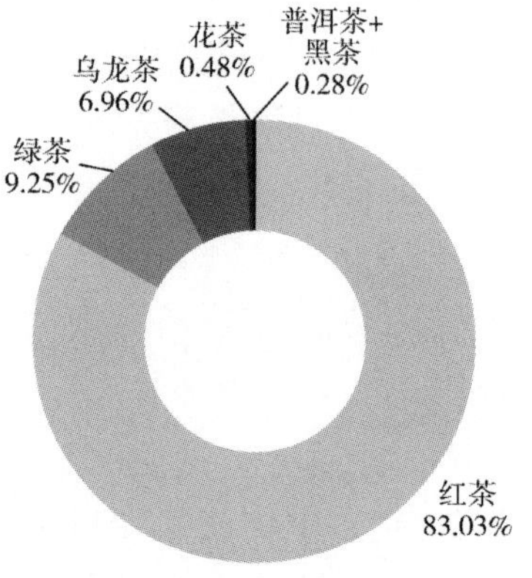

图 2　2021 年中国茶叶进口量分茶类占比

注：因 2021 年黑茶进口量在茶叶进口总量中占比仅为 0.001%，故与普洱茶合并制图。

资料来源：海关总署。

进口额：2021 年进口红茶 1.3895 亿美元，同比增长 7.70%，占茶叶进口总额的 74.97%；乌龙茶 0.3132 亿美元，同比增长 9.00%，占比 16.90%；绿茶 0.1104 亿美元，同比减少 39.60%，占比 5.96%；花茶 304 万美元，同比增长 2.50%，占比 1.64%；普洱茶 13 万美元，同比减少 86.40%；新增类目黑茶进口额为 2 万美元（图 3）。

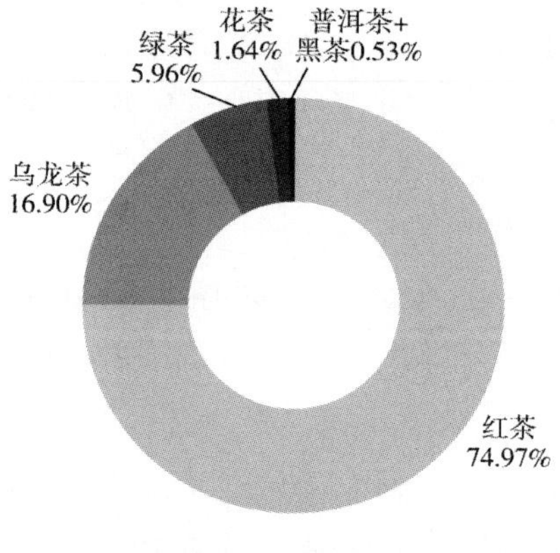

图 3　2021 年中国茶叶进口额分茶类占比

注：因 2021 年黑茶进口额在茶叶进口总额中占比仅为 0.01%，故与普洱茶合并制图。

资料来源：海关总署。

进口均价：2021 年，红茶均价 3.57 美元/kg，同比减少 2.00%；绿茶均价 2.55 美元/kg，同比减少 40.50%；乌龙茶均价 9.60 美元/kg，同比减少 3.50%；花茶均价 13.54 美元/kg，同比增长 183.00%；普洱茶均价 34.20 美元/kg，同比增长 400.20%；新增类目黑茶进口均价为 22.85 美元/kg（图 4）。

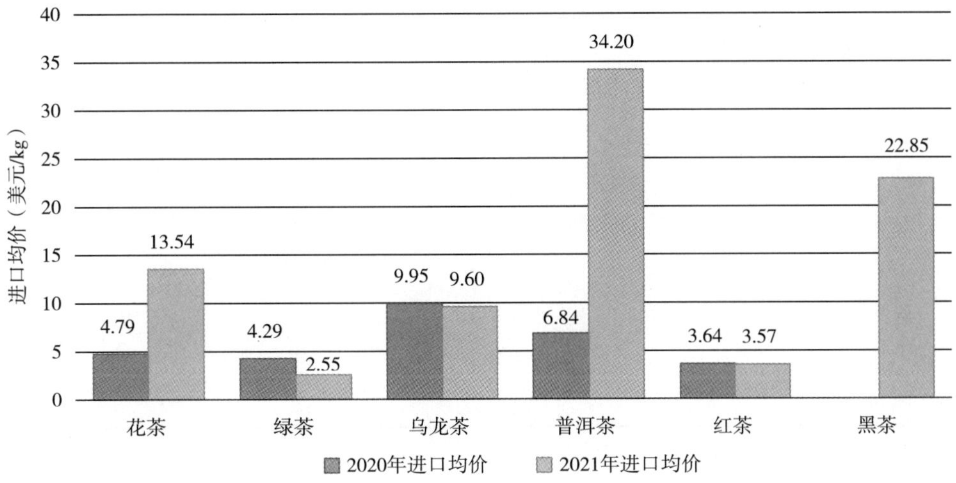

图 4　2020 年与 2021 年中国茶叶分茶类进口均价对比

资料来源：海关总署。

②分省（自治区、直辖市）看。

2021 年，中国进口茶叶逾千吨的省（自治区、直辖市）共计 8 个，依次是福建（1.22 万 t）、浙江（0.89 万 t）、广东（0.60 万 t）、北京（0.44 万 t）、上海（0.43 万 t）、江苏（0.40 万 t）、云南（0.31 万 t）和广西（0.17 万 t）。

2021 年，中国进口茶叶金额过百万美元的省（自治区、直辖市）共计 11 个，分别是福建（4431 万美元）、上海（4389 万美元）、广东（2591 万美元）、浙江（2223 万美元）、北京（1511 万美元）、江苏（1247 万美元）、广西（646 万美元）、云南（441 万美元）、安徽（382 万美元）、山东（253 万美元）和陕西（115 万美元）。

③分来源地看。

在中国进口茶叶的来源地中，排名前六位的分别是斯里兰卡、印度、越南、肯尼亚、印度尼西亚和中国台湾。从进口茶类来看，印度、斯里兰卡、肯尼亚、印度尼西亚主要供应红茶，其中茶叶进口价格最高的为斯里兰卡（5.0 美元/kg），其次为印度（2.7 美元/kg）、肯尼亚（1.9 美元/kg）和印度尼西亚（1.2 美元/kg），越南主要供应绿茶，而中国台湾则主要供应乌龙茶。

从近三年的进口量变化情况来看。从印度进口的茶叶逐年递减，2021 年的降幅达 23%；从中国台湾地区进口的茶叶量也在逐年递减，台湾从 2019 年第三大进口供应地降到 2021 年的第六。而斯里兰卡、越南、肯尼亚、印度尼西亚的茶叶供应量均在逐年提升，从肯尼亚进口的茶叶量在 2021 年的增幅更是高达 80.3%。

（2）2021 年，中国茶叶出口保持平稳，出口量明显提升，出口量、出口均价和出口额均创历史新高。据海关总署统计数据，2021 年 1—12 月，中国茶叶出口总量 36.94 万 t，同比增长 2.05 万 t，增幅 5.89%；出口总额 22.99 亿美元，同比增长 2.61 亿美元，增幅 12.82%；出口均价 6.22 美元/kg，同比上涨 0.38 美元/kg，涨幅 6.55%。自 2013 年以来，中国茶叶出口额与出口均价呈持续增长态势，年复合增长率分别为 7.95%和 6.28%。

表 5　2021 年中国茶叶出口量、出口额和出口均价统计

茶类	出口量/万 t	同比增长/%	出口额/亿美元	同比增长/%	出口均价/(美元/kg)	同比增长/%
花茶	0.5835	-4.82	0.5776	-4.90	9.90	-0.09
绿茶	31.2264	6.43	14.8752	13.96	4.80	7.08
乌龙茶	1.9145	13.00	2.8169	30.46	14.70	15.45
普洱茶	0.2176	-38.62	0.5253	-52.98	24.10	-23.40
红茶	2.9591	2.74	4.1484	20.47	14.00	17.26
黑茶	0.0344	—	0.0489	—	14.20	—
合计	36.9355	5.89	22.9923	12.82	6.20	6.55

资料来源：海关总署。

①分茶类看。

出口量：绿茶出口量 31.2264 万 t，同比增长 6.43%，占茶叶出口总量的 84.5%；红茶出口量 2.9591 万 t，同比增长 2.74%，占茶叶出口总量的 8.0%；乌龙茶出口量 1.9145 万 t，同比增长 13.00%，占茶叶出口总量的 5.2%；花茶出口量 5835t，同比减少 4.82%，占茶叶出口总量的 1.6%；普洱茶出口量 2176t，同比减少 38.62%；新增类目黑茶出口量为 344t，占茶叶出口总量的 0.6%。

出口额：绿茶出口额 14.8752 亿美元，同比增长 13.96%，占茶叶出口总额的 64.7%；红茶出口额 4.1484 亿美元，同比增长 20.47%，占茶叶出口总额的 18.0%；乌龙茶出口额 2.8169 亿美元，同比增长 30.46%，占茶叶出口总额的 12.3%；花茶出口额 0.5835 亿美元，同比减少 4.90%，占茶叶出口总额的 2.5%；普洱茶出口额 0.5253 亿美元，同比减少 52.98%，占茶叶出口总额的 2.3%；新增类目黑茶出口额为 489 万美元。

出口均价：绿茶出口均价 4.82 美元/kg，同比上涨 7.08%；红茶出口均价 14.00 美元/kg，同比上涨 17.26%；乌龙茶出口均价 14.70 美元/千克，同比上涨 15.45%；花茶出口均价 9.90 美元/千克，与 2020 年基本持平；普洱茶出口均价 24.10 美元/kg，同比降低 23.40%；新增类目黑茶出口均价为 14.20 美元/千克。

②分省（自治区、直辖市）看。

出口量：2021 年，中国茶叶出口量万吨以上的省份有 6 个，依次是：浙江，15.08 万 t，同比增长 3.18%，占茶叶出口总量的 40.8%；安徽，6.77 万 t，同比增长 1.99%，占茶叶出口总量的 18.3%；湖南，4.16 万 t，同比增长 17.08%，占茶叶出口总量的 11.3%；福建，2.61 万 t，同比增长 18.83%，占茶叶出口总量的 7.1%；湖北，2.35 万 t，同比增长 28.16%，占茶叶出口总量的 6.4%；江西，1.41 万 t，同比减少 2.03%，占茶叶出口总量的 3.8%（图 5）。

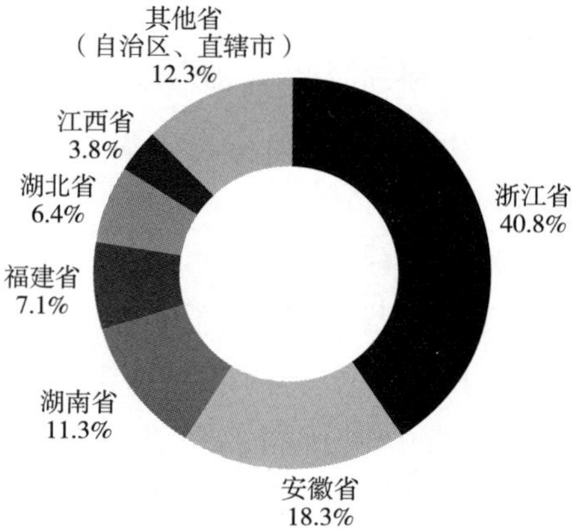

图 5　2021 年中国茶叶出口量破万吨省份占总出口量比重图

资料来源：海关总署。

出口额：2021 年，中国茶叶出口额达到 1 亿美元以上的省份有 8 个，依次是：福建，5.13 亿美元，同比增长 22.84%，占茶叶出口总额的 22.3%；浙江，4.86 亿美元，同比增长 8.64%，占茶叶出口总额的 21.1%；安徽，2.87 亿美元，同比增长 2.62%，占茶叶出口总额的 12.5%；贵州，2.22 亿美元，同比大增 114.58%，占茶叶出口总额的 9.7%；湖北，1.90 亿美元，同比减少 5.71%，占茶叶出口总额的 8.2%；湖南，1.24 亿美元，同比增长 25.93%，占茶叶出口总额的 5.4%；江西，1.21 亿美元，同比增长 43.17%，占茶叶出口总额的 5.3%；云南，1.08 亿美元，同比减少 1.82%，占茶叶出口总额的 4.7%（图 6）。

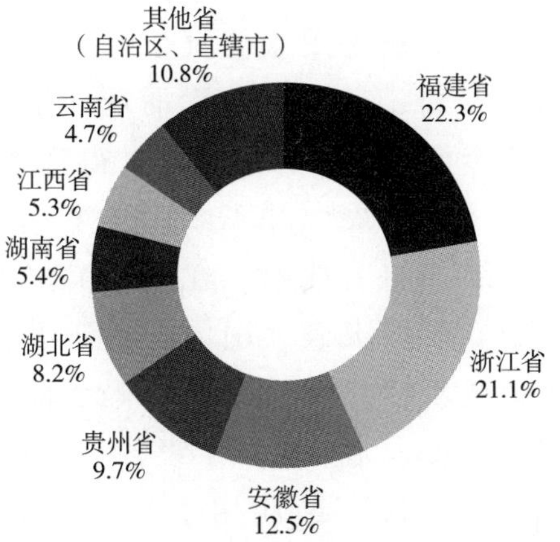

图 6　2021 年中国茶叶出口额破亿美元省份占出口总额比重图

资料来源：海关总署。

出口均价：2021 年，中国茶叶出口量排名前十的省份中，贵州茶叶的出口均价最高，达到 37.4 美元/kg；均价第二高的省份为云南（22.2 美元/kg）；福建居第三（19.6 美元/kg）；其余依次为广东（12.5 美元/kg）、江西（8.6 美元/kg）、湖北（8.1 美元/kg）、河南（4.5 美元/kg）、安徽（4.2 美元/kg）、浙江（3.2 美元/kg）和湖南（3.0 美元/kg）。

6. 重点行业

（1）茶加工业　我国茶叶加工在基础理论研究、工艺技术创新、加工装备和生产线研发等方面取得较大突破，为“十四五”茶叶加工的高质量发展奠定了坚实的基础。随着制造业的持续发展，传统茶叶加工机械性能取得较大发展，单台（套）制茶机械参数调控更简便、更准确，新型节能技术在茶机上的应用更加多元，连续化、标准化、数字化水平大幅度提高，配套生产线陆续在各茶类生产中出现，有效解决了劳动力紧缺、标准化程度低等问题。2021 年，“绿茶自动化加工与数字化品控关键技术装备及运用”获国家科技进步二等奖。

（2）精深加工业　目前，茶叶精深加工产品主要包括超微茶粉、抹茶、速溶茶、茶浓缩汁、茶膏、茶饮料等传统精深加工产品茶多酚、儿茶素、茶色素、茶氨酸、茶皂素、咖啡因、茶多糖等功能性成分的标准化提取物，以及含茶的天然药物、功能性食品、茶饮料、日化用品、环保用品、纺织品、植物农药、动物健康产品等功能性终端产品。2021 年，我国茶叶精深加工持续稳步发展，对茶叶活性物质在延缓衰老、调节代谢和提高免疫力等重点功效领域的研究进一步深入，应用技术研究突破与新产品开发成为茶叶深加工行业的关注重点。

7. “三品”战略实施情况和典型案例

2021 年，茶行业继续以“三品”战略的实施为抓手，从供给和需求两端发力，提高消费品有效供给能力和水平，引导企业增强品牌意识，夯实品牌发展基础，提升产品附加值和软实力，推动中国茶产业向品牌化转变。

（1）增品种　“国潮”、联名、混搭成为 2021 年茶产品创新的主题，八马茶业携手《国家宝藏》、中国航天等推出多款联名产品；“华祥苑”携手“片仔癀”推出联名白茶；“茶里”与“欧珀”“王者荣耀”等联名推出多款潮韵新品；在口味混搭上，小众水果主导了茶饮新品，陈皮、桂花、玫瑰风味的传统茶饮也备受消费者青睐。

（2）提品质　2021年，中国茶产业持续推进绿色防控技术推广使用，鼓励茶园进行有机认证，各大企业持续引进全自动生产设备，提高生产效率和品质稳定性。黄山市于2021年开展了茶叶质量安全提升行动，坚持“一年打基础、两年强推进、三年见成效”，实施茶园绿色防控，推广“粘虫黄板+生物农药+生态农艺”模式，做到全市茶园病虫害绿色防控家喻户晓、全面参与，通过监管帮扶、标准引领、知识产权保护、组团式推进“四千工程”等措施，拧成一股绳，齐心协力助力茶叶生产企业高质量发展，实现好山好水出好茶。武夷星茶业有限公司“全流程三化质量管控实践模式创新发展”获得中国质量协会认可，入选2021年全国质量标杆企业，成为茶行业内第一家获此殊荣的企业。

（3）创品牌　2021年，茶产业品牌化进程不断加快，茶产业优化升级，集群发展的势头初步显现。

①企业品牌方面：“品品香”于2021年进行了全面品牌升级，企业发展开启新纪元；“小罐茶”成为博鳌亚洲论坛年会官方合作伙伴、官方指定用茶；2021年9月，“竹叶青”获选第二十一届中国国际投资贸易洽谈会礼宾用茶，亮相国际级活动，向世界展示东方大国的传统礼仪和现代风采；“华祥苑”再度成为2021年中国金鸡百花电影节暨中国电影金鸡奖官方指定茶叶品牌，助力中国电影产业与艺术文化发展；中国茶叶和八马茶业努力冲击中国茶叶第一股；“奈雪的茶”成功上市，成为茶饮第一股；“蜜雪冰城”爆红网络，品牌形象迅速升级。

②区域品牌方面：2021年9月，《中华人民共和国政府与欧洲联盟地理标志保护与合作协定》正式生效，首批28个茶叶地理标志保护产品入选。各区域品牌管理部门对当地品牌的管理与保护力度进一步加强。例如，武夷山市全面推行“认标购茶”，武夷山茶企均在外包装上张贴统一印有武夷茶地理标志标识的商品标；通过采取“茶青卡”“商品标”双重管理方式，确保茶叶的原料产自武夷山；再采用区块链、物联网等技术，实现种植、生产、销售的全流程溯源。福鼎对全市福鼎白茶商标授权企业的茶产品实行质量“一月一评、年度总评”制度，大力推行茶青凭证交易，严禁无凭证、质量安全无保证的外地茶青流入市场，确保茶叶产品来源可查询、质量可追溯、责任可追究。

8. 绿色制造、智能制造

在茶叶加工技术和装备领域，食品加工高新技术不断被应用于传统茶叶加工技术的创新研究，新工艺、新技术涌现，技术参数精准化逐步深入，茶叶加工技术得到多层次、多方位的快速发展，并不断向数字化、定向化迈进，绿茶加工技术、红茶加工技术的智能化控制实现新突破。国内外科研人员借助仿真模拟技术、多元技术融合等手段，创制出系列新设备，尤其提升了设备参数精准度。新技术、新能源不断应用于茶叶加工装备，促使茶叶加工向绿色、节能、安全、清洁方向发展，风味品质和卫生品质均得到提升。连续化、标准化加工生产线向初步数字化作业迈进，多个茶类的标准化加工生产线得到广泛应用。

2021年小罐茶黄山超级工厂正式投入运行，与科技巨头西门子、IBM、百度人工智能（AI）在茶叶研发、检测检验、智能立体仓储、全自动分装及科学物流开展深度合作，从源头到终端实现全产业链工业化、标准化和智能化。竹叶青打造全自动、清洁化封闭制茶生产线，并独创“五重锁鲜科技”，高效快速杀青技术、低温冷冻保鲜技术、高温快速提香技术、精准水分控制技术、独立充氮保鲜技术，将传统制茶技艺融入现代科技之中。

9. 发展新亮点与新增长点

（1）乡村振兴新使命　2021 年 3 月，习近平总书记到福建武夷山市星村镇燕子窠生态茶园考察春茶长势，了解当地茶产业发展情况时指出："要把茶文化、茶产业、茶科技统筹起来，过去茶产业是你们这里脱贫攻坚的支柱产业，今后要成为乡村振兴的支柱产业"。当月，中共中央、国务院公开发布《中共中央国务院关于实现巩固拓展脱贫攻坚成果同乡村振兴有效衔接的意见》。作为农业支柱产业的茶产业迎来新的发展机遇，担当起新的历史使命。

（2）产业融合新突破　2021 年，农业农村部、国家市场监督管理总局、中华全国供销合作总社《关于促进茶产业健康发展的指导意见》（以下简称《意见》）正式发布，明确到 2025 年，我国茶园面积稳定在现有水平，茶产业科技贡献率达 65%；干毛茶总产值达到 3500 亿元。此次三部门联合出台指导《意见》，显示国家对茶产业的高度重视，对巩固和拓展脱贫攻坚成果、推动乡村产业振兴、弘扬中华优秀传统文化具有重要意义。《意见》立足一二三产业深度融合，产供销全面发展，特别是在强化监管服务方面提出了具体要求和措施。

（3）线上经济新支点　近年来，在互联网经济快速发展的背景下，尤其是新冠肺炎疫情以来线上消费趋势明显，各大茶叶企业、茶叶经销商开始大规模布局电商领域。2021 年，茶业电商发展的步伐继续加快。对线下实体店和服务行业的发展而言，互联网商业的持续发展也带来了信息传播方面的巨大改变，"互联网+茶叶"已成为茶产业发展趋势，溯源技术、智慧物流等新技术的应用进一步推动了茶产业线上线下融合的步伐。

（4）"一带一路"新市场　尽管受到新冠肺炎疫情的影响，共建"一带一路"不但没有按下"暂停键"，反而逆势前行，国际社会参与"一带一路"建设热情高涨，"一带一路"国际合作进一步展现强大韧性。截至 2021 年年底，中国已同 147 个国家和 32 个国际组织签署 200 多份共建"一带一路"合作文件。在经贸合作方面，贸易规模稳步提升，产业链、供应链合作更加密切。其中，中国对"一带一路"共建国家的茶叶出口总量为 10.85 万 t，同比增长 6.0%，占茶叶出口总量的 29.4%；出口总额 7.19 亿美元，占茶叶出口总额的 31.3%。未来，与"一带一路"沿线国家和地区间的茶叶贸易有着巨大的发展空间。

二、行业面临的问题

尽管当前茶叶内销市场持续繁荣，但也应看到产品创新力不强、信息对称性不足、消费认知不充分等问题制约着茶叶流通领域的发展。

（一）品牌化进程缓慢

我国大部分茶叶的种植、生产都是小生产、小种植，缺乏真正意义上的大规模经营与大规模集体运作，没有规模化经营，也就意味着茶企的规模化效益不高，难以实现现代化经营。当前我国茶叶仍然以区域公共品牌为主导，区域之间竞争较激烈，综合性茶企较少，缺乏综合竞争力，没有足够的市场分量和市场地位，导致茶行业难以出现具有全产业、全品类影响力的品牌。

（二）产业链延伸不足

茶产业集中度低，基础科学研究不充分、不扎实，知识传播更偏于市场需求，与现代科技结合不够，专业人才培养不足，整个行业产业链、供应链发展不完善。

（三）消费者忠诚度低

茶叶消费者的品牌忠诚度低，长期的饮用习惯使消费者往往只重品类、轻品牌，重区域公用品牌、轻企业品牌；有品类，无品牌，区域公用品牌建设普遍强于企业品牌，导致消费者在购买决策时存在困难；区域公用品牌使用者和所有者不一致，导致部分品牌使用者存在不爱护品牌的行为，导致“公地悲剧”。

（四）标准化仍待完善

行业标准化仍有待进一步完善。尽管在国家标准化战略的推进下，我国已初步构建了较为完善的茶叶标准化技术体系，但由于起步晚，加之品类多样性及农作物特有的地区性等因素影响，导致标准制定存在一定的难度，仍需持续深耕。

三、发展趋势

（一）产业集中化

茶叶市场主体培育正处于不断强化的阶段，品牌建设步伐加快，“双品牌”驱动战略已得到行业共识，各地方政府精准施策，以龙头企业为核心，区域公用品牌与企业品牌齐头并进，集约品牌资源、精准把脉市场，行业整体呈现头部集中趋势，由地域优势和先发优势转向规模增长优势，市场集中度不断提升，市场格局的马太效应已经初步显现，预计未来茶产业的集中度将会更高。

（二）三产融合化

一产方面，加速推进优化茶园基地，促进绿色发展，通过品种改良、布局优化、管理优化，建设标准生态茶园，实施绿色防控全覆盖，建立茶园质量追溯系统。二产方面，推进产业技术升级，促进规范发展，推动清洁化、现代化、智能化茶叶加工生产线的升级，完善标准体系。三产方面，立足生态茶园基础，深挖当地传统茶文化、民俗文化、红色文化，打造茶旅精品，促进转型发展，以茶兴旅、以旅促茶。茶产业正沿着三产融合发展的路径，延长茶叶产业链，提高产品附加值，在此基础上实现农民增收。

（三）市场年轻化

近年来，随着各地对茶文化资源的不断挖掘，使伴随着互联网成长起来的年轻群体对茶表现出浓厚的兴趣，80后、90后乃至95后在茶消费中逐渐占据主力。随着新生代消费群体的崛起，茶叶消费市场已经发生变化，正由大众消费逐步转向个性化、时尚化、科技化的高品质消费。年轻一代更加“务实”，更加看重茶的健康属性，希望茶叶新品能够匹配现代快节奏的饮茶习惯。这不仅使传统茶叶品牌加速向年轻消费群体扩展，还让传统茶文化涌现出新趋势、新变化。

四、政策建议

（一）出台配套政策，支持三茶统筹

通过出台相关政策，配套相关资金，全面深入挖掘、保护中国茶文化精髓与传统技艺，推动茶文化领域的创新传承；以“国内大循环为主体、国内国际双循环相互促进”的新发展格局为指导，为茶叶产销创建良好的消费市场环境；大力协调整合茶叶科技资源，推动产学研用深度融合发展，推进茶产业向全产业链开发、全价值链提升发展。

（二）控制茶园增速，推进茶园改造

以低成本和扩张规模获取竞争优势的时代已近尾声，中国茶产业的发展重心应由单纯扩大种植规模转向全面高质量发展；各级政府应转变茶产业发展方式，以构建现代茶叶产业体系、生产体系和经营体系为目标，控制茶园面积，加快低产低效茶园改造、有序退出，推行无性系标准化建园、适地适种，推行适度规模经营与茶叶生产全程机械化，建设标准化生产基地，推动产业健康、可持续发展。

（三）引导营销创新，推进消费升级

出台政策引导企业进行营销创新，依托政府部门或社会组织开展专题营销培训班，创新开展营销服务，提升茶叶企业的现代化营销能力，以新型消费体验带动国内茶叶消费升级；加强茶叶健康功效及茶叶安全性的正向宣传，增强消费者对中国茶行业的信任度，提升消费者对茶叶价值的认知，促进健康消费。

（四）打破贸易壁垒，畅通国际市场

加大与世界主要茶叶消费地区相关部门在茶叶农残限量等方面的协调力度，制定行业通用准则，疏通中国茶叶出口渠道；同时制定相应的出口商品管控政策，保证茶叶商品的质量和安全性；带领中国茶叶走出去，参加全球性促销活动，推动全球茶叶市场与贸易的持续繁荣。

中国茶叶流通协会

淀粉加工业

淀粉加工是农产品加工的重要方面，发展淀粉加工业对推进农业产业化、发展现代农业、促进粮食增产、拉动内需、带动农民增收和改善城乡居民生活具有重要意义。2021 年，在疫情持续发展、玉米等原料价格仍高位运行的严峻局势下，淀粉行业产量仍保持增长。

一、行业概况

（一）主要经济指标

1. 产量

2021 年，淀粉加工业继续保持快速、平稳发展。据中国淀粉工业协会年报统计，全国各类淀粉总产量为 4076. 65 万 t，同比大幅增长 20. 29%；淀粉深加工产品总产量为 2001. 76 万 t，同比增长 6. 81%，如图 1 所示。

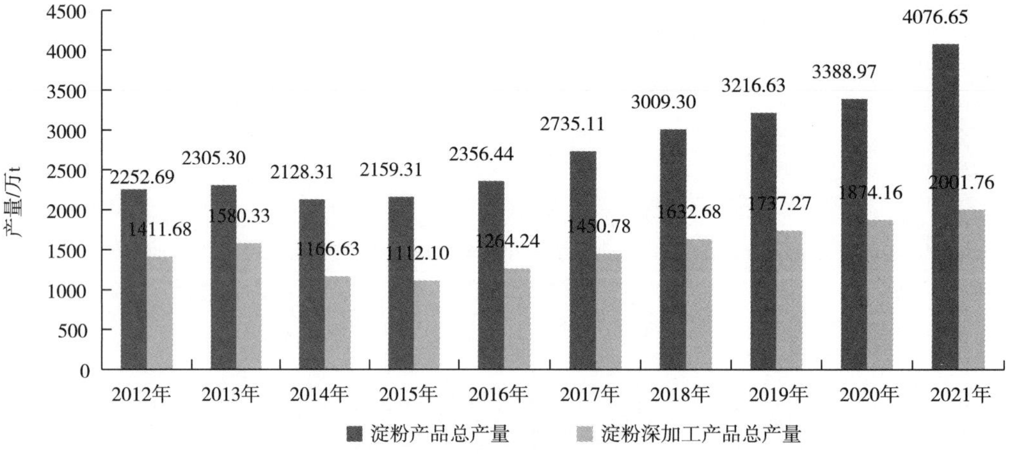

图 1　2011—2021 年中国淀粉及淀粉深加工产品总产量

资料来源：中国淀粉工业协会。

淀粉产品中，玉米淀粉产量 3917. 69 万 t，同比增长 21. 19%，产量占淀粉产品总产量的 96. 10%（需要说明的是：2021 年玉米淀粉行业协会年报入统企业新增了阜丰集团和梅花集团，两家产量合计 650. 00 万 t，如对比相同入统企业的玉米淀粉产量，2021 年同比增幅仅 1. 09%）；小麦淀粉产量 52. 19 万 t，同比增长 33. 56%；马铃薯淀粉、木薯淀粉和甘薯淀粉产量分别为 65. 34 万 t、21. 18 万 t 和 20. 24 万 t，产量同比均有不同程度下降（表 1）。

淀粉深加工产品中，淀粉糖产量 1664. 73 万 t，同比增长 6. 60%，产量占淀粉深加工产品总产量的 83. 17%；变性淀粉产量 182. 65 万 t，同比增长 4. 30%；糖醇产量 154. 38 万 t，同比增长 12. 31%（表 1）。

表 1　2021 年淀粉及淀粉深加工主要产品产量

序号	产品	产量/万 t		同比增长/%
		2020 年	2021 年	
1	玉米淀粉	3232.58	3917.69	21.19①
2	木薯淀粉	26.00	21.18	-18.53
3	马铃薯淀粉	66.14	65.34	-1.21
4	甘薯淀粉	25.18	20.24	-19.60
5	小麦淀粉	39.08	52.19	33.56
	淀粉产品合计	3388.97	4076.65	20.29
6	液体淀粉糖	1025.37	1128.55	10.06
	其中：F42 果糖	70.13	64.61	-7.87
	F55 果糖	396.21	452.04	14.09
7	固体淀粉糖	536.23	536.18	-0.01
	麦芽糊精	162.76	88.13	-45.85
8	变性淀粉	175.11	182.65	4.30
9	糖醇	137.46	154.38	12.31
	其中：山梨醇（70%）	103.62	113.60	9.63
	淀粉深加工产品合计	1874.16	2001.76	6.81

注①：2021 年玉米淀粉行业协会年报入统企业新增了阜丰集团和梅花集团，两家产量合计 650 万 t，如对比相同入统企业的玉米淀粉产量，2021 年同比增幅仅 1.09%。

资料来源：中国淀粉工业协会。

2. 进出口

随着我国淀粉产品进口量的持续增长，我国已成为淀粉产品净进口国。随着国内经济增长和淀粉应用领域的拓展，淀粉需求及进口量呈总体上涨趋势，尤其以玉米淀粉需求增速较快。2021 年我国淀粉产品进口总量为 361.25 万 t，同比增长 27.19%；淀粉产品出口总量下降至 19.59 万 t，同比降幅高达 70.71%。

但我国淀粉深加工产能庞大，国外市场需求持续增长，加上我国淀粉深加工产品具有价格优势，因此我国淀粉深加工产品出口量大于进口量。2021 年我国淀粉深加工产品出口量为 96.12 万 t，同比减少 44.14%；进口量为 59.19 万 t，同比减少 62.53%。

（二）行业发展分析

1. 价格

（1）玉米淀粉　随着玉米等原料成本继续高位上涨，企业不断提高淀粉报价，市场涨跌幅度加剧，玉米淀粉价格整体显著上涨。2021 年产区玉米淀粉平均价格 3464 元/t，销区价格在 3621 元/t 左右，分别比 2020 年上涨 783 元/t 和 785 元/t，涨幅 29% 和 28%。

从生产区域的价格来看，华北地区 2021 年玉米淀粉平均价格 3494 元/t，同比上涨 29%；西北地区依然是三大主产区内最高价格，平均价格为 3589 元/t，同比上涨 29%；东北地区玉米淀粉平均价格 3310 元/t，同比上涨 29%。2015—2021 年我国主要区域玉米淀粉价格走势如图 2 所示。

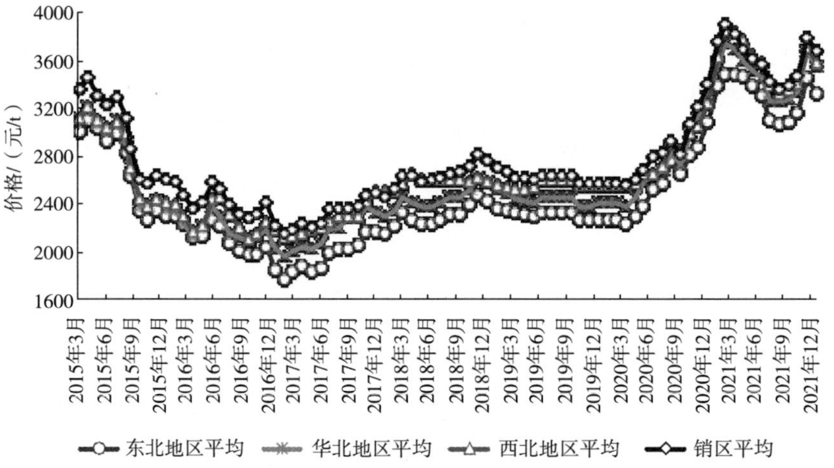

图 2　2015—2021 年我国主要区域玉米淀粉价格走势

资料来源：中国淀粉工业协会。

（2）淀粉糖　受玉米原料价格上涨、人工成本提高、终端市场需求增长的影响，2021 年淀粉糖产品价格先跌后涨，年底小幅下调，但整体显著上涨。其中，果糖全年均价为 3359 元/t，同比上涨 27%；麦芽糖浆全年均价达到 3151 元/t，同比上涨 28%；麦芽糊精全年均价 4681 元/t，同比上涨 28%。2014—2021 年我国淀粉糖主要产品价格走势如图 3 所示。

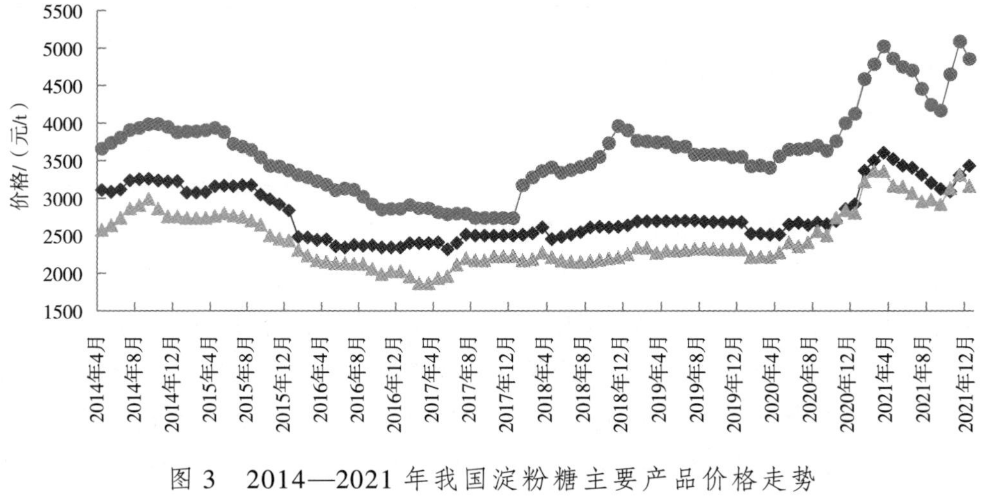

图 3　2014—2021 年我国淀粉糖主要产品价格走势

资料来源：中国淀粉工业协会。

（3）其他淀粉及淀粉深加工产品　其他淀粉品种价格变化特点各异。马铃薯淀粉价格整体大幅上涨，2021 年华北、东北地区马铃薯种植面积减少，西北地区干旱导致产量下降，马铃薯供应趋紧，价格上涨，推高马铃薯淀粉价格。2021 年马铃薯淀粉市场价格区间在 8440～8550 元/t，比 2020 年 7000～7356 元/t 的价格区间大幅上涨。

2021 年木薯淀粉原料成本增加，终端需求稳中小幅增加，随着玉米淀粉价格持续上涨，木薯淀粉价格整体上涨。2021 年国产木薯淀粉价格区间在 3900～4200 元/t，比 2020

年的 3800~3860 元/t 有所提高。进口木薯淀粉价格区间在 3500~4300 元/t，同比涨幅相对较大。

2021 年甘薯价格平均上涨 4.73%，但甘薯淀粉价格平均出厂价格 7570 元/t 左右，同比下跌 2.95%，使得加工利润下降，甘薯淀粉产量大幅减少。

其他淀粉深加工产品：变性淀粉因产品类别、规格、用途及品质不同，价格差异较为明显。据 2021 年中国淀粉工业协会统计数据，2021 年变性淀粉销售价格集中在 3000~14000 元/t 不等，平均销售价格约 5431 元/t，比 2020 年略下跌 1%；糖醇价格涨跌各异，其中，山梨醇销售价格在 3250~4600 元/t，每吨平均价格上涨 700 元左右；甘露醇销售价格 19600~26600 元/t，均价同比上涨近 5000 元/t；木糖醇销售价格 18000~20000 元/t，均价同比下跌 1588 元/t。

2. 市场

（1）玉米淀粉　2021 年玉米淀粉及其深加工产品价格保持高位上涨，玉米淀粉加工效益继续增长。2021 年我国玉米主产区玉米淀粉企业的平均加工效益为 127 元/t，比上年的 80 元/t 增加 47 元/t。2021 年，我国玉米淀粉行业平均开工率相对稳定，玉米淀粉产量达到 3917.69 万 t，较上年增加 21.19%（需要说明的是：2021 年玉米淀粉行业协会年报入统企业新增了阜丰集团和梅花集团，两家产量合计 650.00 万 t，如对比相同入统企业的玉米淀粉产量，2021 年同比增幅仅 1.09%）。

消费方面，随着公共卫生事件得到有效控制，各行业需求逐步恢复，玉米淀粉下游行业需求普遍增长，尤其是医药和食品加工行业需求增幅较为明显，2021 年玉米淀粉消费需求同比增长 9%。就消费去向而言，淀粉糖是玉米淀粉最主要的消费去向，约占玉米淀粉消费总量的 54%，其后依次是：造纸，约占 11%；食品加工，约占 10%；医药，约占 8%；啤酒、变性淀粉、化工，各占 5% 左右；饲料及其他，分别占 1%。随着社会环保和绿色意识的增强，加上政策的鼓励支持，新材料与高分子材料方面的需求保持稳定增长。

（2）淀粉糖　由于淀粉糖行业产能过剩严重，市场逐步进入整合阶段，市场集中度提高，产能趋于稳定。消费方面，因国内淀粉糖价格上涨，在国际市场的价格优势减弱，2021 年淀粉糖出口市场受到较大影响；国内市场需求恢复有限。近年国内食糖价格震荡走低，淀粉糖价格持续上涨，二者价差呈缩小趋势，淀粉糖相应的替代效应已明显减弱，淀粉糖整体的需求由高速增长进入缓慢增长期。2021 年国内食糖价格变化不大，但淀粉糖价格整体上涨，食糖与果糖的平均价差约 2216 元/t，较 2020 年减少 648 元/t，为 2015 年来的最低水平。2010—2021 年我国果糖与食糖（广西）价差走势如图 4 所示。

（3）其他淀粉及淀粉深加工产品

马铃薯淀粉：2021 年马铃薯产量略有下降，价格震荡上涨，使得马铃薯淀粉产量同比略减少 1.21% 至 65.34 万 t。消费方面，终端需求相对稳定，变化不大。

木薯淀粉：由于木薯种植面积不断萎缩，近年国内木薯淀粉产量持续下降，2021 年鲜木薯价格持续上涨。木薯淀粉产量同比大幅减少 18.53% 至 21.18 万 t，为历史较低水平。我国木薯淀粉存在巨大的供应缺口，对外依存度 90% 左右，对国产市场冲击较大。

甘薯淀粉：在国家环保政策趋于常态化的情况下，甘薯淀粉行业仍在快速进行行业整合，伴随小规模、不达标企业的淘汰，规模化的产能正在形成，现代化和标准化程度也逐步提高。2021 年甘薯及甘薯淀粉价格均下跌，但人工、物流等成本提高，产量同比下降 19.60% 至 20.24 万 t。

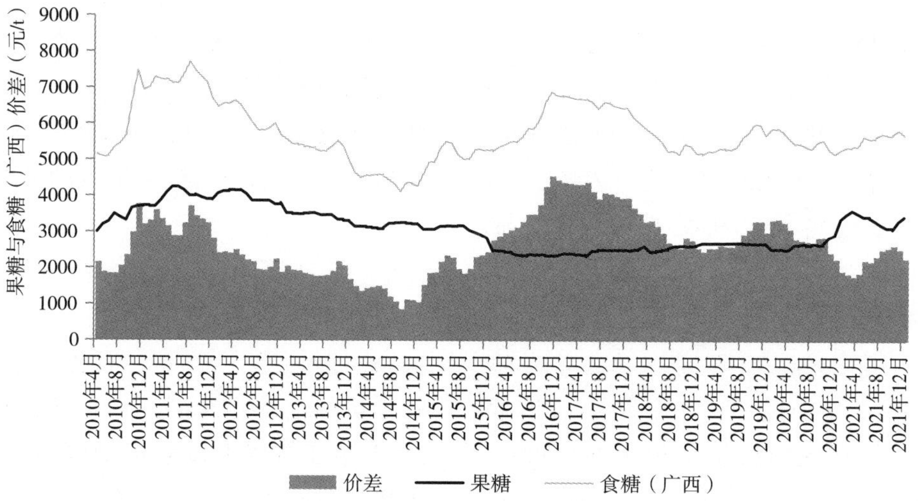

图 4　2010—2021 年我国果糖与食糖（广西）价差走势

资料来源：中国淀粉工业协会。

变性淀粉：我国变性淀粉市场需求整体呈现持续增长的趋势，在高端产品和下游多领域应用开发已有很大进步，但整体仍落后于欧美发达国家。2021 年变性淀粉产量为 182.65 万 t，同比增长 4.30%。

糖醇：我国糖醇产品规模和技术已经达到世界领先水平，并保持稳定增长，2021 年全国糖醇总产量为 154.38 万 t，同比上年增长 12.31%。我国是糖醇生产大国，其中木糖醇、山梨醇产量为世界第一，合成法甘露醇产量也位于世界前列，众多产品进入国际市场。糖醇在国内应用领域相对有限，但呈快速增长趋势，未来有较大的市场潜力。

3. 投资

在原料优势、政府扶持等优势条件吸引下，东北、华北及华中等地区玉米深加工产能继续增长。但受原料、资金等方面的限制，新增产能大多为大型企业集团扩产或新增项目，因此产能集中度进一步提高。新增项目大多为企业配套下游深加工产能，商品淀粉只作为阶段性过渡生产，后期将逐渐延伸至下游全产业链发展，产品类型更加丰富。据不完全统计，2021 年我国新建/扩建玉米深加工产能多为大型企业生产线改造及扩产，新增产能约 500 万 t，比上年增加 300 万 t，可生产淀粉及深加工产品约 290 万 t。其中，山东省新增玉米加工产能约 150 万 t，占总量的 30%；安徽省新增产能约 120 万 t，占总量的 24%；河南省及黑龙江省各新增产能 100 万 t，分别占总量的 20%；河北省新增产能 30 万 t，占总量的 6%（图 5）。

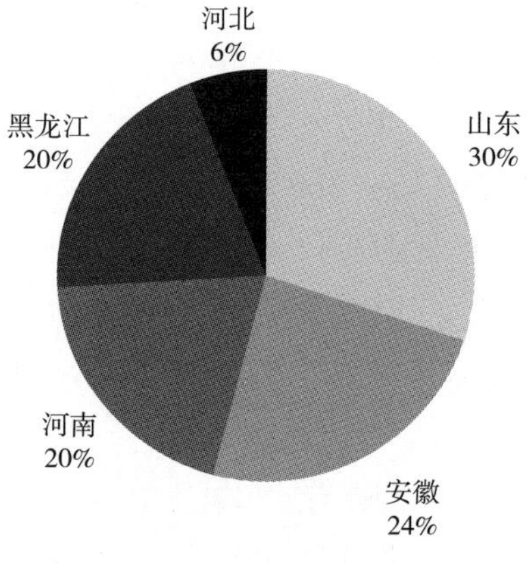

图 5　2021 年中国分区域新增玉米淀粉及玉米淀粉深加工产能

注：数据为截至 2020 年年底已建成或投产的玉米深加工项目，为不完全统计。

资料来源：中国淀粉工业协会。

4. 区域分布

玉米淀粉是我国最主要的淀粉品种，其产量占淀粉总产量的 96% 以上。玉米淀粉的生产主要集中在山东、河北、黑龙江、吉林和宁夏等玉米种植区，2021 年这五个省（自治区）产量占全国总产量的 88.78%（图 6）。山东是玉米淀粉生产大省，2021 年产量 1978.44 万 t，占全国总产量的 50.50%。

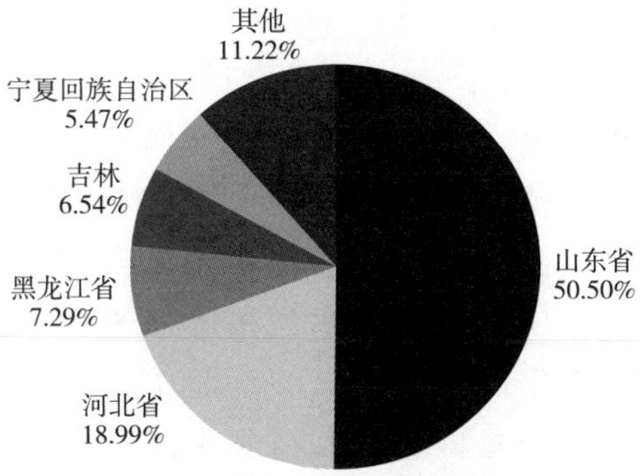

图 6　2021 年中国玉米淀粉产区分布

资料来源：中国淀粉工业协会。

淀粉深加工生产主要集中在山东、广东、河北、吉林、河南等省份，这五个省份淀粉深加工产品产量占总产量的 76.66%。其中，山东深加工产品产量占比最大，约占总产量的 40.47%（图 7），同比下降 2.40 个百分点。

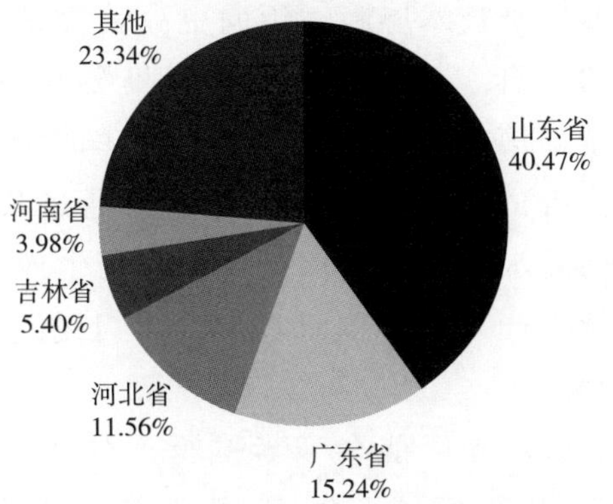

图 7　2021 年中国淀粉深加工产品产区分布

资料来源：中国淀粉工业协会。

5. 行业集中度

随着产业结构的不断优化调整，淀粉及淀粉深加工行业逐步淘汰落后产能，行业集中度持续提高。2021 年玉米淀粉加工行业产量 10 万 t 以上企业（集团）40 家，比上年增加 1 家，合计产量 3849.29 万 t，占全国玉米淀粉总产量的 98.25%；产量 100 万 t 以上企业（集团）11 家，比上年增加 1 家，合计产量 2553.37 万 t，占全国玉米淀粉总产量的 65.19%。变性淀粉行业产量 2 万 t 以上企业数量 23 家，与 2020 年相同，合计产量 162.82 万 t，占全国变性淀粉总产量的 89.14%；淀粉糖行业产量 10 万 t 以上企业数量 33 家，合计产量 1560.27 万 t，占全国淀粉糖总产量的 93.73%；糖醇行业年产 10 万 t 以上企业 6 家，合计产量占全国糖醇总产量的 86.88%。

6. 进出口

（1）玉米淀粉　我国是玉米淀粉的净出口国。与出口相比，我国玉米淀粉进口量较少，且多为一些具有特殊用途的玉米淀粉，主要是因为国外玉米淀粉商品化率较低，多直接作为原料进一步深加工，但近两年进口量大幅增加。2021 年我国进口玉米淀粉 1.44 万 t，比 2020 年大幅增长 82.05%。出口方面，受全球公共卫生事件，以及国内玉米及玉米淀粉价格大幅上涨的影响，我国玉米淀粉在出口市场缺乏价格优势，导致近两年我国玉米淀粉出口量持续下降。2021 年我国玉米淀粉出口量为 14.72 万 t，比 2020 年大幅减少 76.37%；出口价格平均 487.29 美元/t，比 2020 年的 339.37 美元/t 大幅上涨 43.59%。

（2）马铃薯淀粉　商务部公告 2019 年第 4 号公布，自 2019 年 2 月 6 日起，对原产于欧盟的进口马铃薯淀粉继续征收反倾销税，实施期限为 5 年。但我国淀粉需求量呈逐年增长趋势，刺激马铃薯淀粉的进口数量增加。

2021 年马铃薯淀粉进口量为 9.39 万 t，比 2020 年的 4.46 万 t 增长 110.55%；平均进口价格为 703.33 美元/t，比 2020 年的 838.48 美元/t 下跌 16.12%。2021 年马铃薯淀粉出口量 1060.78t，比 2020 年减少 40.13%。

（3）木薯淀粉　我国是木薯淀粉净进口国，木薯淀粉也是我国贸易量最大的淀粉品种，受国内产量下降以及中国-东盟自由贸易区木薯淀粉实行零关税的影响，我国木薯淀粉进口量持续增长。2021 年木薯淀粉进口量为 348.54 万 t，比 2020 年增长 26.42%；平均进口价格为 480.30 美元/t，比 2020 年的 410.11 美元/t 上涨 17.11%。

（4）淀粉糖　2021 年淀粉糖产品出口总量 70.27 万 t，比 2020 年减少 52.88%。主要由于国内淀粉糖价格上涨，加上物流成本高位，导致出口优势减弱，出口量明显下降。其中，果糖出口 5.88 万 t，同比减少 70.30%；葡萄糖出口 63.54 万 t，同比减少 17.27%。其他固体糖没有出口，而 2020 年出口量为 51.64 万 t。进口方面，淀粉糖进口总量 5476.06t，同比大幅减少 99.50%，主要因为国内淀粉糖处于供大于求格局，进口需求较小。

（5）变性淀粉　我国是变性淀粉净进口国，主要是从欧美等国家和地区进口高档变性淀粉以及从泰国、越南进口低价变性淀粉。2021 年变性淀粉进口量 58.35 万 t，同比增长 21.08%；进口单价 937.49 美元/t，同比略涨 2.68%。2021 年变性淀粉出口量 9.12 万 t，同比增长 14.90%；出口单价 1761.83 美元/t，同比上涨 28.04%。

（6）糖醇　受欧美市场需求持续增长，以及我国糖醇尤其是山梨糖醇产能的快速扩张影响，加上国家质检总局自 2018 年 2 月 1 日起取消涉及食品添加剂的 90 个海关商品（包括木糖醇和甘露醇）监管条件，支撑我国糖醇出口量持续增长。2021 年糖醇类产品出口总量为 16.73 万 t，同比增长 11.49%。其中，山梨醇出口量 11.33 万 t，同比增长 11.66%；木糖醇和甘露醇出口量分别为 4.23 万 t 和 1.17 万 t，同比分别增长 10.79% 和 12.47%。糖醇类进口总量 2907t，比 2020 年增长 9.90%。

7. “三品”战略实施情况和典型案例

（1）增品种　为了增强企业市场竞争力，企业一直注重开发新的产品，聚羟基脂肪酸酯（PHA）具有良好的生物相容性能、生物可降解性和塑料的热加工性能，因此成为近年来生物材料领域最为活跃的研究热点。

2021 年，中粮生化能源（榆树）公司新建 1000t/年新型生物基可降解材料 PHA 中试装置；山东寿光巨能金玉米建设生物质热塑复合材料项目，技术达到国际水平；绥化象屿金谷生化低含量缬氨酸产品中试试验成功完成，大幅减少了提取精制中的能源消耗及物料浪费，符合绿色制造及低碳环保的清洁生产要求。

马铃薯淀粉加工企业在原料基地建设方面的投入不断加大，部分企业建立了自己的专用种薯基地和原料基地。内蒙古华欧淀粉、北大荒薯业集团等多家企业在该领域积极研发和推广高淀粉专用品种，目前已在行业内推广一系列高淀粉品种。

（2）提品质　淀粉行业通过技术升级和装备工艺的提升来促进产品质量的提升，推动企业突破技术屏障，迈向更高端市场。

2021 年，骊骅淀粉成为雀巢婴配级麦芽糊精全球第三家供应商，打破法国罗盖特和美国嘉吉的垄断性供应，并首次通过日本双日公司无水葡萄糖审核；取得淀粉生产工艺、葡萄糖生产工艺和麦芽糊精生产工艺三项发明专利。

山东寿光巨能金玉米推行产品的“私人订制”生产模式，做到“订单生产”，其“圣玉”牌玉米淀粉、L-赖氨酸产品被山东省质量评价协会授予“山东省优质品牌”。

（3）创品牌　企业始终重视品牌建设，将创品牌融入生产、管理、服务的每一个环节，在产品营销上从单一只卖产品转变成为客户提供一系列的解决方案，打造优质品牌。

2021年中粮生物科技完成特种小包装糖浆品牌“恬心伴侣”的注册，并加快品牌化发展，特种产品种类达40余种；骊骅淀粉获得“农业产业化国家重点龙头企业”“河北省诚信企业”“河北省制造业民营企业100强”“河北省优品牌”“河北省轻工业排头兵”等荣誉称号，并被评为省级制造业单项冠军、绿色制造和智能制造企业；山东寿光金远东变性淀粉公司获得市级“专精特新”中小企业称号。

在国家产业政策扶持下，马铃薯淀粉加工企业坚持与种薯繁育、马铃薯种植、加工、营销及农业休闲文化、旅游等一二三产业深度融合。企业着力打造品牌优势，扩大高中端品牌市场占有率，如华欧、北大荒、威思顿、云淀等中国马铃薯淀粉行业龙头企业名优品牌，在高端市场占有率较高。马铃薯淀粉区域性品牌也不断涌现，如东北地区的家良淀粉，华北地区的泓辉淀粉、富鑫淀粉、鑫华淀粉、科鑫源淀粉，西北地区的利华淀粉、华尔晶淀粉、宏达淀粉、祁连雪淀粉、新疆天山雪淀粉等。

8. 绿色制造、智能制造

（1）绿色制造　在行业标准引领、规范行业发展方向上，中国淀粉工业协会以节能、减排、绿色、低碳为主要目标，开展淀粉工业能源结构、节能、减排现状的调研；编制淀粉工业碳达峰、碳中和的总体思路、路线图和技术路径；征集绿色制造技术和先进设备，并进行推广；开展绿色工厂评选工作；开展国家核证自愿减排量（CCER）项目试点工作，在试点工作的基础上，全面推行CCER项目认证工作，加强生产企业碳汇管理。2021年，淀粉行业共制修订11个标准，其中国家标准8项，行业标准1项，团体标准2项。

2021年，中粮生物科技联合南京工业大学、清华大学等9家单位共同承担“绿色生物制造”国家重点研发计划中的《全生物合成生物聚合物的绿色制造与产业示范》（2021YFC2101700）重点专项；绥化象屿金谷生化完成136万t淀粉糖车间的绿色智能化改造，并与江南大学等多家单位共同承担国家重点研发计划“绿色生物制造”重点专项“重要氨基酸工业菌种系统改造与产业示范”项目中课题4“高产氨基酸新菌种智能发酵与生产示范”；骊骅淀粉完成干淀粉和饲料的节汽改造，干淀粉降低蒸汽消耗10%，纤维降低蒸汽消耗8%，降低电消耗18.8%。

（2）智能制造　为实现生产效率的提高，生产型的行业要从劳动密集型向智能化工厂转变，从自动化到信息化再到数字智能化转变，实现生产全流程的优化，质量的提升，也包括智能生产、智能检测以及运维有效的管控。

2021年，中粮生物科技打造了拥有自主知识产权的信息化管理平台，为企业提供一站式安装管理服务方案；基于该信息系统，淀粉企业通过采用生物技术和改造关键设备，解决工序瓶颈问题，提高设备运行效率，提升工序处理能力，平均运行时间达到356d，生产负荷超过120%，均达到历史新高。

9. 包装与装备

（1）包装　企业通过多种途径降低产品对石油基外包装的依赖。传统包装材料均为石油基来源，使用不便又不环保。吉林中粮生化开发出基于聚乳酸（PLA）的可用于快递领域的全生物降解快递袋，成功突破共混改性与吹塑加工多个环节的技术瓶颈。

（2）装备　企业一直致力于打造高品质机械产品和系统解决方案。中粮生物科技积极应用多项节能减排新技术与配套工艺，践行绿色发展理念。其广西公司采用干燥、蒸发与蒸馏热耦合技术，充分回收利用余热；安徽生化和宿州生化通过工艺优化与系统水平衡，实现污水零排放，为酒精行业首创。

2021年，骊骅淀粉与沈阳新松公司合作建设自动化立体仓库项目，使仓库的空间实现充分利用，提高了仓库的管理水平并可形成先进的生产链，促进生产力的进步。

马铃薯淀粉加工设备企业通过技术革新，不断提高产业技术水平和节能降耗水平。目前，湖北山洪机械、安徽泰德康公司、宁安机械公司生产的淀粉设备在河北产区可实现马铃薯和甘薯淀粉加工的切换使用，综合提取率达到95%以上。实现途径是将锉磨机的锉磨效率提升至96%~98%；将回收旋流站溢流跑粉控制在0.3%以下，进一步提升薯类淀粉的加工技术水平。

10. 发展新亮点与新增长点

（1）生物可降解材料产业迎来发展机遇　近年来，国家发展和改革委员会、生态环境部等主管部门先后出台一系列加强塑料污染治理工作的意见和通知，进一步对可降解材料产业发展提出科学指引。各地方政府也陆续出台了禁/限塑令，鼓励可降解材料产品的使用。据欧盟生物塑料协会数据预测，2026年全球生物塑料产能将达到759万t，其中PLA总产能将达78.9万t，聚羟基脂肪酸酯（PHA）总产能将达48.5万t。

围绕生物可降解材料，中粮生物科技积极布局并广泛开展科研合作，2021年其年产1000t PHA中试装置在榆树公司开始建设，年产3万t丙交酯项目正式成立新公司，并先后与清华大学等高校科研机构开展深入合作，共同推动高品质聚乳酸和聚羟基脂肪酸酯及其制品的技术开发与产业应用。

山东寿光巨能金玉米重点开展生物基新材料的研究，研发生产生物基新材料尼龙56、高光纯D-乳酸、淀粉基可降解塑料等。其中尼龙56为国际首创，主要用于军队服装以及工业制品；高光纯D-乳酸产品填补了国内空白，为高温聚乳酸产品的生产和推广创造了条件。年产2万t乳酸、丙交酯、聚乳酸项目于2021年3月正式动工建设，2022年5月建成投产。

（2）新产品布局　为提高企业新产品储备及促进行业持续发展，绥化象屿金谷生化拟进一步攻关亮氨酸及异亮氨酸两种三支链氨基酸产品，研究高效、低碳环保的生物发酵生产及提取方式，克服行业技术瓶颈，促进氨基酸行业技术进步与健康绿色发展。

（3）专利和科技创新提高企业核心竞争力　通过技术突破及科技创新，提升企业核心竞争力，营造良好的市场基础和消费者识别认知，引领行业的发展和生产力的进步。为了解决玉米淀粉湿法加工领域浸泡工段分离效果差、产品质量波动大、收率低以及浸泡周期长、SO_2用量大、耗能高等环境污染和设备腐蚀等问题，行业做了大量的研发。中粮集团研发了提高玉米浸泡效果的复合菌剂，通过该技术的推广和应用，建立了玉米淀粉高效制备技术体系，推动了我国玉米淀粉生产综合技术跃居世界首位，其“提高玉米浸泡效果的复合菌剂及其应用”发明技术获得第二十二届“中国发明专利金奖”。

为打破关键制造技术的国外垄断，玉米淀粉行业围绕玉米精深加工领域中玉米淀粉提取、淀粉水解制糖和以糖为底物生产发酵制品三大核心产业链条进行公关，创新开发了玉米淀粉高效制备技术、淀粉糖高效生产技术及高效发酵等关键技术。中粮集团的“玉米淀粉及其深加工产品的高效生物制造关键技术与产业化”项目凭借显著的经济及社会生态效益获得2020年度“国家科学技术进步二等奖”。

为加快构建以市场为导向、产学研深度融合的技术创新体系，江南大学从淀粉结构的精准设计方面开展研究，发明了消化性调控、功能因子生物利用度提高、内外共聚交联控制和专用酶精准设计淀粉结构的策略，其“淀粉结构精准设计及其产品创制”技术成果荣获2020年度“国家技术发明二等奖”。

（4）产学研协同行业发展　行业龙头和骨干企业不断加码在研发上的投入力度，并积极寻求高校和研究院等科研单位共同开展技术研发，避免同质化竞争，获得差异化竞争优势，从供给侧实现转型升级。中粮生物科技大力投入研发，整合资源建立技术研发创新中心，与国内多个知名科研院所及院士团队达成战略合作协议，针对聚乳酸材料改性及下游制品开发等多个产业前沿和热点项目进行合作，借助外部力量，更好实现企业创新发展。

二、行业面临的问题

（一）行业运行风险加剧，抵御市场风险能力弱

淀粉加工产能过剩与原料供应偏紧矛盾较为激烈，存在初加工产品比例大的问题。这导致行业过于依赖原料市场，市场波动较大，行业发展不稳定。另外，由于初加工产品占比较大，盈利能力偏低，抵御市场风险能力偏弱。

（二）税收政策与市场经济发展不相适应的矛盾

淀粉及淀粉深加工产业是以农产品为主要加工原料，但我国小农经济无法满足现代化生产和现代化物流的需求，也造成农产品加工税负的复杂性，严重影响到企业的正常经营，加重企业的负担。

（三）科技创新仍落后于市场及未来发展的需求

我国淀粉及淀粉深加工产业投资快速增加、规模持续扩大，但企业自主创新能力较弱，近年来龙头企业及大型企业集团在科研及新品研发等方面的投入显著提升，但仍难以改变整个产业大而不强、科技成果转化率低、与产业发展脱节的局面。相关产品产量不断增长，出口规模不断扩大，却仍然以提供初级加工产品为主，即便是出口产品也仅是为国外企业精深加工提供低附加值的原料。

三、发展趋势

（一）行业规模化、集约化显著提升，科技水平及生产能力提高

全球公共卫生事件的爆发使得本就竞争激烈的淀粉行业面临更加严峻的市场环境，科技水平及规模效益在竞争中的优势进一步凸显。淀粉及淀粉深加工产能快速整合集中，行业兼并、重组加快；科技装备及科研能力显著提升，市场竞争力增强。

从企业规模来看，大型企业集团、单厂规模超过300万t的企业数量增加，超1000万t级现代化企业集团将成为行业的中坚力量。

（二）全产业链布局，高、精、深加工成为主要趋势

大型企业发展规划及新建产能更多关注全产业链的布局，延伸产业链、开发新品、提升工艺促使淀粉加工向高、精、深方向发展。将国内资源优势发挥到极致，以满足高档餐饮业、医药行业及特殊用途对优级淀粉的需求，减少对国际市场的依赖，获取更大收益。全产业链的发展过程更注重产品的系列化、多元化开发，在拓展市场的同时可有效规避单一产品市场的风险。

（三）专用、定制化产品的开发和生产对原料提出更多要求

随着市场的拓展和终端需求的进一步细分，淀粉深加工将逐步扩展到原料端。以终端市场需求为导向，反向推导至加工环节、原料种植环节和育种环节，确保为深加工产品提供种类更适用、品质更好的专用原料，从而带动淀粉全产业链的健康、高效、可持

续发展。

（四）环保治理为行业可持续发展提供动力

环保是淀粉加工行业面临的长期问题，经过初期的阵痛后，通过环保治理整顿企业生产秩序、促进企业提升生产工艺、改善企业生产环境，为行业健康、可持续发展提供动力。

而环保的进一步严苛为淀粉加工行业提供了更大的发展空间和机遇。要求企业提升科技和创新能力，在降低自身生产排污的同时，开发出更环保、更适合市场需求的产品。如使用马铃薯、木薯及玉米淀粉等原料生产的可降解塑料将更为普遍，“限塑”工作的进一步开展也将为淀粉行业提供更广阔的需求空间。

四、政策建议

（一）适当增加原料来源，缓解企业原料及成本压力

适当增加玉米及相关替代品的进口，通过拍卖陈稻谷和陈小麦增加能量饲料原料的供应，减少对玉米的消耗；通过针对深加工企业的玉米定向拍卖增加市场的有效供给；加强国家临储粮拍卖以及粮食进口配额政策的监管，以增加市场有效供给；玉米初加工企业应与饲料企业享有同等待遇；明确玉米加工和燃料乙醇、聚乳酸民生性质的差异；加快玉米全株利用的工业化推广，给予政策支持。

（二）倡导统筹规划玉米深加工产业布局

引导和支持相关部门及企业投入更多力量研发新产品，以增加玉米使用效率；行业指导意见重新对产能的扩张加以限制，减少行业结构性浪费；同时加快落后产能的淘汰，对产能进行统计分析，做好行业新布局的科学论证。

（三）优化税务管理，减轻企业负担

将玉米淀粉加工列入农产品初加工目录，享受与其他谷物初加工企业相同的减、免、退税政策，从而促进行业的稳定发展。

（四）提高企业对科技创新及研发能力的重视

鼓励企业提高对新产品、新技术、新材料、新装备的重视，促进科研单位、院校与生产企业的合作，提高行业整体创新及研发能力，以满足持续变化升级的市场需求。

中国淀粉工业协会

植物油行业

2021年全球疫情反复，经济复苏缓慢，原油价格大幅上涨，宏观经济形势复杂多变。极端天气持续干扰油料生产，加拿大油菜籽大减产、马来西亚棕榈油产量连续两年下滑，全球植物油供应持续偏紧。尽管我国油料产量再创历史新高，但由于进口量减少，植物油产量低于上年。国际市场带动国内植物油价格整体保持上涨态势，但消费需求受到高价抑制，价格涨幅低于国际市场，行业发展整体保持平稳。

2021年面对国际市场油料价格上涨，油脂加工行业积极在国际市场采购棕榈油、菜籽油等植物油；进口大豆、油菜籽等油料，掌握更多油源，通过降本增效、打造品牌，推进产业链一体化发展，有效保障了植物油消费需求，为疫情常态化下国内植物油保供稳价作出了积极贡献。

一、行业概况

（一）主要经济指标

2021年我国油料（不含大豆）产量3613万t，同比增长0.8%，再创历史最高纪录；大豆产量1640万t，同比减少16.4%。2021年我国进口食用油籽（含大豆和棉籽）10205万t，同比减少414万t，减幅3.9%。国内油籽供应减少，导致植物油产量下滑。2016年我国精制食用植物油产量达到历史最高（6908万t），之后结束持续增长的态势，近年来精制食用植物油产量一直在5000万~5500万t区间，整体保持稳定（图1）。2021年我国精制食用植物油产量为4973万t，比上年减少503万t，减幅9.2%，为2012年以来最低（图1，表1）。

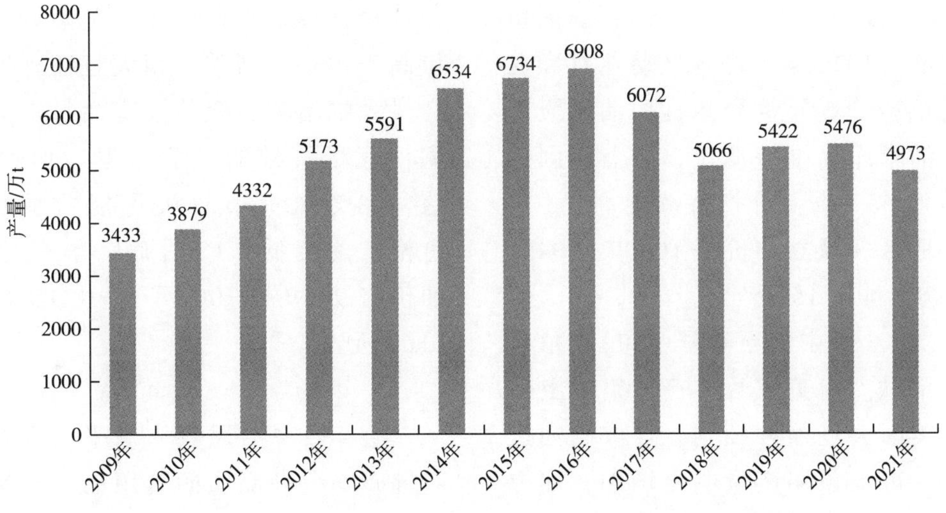

图1　中国精制食用植物油历年产量趋势

表 1　2021 年 1—12 月中国精制食用植物油产量及同比增长

时间	当期值/万 t	累计值/万 t	同比增长/%	累计增长/%
2021 年 2 月	—	817	—	27.8
2021 年 3 月	434.8	1222	4.0	14.1
2021 年 4 月	389.8	1613	-17.2	4.9
2021 年 5 月	408.2	1986	-18.2	-2.0
2021 年 6 月	437.0	2422	-8.0	-3.5
2021 年 7 月	374.2	2764	-20.2	-6.6
2021 年 8 月	437.6	3178	-8.2	-6.0
2021 年 9 月	426.0	3596	-15.7	-7.1
2021 年 10 月	421.1	4095	-15.2	-6.4
2021 年 11 月	488.5	4482	-7.8	-8.5
2021 年 12 月	509.1	4973	-12.0	-9.2

（二）行业发展分析

1. 价格

2021 年全球疫情反复、原油价格大幅上涨，加上极端天气影响，油脂供应偏紧，推动价格上涨。国内油脂市场受到成本带动，价格升至多年来高位。2021 年年底国内豆油、菜籽油、棕榈油三大油脂平均价格为 10770 元/t，同比上涨 22.7%。其中棕榈油涨幅最大，达到 33.7%，菜籽油上涨 25.7%，豆油上涨 10.2%。上半年油脂价格冲高回落，下半年又大幅拉升，整体分为四个阶段。

第一阶段（1 月初至 3 月中旬），国内植物油价格上涨。2020 年黑海地区葵花籽和马来西亚棕榈油减产，导致全球食用油供应趋紧，国内外油脂库存维持低位，加上美国生物柴油政策炒作，油脂价格持续走高。3 月中旬，华东地区一级豆油价格 10400～10450 元/t，比年初上涨约 1500 元/t。

第二阶段（3 月中旬至 6 月中旬），植物油价格震荡下跌。南美大豆丰产，集中上市增加供给，美国大豆播种顺利，且棕榈油进入增产周期，市场预期产量明显增加，加上美国生物柴油政策放松，可能减少消费需求，油脂供应紧张局面预期缓解，价格震荡回落。6 月中旬，华东地区一级豆油价格 8500～8550 元/t，比 3 月中旬下跌约 1900 元/t。

第三阶段（6 月中旬至 10 月下旬），植物油价格大幅上涨。马来西亚油棕种植园劳动力短缺问题没有缓解，棕榈油产量远不及预期，且加拿大油菜籽因干旱大幅减产，全球食用油供应紧张的格局加剧，加上国际原油价格继续走高，推升食用油价格大幅上涨。10 月下旬，华东地区一级豆油价格 10750～10800 元/t，比 6 月中旬上涨 2250 元/t。

第四阶段（10 月下旬至 12 月底），植物油价格震荡小幅回落。美国大豆丰收，产量高于预期，新季巴西大豆播种顺利，预计产量大幅增加，全球油脂油料供应预期转向宽松，尽管棕榈油仍偏紧，但原油价格回落，在美国货币政策可能收紧的预期下，价格震荡走低。12 月底，华东地区一级豆油价格 9650～9700 元/t，比 10 月下旬下跌 1100 元/t。

2. 市场

随着城乡居民收入水平的提升，消费者对健康安全高品质的食用油需求呈逐年上升趋势。食用油将继续在包装化、品牌化、高端化方面形成合力，推动行业质的提升和盈利空间的上移。虽然食用油市场面临增速放缓的压力，但受益于消费升级，长期发展机会仍然广阔。头部企业坚持研发创新，不断优化产品成本和结构，通过提品质、扩品类、树品牌，引领产业高质量发展。

2021 年我国植物油食用消费量居前三位的品种依次为豆油、菜籽油和棕榈油，占比分别为 43.7%、21.6% 和 12.1%。豆油以进口大豆压榨为主，直接进口占比较小，由于豆粕消费需求量大，豆油一直是国内最大的植物油消费品种。国内临储油菜籽去库存结束，2021 年加拿大油菜籽减产导致菜籽油消费量占比持续下滑。棕榈油全部依靠进口，年度间消费量占比波动较大，2009 年消费量占比最高超过 20%。花生油消费量占比约 8%，相对保持稳定。近年来我国葵花籽进口量持续增加，消费量占比已经升至 5%，超过棉籽油，成为第五大植物油品种。

我国植物油行业市场化、国际化水平不断提高。2021 年我国直接进口油脂或者进口油籽加工的油脂约占植物油供应量的 72%。由于植物油供应主要来自国际市场，国内外价格联动性较强，且没有进口配额限制，完全由油脂加工企业和贸易商根据需要安排进口，已经形成了充分竞争的格局。2021 年国际市场大豆价格明显上涨，国内豆油及豆粕的涨幅不小于国外，油脂加工企业竞争激烈，压榨长期处于亏损状态。

3. 投资

随着经济的快速发展，我国居民肉蛋奶消费需求持续增加，为满足我国人民日益丰富的物质消费需求，植物油行业仍有较大发展空间，也是金融资本投资的重要领域。2021 年海南澳斯卡油脂公司正式投产，年加工油菜籽/大豆 90 万 t、浓香菜籽油 24 万 t、包装油 16 万 t，油脂精炼 30 万 t。厦门象明投资有限公司收购山东恒隆粮油有限公司后，2021 年重新投产，年加工大豆 90 万 t。路易达孚与江海粮油在张家港合作共建的粮油扩产项目，产能增至 120 万 t/年。

植物油压榨产业规模不断扩大，沿海地区产能过剩的情况下，长江中上游地区受到投资者青睐。据不完全统计，2022 年在建和筹建大豆植物油加工项目还包括：九江一德粮油 150 万 t/年、重庆一德粮油 200 万 t/年、湖南岳阳京粮 100 万 t/年，均在长江中上游投资建设中。潮州益海（60 万 t/年）、海南洋浦京粮（100 万 t/年）、山东青岛京粮（100 万 t/年）也在积极布局大豆压榨项目。另外，2021 年西王食品扩建年产 30 万 t 小包装玉米油项目，广东茂名道道全油菜籽 70 万 t/年项目也在建设中。

4. 区域分布

我国油籽生产分布广泛，但主产区较为集中。大豆主要集中在东北、华北、黄淮等地，2021 年黑龙江和内蒙古大豆产量合计 893 万 t，占全国的 54.4%；油菜籽生产主要集中在长江流域，2021 年四川、湖北、湖南、安徽、贵州五省油菜籽产量 960 万 t，占全国的 67.1%；花生种植集中在华北、东北、长江中上游和华南地区，河南、山东、河北三省产量 946 万 t，占全国的 53.3%；葵花籽主要集中在内蒙古，2021 年产量为 150 万 t，全国占比达 63.2%。

我国油籽生产集中在东北、华北及长江流域，但植物油加工主要集中在沿海地区。主要是因为我国植物油加工用量最大的大豆几乎全部来自进口，进口油菜籽则不被允许进入产区以免传播病虫害，只能在沿海加工。而沿海地区具有港口的便利性，在市场化程度高度发达的植物油加工行业具有明显的成本优势。如：2021 年我国大豆加工产能位居前三的省份分别是山东、广东、江苏，三省大豆压榨产能约 6294 万 t，实际压榨量约 4190 万 t，占全国大豆压榨量的 42.5%，比上年下滑 0.5 个百分点。油菜籽以国产为主，产能分布在四川、湖北等主产区，而进口油菜籽压榨主要分布在广东、广东、福建三省，2021年海南也跻身油菜籽压榨大省行列。

植物油作为居民日常必需消费品，下游产业链较短，消费需求主要与人口数量和人均消费量有关，而各地区经济发展水平、居民可支配收入、消费习惯等决定了人均消费量。我国珠三角、长三角、环渤海人口密集，经济发展水平较高，成为我国油脂消费主要地区。以人口数量测算，2021年江苏、上海、浙江三地植物油消费量约占全国的13%，为最大消费地区。

5. 行业集中度

植物油压榨行业投资额度大，进入门槛高，市场充分竞争，对技术、金融投资等水平要求高。我国植物油行业在经过20多年快速发展后，已经出现了众多头部优势企业，中小企业逐渐退出压榨领域。在不同油脂品种的细分领域涌现出不同的龙头企业。

大豆压榨行业集中度不断提高，2021年我国大豆年压榨量超过9915万t，益海、中粮、中储粮、渤海、九三前5位集团企业占比约58%。而且头部企业还有继续扩展的计划，预计未来占比还将进一步提高。

国产油菜籽压榨主要以浓香小榨为主，市场较为分散，没有明确的头部企业，行业集中度较低。而进口油菜籽压榨则集中在东南沿海，2021年进口油菜籽压榨全部集中在奥加、银祥等7家企业。

花生油压榨行业集中度相对较低，主要有鲁花、益海、金胜等规模企业，预计规模企业压榨产能占全部压榨产能的40%。

棕榈油是我国重要的植物油，市场供应全部依靠进口，上游贸易企业较为集中，下游终端分布在全国各地。

山东西王与三星是主要的玉米油加工企业，中粮、益海等集团也在相关领域有较大市场份额。

6. 进出口

我国是植物油消费大国，由于国内油料生产潜力有限，在土地和水资源不足的情况下，进口植物油和油料是满足我国植物油需求的重要保障。2021年我国植物油进口量有所下降，但仍超过1000万t，食用油籽进口小幅下滑。

2021年我国食用植物油进口量1132万t，比上年减少3.2%；进口额115.7亿美元，同比增长32.8%。主要因国际市场植物油价格高企，国内外价格持续倒挂，抑制进口需求，特别是下半年进口量大幅下滑，同比下降20.7%，但进口成本上涨，导致进口量下滑、进口额增加。

分品种看，2021年我国进口棕榈油（不含硬脂）465万t，同比略减0.5万t，减幅0.1%；马来西亚棕榈油连续两年减产，进口成本不断上涨，导致进口量小幅下滑。2021年我国进口豆油112万t，同比增加16万t，增幅16.3%；豆油进口增加主要来自上半年，提前订购的豆油合同成本较低，带动进口需求，下半年进口同比减少26.7%。2021年我国进口菜籽油215万t，同比增加22万t，增幅11.5%；国内油菜籽进口量的减少，导致菜籽油供应下滑，国内贸易企业积极寻求进口来源，除加拿大、阿联酋等国外，还从乌克兰、俄罗斯、波兰、德国等欧洲国家进口非转基因菜籽油，带动菜籽油进口创历史最高纪录。2021年我国进口葵花籽油128万t，同比减少67万t，减幅34.3%。2020年黑海地区葵花籽因干旱大幅减产，出口能力下滑导致我国进口量减少。

2021年我国进口食用油籽（含大豆和棉籽）10205万t，比上年减少414万t，减幅3.9%；进口额580.7亿美元，同比增加34.2%。全年进口大豆9652万t，同比减少380万t，减幅3.8%。包括自巴西进口大豆5815万t，同比减少9.5%；自美国进口大豆

3231 万 t，同比增长 24.8%；自阿根廷进口大豆 375 万 t，同比减少 49.7%。大豆进口减少主要因豆粕消费需求下滑。全年进口油菜籽 264 万 t，同比减少48 万 t，减幅15.3%（表2）。加拿大油菜籽受持续干旱影响大幅减产，国际市场油菜籽价格大幅上涨，进口油菜籽压榨持续亏损，抑制加工企业进口需求。2021 年我国还进口其他食用油籽 283 万 t，比上年增加 17 万 t。其中，芝麻 117 万 t，花生 100 万 t，亚麻籽 40 万 t，葵花籽 11 万 t，棉籽 14 万 t。

表 2　2021 年我国主要油脂油料进口情况　　单位：万/t

项目	2020 年	2021 年	同比增长/%
食用植物油	1169	1132	-3.2
其中：豆油	96	112	16.3
棕榈油	465.5	465	-0.1
菜籽油	193	215	11.5
葵花籽油	195	128	-34.3
食用油籽	10619	10205	-3.9
其中：大豆	10032	9652	-3.8
油菜籽	312	264	-15.3

资料来源：海关总署。

我国植物油需求主要以进口为主，出口量相对较小。2021 年我国植物油出口量仅为 12.1 万 t，同比减少 29.4%，出口额 2.0 亿美元，同比减少 1.4%；食用油籽出口量 93.1 万 t，同比减少 10.8%，出口额 15.5 亿美元，同比减少 3.1%。

7. 重点行业

植物油行业对外依存度较大，国内外市场联系紧密，2021 年影响植物油行业的重点细分行业集中在棕榈油与菜籽油，其原因是东南亚棕榈油减产和加拿大油菜籽产区干旱导致菜籽油减产。

新型冠状病毒肺炎疫情反复，各国加强疫情防控措施，棕榈油主产国马来西亚限制外籍劳工进入，导致该国种植园劳动力严重短缺，棕榈油无法顺利采摘，加上棕榈树树龄结构老化，2021 年马来西亚棕榈油产量仅 1811 万 t，同比减少 103 万 t，连续第二年减产；而出口需求强劲，马来西亚棕榈油库存一直维持在 200 万 t 以下的偏低水平。印度尼西亚棕榈油协会数据显示，印度尼西亚因天气原因，2021 年棕榈油产量为 5123 万 t，同比减少 40 万 t。棕榈油减产导致全球植物油供应紧张，带动油脂价格大幅上涨。2021 年年底，国内棕榈油价格超过豆油，而通常情况下，豆油价格比棕榈油高 600~1200 元/t。

2021 年 7—9 月份加拿大阿尔伯特、萨斯喀彻温、曼尼托巴三个油菜籽主产州均遭遇持续干旱，受此影响，油菜籽产量大幅下滑，全国产量仅 1260 万 t，同比减少 688 万 t，比早先预估减少 790 万 t，导致全球油菜籽减产 200 万 t 以上，供需持续紧张，推动国际油菜籽、菜籽油价格创历史新高。

8. “三品”战略实施情况和典型案例

植物油行业坚持实施以“增品种、提品质、创品牌”为核心的“三品”战略，旨在通过以流动为依托、以生产为基础、以市场为导向，扩大内需，深入实施供给侧结构改革，助力推动“十四五”期间植物油行业高质量发展。

2021年，根据工业和信息化部《关于确定2021年食品工业“三品”专项行动典型成果推荐名单的通知》（工消费函〔2021〕753号）要求，中国植物油行业协会推荐的八家企业的4个品牌和9个产品全部入选，入选的产品种类丰富，包括多种本土特色小品种油脂，并且功能多样化。这说明在进一步深化实施增品种、提品质、创品牌的“三品”专项行动中，企业不断创新整合资源，企业间逐渐形成合理的专业化分工协作关系，加快了国内植物油行业的发展。

一是增品种，随着健康生活理念的不断深入，消费者对营养、健康、风味产品愈加关注，适应和引领消费升级趋势，积极开展细化消费品种类，成了新时代给粮油加工企业提出的新命题。例如，中粮福临门旗下的“营养家黄金小黑葵葵花仁油”“营养家红花籽油”、益海嘉里推出的“莎妮雅第四代配方奶粉专用油”、九三食品股份有限公司的“有机压榨浓香花生油”、渤海实业推出的“坚小果野生山核桃油”、包头市金鹿油脂有限责任公司的“高油酸葵花籽油”等众多产品获得“增品种”殊荣。

二是提品质，提升消费品供给质量。重点培育和弘扬精益求精的工匠精神，引导企业树立质量为先、信誉至上的经营理念，以质取胜，实现以先进标准引领消费品质量提升，突出标准引领，创新质量供给，推动植物油行业加快走向精品制造，赢得大市场。例如，云南滇雪粮油有限公司的“老田菜籽油”。

三是创品牌，重点引导企业增强品牌意识，夯实品牌发展基础，提升产品附加值和软实力。随着互联网时代的到来，产品品牌营销方式也有了极大的变化，从直接销售、传统经销商销售、现代商超销售、旗舰店销售到目前“电商”渠道的兴起，逐步实施“品牌+电商”营销行动，采用互联网、微博、微信、抖音等新媒体平台多渠道宣传优质品牌，扩大品牌认可度和占有率。例如，“福临门”“花旗”“滇雪”“渤海”等品牌持续深度挖掘品牌内涵，利用差异化发展策略整合渠道资源，提高品牌产品性价比和核心竞争力。

9. 绿色制造、智能制造

近年来我国油脂机械制造企业加大了自主创新力度，油脂加工工艺和油脂机械装备水平都有了长足进步，更多地结合智能化、节能环保技术、适度加工技术等进行集成开发和系统创新，从而使我国在大型成套制油设备、油脂精炼装备等许多领域的各项经济技术指标处于领先地位。例如，迈安德集团制造的日加工能力5000~6000t大豆的成套预处理及浸出设备在电耗、汽耗、水耗和溶剂消耗等各项消耗指标方面均优于国际同类产品（表3）。

表3　迈安德集团日加工能力5000~6000t大豆成套预处理及浸出设备各项消耗指标

指标	国内同规模	国际同规模
电耗/(kWh/t)	22~24	23~25
汽耗/(kg/t)	180~210	200~240
溶剂消耗/(kg/t)	0.25~0.5	0.3~0.7
水耗/(kg/t)	90~100	120~140

资料来源：迈安德集团。

此外，我国油脂机械制造企业自主研发的E型浸出器也是在自主创新的道路上闯出的明星产品，现在已经成功应用于益海嘉里米糠油浸出工厂，并即将在中粮集团东海粮油日处理大豆5000t和日处理油菜籽3000t生产线上应用。与此同时，精良高效的油料破碎机、轧胚机、大豆调质塔、蒸脱机、蒸发器、环形刮板等已进入到嘉吉、邦基的工厂；大型豆粕出仓系统填补了国内空白，有效减少了仓储用地和人工劳动强度，提升了厂区安全和环境指标。

随着我国油脂机械制造的高质量发展，各类油脂机械设备及成套装备不仅能满足我国现代油脂加工业高质量快速发展的需要，同时远销世界各国，为世界油脂加工业的发展作出了贡献。不仅打破了我国中大型油脂加工关键设备从欧美进口的局面，实现了我国粮油设备的国产化，而且油脂机械设备及成套装备出口到“一带一路”沿线多个国家和地区，与艾地盟、邦吉、嘉吉、路易达孚等国际粮食巨头建立了合作关系。例如，迈安德集团 2021 年向全球输出的大型成套油脂浸出、油脂精炼设备出口金额折合人民币 4.5 亿元。

随着我国对环保治理、食品安全、节能降耗的要求越来越高，油脂加工企业必须想方设法按国家要求组织实施生产。为确保油脂加工企业按国家要求组织生产，油脂机械制造业有许多文章可作，比如研制新工艺、新设备以降低消耗、提高得率，防治污染，确保产品质量安全；又如，积极采用新材料，以利于提高设备的使用寿命及油脂产品的质量安全。

智能制造是时代发展的潮流，我国政府提出《中国制造 2025 战略》。油脂机械制造业必须顺应时代发展潮流，通过利用数字化和信息化技术将机械装置和管理原理、市场需求、食品安全等结合起来，打造智慧工厂。

2021 年植物油行业新增加工产能持续投产；绿色制造、智能制造大量应用，绿色、环保、可持续等理念深入植物油装备制造、科技研发等各环节；节粮减损措施升级，过度包装得到遏制；行业规模化、市场化程度进一步提高，高质量发展持续推进。

安全环保的新型植物油抽提溶剂（如异己烷等）开发并投入应用，但应用规模尚小。亚临界制油技术在多种小品种、高附加值油料中广泛应用。酶法脱胶技术广泛用于植物油精炼中，酶促酯交换技术可提高脱酸油得率，纳米中和技术可以将磷酸用量降低 90%，降低碱液用量 30%～50%，提高精炼率 0.2%～0.4%等。2021 年，益海潮州、茂名、武汉工厂和嘉吉黄骅等多家工厂相继建成或新上了酶法精炼生产线。

针对我国食用油过度加工突出的问题，开发出内源酶钝化、低温压榨、双酶脱胶、无水长混脱酸、两步脱色、低温短时脱臭等多种物理和化学适度精炼技术，摒弃了传统的高能耗、高排放、易损失营养素和形成有害物的过度加工模式，节能减排、提质增效显著。产品的维生素 E 和甾醇保留率提高至 90%以上，反式脂肪酸含量降至 0.3%以下，在中粮等 20 余家大型企业得到应用，建成 59 条生产线。

10. 包装与装备

（1）食用油包装与装备　出于食用油消费安全的考虑，多地出台“禁散”令，包装油脂由于其安全性被越来越多的消费者选择，特别是在家庭消费和城市消费中，小包装食用油正在成为主流消费选择。2015 年，我国小包装油脂灌装能力（单班）达到 2235 万 t，以后年份不再统计。油脂包装需求的快速增长带动了包装机械的快速发展，目前食用油包装已实现全自动、规模化和智能化。

智能机器人在食用油包装领域应用广泛。例如，机器视觉检测技术在食用油包装生产线应用，实现了自动检测、自动报警、自动纠错功能，甚至达到无人操作的水平。不少厂家还将二维码技术应用于油脂包装，实现产品的溯源。

（2）制油装备　大型预处理压榨设备、浸出成套设备、精炼设备的制造能力、质量水平和智能化程度不断提高，不仅能满足国内需求，而且出口到国外，整体技术水平达到世界先进水平。大型榨油机、轧胚机、调质干燥机、浸出器等设备国内均能自行设计制造，并广泛用于国内外油脂加工企业，各项经济技术指标先进，节能效果显著。我国生产的叶片过滤机性能与指标均达到国际先进水平，自行设计制造的中小型离心机性能优良，性价比高，应用极为广泛。2021 年，迈安德承建的渤海集团 6000t/d 大豆预处理浸出项目、中粮东海 5000t/d 大豆制油项目等一批大型食用油项目开工建设和投产，油脂项目装备国产化日臻成熟。

我国食用植物油加工装备总体水平有了很大提高，单线的生产规模得到快速提升，机械装备达到和接近国外同类技术先进水平。但大宗油料和小品种油料设备通用化现象突出，品种规格较单一，专用化设备开发滞后，自主创新能力不强，产品低值高损现象明显，设备的运行稳定性、可靠性、使用寿命和自动化、机电一体化尤其是智能化水平有待进一步提高。

11. 发展新亮点、新增长点

（1）反食品浪费法公布实施，为植物油安全提供法制基础　2021 年 4 月 29 日，第十三届全国人民代表大会常务委员会表决通过《中华人民共和国反食品浪费法》（以下简称反食品浪费法），自公布之日起施行。《反食品浪费法》是针对实践中群众反映强烈的突出问题，以餐饮环节为切入点，聚焦食品消费、销售环节反浪费、促节约、严管控，同时注重处理好与正在起草的《中华人民共和国粮食安全保障法》等有关法律的关系，对减少粮食、食品生产加工、储存运输等环节浪费作出的原则性规定。2021 年 4 月 29 日第十三届全国人民代表大会常务委员会第二十八次会议修订了《中华人民共和国食品安全法》，重点细化过程管理、处罚规定等内容，加大违法成本，在进一步增强制度可操作性的同时，震慑了包括植物油行业在内的食品安全违法行为。2021 年 10 月，中共中央办公厅、国务院办公厅印发了《粮食节约行动方案》，要求引导油料油脂适度加工，提高杂粕质量，有效利用油料油脂加工副产物。上述法律法规的修订和实施，为植物油的安全生产提供了更坚实的法制基础。

（2）质量标准体系不断完善，引领植物油行业健康发展　2021 年 11 月 26 日由国家市场监督管理总局、国家标准化管理委员会批准发布 GB/T 40851—2021《食用调和油》，并于 2022 年 6 月开始实施。该食用调和油国家标准要求调和油需公布配方，有效规范了市场，保护了消费者知情权。2021 年还发布了 GB/T 1536—2021《菜籽油》、GB/T 11761—2021《芝麻》、GB/T 23347—2021《橄榄油、油橄榄果渣油》、GB/T 40622—2021《牡丹籽油》等国家标准，并于 2022 年 5 月实施。此外，由农业农村部发布的 NY/T 571—2021《绿色食品食用植物油》和 NY/T 2111—2021《绿色食品调味油》两个行业标准、由中国粮油学会发布的 T/CCOA 25—2020《高油酸菜籽油》、T/CCOA 18—2020《红棕榈油》、T/CCOA 21—2020《萝卜籽油》、T/CCOA 26—2020《特级亚麻籽油》、T/CCOA 27—2020《冷榨亚麻籽油》、T/CCOA 30—2020《油茶籽油品质控制及溯源技术规范》六个团体标准也于 2021 年正式实施。上述植物油相关标准的发布和实施有利于进一步规范食用植物油市场，指导企业生产发展，保护消费者合法权益，也将推动我国植物油市场健康快速发展。

（3）木本油料产量持续增加，植物油产品更加丰富多元　我国植物油原料生产受到耕地不足、水资源匮乏等不利因素影响，产量增幅缓慢，如油菜籽、花生作为主要的油料作物，过去 10 年年均产量增幅仅 1.2%。而以山茶籽油为代表的木本油料产量增幅较大，据不完全统计，2021 年我国山茶籽油产量达到 83 万 t，同比增长 5%，比 2016 年增长 52.5%，成为增长最快的油脂品种。

另外，2021 年我国进口花生油 28.1 万 t，同比增长 4.3%，比 2016 年增长 1.6 倍，再创历史最高纪录。尽管花生油进口量不多，但对于满足居民多层次消费需求、丰富餐桌具有重要意义。

二、行业面临的问题

（一）政策与市场

2021 年，全球油脂供应仍然受到新型冠状病毒肺炎疫情的扰动，加上部分主产区受极端天气影响产量出现下降，油脂供需趋紧，推动价格持续上涨。国内需求方面，油脂价格涨至历史高位水平后，产业链下游利润受到压缩，加上生猪出栏增长提升了猪油产量，植物油整体需求小幅下降。

1. 全球油脂供应趋紧，价格上涨

全球油脂受产地棕榈油劳动力短缺以及加拿大油菜籽减产的影响，供应趋紧。受新冠病毒肺炎疫情影响，马来西亚限制外籍劳工入境，导致油棕种植园劳动力短缺，叠加连续两年减产的影响，马来西亚棕榈油库存处于历史同期低位水平。此外，受种植期高温干旱影响，2021 年加拿大油菜籽产量仅有 1280 万 t，同比降幅 34%。加拿大是全球最大的油菜籽和菜籽油出口国，其油菜籽减产使油菜籽进口国转向其他油脂油料品种，大幅抬高了国际油脂油料价格。

受供应趋紧的影响，油脂价格在 2021 年整体呈现震荡上涨的走势。1—3 月，受原油上涨以及美国豆油生物能源概念的带动，油脂呈现上涨走势；5 月至 6 月中旬，受印度尼西亚下调棕榈油出口税以及生物能源题材降温的影响，油脂价格小幅回落；6 月中旬后，受加拿大油菜籽减产以及棕榈油产量不及预期的影响，油脂价格再次整体震荡上行。11 月初至年末，受新冠病毒肺炎变种奥密克戎影响，经济复苏担忧加剧，油脂价格小幅回落。2021 年年末马来西亚 24 度棕榈油价格达到 1300 美元/t，同比增长 31%。

2. 受高价影响，国内植物油需求小幅下降

国内主要品种植物油价格在国际市场带动下也出现较大幅度上涨，其中豆油在 2021 年 4 季度涨至 10800 元/t，是 2011 年以来的高位水平。国内植物油价格上涨的过程也是产业链下游产品利润不断压缩的过程，下半年植物油价格涨至历史高位水平后，下游部分产品出现亏损，拖累植物油消费增长。此外，2021 年生猪出栏量的增加提升了猪油的供应量，2021 年生猪出栏量 67128 万头，同比增长 27.4%。动物油供应量的增长，在一定程度上替代了植物油在食用以及工业方面的使用。国内植物油 2021 年需求小幅下降，据国家粮油信息中心的统计数据，2021/2022 年市场年度（2021 年 10 月至 2022 年 9 月），我国植物油食用和工业消费量 4156.5 万 t，同比下降 2.3%。

3. 产业链受到能源供给紧张的严峻考验

受电力供应紧张和部分地区能耗双控指标压力的影响，2021 年三季度以来，全国 20 多个省份陆续采取紧急限电措施，甚至强行拉闸，波及范围广泛，给植物油行业的生产安全、产业链安全和民生保障带来严峻挑战。植物油行业关系民生，突然大规模停产易引发食用油涨价、畜禽断粮等民生和社会问题；植物油行业使用易燃易爆溶剂，临时限电停产容易引发重大安全事故；进口原料的外轮已排好进江计划，停产造成排船拥堵，带来巨额滞期费、交货履约索赔和法律风险；受全球新冠病毒肺炎疫情和国外生物柴油政策影响，进口大豆原料价格和海运费高企，下游养殖业价格急跌，植物油行业运营本已十分困难，限电使得运营雪上加霜。

4. 粮食集中到港和新冠病毒肺炎疫情造成港口拥堵

2021 年我国粮食进口量达 16454 万 t，同比增长 18.1%，其中，玉米进口量达到 2835

万 t，同比增长 152.2%，创纪录新高。大量粮食集中到港，尤其是在玉米等储备粮优先靠港的情况下，其他油料靠泊等待时间有所增加，供应链的持续稳定面临挑战。疫情防控政策造成长江沿岸港口引航员和内河转运船只短缺，进一步加剧了堵港情况。

（二）科技创新

科技创新是落实科学发展观的必然要求，是油脂加工行业实现跨越发展的有效途径，是企业增强市场竞争力的客观选择，也是企业提高经济效益的必由之路。在过去的几年中，油脂加工行业在科技创新工作中取得了一定的成绩，但与加快发展的要求相比，仍需进一步加大工作力度，加快实施进度，不断取得新的成效。

1. 科技创新成果转化对接存在困难、成本极高

国内很多高校科技成果众多，但其纵向科研合作大多停留在学术研究层面，缺乏更深层的与企业的合作，在科技攻关等重大项目上往往无法与企业形成“拳头”力量，不但造成了科研资源的浪费，也制约了企业的科技成果转化能力及技术创新能力。因此，需积极搭建企业与高校之间的交流平台，通过平台建设推动成果转化，同时推动以需求为导向，让使高校按照企业的需求进行科学研究，真正形成“订单科技”。

2. 自主研发加工技术水平较低

目前我国油料加工业仍存在粗放、过度加工等问题，在新型智能装备制造领域，发达国家技术设备长期占据国际高端市场，国内自主研发的高水平加工技术和装备较少。同时，我国油料地域分布广、种类多、性质差异大，尤其小油种油料加工起步晚，系统科学研究滞后，缺乏专用加工技术和智能装备。工艺、设备吸收的较多、消化的较少；模仿的较多、创新的较少，缺少原始创新和核心技术；工艺技术凭经验取得，缺乏理论支持和计算设计；设备故障率高、稳定性较低，工艺的精准性缺乏；设备制造较为粗糙，尤其是机械类设备；自动控制元器件不能满足工艺设备需要。

3. 技术成果升级难度大，先进技术工业化规模低

目前行业内的研究机构包括高校、研究院所、企业等，研究开发不同的溶剂和溶剂替代取得一定的成果，但整体应用不佳；而在节能降耗、废气处理等方面还没有出现行业通用的典型科技成果，各企业依据现状进行的处理不具备统一的参考价值，这对本行业实现“双碳战略”、建设“绿色工厂”都是重要难题。

4. 新材料、新技术在油脂加工中应用相对滞后

国内大型油脂加工企业的消耗指标已经达到国际先进水平，但由于新材料、新技术的应用不够，一些中小规模企业的消耗指标仍然过高。另外，除了己烷，更加安全、环保的新溶剂（如异己烷、异丙醇、乙醇等）及酶法制油、酶法精炼技术等虽然已获得应用，但规模仍然不大。

（三）其他

1. 原料供应的品种和来源有待进一步拓展

消费者对营养、健康、风味产品愈加关注，这样的油品往往需要特色油料资源作为支撑。比如，近些年备受市场青睐的小榨浓香菜籽油，需要高芥酸国产油菜籽作为基础原料加工。但这样的国产油料资源非常有限，难以支持企业大规模连续经营。从进口端来看，非转基因油料进口规模偏小。原料供应能力和需求端的消费升级要求匹配度不高。

2. 植物油副产物综合利用率低，应用粗泛

我国是世界上食用植物油加工量和需求量最大的国家之一，拥有大量植物油加工副

产物，如油粕、糠、油脚等，但普遍利用粗泛，且利用效率低下。以油粕为例，现主要应用于饲料行业，作为饲料原料直接饲喂，但其中存在的抑营养物质，阻碍动物体对营养物质的吸收，导致营养吸收率下降。而发酵粕这种加工工艺简单、有较高饲用价值的深加工产品在我国饲料粕总量中连 10% 都不到。其他植物油副产物综合利用包括由油脚提取磷脂等，但国内开发较晚，产品单一、低端化严重，整体利用率低，造成资源的严重浪费。

三、发展趋势

（一）原料进口依存度高，企业面临国际化的原料采购和市场竞争

我国压榨的油料多靠进口解决，大豆进口依存度达到 80% 以上，用于压榨的大豆中进口大豆更是占到 90% 以上。我国大豆产业链已经深度嵌入全球贸易体系。国产大豆、油菜籽、花生、葵花籽、亚麻籽等油料作物播种面积虽不断恢复扩大，但受到资源和经济效益低等因素制约，短期内我国油料播种面积难以大规模增加，仍需通过进口补充余缺。较高的进口依存度导致国内外油料市场高度联动，影响价格因素多，采购、销售周期长，对企业的风险管理能力和整个产业链的综合运营能力要求高。

（二）豆粕消费增速放缓，逐步迎来拐点

2009—2017 年，作为优质的饲用蛋白原料，豆粕饲用消费持续高速增长，年均增长率达到 9.4%。2018—2019 年受中美经贸摩擦、国内暴发非洲猪瘟疫情、国家调整蛋白粕进出口政策等因素影响，我国豆粕需求连续两年下降。随着 2020 年国内生猪养殖持续快速恢复，大豆进口量首次超过 1 亿 t，创下历史最高纪录。从大豆压榨量来看，2010—2015 年增速为 7.8%，2015—2020 年增速为 2.8%，增速放缓了 5 个百分点。

未来动物蛋白消费将逐步由量到质转变，国内豆粕饲用需求增速也将放缓，逐步迎来拐点。首先，从目前的猪肉消费观察，虽然猪肉价格已回落至偏低水平，但猪肉消费恢复缓慢，居民饮食结构向更健康的禽肉禽蛋转换。从料肉比的角度看，禽肉禽蛋蛋白质转化效率更高，蛋白质浪费更少。第二，2021 年 3 月农业农村部制定了《饲料中玉米豆粕减量替代工作方案》，进一步引导行业落实低蛋白日粮应用，限制未来豆粕饲用消费增长空间。

（三）散油包装化趋势明显，油种结构持续升级

随着消费者健康生活理念的不断深入和食品安全监管政策的实施，包装油在植物油食用消费中的占比已超过 50%。消费者对营养、健康、风味产品愈加关注，高端增长低端萎缩，油种结构持续升级，豆油、调和油持续转换为健康葵花籽油、玉米油和风味花生油、菜籽油。如何确保人民群众既“吃得饱”，更“吃得好”“吃得放心”，成了新时代给粮油加工企业提出的新命题。

（四）进一步提高资源综合利用率

在国际国内双重粮食安全风险压力下，提高粮食加工综合利用率，进一步延长粮食加工产业链条，对于加快行业健康发展、保障民生具有重要意义。目前的加工技术是将榨油后的豆粕、米糠、菜粕等以饲料原料的形式直接添加到饲料中，其中的营养物质不能被充分吸收，有害物质也会影响禽畜生长，能量利用率低，同时企业利润率低，不利于企业发展。要振兴油脂加工企业，就要发挥差异优势，走精细加工的道路。以大豆加工为例，大豆被压榨后，可以从油脚中提取磷脂，从豆粕中提取大豆蛋白，从豆渣提取多糖、膳食纤维，对乳清废水中的 β-淀粉酶进行浓缩回收，另外可回收维生素 E、甾醇等，产业链越长，产品附加值越高，产业体系也就更完善，市场竞争力越大。

四、政策建议

（一）加强组织领导和行业集成，促进高新技术的应用

建设以政府投入为引导、企业投入为主体，银行贷款为支撑，社会资金为补充的油脂产业化资金投入体系，加快高新技术在油脂加工中的应用研究和转化。

（二）挖掘国内种植潜力，进一步提高国内油料自给率

通过提高补贴加快油料作物增种增产，提升国内油料作物的产量和质量，增加国内油料的有效供应能力，切实降低国产油料种植成本，增加种植收益，提升产业链价值。同时加快国产特色油脂标准的制定和完善，加快国内木本油料、特色油料等行业发展，缓解国内油脂供需压力。

（三）拓展国外供应渠道，推动品种和进口国来源的多元化

积极落实国家“一带一路”倡议，推动与“一带一路”沿线国家和地区的合作，开拓新的大豆进口潜在国，改变目前进口国过度集中问题；挖掘特色油料资源生产潜力；拓展与欧洲、非洲以及黑海地区等油料潜在生产区的合作；推动品种和进口国来源更加多元化。支持有能力的企业走出去，扩大海外产地的收储能力，通过收购建设码头、筒仓、铁路装卸等物流设施，进一步增强产地粮源掌控能力。

（四）加大政策支持力度，鼓励企业节能减排，引导中小油脂加工企业标准化建设

通过政策引导企业加大节能减排投入，引导加工工艺落后、耗能高、产品易污染的中小油脂企业的标准化发展，对改造升级节能减排装备、生产线的企业给予财政补贴、优惠利率贷款等支持，对节能减排表现突出的企业给予表彰和鼓励。

（五）加快先进技术发展与应用推广，进一步提高行业竞争力和可持续发展

进一步围绕当前我国植物油行业存在的关键性技术问题，安排一批科技专项。支持内外资行业龙头企业共同参与科技攻关，不断提升植物油加工成套技术和装备水平，对企业改造升级节能减排装备和生产线发生的设备费用，以及开发新技术、新产品、新工艺发生的研发费用给予减免税收、贷款贴息等支持。

（六）加强食品市场质量监督，促进行业健康发展

建议市场管理部门加强市场监管，制定更加详细的国家标准和网络直播带货监管制度，并严格执行，杜绝以次充好和假冒伪劣产品收割市场。

中国植物油行业协会

食盐加工业

食盐是关系国计民生的基础性商品，是不可替代的生活必需品。我国对食盐采取专营管理，即食盐的生产和批发实行定点生产和定点批发制度。这一制度的主要目的是保障食盐科学加碘，确保食盐质量安全和供应安全，保护公民的身体健康。

食盐主要指直接食用和加工制作食品用的盐。直接食用的食盐包括日常生活中最常用的小包装袋食盐，其中也包括添加了食品添加剂、调味辅料或经特殊工艺加工制得，具有特定功能的多品种食盐。食品加工用盐是指加工制作食品过程中所用的食用盐产品。

一、行业发展概况

（一）主要经济指标

我国盐资源丰富，已查明盐矿储量约13000亿t，按照资源种类分为海盐、井矿盐和湖盐。据中国盐业协会统计显示，2021年我国原盐产量达到9764万t，同比增长1.29%。其中，海盐产能2342万t，占总产能的23.99%；湖盐产能1608万t，占总产能的16.47%；井矿盐产能5814万t，占总产能的59.54%。

我国原盐消费主要以两碱化工用盐和食盐为主。其中，两碱化工用盐约占整个原盐消费的85%，食盐消费约占10%，其他用盐约占5%。2021年我国食盐产能约5000万t；食盐定点生产企业131家，其食盐销量1100万t，同比减少7.56%；食盐定点批发企业1400多家。

2012—2021年，我国食盐销量总体保持稳定。由于食盐是刚性消费品，尽管由于人口增加消费量呈现小幅上涨，但随着人们减盐意识提高，近几年食盐销量增长幅度减缓（图1）。

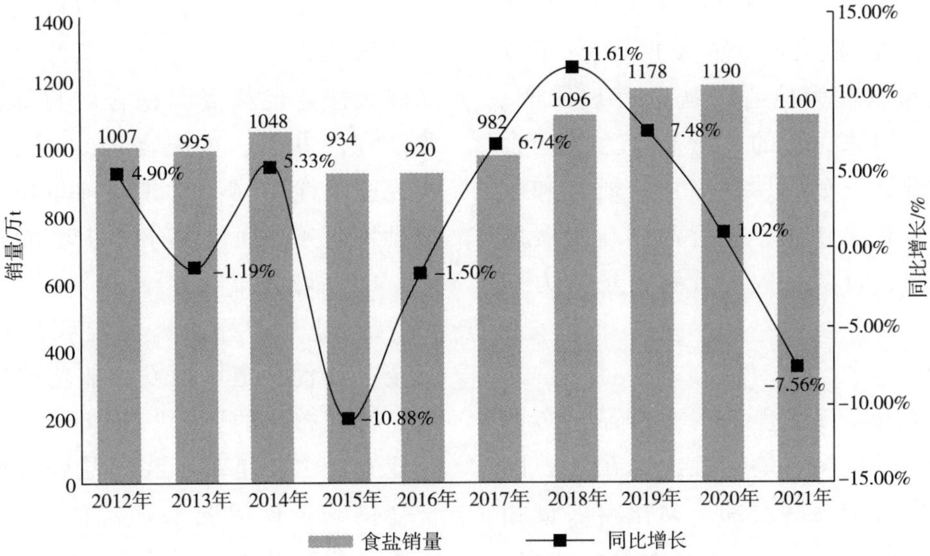

图1　2012—2021年我国食盐销量及趋势

（二）行业发展分析

我国是世界上碘缺乏病分布广、发病率较高的国家之一，实现消除碘缺乏病的目标是关系民族素质提高的一项艰巨任务。党中央、国务院对我国防治碘缺乏病工作高度重视，1991 年 3 月，时任国务院总理李鹏代表中国政府签署了世界儿童问题首脑会议通过的《儿童生存、保护和发展世界宣言》和《执行 90 年代儿童生存、保护和发展世界宣言的行动计划》，郑重承诺到 20 世纪末基本消除碘缺乏病。1994 年，为消除碘缺乏危害，国务院公布《食盐加碘消除碘缺乏危害管理条例》，在全国范围推行以食盐加碘为主的综合防治措施。1996 年，国务院公布《食盐专营办法》，对食盐实行专营管理。食盐专营制度实施以来，发挥了巨大的作用，被国际社会誉为“世界的典范”“里程碑的成就”。在各方面共同努力下，目前我国已基本实现消除碘缺乏病的目标。

为深入推进供给侧结构性改革，进一步释放市场活力，促进盐业健康可持续发展，2016 年 4 月国务院印发了《盐业体制改革方案》（国发〔2016〕25 号，以下简称《方案》），对原有的盐业体制进行改革。2016 年《方案》颁布后，2017 年颁布了新修订的《食盐专营办法》（国务院令第 696 号），确立了食盐专营制度和以此为核心的盐业管理体制。盐业体制改革以来，新的专营制度为我国食盐加碘消除碘缺乏危害、保障食盐质量和供应安全发挥了积极作用，盐行业创新发展能力进一步提高，资源有效配置和市场活力初步显现。

1. 市场

食盐作为居民日常生活的必需品，产销量相对稳定，基本没有周期性，仅在冬季因部分地区居民习惯腌制食品，食盐需求量相对上升，使得食盐销量呈现一定季节性变化。2021 年我国食盐累计销量约 1100 万 t，其中加碘食盐和未加碘食盐的市场占比约 9∶1。盐业体制改革后，食盐产品逐渐丰富，且中高端食盐产品销量有所增长，但由于我国食盐市场份额有限，产大于销的供需矛盾突出，无序竞争的情况时有发生，国内食盐市场仍处于适应期和调整期。

2. 价格

盐业体制改革后，食盐批发价格大幅下降，由改革前平均 4000～5000 元/t 下降到改革后平均 1000～2000 元/t，下降幅度达到 60% 以上。而食盐零售价格基本不变，食盐利润基本转移到中间商和零售单位，主要原因是原有经营格局被打破，食盐定点生产企业进入市场参与竞争，使得竞争不断加剧，为抢夺市场份额导致低价倾销的情况时有发生，甚至有个别生产企业以牺牲质量来降低生产成本，抢占市场。

3. 投资

食盐产品的需求量基本稳定，《方案》又明确提出不再核准新增食盐定点企业，确保企业数量只减不增，我国食盐加工业已形成相对完整的产供销格局，因此食盐投资项目基本稳定。盐业体制改革后，行业内按照《方案》精神实施投资入股、兼并重组的情况逐渐增多，如中盐集团积极响应京津冀一体化国家战略，成立中盐京津冀公司，实现京津冀盐业优势资源整合的目标；湖南盐业收购江西九二、重庆宜化、河北永大，初步实现全国性布局；江苏井神重组购入苏盐食盐批发业务，优化现有销售渠道等。

4. 区域分布

《食盐专营办法》规定我国食盐定点生产企业和食盐定点批发企业均按照“统一规划、合理布局的要求”审批确定，因此食盐企业布局主要是基于我国盐资源分布情况和食盐供应半径情况来确定的。截至 2021 年年底，我国共有食盐定点生产企业 131 家，分布在 23 个产盐省（自治区、直辖市），食盐定点批发企业1400余家，分布在31个省（自治区、直辖市），有效保障了食盐的供应稳定。

5. 行业集中度

2021年我国食盐产量排名前5位企业包括中盐集团、江苏盐业集团、湖南轻工盐业集团、江西盐业集团和山东鲁盐集团公司，5家企业的食盐总产量660万t左右，约占总产量的50%以上。目前看，食盐行业的集中度还比较低，但随着盐业体制改革的落实，产销一体、兼并重组将是行业发展趋势，食盐行业发展集中度会逐渐提高，市场结构、企业结构将会优化。

6. 进出口

2021年我国累计出口食盐总量75.76万t，同比增长31.04%。我国食盐出口主要集中在亚洲地区，部分产品远销非洲、欧洲、美洲及大洋洲等。出口食盐主要用于泡菜腌制和水产加工，尤其是韩国主要用于腌制泡菜。2021年出口至韩国的食盐量最多，达到33.91万t。进口方面，由于《食盐专营办法》对食盐定点企业购进食盐渠道有严格的规定，限制了食盐进口量，但仍有进口食盐主要通过自贸区和个人零售从境外电商购进。海关总署统计数据显示，2021年我国累计进口食盐总量13.32万t，其中从澳大利亚进口食盐的量占比96.9%。

7. “三品”战略实施情况和典型案例

盐业体制改革后，行业大力实施“三品”战略，食盐品种日益丰富，较盐业体制改革前增长了40%以上。目前，市场上拥有地理标志、原生态、功能型、营养型等众多食盐品种，消费者的选择更加丰富。近两年，行业为打造优质食盐产品，开展生态海盐认证工作，制定了《生态海盐评价技术规范》，并按标准完成4家企业的评审工作。生态海盐产自优良生态海域，在生产加工全生命周期内按照生态海盐评价技术规范生产，实行全程质量控制，实现“绿色”“生态”生产，有力地推动了食盐加工业技术水平和产品质量提升。此外众多企业推出创新产品，如江苏盐业的“三零食用盐”、湖南雪天股份公司打造“松態997”高端食盐产品、广东盐业的“岭海珍盐”、天津长芦汉沽盐场的“海水自然食用盐”、云南盐业的“磨黑钙盐”、中盐西南的“鹿小井蔬果净食品洗涤用盐”等都是创新升级的产品。新产品开发的力度不断加大，企业产品创新升级能力逐步提升，食盐市场进一步丰富。

8. 绿色制造、智能制造

行业大力推广智能制造、绿色制造，分散控制系统技术和智能化装备替代劳动密集型岗位技术也在积极推进，劳动生产率进一步提高。如苏盐井神公司建立了以工业互联网为核心的能源管控系统和工业手机软件（APP）应用，形成了集能源调度、水类资源、工艺操作、设备管理，以及健康、安全和环境三位一体的先进安全生产指挥平台。强化关键岗位机器代人、生产过程先进过程控制和开展基于大数据的核心设备健康预诊断。为落实盐业体制改革方案，在工业和信息化部指导下，食盐电子追溯体系建设也在持续推进，行业建立了全国食盐电子防伪追溯平台。截至目前，全国共有122家食盐定点生产企业（含多品种食盐定点生产企业）完成了食盐电子追溯系统建设，与全国食盐电子防伪追溯服务平台对接，实现平台累计发码110亿枚，确保了食盐质量和供应安全。

9. 包装与装备

制盐装备方面，近些年提出的五效或六效真空蒸发制盐技术、卤水原料“石灰-烟道气”净化技术等12项技术在行业内已得到不同程度的推广应用。冷冻法生产液体盐技术已在多家企业得到应用。海湖盐生产机械化、自动化程度进一步提高，海湖盐企业的采、收、运机械化率达到90%以上；分筛、包装、仓储、堆码运输基本实现机械化、自动化。包装方面，为了满足消费者对高品质生活的需求，食盐包装从原来单一的平袋，开发了直立袋、瓶装等多元化包装形式。

10. 发展新亮点、新增长点

食盐定点生产、批发企业通过各种方式积极探索新的经营模式，全方位整合营销资源和策略，如渠道优化、品牌传播、产品推广促销等。此外，行业企业加快培育壮大食盐销售领域新业态新模式，积极拓展电商渠道业务，特别是在新冠肺炎疫情期间，及时跟进新业态新渠道，服务百姓线上购物需求，线上销售取得突破性进展。

二、行业面临的问题

（一）食盐市场环境有待改善

盐业体制改革后，由于经营主体增加，市场竞争加剧，不规范经营的情况时有发生，甚至出现部分未获得食盐批发资质的单位和个人开展食盐批发业务的情况。而食盐专营监管体系仍需完善，部分地方监管责任仍未落实到位，专营执法难以落实。

（二）产业集中度需进一步提高

行业内兼并重组工作推进缓慢，产业集中度不高，具有核心竞争力的企业集团不多，食盐供大于求的矛盾仍然突出。全国131家食盐定点生产企业食盐年产能约5000万t/年，企业平均产能仅30多万t/年，产能超200万t/年的仅5家，而国外食盐生产集中度较高的企业产能可达到每年1000万t以上，存在较大差距。

（三）产品创新水平仍然偏低

尽管食盐品牌、品种有所丰富，但产品间区分度不大，新产品研发滞后，产品同质化现象突出，产品竞争力不强，食盐品种、功能均落后于发达国家水平；企业基础和应用研究水平低，缺乏自主开发的核心技术；品牌意识不强，品牌战略推进不力。

三、发展趋势

（一）食盐质量和供应安全进一步保障

随着食盐专营体制的完善，食盐专业化监管体系逐步形成，食盐质量安全按照食品安全法律法规要求将进一步加强，食盐电子追溯体系建设推进加快；食盐储备体系逐步完善，各地均制定了完备的食盐应急预案，政府储备和企业社会责任储备完全能够满足社会需要；企业社会责任意识进一步加强，边远地区和经济欠发达边疆民族地区碘盐供应得到有效保障，合格碘盐覆盖率在90%以上，同时满足特定人群非碘盐的消费需求。

（二）行业满足消费升级和市场需求能力提升

从供给端入手，优化盐产品结构，细化消费者需求，丰富盐产品品种，根据生产工艺、原料来源、消费群体的不同开发具有差异化、个性化的食盐产品，增加中高端食盐产品的供给。完善盐业质量管理标准体系，对标先进国际标准，提升生产质量管理水平，加强产品质量监督管理，继续推动食盐电子追溯系统的开展，实现生产销售环节全链条追溯。加强品牌建设，不断提高品牌附加值、市场影响力和消费者认可度；改善服务质量，提高消费者满意度。

（三）行业内产销联合和兼并重组步伐加快

加快推进食盐定点生产企业和批发企业产销联合、兼并重组，在保持国有控股的基础上，通过投资入股、联合投资、企业重组等方式引入社会资本，开展战略合作和资源整合，通过公平竞争，形成一批具有核心竞争力的企业集团，提升自身发展质量和效益，引领行业发展。此外，通过政府信用监管和协会加强自律，行业自律意识逐步加强，减少低层次价格战，避免恶性竞争，以开放合作、互学互鉴、互利共赢为核心，促进企业间沟通交流，构建荣辱与共、合作共赢、可持续发展的合作关系。

四、政策建议

（一）加强食盐专营管理

从法律法规层面明确食盐专营监管执法职责，建立各地盐业主管部门专业的食盐专营执法队伍，加强食盐专营执法工作，规范企业生产经营行为，维护食盐专营政策严肃性。对待市场主体应本着公平公正的原则一视同仁，营造良好市场秩序。

（二）加快兼并重组进程

鼓励食盐定点生产企业和批发企业兼并重组，积极开展混合所有制改革，提升行业集中度。通过政策和资金的扶持，鼓励企业产销联合，兼并重组，如设立兼并重组基金，通过技改贴息、职工安置补助、贷款补贴等方式，实现企业做大做强。

（三）加大科学用盐宣传

通过碘缺乏病宣传日等活动，利用新媒体、新手段加强科学补碘知识宣传，引导消费者提高对科学补碘的认识，制止和打击对食盐加碘政策的歪曲报道和宣传。落实《健康中国行动（2019—2030 年）》要求，加快科学推广低钠盐产品，利用各种渠道，采取多种方式，帮助消费者理性选择。

中国盐业协会

蜂产品加工业

我国养蜂业历史悠久，蜂群数量和蜂农数量位居世界前列，是世界上的养蜂大国。21 世纪以来，我国蜂产品行业发展迅速，蜂产品产量和出口数量长期位居世界首位。随着蜂产品的营养、保健功效逐渐被消费者认可，我国蜂产品的销量不断增加，市场不断发展壮大，取得了良好的成效。

蜂产品是保健养生的代表性产品，随着人们生活水平的提高和保健意识的增强，蜂产品被越来越多的消费者所青睐，我国的蜂产品市场正在进入越来越“细分化”的阶段。消费者回归自然、崇尚自然的保健意识越来越突出，从过去的只认识蜂蜜到现在的蜂王浆、蜂花粉、蜂胶、蜂蜡以及延伸出的系列保健品、化妆品、美容品等，消费者对蜜蜂产品的需求越来越呈现多元化。

一、行业概况

（一）主要经济指标

1. 蜂群数量

2001—2020 年 20 年间，我国蜂群数量呈现平稳增长，从 2001 年的 750 万群增加到 2020 年的 922 万群，平均每年增加 8.6 万群。从增长速度来看，这 20 年可以分为两个阶段：第一个阶段是 2001—2008 年，8 年间每年蜂群的增长速度都在 10 万群以上，年增长率为 1.33%～3.13%，增速最高的年份是 2005 年，比 2004 年增加了 25 万群；第二个阶段是 2009—2020 年，每年蜂群的增长数量都在 5 万群以下（2017 年除外，该年度蜂群增加了 10 万群），年增长率都在 0.57% 以下。总体来看，我国蜂群数量前期增长较快，后期增长趋缓（图 1）。

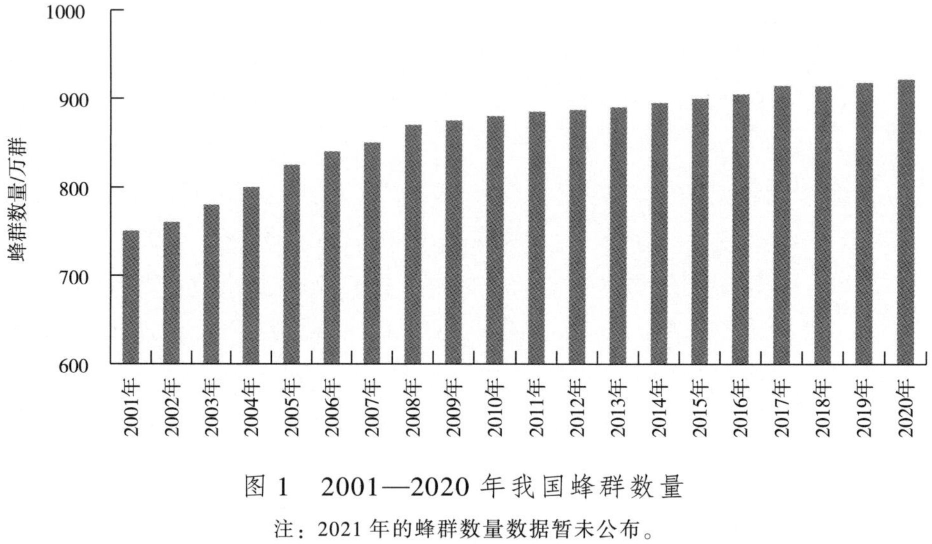

图 1　2001—2020 年我国蜂群数量

注：2021 年的蜂群数量数据暂未公布。

资料来源：联合国粮农组织（FAO）。

2. 蜂蜜产量

2001—2020 年 20 年间，我国蜂蜜产量先期稳步增长至最高峰，然后下降至平稳状态。我国蜂蜜产量从 2001 年的 25.2 万 t，增长到 2016 年的 55.53 万 t，达到历史最高峰，这 16 年平均每年蜂蜜产量增加近 2 万 t，其中 2006 年和 2007 年蜂蜜产量增长最多，都超过 4 万 t。除了 2016 年，2017 年蜂蜜产量也达到了 54.25 万 t，之后三年我国蜂蜜产量基本稳定在 45 万 t 左右（图 2）。

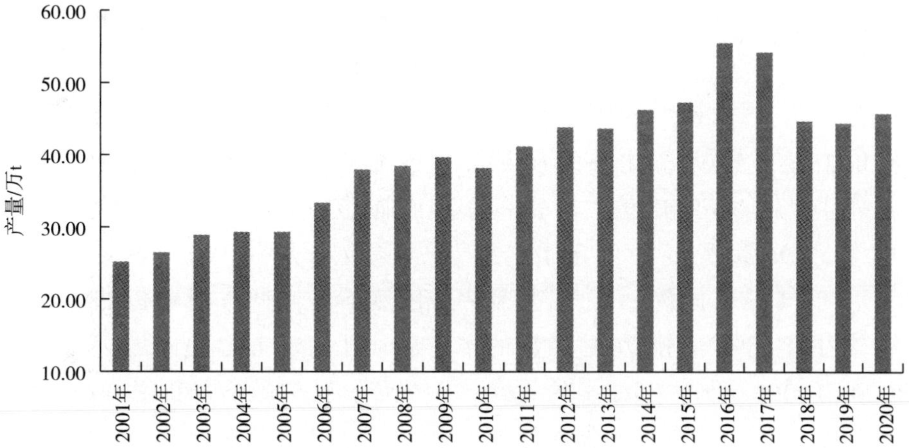

图 2　2001—2020 年我国蜂蜜产量

注：2021 年的蜂蜜产量数据暂未公布。

通过每年的蜂群数量和蜂蜜产量计算可得每年平均单个蜂群的蜂蜜产量，20 年来我国平均每群蜂的蜂蜜产量从 33.6kg 提高到 49.71kg，其中最高年份是 2016 年，单群蜜蜂产蜜量达 61.37kg，之后基本稳定在 50kg 左右。

2020 年我国蜂蜜产量 45.81 万 t，比 2019 年增长 3.17%。各省蜂蜜产量差异较大（图 3），蜂蜜产量最高的三个省份分别是河南省、四川省和浙江省，产量分别为 6.89 万 t、6.27 万 t 和 5.02 万 t，合计 18.18 万 t，约占全国蜂蜜总产量的 40%。此外，蜂蜜产量在 2 万 t 以上的省（自治区、直辖市）还有广西、广东、重庆、江西、湖北，合计 11.82 万 t，约占全国蜂蜜总产量的 25%，其他省（自治区、直辖市）蜂蜜产量都在 2 万 t 以下。

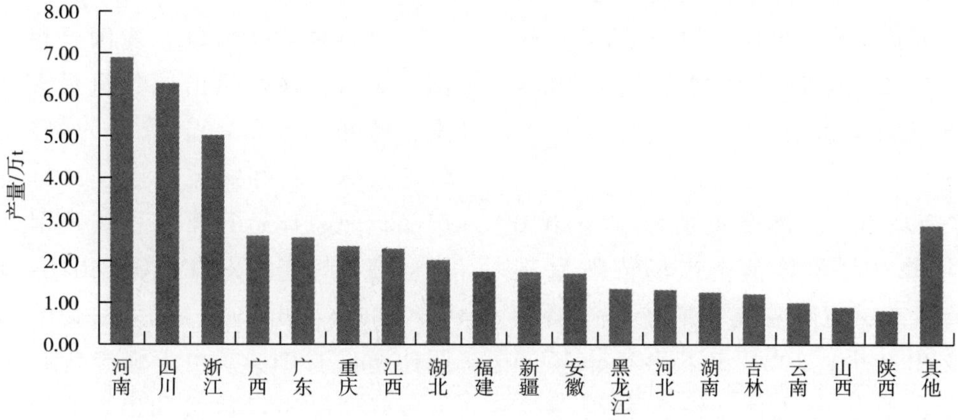

图 3　2020 年全国各省（自治区、直辖市）蜂蜜产量

我国除了生产蜂蜜，还生产蜂王浆、蜂胶、蜂花粉、蜂蜡、蜂蛹等多种蜂产品。其中，蜂王浆年产量4000t左右，蜂胶年产量400~500t，蜂花粉年产量约5000t，蜂蜡年产量超过1万t。每年蜂产品的产量根据市场价格和需求的变化而有所波动。

（二）行业发展分析

1. 价格

我国蜜源植物种类丰富，不同蜜源植物来源的蜂蜜价格差异很大，此外蜂蜜的收购价格还受蜂蜜本身的波美度、蜂蜜的产地、蜂蜜的供求关系等多种因素的影响。2021年，由于气候等原因，油菜蜜减产，收购价格较往年略有上涨，油菜蜜的收购价格在8000~10000元/t，荔枝蜜的收购价格在9000~10000元/t，洋槐蜜的收购价格在13000~16000元/t，荆条蜜的收购价格在9000~13000元/t，椴树蜜的收购价格在10000~14000元/t。蜂王浆的收购价格根据生产的时间和花期不同，价格在120~150元/kg徘徊。

2021年由于疫情持续影响和洪涝灾害等天气，蜂花粉的生产受到一定影响，价格波动较大，而且不同种类的蜂花粉价格也有差异。2021年由于杂蜂花粉出口疲软，导致杂蜂花粉的收购价格下跌较大，从2020年的23~25元/kg跌到16~17元/kg。油菜蜂花粉的价格与2020年基本持平，维持在27~32元/kg。茶花蜂花粉收购价格达到36元/kg，较2020年的25~28元/kg上涨幅度高达30%~40%，价格波动比较大。

2. 市场

从整体市场看，虽然受疫情影响，2020年、2021年蜂产品整体消费市场依然呈现稳中有升的状态，但随着疫情的持续，消费者的消费支出减少，2021年下半年市场开始出现疲软。从经营主体、销售和消费来看，我国蜂产品市场目前呈现三个特点：整体消费市场稳中有升与多数蜂产品企业经营困难并存；国外蜂产品品牌、独立IP销售活跃与蜂产品的传统渠道销量下滑并存；蜂产品消费需求仍然旺盛与消费信心低迷并存。

据2021年中国蜂产品协会对会员企业的调查，发现70%的企业出现销售额下降的情况，其中降幅超过20%的占了39%；持平或上升的仅占到28%。经调查，市场低迷、疫情影响、成本上升、恶性竞争是企业经营中面临的主要困难。中国蜂产品协会的多次市场调查也表明，消费者对国产蜂产品的信心依然不足，真假问题仍然是消费者在选购蜂蜜时首先要考虑的问题，这种信任危机如芒在背，时刻影响着我国蜂产品的消费市场。

3. 区域分布

近年来，我国的蜂产品企业持续增加，有蜂产品生产许可证的企业大部分集中在东北地区和中部地区。全国获得蜂产品生产许可证的企业共计1449家，比2018年增长5.31%；分布数量最多的省份是黑龙江省，共有164家，比2018年增长5.13%，占全国获得蜂产品生产许可证企业总数的11.32%；获证企业超过100家的省份还有山东省（124家）、吉林省（106家）和云南省（104家），这四个省份的获证企业数量占全国获证企业总数的34.37%（图4）。

4. 进出口

（1）蜂产品出口　我国是世界上蜂产品出口大国，蜂产品出口数量最多的品种是蜂蜜，此外还出口一定数量的蜂蜡、蜂王浆、蜂王浆冻干粉和蜂花粉等。2021年，我国蜂产品行业总体运行平稳，蜂产品出口数量再创新高，蜂产品出口总量160104.1t，同比增长9.30%；出口总额达37130.02万美元，同比增长1.01%。由于蜂产品出口价格下滑，导致蜂产品出口数量和出口金额的增速相差较大（表1）。

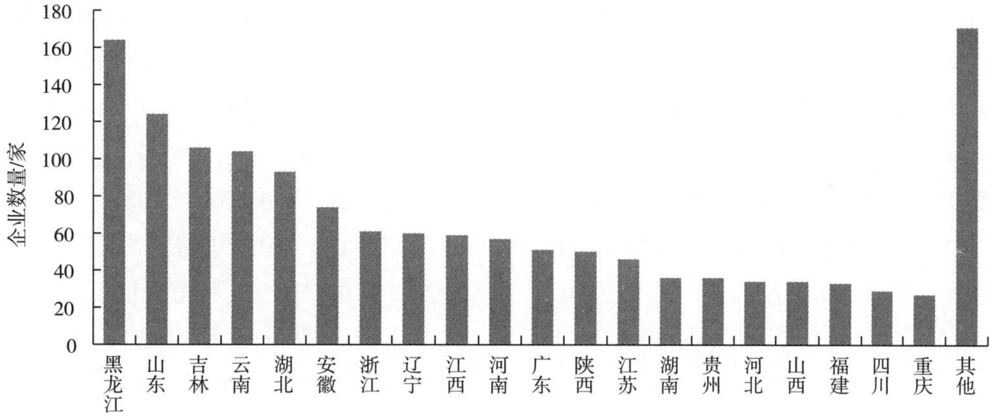

图 4　我国获得蜂产品生产许可证的企业区域分布情况

资料来源：中国蜂产品协会。

表 1　2021 年我国蜂产品出口情况

产品品类	数量/t	金额/万美元	价格/（美元/kg）	同比增长/%		
				数量	金额	价格
蜂蜜	145886	26004.67	1.78	10.13	2.36	-7.05
蜂蜡	9510.67	4442.51	4.67	4.57	5.33	0.73
蜂王浆	768.89	2080.58	27.06	0.38	5.64	5.24
蜂王浆冻干粉	244.54	2020.43	82.62	-15.12	-16.16	-1.23
蜂花粉	3010.48	1520.31	5.05	-5.15	3.1	8.69
其他蜂产品	342.78	741.03	21.62	-30.59	-32.98	-3.44
蜂王浆制剂	340.67	320.48	9.41	80.13	80.76	0.35
合计	160104.1	37130.02	2.32	9.30	1.01	-7.59

资料来源：海关总署。

蜂蜜：2021 年我国蜂蜜出口 145886t，同比增长 10.13%；出口金额 26004.67 万美元，同比增长 2.36%、蜂蜜出口金额占我国蜂产品出口总额的 70.04%；蜂蜜出口均价 1.78 美元/kg，同比下跌 7.05%。我国蜂蜜出口最大的目的地是英国，出口数量 3.76 万 t，同比增长 1.32%，约占蜂蜜出口总量的 1/4；出口金额 5600.77 万美元，同比下降 11.25%；出口均价 1.49 美元/kg，同比下跌 12.41%。排在第二位的是日本，出口到日本的蜂蜜数量为 3.01 万 t，同比下降 10.26%，占全年蜂蜜出口总量的 20.64%；出口金额 6575.98 万美元，同比下降 10.66%；出口均价 2.18 美元/kg。

蜂蜡：2021 年我国蜂蜡出口 9510.67t，同比增长 4.57%；出口金额 4442.51 万美元，同比增长 5.33%；出口均价 4.67 美元/kg。德国是我国蜂蜡出口最大的贸易伙伴，从我国进口蜂蜡数量为 2581.87t，占 2021 年我国蜂蜡出口总量的 27.15%；均价 4.94 美元/kg，同比下跌 4.85%。其次是美国，从我国进口蜂蜡的数量为 1251.14t，同比增长 31.35%；均价 5.68 美元/kg，同比下跌 7.67%。

蜂王浆和蜂王浆冻干粉：2021 年我国蜂王浆出口 768.89t；出口金额 2080.58 万美元，同比增长 5.64%；出口均价 27.06

美元/kg，同比上涨5.24%。蜂王浆冻干粉出口244.54t，同比下降15.12%；出口金额2020.43万美元，同比下降16.16%；出口均价82.62美元/kg，同比下跌1.23%。日本和西班牙是我国蜂王浆和蜂王浆冻干粉出口的最主要贸易国，我国出口到日本和西班牙的蜂王浆数量分别为258.22t和180.08t，分别占蜂王浆出口总量的33.58%和23.42%，出口均价分别为31.40美元/kg和21.93美元/kg；我国出口到日本和西班牙的蜂王浆冻干粉的数量分别为64.86t和33.58t，分别占蜂王浆冻干粉出口总量的26.52%和13.73%，出口均价分别为104.70美元/kg和71.74美元/kg。

蜂花粉：2021年我国蜂花粉出口3010.48t，同比下降5.15%；出口金额1520.31万美元，同比增长3.10%；出口均价5.05美元/kg，同比上涨8.69%。我国蜂花粉的出口目的地特别集中，2021年主要出口到韩国，出口数量达1940.18t，同比下降8.53%，占2021年我国蜂花粉出口总量的64.45%；出口均价5.01美元/kg，同比上涨8.63%。其次是美国和墨西哥，分别从我国进口蜂花粉468.42t和128.50t，出口到美国的蜂花粉数量同比增长93.20%，出口到墨西哥的蜂花粉数量同比下跌35.10%；出口均价都出现上涨，分别上涨了7.20%和11.77%。

（2）蜂产品进口　2021年我国蜂产品进口总量5141.99t，同比增长13.01%；进口总额11303.46万美元，同比上涨18.30%。其中，进口数量最多的是蜂蜜，进口数量为4809.45t，同比增长13.91%；进口金额10522.57万美元，同比增长18.35%，占我国蜂产品进口总额的93.09%；进口均价21.88美元/kg，同比上涨3.90%，进口均价是我国蜂蜜出口均价（1.78美元/kg）的12.29倍。

我国进口蜂产品金额排在第二位的是其他蜂产品（主要是指蜂胶类、蜂蛹类及其他蜂产品制品等），进口量38.90t；进口金额468.28万美元，同比增长13.61%。我国进口蜂产品数量排在第二位的是蜂蜡，进口量287.93t，同比增长30.11%；进口金额276.63万美元，同比增长26.66%；进口均价9.61美元/kg。此外，我国还有很少量的蜂王浆制剂、蜂花粉等蜂产品进口（表2）。

表2　2021年我国蜂产品进口情况

产品品类	数量/t	金额/万美元	价格/（美元/kg）	同比增长/%		
				数量	金额	价格
蜂蜜	4809.45	10522.57	21.88	13.91	18.35	3.90
其他蜂产品	38.90	468.28	120.37	−61.43	13.61	194.56
蜂蜡	287.93	276.63	9.61	30.11	26.66	−2.65
蜂王浆制剂	4.94	30.32	61.35	−7.42	20.91	30.6
蜂花粉	0.67	4.36	64.73	74.81	−42.52	−67.12
蜂王浆冻干粉	0.09	1.29	144.8	790	332.45	−51.41
蜂王浆	0	0.01	34.5	−73.33	−86.81	−50.53
合计	5141.99	11303.46	21.98	13.01	18.30	4.68

资料来源：海关总署。

2017—2021 年五年来，我国蜂产品进口总额在 2017 年达到顶峰超过 1 亿美元，到 2018 年大幅下降，而后三年逐年增长，2021 年再次超过 1 亿美元。我国蜂蜜的进口金额呈现增长趋势，2021 年的蜂蜜进口金额为近年来最高，达 1.05 亿美元，蜂蜡等蜂产品的进口金额相对稳定。

我国进口的蜂蜜主要来源于新西兰，2021 年进口量 2204.06t，同比增长 15.17%，占 2021 年我国进口蜂蜜总量的 45.83%；进口金额 8139.67 万美元，同比增长 21.34%，占 2021 年我国进口蜂蜜总额的 77.35%；进口均价 36.92 美元/kg，同比增长 5.36%，是我国蜂蜜出口均价（1.78 美元/kg）的 20.74 倍。

我国进口蜂蜜金额较大的国家还有澳大利亚和法国，进口数量分别为 340.92t 和 184.14t。来自澳大利亚的进口蜂蜜均价为 35.63 美元/kg，与新西兰的蜂蜜价格接近，进口均价同比增长 72.26%；来自法国的进口蜂蜜均价为 16.49 美元/kg，同比上涨 1.02%。

其他蜂产品的进口主要源于巴西，进口数量 13.98t，进口金额 366.13 万美元，进口均价 261.89 美元/kg。蜂蜡的进口主要来源于坦桑尼亚、多哥和美国，进口数量分别为 80.00t、54.84t 和 39.54t，进口金额分别为 61.78 万美元、38.89 万美元和 44.22 万美元，进口均价分别为 7.72 美元/kg、7.09 美元/kg 和 11.18 美元/kg。

5. 发展新亮点、新增长点

（1）乡村振兴战略带动蜂产业再上新台阶　蜂产业是一项集历史传统、经济效益、社会效益、生态效益于一体的集约型低碳产业。蜂产业由于具有投入少、见效快、不污染环境的优势，并且能够充分利用偏远贫困地区自然资源，在精准脱贫和巩固脱贫攻坚成果中发挥了重要作用。近年来，在乡村振兴战略的带动下，蜂产业持续发力，养蜂生产、蜂产品加工、蜂产品电商、蜜蜂小镇、乡村旅游等有机结合，促进乡村地区一二三产业融合发展，起到了良好的示范带动作用，同时进一步拓宽了蜂产业基础，扩大了蜂产品的消费市场。

（2）蜂产品应用领域延伸助推蜂产业迎新局　近年来，随着新技术的引入和科学技术水平的提高，蜂产品企业和科研院所加大了蜂产品的功能研究和新品开发。蜂产品从传统的简单包装直接食用形式，延伸到保健食品、化妆品、药品、日化用品等各个领域。由于蜂产品具有的天然营养食品属性，也引起了其他相关企业的关注，将蜂产品作为其他食品或者产品的配料，如 2021 年销售火爆的蜂蜜芝麻丸、辅助治疗便秘的蜂蜜露等。

二、行业面临的问题

（一）蜂业政策投放不足

蜂产业在满足群众生活需要、促进农业绿色发展、提高农作物产量、维护生态平衡、助力脱贫攻坚等方面发挥着重要作用，但是我国蜂业发展总体质量不高，种蜂育繁推广体系不健全，养蜂生产方式粗放，蜂产业质量效益、竞争力亟待提升。国家对蜂产业重视程度不够，相关的管理机构不健全，缺乏统一的顶层设计和规划，导致蜂产业一二三产业融合发展路径不清晰。同时，支持蜂产业发展政策不完善，蜂产业很难享受到与其他畜牧业同等的政策支持和待遇。

（二）消费信心不足

随着信息技术的发展，每个人都是自媒体，蜂产品的声誉正由行业更多的人发声所汇集，当然也包括少部分行业外的专家、“大 V”等，这些声音最终传递给市场，形成行业的整体声誉。近年来蜂产业内部意见不统一，有时自相矛盾、互相攻击，让行业在消费者心目中的形象较负面，比如中蜂蜜与意蜂蜜之争、浓缩蜜和成熟蜜的问题、超市里的蜂蜜和蜂农的蜂蜜孰优孰劣等，这些声音传递出去，被逐步放大，给消费者造成不小的困扰，长此以往他们的消费信心逐渐被打击，最终放弃购买，最后打击的是整个行业。要推动蜂产品市场的繁荣和市场规模的扩大，必须开始着手构建行业信誉，行业从业者共同维护行业声誉，由行业向市场发出统一的正面的声音，才是恢复消费者信心的开始。

（三）蜂产品行业终端市场高度分散

随着新零售业态的发展，多渠道、多平台的分流效应逐渐显现，如传统线下门店以及文旅结合的新销售实体，以京东、天猫为代表的传统电商，以抖音、快手为代表的短视频销售平台等。蜂产品行业终端市场高度分散，市面上各种渠道都有大大小小不同的品牌以及自产蜂蜜。在这种市场状态下，船小好调头，小品牌和小商家更容易存活，但这并不意味着对有一定规模的传统型企业就是完全劣势，对于能根据自身优势进行差异化品牌营销、精准定位客户群体的规模性企业，反而是一个迅速成长的机会。

（四）蜂产品的同质化、低价恶性竞争严重

由于蜂产品的特殊性，蜂产业受经济周期的影响相对较小，这也是蜂产品所特有的“低风险、高收益”属性，因此吸引了众多新兴市场参与者与投资人，由此衍生出大大小小众多的市场企业，但大部分企业进行着“拿来主义”的生产方式，创新意识不足，同质化竞争愈演愈烈，产品的附加值低，这些已成为束缚我国蜂产品行业蓬勃发展的主要因素。

蜂产品的价格战导致企业的市场效益逐年下降。蜂产品行业的一些公司为了抢占优质客户资源，依靠价格获取短期绩效成果，导致行业市场毛利率降低，众多养蜂户和小团体在选择合作企业时有所顾虑，“唯价格论”的出现不利于蜂产业的健康发展。

（五）缺少品牌建设，高端产品发展滞后

我国蜂产品企业新技术、新成果的研发力度相对较小，生产上随意性大，缺乏知名品牌。多数蜂产品企业停留在对商标的注册上，缺少对品牌建设的投入，在品牌推广方面的投入更少。这样就使产品的影响力有限，缺乏消费者认知度，无法与国外知名品牌竞争。在中高端产品领域，还是有较大部分的产品依赖进口。此外，蜂产品企业缺乏创新研发能力，这种现状加剧了下游消费领域对进口产品的依赖，不利于蜂产业的良性发展。

三、发展趋势

（一）依托科技支撑，促进蜂产业发展

依托现代技术支撑，依靠产学研发展模式，蜜蜂育种水平将稳步提高，为蜂产业发展提供种源保障。我国专业化蜂场面临着整合的机遇，即蜂场规模会越来越大，特别是1000群以上的专业蜂场会大量出现，并将成为我国养蜂的主要形式。同时建立规模化蜂群的养蜂企业也会逐步形成，成为区别于蜂产品企业的养殖企业。蜂场管理更趋同于畜牧业企业的管理模式，蜂群所有权与管理人员的分离及养蜂人职业化将随之推进，并将成为今后我国蜜蜂饲养模式的主流。大力推广蜂业智能化，特别是智能化蜂箱的发明和使用，通过人工智能管理可以减少蜂农人为管理，这为降低蜂农劳动强度、提高生产效率从而可以多养蜂、养好蜂提供了可能，从一定程度上推动智慧蜂场和蜂群智能管理的进步。

（二）突出科技创新，促进加工业转型升级

我国蜂产品研究侧重质量检测及产品标准方面，这也导致消费者关注产品真假及优劣的质量问题，而忽视了蜂产品特有的营养与保健作用。相对而言，我国蜂产品深加工研究滞后于市场的发展。近年来，对蜂产品深加工产业的扶持力度持续加大，更多的科研力量、科研资源转移到蜂产品深加工上去，使蜂产品加工业能够快速发展。政府、企业与科研院校合作共建技术创新平台正在推进，蜂产品营养与功能研究及新产品开发进一步推进，科技成果转化正在完善，蜂产品在包装和品类上有所创新，吸引了更多的消费者关注和购买。

（三）打造知名品牌，提升产业形象

蜂产品行业推动养蜂机械化、规模化，推广生产成熟蜜，制定蜜蜂饲养管理相关标准，提高生产水平，保证产品质量。建立产品溯源机制，加大监督检查力度，严厉打击违规经营行为，营造放心消费环境。借助中国国际服务贸易交易会、世界蜜蜂日等重大展会和活动，对一些龙头企业和新星企业进行重点宣传和推介，建立和完善品牌宣传机制，提升品牌知名度和影响力。创新产品包装形式和消费体验，迎合当今消费者的消费习惯，慢慢改变蜂产品在消费者心中传统初级农产品的形象，促进蜂产品形象的提升。

（四）养蜂生产内外部多元化发展

养蜂生产不仅生产蜂产品，还可以通过为农作物授粉提高农产品的产量和品质，具有明显的外部性特征。与美国等发达国家相比，我国养蜂生产在提高蜜蜂授粉的普及率方面仍有很大的潜力。随着国家蜂产业技术体系等专项的进一步实施，通过蜜蜂授粉技术的研究和试验示范，充分发挥蜜蜂授粉促进农业增产增收，以及促进蜂产品多元化协同发展，将有利于实现蜂农多渠道稳定增收，达到蜂业内外部多元化可持续发展。

四、政策建议

（一）加强政府的主导作用

加强规划设计和融合发展。尽快完成对植被蜜源、产业家底等情况的调查，结合养蜂业发展现状，加强顶层设计，尽快编制出台域内养蜂业发展规划，明确养蜂业融入并带动全域一二三产业融合发展路径，使蜜蜂与其他相关产业能连点成线、连线成面、整合联动发展，延长产业链、提升价值链、完善利益链。

加强组织领导和政策扶持。明确与蜂业规划相匹配的工作管理机构，选配精兵强将，加快专业人才培养；加大科技经费投入力度，依靠科技创新驱动产业高质量发展，推动传统饲养模式向现代化饲养转变；完善配套支持养蜂相关产业发展政策，从直接投入到税收费用减免、以奖代补等各种方式对蜂业发展加大支持力度，充分调动养蜂积极性，助力养蜂业提质增效和促进蜂农持续增收。

制定产业和产品规范，并加强有效监管。参照国际标准，制定全域蜜蜂养殖和蜂产品加工规范，对产品安全、产品质量进行统一严格监管，保证品牌、品质。

（二）积极修订养蜂管理办法

早在 2012 年农业部就推出了《养蜂管理办法（试行）》，经过 10 年实践检验，其中的部分条款已难以满足当前的养蜂现实情况，同时也需要补充新的内容。因此，《养蜂管理办法（试行）》应根据时代和发展的要求进行修订，并得到有效执行与落实。

（三）建立养蜂保险制度

建议国家有关部门联合保险机构建立养蜂保险基金，为全国 920 万群蜜蜂建立安身立命的生活保障，同时也为我国的粮食安全生产建立保障。

（四）建立养蜂业的科技创新支持体系

推行建立蜜蜂友好型植物种植体系和养蜂业科技创新支持体系，如养蜂产业的大数据服务、人工智能和物联网等技术的应用，鼓励科技创新企业在蜂产业中的投入支持政策等；鼓励年轻人从事养蜂业发展体系，同时鼓励新型家庭养蜂农场的政策支持；推动中蜂场附近果园授粉服务等多元化服务；加大产业领军企业的扶持政策，推行先试点、先推广的模式，不断创新，服务产业健康发展。

中国蜂产品协会

食品装备业

2021年是“十四五”开局之年，在国家各部委支持下，我国食品装备业在复杂严峻的国际贸易形势、多点突发的疫情、原材料大幅涨价、国外进口关键零部件供应不畅等各种不利条件影响下，共克时艰，开拓进取，贯彻新发展理念，构建新发展格局，通过推动数字化、智能化转型，不断创新，持续推动产业基础高级化与产业链现代化，取得了较好的发展业绩，实现了行业稳中有升的发展局面。

一、行业概况

2021年，食品装备业总体发展态势良好，尤其是食品、酒、饮料及茶生产专用设备制造领域主营业务和利润总额增长水平高于全国机械工业的增长水平。行业骨干企业科技投入超过5%，实现了“十四五”良好开局，为我国的经济建设和社会发展做出了积极贡献。

（一）主要经济指标

2021年，我国食品装备业主要领域主营业务收入1440亿元，实现净利润108亿元，包括包装专用设备制造，食品、酒、饮料及茶生产专用设备制造，农副食品加工专用设备制造，烟草生产专用设备制造，商业、饮食、服务业专用设备制造五个细分行业。其中，包装专用设备制造和商业、饮食、服务业专用设备制造两个细分领域营业收入增长较高，同比增速均超过20%；利润方面，食品、酒、饮料及茶生产专用设备制造和包装专用设备制造增长较高，同比增长分别超过40%和20%。2021年，农副食品加工专用设备和烟草生产专用设备制造领域主营业务收入与上年基本持平；受原材料涨价、供应链不畅和物流成本增加等因素影响，食品装备业营业成本上升明显。

食品装备业稳中有升的发展内涵主要体现在食品装备中高端制造领域技术进步很大，产品附加值提高，利润增长加快。另外，白酒、调味品等传统行业的技术改造和装备更迭换代带来的增量使行业盈利大幅提升。

（二）行业发展分析

2021年，我国食品装备业企业自主创新能力不断提高，多项制约行业发展的新技术得到突破，高端的关键装备、成套装备的技术水平缩小了同国际先进水平的差距，一些单项设备制造水平已经与国外一流产品比肩；中端产品已基本实现了国产化，整机的技术水平和可靠性得到提高；乳制品前处理工艺装备、高速无菌包装等关键设备在高中端乳制品生产企业大量使用；乳制品后段包装领域的智能化、数字化和机器人技术的应用也越来越多。食品装备业继续为浓香、清香和酱香型白酒行业龙头企业智能化转型升级提供可行的解决方案，白酒智能化酿造工艺、高速白酒灌装、包装和仓储智能工厂建设等创新技术及产品在泸州老窖、古井贡、五粮液等企业智能化技术革新项目中都得到了很好的应用；食品装备业在调味品行业智能化酿造、包装设备、物流装备的推广范围和力度也在加大；工业化的中央厨房设备智能技术应用也得到广泛推广。

1. 产业结构

2021年，食品装备业产业结构基本面没有大的改变。产品结构继续向多元化、优质化和功能化方向发展，在智能化、高速化、绿色化产品研发方面有很大进步。

2021年，食品装备业资本运作和重组并购有了新的突破。杭州永创智能设备股份有限公司收购廊坊百冠公司和廊坊中佳智能公司70%股权；广州华研精密机械股份有限公司在深圳证券交易所创业板上市。

2. 创新发展

2021年，我国食品装备业在产学研用结合方面取得了较好成绩，产学研用相结合的技术创新模式在食品机械各个细分领域发挥了较强的科技创新引领作用。杭州中亚和浙江大学联合完成的《包装食品杀菌与灌装高性能装备关键技术与应用》项目在2021年获国家技术发明二等奖。

2021年，食品装备业企业交出了创新发展的优异成绩单：广东星联精密机械有限公司的吹瓶模具荣获工业和信息化部（以下简称工信部）发布的第六批“制造业单项冠军产品”称号；合肥泰禾智能科技集团股份有限公司、杭州科百特过滤器材有限公司、泰山恒信有限公司荣获工信部第六批“制造业单项冠军示范企业”称号；肥城金塔酒精化工设备有限公司通过了工信部第三批“制造业单项冠军”复审；中建材智能自动化研究院有限公司、塔罗斯科技股份有限公司、武汉奋进智能机器有限公司荣登工信部颁发的第三批专精特新“小巨人”企业名单；昆明克林轻工机械有限责任公司上榜工信部发布的建议支持的国家专精特新“小巨人”企业名单；普瑞特机械制造股份有限公司被工信部认定为国家级工业设计中心；山东碧海包装材料有限公司“包装领域数据驱动的智能化协同制造创新应用”被评为工信部工业互联网平台创新领航应用案例；苏州澳昆智能机器人技术有限公司发明的柔性裹包机获国家知识产权局颁发的“第二十二届中国专利银奖”，江苏新美星包装机械股份有限公司的发明专利“旋转式灌装机灌装阀中的回气和液位修正机构”获国家知识产权局颁发的“第二十二届中国专利优秀奖”。

3. 头部企业情况

2021年，在疫情常态化环境下，食品装备业头部企业突破固有模式、开辟新增长点，创新产品技术，如在食品装备数字化转型方面，头部企业在吹瓶技术、无菌灌装、吹贴灌旋、智能酿造、乳品柔性无菌纸盒灌装、异形瓶机器人装箱、精酿啤酒装备生态链等众多产品技术方面都有突破，缩小了我国食品装备技术水平与国际先进水平的差距。

4. 标准化工作

2021年，食品装备业在标准化工作方面取得很大进步。中国食品和包装机械工业协会标准化技术委员会完成了T/CFPMA 0021—2021《食品激光打标机》等3项行业技术标准的制定和发布，立项《全自动制袋填料包装机》等7项行业技术标准。全国轻工机械标准化技术委员会制酒饮料分技术委员会组织制定的QB/T 5614—2021《白酒工业用酒甑》等4项行业标准均已发布；QB/T 1080—2020《啤酒玻璃瓶灌装生产线》等4项行业标准在2021年正式实施。中国轻工机械协会制定了T/CLIMA 002—2021《无菌吹灌旋一体机验收规范》等多项团体标准并发布。

5. 进出口

2021年，国际经济形势复杂多变，中美贸易摩擦持续、新冠肺炎疫情在全球继续蔓延，全球供应链受阻、市场供求关系失衡，可用运力跟不上贸易需求，港口周转效率降低，集装箱进出速度缓慢、船只延误，海运价格一路暴涨，不仅影响到准班率，还导致港口货物积压。我国食品装备业骨干企业在海外市场拓展极端困难的情况下，在对外贸易方面取得了优异成绩。2021年食品装备业对外贸易实现逆势增长，全年累计实现进出口总额141.14亿美元，出口额89.42亿美元，进口额51.72亿美元，全年贸易顺差37.69亿美元，创历史新高，见表1。

表1　2021年中国食品装备业进出口数据

分类名称	出口额		进口额		进出口额总计	
	全年累计/亿美元	同比增长/%	全年累计/亿美元	同比增长/%	全年累计/亿美元	同比增长/%
食品机械行业	43.83	58.92	30.45	62.40	74.28	60.33
包装机械行业	45.59	54.91	21.27	55.26	66.86	55.02
合计	89.42	56.92	51.72	58.83	141.14	57.68

我国食品装备和包装专用设备主要出口到亚洲、欧洲和北美。从国别上看，出口额排名前五位的国家是美国、越南、印度、印度尼西亚和马来西亚；从省市来看，出口额前三位的省份是广东省、浙江省和江苏省。进口方面，我国食品装备主要从德国、日本、意大利和美国进口，由这四个国家进口的食品装备总额占2021年我国食品装备进口总额的59.05%。

6.“三品”战略实施情况和典型案例

2021年，我国食品装备业继续深入落实增品种、提品质、创品牌“三品”战略，瞄准发展短板，对标国际先进的食品装备技术，加大技术研发力度，取得了可喜成绩。

（1）增品种　山东碧海包装材料有限公司自主研发的BH7500III系列无菌纸盒灌装机无菌系统通过第三方国际机构的挑战性无菌验证，各项技术指标达到世界行业先进水平；企业还先后推出了柔性无菌纸盒灌装机、高速无菌枕包灌装机、超洁净屋顶纸盒灌装机、直喷式杀菌机等技术领先的液态灌装机和杀菌机。昆明克林轻工机械有限责任公司开发了甘蔗翻板除杂系统、糖浆过滤系统、蔗渣干燥系统、糖厂滤泥生化处理等新设备、新技术；在微生物应用技术领域，在全国全面推广有机垃圾生物式处理设备。

（2）提品质　杭州中亚突破了无菌灌装自动化生产线制造的关键技术，相继推出直线式瓶装无菌灌装设备、预制杯无菌灌装设备、联杯无菌灌装设备、旋转式多功能无菌吹灌旋一体设备，成功解决了国内液态乳品及饮料包装“卡脖子”问题。中国包装和食品机械有限公司自主研发的“挂面智能干燥系统”开创了中国高端挂面新征程，全封闭干燥空间内，使挂面在均匀、稳定、洁净、封闭的干燥环境下实现连续脱水，不仅提高了挂面产品品质，还综合利用智能化技术对热能进行高效利用，实现了干燥过程的节能降耗，并建立挂面可追溯体系，整体技术达到国际先进水平。合肥泰禾智能科技集团股份有限公司研制的粮食果蔬智能分选、包装成套装备重点突破了粮食、果蔬等大宗及优势农产品高品质、高产量分选、检测分级及包装、质量追溯等关键技术；开发了中药材、茶叶等特色农产品分选、分级、干燥、包装等智能成套装备以及转运仓储、配送系统等，降低了农产品杂质含量，提升了食品品质。

（3）创品牌　广州达意隆包装机械股份有限公司研发出第六代高效节能聚对苯二甲酸乙二酯（PET）瓶吹瓶机，能耗降低15%

以上，单模腔最高产量可达 2650 瓶/h；同时，其高速 PET 瓶吹贴灌旋一体化装备、新一代无菌吹灌旋生产线已在国内外全面实现市场化，实现了中国高端装备走出去。

7. 绿色制造、智能制造

2021 年，食品装备行业继续朝着数字化、智能化、绿色化方向发展。头部企业在绿色制造、智能制造方面起到了较好的引领作用，取得了显著成绩。

山东金塔机械集团有限公司结合国家双碳目标，围绕绿色节能方向，研发了四效溶剂回收节能技术及装置，利用前级蒸馏系统的高压高温溶剂气体热量给后级蒸馏系统加热，一次热源的热量利用了 4 次，降低了蒸汽消耗；采用四效耦合塔热集成工艺，一二三效塔的酒精蒸汽均靠后一级的再沸器冷凝，节省了 75% 循环水量。

广州达意隆公司通过与中国联通合作，搭建了面向食品装备行业的“5G+工业互联网”公共服务平台，同时在 5G+虚拟仿真、5G+虚拟调试、5G+能源管理、5G+智能巡航、5G+振动监测及预警等场景进行探索，并形成可复制推广的典型成果；达意隆公司还开展了服务型制造示范项目，构建了全生命周期服务产业链条，开展了包装装备数字化工厂试点示范项目。

山东金塔集团打造了基于产品生命周期管理（PLM）的智能研发管理平台，对产品全生命周期进行管理服务。该平台覆盖了从接单、概念设计、详细设计、工艺流程到产品全生命周期的各个环节，实现了企业设计数据、工艺数据的统一管理，满足了企业产品数据全局共享的应用需求。

永创智能公司研发了先进制造中心、基于数智云平台的智能工厂系统解决方案，建设了现场控制（在线监测）系统（DMC-K21）、生产执行管理系统（DMC-K22）、企业资源管理系统（DMC-K23）和智能决策分析系统（DMC-K24），实现了装备互联互通、装备与人工的高度协同。

普瑞特公司打造了智能制造车间，加大了绿色安全、智能制造、人工智能、信息技术领域的技术和装备投入；所有车间均配有先进的焊尘除烟系统，完成了全自动等离子焊接生产线、全自动库卡机器人组装焊接生产线、全自动库卡机器人折边生产线等，车间生产过程实现设计制造一体化，打造国内行业最先进的精益柔性下料焊接生产线，大大提高了生产的智能化程度和加工制造能力，该项目被列入首批山东省智能制造示范项目。

乐惠国际开发应用了全生命周期项目管理系统、供应链管理系统（SCM）、企业资源管理系统（ERP）、生产管理系统（MES）、办公自动化（OA）系统以及啤酒装备一整套自控系统等，企业内部实现阿米巴数字化管理；其在宁波大目湾年产 1 万 t 的柔性智能化精酿啤酒旗舰型工厂正式投产，同时研发了精酿啤酒云酿造管理系统，所属酒厂的工艺或者设备故障报警能在远程界面及时显示且被准确定位，实现自建互联网产供销业务一体化管理。

8. 发展新亮点和新增长点

（1）白酒行业酿造及包装生产线的数字化智能化技术改造及升级是食品装备业大力发展的领域，是利润增长点。例如，普瑞特机械制造股份有限公司参与的古井酿酒生产智能改造项目签约 4.16 亿元人民币大单，说明白酒行业在实现产业转型升级方面的投资力度很大，发展前景很好。

（2）饮料行业的营养新概念产品继续为食品装备业无菌饮料灌装线提供市场支撑

多功能无菌灌装生产线能够同时满足灌装中性产品、满足多内容物兼容产品的灌装、满足接触式灌装与非接触式产品的灌装且可快速切换、满足含气产品与不含气产品兼容的灌装。饮用水灌装线的市场增长依然会很强劲。这些将是食品装备业新的利润增长点。

（3）智能化主食加工生产线是食品装备业新的利润增长点　主食工业化是我国食品工业领域未来最重要也是潜力最大的领域，其细分行业中央厨房的快速发展、标准化中央厨房的建立，将向消费者提供标准化的产品。在紧急情况下，主食工业化可以为军队、学校、社会活动、备灾救灾等提供紧急的餐饮食品保障。随着主食工业化的发展，保鲜设备、冷藏技术设备、冷藏运输设备以及相关的包装设备会迎来快速增长。如南京乐鹰生产的中央厨房无菌米饭生产线填补了国内空白，已达到国际先进水平，未来市场需求巨大。

（4）数字化、智能化烘焙机械发展前景乐观　2021 年，网红零食中的烘焙食品、零糖低卡的糕点类食品等迅速走红，直接拉动了烘焙装备的快速发展，烘焙装备已经开始向数字化、智能化及生态化方向发展，未来智能化烘焙装备将是食品装备业发展亮点。

二、行业面临的问题

（一）疫情对企业经营的影响

1. 境外项目进展缓慢

由于国外疫情的持续蔓延和国内疫情的多点突发，导致食品装备企业的项目在前期交流过程中只能停留在线上，缺少实地的考察以及面对面的交流，大多数新的国外买家都停留在前期方案探讨中，实质性推进缓慢；另外，很多国外项目处于暂停、半施工状态，国内企业的技术、施工人员无法到达现场开展工作。

2. 物流成本增加，周期拉长

受疫情影响，导致国际海运费用大幅上涨，增加了企业运营成本；由于各国各地区对疫情的防疫措施不同，国际物流周期拉长，海运仓位紧张，物流费用上涨。国内多点散发的疫情虽然对物流成本没有影响，但是局部地区疫情对个别项目的进度、产品销售发货、售后维修配件发货等还是有一定程度影响。

（二）原材料涨价增加企业成本

企业成本增加且不可控。2021 年，原材料特别是有色金属价格持续上涨，不同周期内波动很大，导致前期预算与后期采购时价格相差大，成本增加。钢材、电气配套件、非金属零件普遍上涨了 10%～30%，以有色金属原材料铜为例，铜管价格同比上涨 22.89%。原材料价格上涨使企业经营成本大幅提高，给企业正常运营造成很大压力。

（三）供应链不畅

原材料涨价和食品装备成品售价不变，导致上下游供应链在成本和利润的变化上无法同步。国外高端电器产品和国外零配件涨价幅度达到 30%（如电器件、控制件），且还有供应不足情况发生；由于全球芯片产量大幅下滑，企业所需的一些核心元器件如触摸屏、可编程逻辑控制器（PLC）、变频器、控制系统等不能满足货期要求，国外订单不承诺交货期，采购价也较以往翻了一番甚至几倍，导致严重的供应链紊乱。

国内中高端用户对国产食品装备的电器元件、关键配套件配置仍存在指定国外产品品牌的情况，束缚了国内制造业采用国产优质电器元件、关键配套件的手脚，挤压了国内配套件产品的市场空间，也加大了非常时期国内制造业产业链、供应链安全风险。

（四）产业基础高级化还存在薄弱环节

1. 基础零部件、元器件方面

目前国产零部件和元器件在食品装备领域已经普遍应用，生产的设备的性能指标已接近或达到国外同类产品水平，但在部分高端装备上的使用可靠性仍落后于国外同类产品，如在畜禽屠宰和肉类加工中使用的高强度耐磨切割刀具（锯条）、特制悬挂输送轨道和食品级高强度输送部件等。用于高速生产线的高性能 PLC、伺服电机、减速机、电磁阀、密封件、高速轴承和专用传感器等国产关键零部件正在逐步进行测试，未来将逐步提升使用可靠性。

2. 基础材料方面

食品装备制成品自身及其生产过程中使用的支撑和关键材料，如机械制造必不可少的铝合金、高强度钢、碳纤维复合材料等材料还有一定的提升空间。

3. 基础工艺高级化方面

基础工艺在工业产品生产过程中使用量大面广、通用性强，且关键共性制造技术以及技术附着的制造装备，包括加工制造工艺、成形制造工艺、增材制造、制造过程检测控制工艺以及数控机床、机器人等制造装备。目前大型骨干企业的自动化生产线关键技术装备仍依赖进口，缺少先进、高端的加工技术和产品质量检测手段，如畜禽屠宰技术装备中的二氧化碳气体致昏系统、家禽（鸡）自动取内脏系统、畜禽胴体自动分割系统以及畜禽肉品质智能识别与在线检测监测系统等仍依赖进口。

4. 基础软件高级化方面

工业软件作为工业技术软件化的成果，是解决工业技术高级化问题的重要方面。按照业务维度可分为：研发设计类软件、生产控制类软件、管理运营类软件、服务保障类软件、新型工业软件等。国内缺少占据行业主导的工业软件、工业互联网平台、嵌入式系统软件，未来要突破工业软件关键共性技术，打通“1+N+X”工业互联网平台体系各环节。

（五）食品装备业企业急需的技术工人、数字化智能化科技人才和国际化外贸人员等有效人力资源严重不足

大多数中小微食品装备企业因自身抗风险能力较低，融资较难，在资金链不足的情况下缺少对新产品研发的投入，设备无法更新换代，在外部环境和市场竞争的多重压力下，中小微企业生存更加困难。

三、发展趋势

（一）稳步发展将是行业发展的主要特征

稳步发展是企业理性面对国际动荡局势和市场激烈竞争的基本定位。食品装备企业将重点致力于推动产品向中高端迈进，提升中国产品的品牌形象和价值，增强国内产业链、供应链的自主可控，补发展短板，制定具有先进性的食品装备国际标准，增强参与国际合作和竞争的本领，在全球复杂多变的经济形势下谋求更大发展。行业企业着力于扩大内需市场，同时寻求国外市场的发展机会。

（二）智能化和数字化将是技术创新发展主线

食品装备业在创新发展方面将继续以智能化和数字化发展为主线，加快提升装备质量和技术水平，推动产品向中高端迈进，建立新型食品包装、活性调控技术及智能装备体系，构建我国新型食品包装加工多元化集成模式，构建系统的数字营销、智能采购、智能制造、安全检测、数字追溯、协同办公数智平台，加强装置智能化系统的研发和数据库的建设，提升中国产品的品牌形象和价值。

（三）行业更注重绿色发展，实现双碳达标

食品装备业将绿色制造、双碳达标和节能减排作为行业发展趋势。制造企业正在建立健全绿色低碳循环发展的设计、制造和管理体系，研发节能减排技术，从源头上减少排放，资源化利用。研究生物基环保包装材料、活性智能包装材料、粉状与不规则固体食品和浓酱与黏稠食品的包装设备，推动新技术、新装备和新产品的创新，如在酒精设备制造方面，更注重节能技术研发和应用，从源头上减少二氧化碳的排放和综合利用，

变废为宝。

（四）《区域全面经济伙伴关系协定》（RCEP）实施将带来行业发展新机遇

《区域全面经济伙伴关系协定》正式实施签约成员国之间最终零关税比重达到90%的贸易条件，将倒逼食品装备业企业加快提高技术水平，不断创新，提高质量，降低成本，抓住机遇，用好相关政策，加大食品装备产品出口力度。

（五）跨界融合将助力产业链、供应链稳定性和可靠性的提高

新冠肺炎疫情的持续加剧了全球产业链供应链的本地化、区域化和数字化。食品装备行业未来发展的关键是加强产业链、供应链的稳定性和可靠性，尽快解决制约行业发展的链条短板，充分发挥企业的市场主体作用，加大跨界融合，加强信息联动，整合链条上的新资源，不断提升产业链、供应链稳定性和竞争力。

1. 推动产业链、供应链的各类企业链条式改造

以龙头企业带动中小企业朝着规模化、集群化、专业化、智能化、高端化方向发展；优化上、中、下游的产业链供应能力，促进产业链的信息共享、资源共享、设计共享和生产共享。鼓励龙头企业围绕产业链搭建企业交流平台，促进龙头企业、中小企业之间的技术交流与研发协同；中小企业积极提高对外部知识（源于龙头企业知识溢出）的吸纳能力。

2. 围绕产业链上、中、下游的核心关键技术和产品开展链式突破

以基础产品和食品装备中常用的热处理、涂层、密封等基础技术为抓手，着力形成包括产品设计、材料研发、工艺开发、装备制造、示范推广应用在内、诸多企业协同的突破链；支持上、中、下游产品的交叉应用，闭环并拓宽产业链、供应链，保持从基础产品创新到基础产品应用的良性循环。

3. 围绕创新链上、中、下游构建全生命周期链式创新

以食品装备生产制造为主线，联合高等院校、科研院所、生产企业、检测检验机构开展食品加工生产工艺的协同创新，保持食品加工生产工艺持续升级和良性迭代，提高下游涉及食品加工生产企业的客户交付和综合服务能力。

四、政策建议

（一）加大对科技创新企业的扶持力度

（1）制定相关政策，为重研发、重技术的科技创新型食品装备企业提供科技资金扶持，提供技术改造基金。

（2）加大国产工业软件的研究力度与应用推广，对硬件接口实行统一要求，加强软件之间的互联互通，确保制造业的安全可控。

（3）延续国家对新型轻工机械装备的首台（套）保险补偿政策。

（4）推动政策发力适当靠前，加大对企业智能化改造和数字化转型的辅导及支持，加强惠企政策的宣贯和政策解读工作。

（二）增加对外向型企业的扶持

（1）出台针对外向型企业的业务指南、外向型出口企业境外客户访华的指导文件，建立境外投资环境预警分享平台。

（2）通过研究设置出口企业海外员工类似疫情险的政策性险种，降低出口企业海外员工的疫情成本，提升海外工作员工的信心；保障境外投资项目及涉外人员的人身安全。

（三）支持食品装备业标准体系建设

利用行业标准技术委员会平台，鼓励、规范行业组织积极开展标准制定，鼓励企业制定企业标准，积极参与行业标准和国家标准的制定，推动食品装备业标准国际化。

（四）加强公共服务能力建设

建立健全食品装备业基础服务和科技创新平台，加快食品装备业基础数据信息采集

分析、技术创新、研发设计和检验检测等公共服务平台建设。

(五) 加强出口商品原产地签证管理

帮助企业做好《区域全面经济伙伴关系协定》和普惠制的出口实施工作，帮助我国食品装备在海外享受关税减免；积极推进检验检疫电子证书国际合作，提升贸易便利化水平。

(六) 在招投标方面出台可行的政策

杜绝低价中标给食品装备制造业带来的损害，避免劣币驱除良币。

(七) 引导和支持用户企业在设备的采购中优先选择与国内企业合作

推广使用国产优质品牌的生产线、设备配套件和电器元件。促进国产设备的优化升级，保证供应链安全可控，为攻克短板注入动力。

(八) 加大中小微企业人才队伍建设的扶持力度

对中小微装备企业人才引进给予政策支持，加大对企业产学研合作、成果转化等方面的支持力度。

中国轻工机械协会
中国食品和包装机械工业协会

案 例 篇

生物技术助力农产品增值

——安琪酵母农产品深加工典型示范企业交流材料

一、公司概况

安琪酵母股份有限公司（以下简称：安琪）总部位于湖北省宜昌市，始创于1986年，经过多年稳健发展，已逐步成长为一家国际化、专业化上市公司，主导产品酵母及其深加工产品已广泛应用于烘焙与发酵面食、食品调味、酿造、动物营养、人类营养健康、微生物营养、植物营养等领域。

安琪公司2021年实现营业收入超107亿元，在湖北宜昌、广西柳州和崇左、云南德宏和普洱、新疆伊犁和可克达拉、内蒙古赤峰、河南睢县、山东滨州和济宁，以及埃及贝尼斯韦夫省、俄罗斯利佩茨克州等地共建有13个酵母工厂，酵母类产品总产能超过35万t，出口163个国家和地区，在国内市场占比超过60%，全球市场占比超过15%，产销规模已居亚洲第一、全球第二位。

安琪的发展历程，是一个不断推动技术进步和科技创新的过程，先后承担并完成国家、省部级科研项目84项，获得科技进步奖励48项，其中国家科技奖励2项，省部级科技奖励31项，其中省部级一等奖11项。主导和参与制定了酵母行业所有的国家和行业标准，获得授权发明专利238件。

安琪的主导产品酵母在加工过程中需要大量碳源，目前该碳源主要来自糖蜜。糖蜜是甘蔗、甜菜等农产品加工制糖后形成的副产物，约占酵母生产所需营养物总量的95%。

安琪通过发展壮大酵母产业，利用现代生物技术，将农产品深加工副产物吸收转化、科学利用、“吃干榨尽”，提升了农产品价值、延伸了酵母产业链，取得了经济效益，环境效益和社会效益一举多赢（图1）。

二、利用生物技术助力农产品发展

（一）农副产品高值化利用，紧密联结农业生产

我国糖蜜的年产量约300万t，其中甘蔗糖蜜年产量约270万t，甜菜糖蜜年产量约30万t。

在现代酵母工业等未取得大发展之前，糖蜜是“无用武之地”的环境污染物，制糖企业视其为“烫手山芋”。目前，糖蜜主要应用于酵母生产、酒精生产、动物养殖、味精或有机酸发酵、黏结剂等产业，其中约55%以上的糖蜜用于酵母生产。

作为中国最大的酵母公司，安琪是国内糖蜜的最大采购企业，仅2020年，安琪采购的糖蜜就高达150万t，按照每吨1600元计算，相当于安琪每年可采购24亿元糖蜜。安琪成功将糖蜜变“废”为宝，提高了农产品利用价值。

循环经济
CIRCULAR ECONOMY

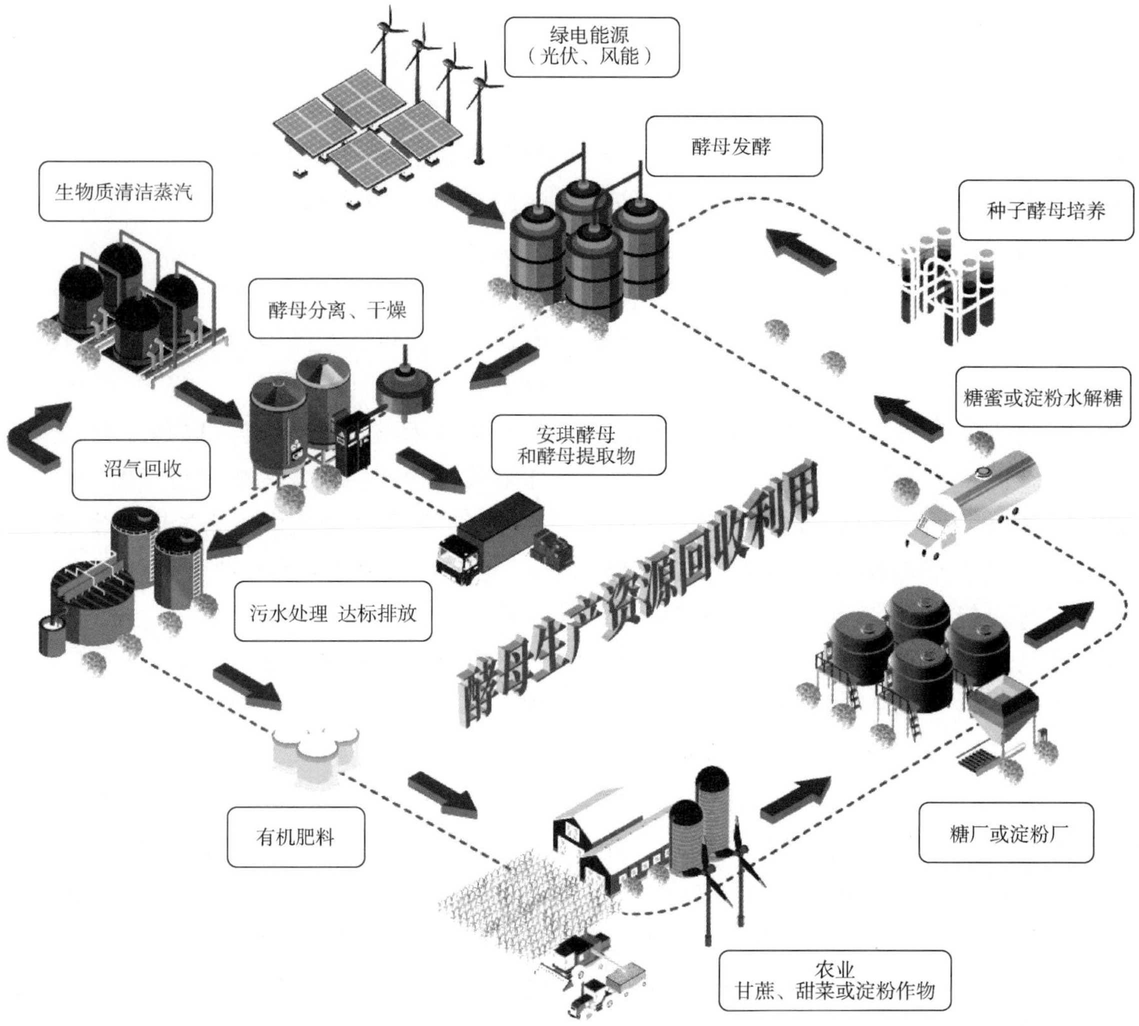

图 1　酵母生产资源回收利用

安琪在内蒙古赤峰市建有集制糖和酵母深加工为一体的智能化工厂。依托安琪公司，赤峰翁牛特旗采取“公司+基地+农户”模式，大力推广甜菜种植，农民与企业签订购销协议，农民既不用担心销路问题，还能按市场价格订单销售。

近年来，安琪每年在赤峰翁牛特旗实现甜菜种植 17 万亩左右、收购甜菜约 60 万 t，带动 2000 多户农户致富，其中贫困户近 200 户种植甜菜 7300 多亩，户均收入达 2.9 万元。安琪在当地采取甜菜种植补贴政策，2019—2021 年补贴面积达 15 万亩，补贴种植户金额合计近 1000 万元。

作为赤峰农牧业产业化龙头企业，安琪赤峰工厂 2021 年实现总产值 8 亿元，安置就业 860 人。2017 年以来，安琪开展甜菜种植培训，涉及农民达万人次以上，理论和实地培训相结合，提高农户种植水平，甜菜平均单产从 2017 年的 2.6t/亩提高到目前的 3t/亩以上。

同时，安琪还与广西、云南等甘蔗产区的制糖原料企业、种植单位等建立长期合作关系，稳定了上游产业链的持续收益。

（二）推进绿色制造，打造“农田到农田”的绿色产业

积极响应国家“双碳”战略，安琪在全部公司大力推进绿色制造，积极发展绿色循环经济。

一是开展节能降耗。通过全面推广节能设备、节能技术和余热余压回收，降低工厂各用能设备能源消耗。生产工厂使用磁悬浮风机或磁悬浮冷水机组，开展锅炉自动化改造，实行热能回收、能源梯级利用，提高用能设施能效。2021 年，实施完成节能减碳技术改造项目 28 个，减排二氧化碳 1.97 万 t。

二是使用清洁能源。大力开发和使用清洁能源，推进传统化石燃料替代。安琪各工厂废水处理车间利用厌氧菌处理发酵有机废水产生沼气，回用于沼气锅炉生产蒸汽。2021 年回收利用沼气 1689 万 m^3，减少蒸汽采购 8.8 万 t，减少二氧化碳排放 2.7 万 t。

三是进行循环再利用。安琪将从发酵废水中富集回收的有机质变废为宝，通过干燥喷粉或堆肥工艺生产酵母源有机肥，可以促进微生物增殖，改善土壤品质，提高作物对肥料的利用率，实现提质增产，有效解决了长期施用化肥导致的土壤酸化、板结和肥力降低等问题。逐步探索形成了“原料来自农产品加工、主产品端上餐桌、衍生产品又为农业服务”的循环经济产业链，实现了可持续发展。自 2003 年以来，安琪生产的有机肥系列产品累计投放超 400 万 t。经过近 20 年的使用，农户普遍反馈产品有明显的促生、抗逆、提质、增产效应，对土壤修复和改良效果明显。

（三）做强酵母深加工产业，带动相关农产品发展

不断延长酵母产业链，有效提升糖蜜和水解糖等农产品价值。30 多年来，安琪不断加强科技创新，开发具有自主知识产权的先进技术，拓展应用领域，从最初的 2000t 酵母生产规模发展到如今的 35 万 t 发酵产能，在自身产业壮大的同时，更有效带动了上游原料规模化发展。

安琪率先将酵母创新开发并应用到中国主食馒头、包子等领域，从根本上解决了传统老面发酵的“发酵速度慢、食品安全无保障、难以工业化”等问题，为中华面食的现代化、产业化提供了技术基础。新型发酵技术催生的遍布全国的面食加工企业和包子连锁店年产规模已高达 2000 亿元，面粉等农产品得到前所未有的发展。

安琪将酵母技术应用到酿酒领域，掀起酿酒工业革命，优化了酿酒生产工艺、提升了酿酒企业出酒率、稳定了酒类品质，扩大了酿酒企业的竞争力，带动玉米、高粱、大米、秸秆等生物质原料的高值化利用。

安琪承担了酵母抽提物国家科技攻关课题，经过 20 多年的发展，已将酵母抽提物推广到食品工业众多细分领域，成为“减盐淡咸、清洁标签”的核心调味原料。安琪开发的酵母浸出物成为生物发酵行业广泛使用的新型有机氮源和生物培养基。目前，安琪酵母提取物的生产规模近 10 万 t，居世界第一位。

安琪还利用酵母的营养特性开发酵母葡聚糖、富硒酵母、富锌酵母等深加工产品，

应用到动物养殖、人类营养健康等领域，进一步扩大了酵母的使用场景。

安琪的产业创新带动了中国酵母工业的发展，中国已成为全球最大的酵母生产国和出口国。安琪积极响应“一带一路”倡议，已在埃及、俄罗斯先后建立工厂，成为酵母行业高质量发展的典范。

三、形成示范推广价值

安琪根据循环经济发展战略要求，通过技术进步、物质循环和工业共生等手段提高资源利用率，做到“吃干榨净”，减少资源消耗、降低环境污染、提高企业的生态效率，保证企业在快速发展的同时，减少对环境的负面影响，使环境负荷的增加在环境容量容许范围内。同时在公司现有产业链基础上，规划重点研究产业链之间的配套关系，强调产品链的横向耦合、纵向闭合，对生产体系内的物质、能量进行集成，使传统线性工业发展模式向新型生态工业模式方向转变，形成种植业、发酵业、制肥业的上、下游物料支撑关系，建立起一个物料循环使用、资源共享、副产品互换及自身循环利用的循环经济发展模式，实现了循环经济试点企业在经济效益、环境效益和社会效益的一举多赢，对促进有机农业可持续发展发挥了良好的示范作用。

强化婴配溯源体系建设，提升食品安全保障能力

——伊利集团婴幼儿配方乳粉质量追溯体系建设交流材料

一、公司概况

伊利集团（以下简称：伊利）位居全球乳业五强，连续八年蝉联亚洲乳业第一，也是中国规模最大、产品品类最全的乳制品企业，产品品质、综合服务能力和全面的可持续发展能力，让伊利一直深受全球盛会、赛事以及各级政府和社会各界的信赖与认可。2021年，伊利实现营业总收入1105.95亿元，同比增长14.15%，营业收入增长绝对值超过137亿元；净利润87.32亿元，同比增长23%。伊利成为亚洲首个跨千亿乳企，公司行业绝对龙头地位进一步显现。

伊利的发展与国家政策、产业水平、国计民生、行业国际竞争力密不可分。伊利的成长，对推动农业供给侧改革、振兴实体经济起到了积极的龙头带动作用。在发展过程中，伊利积极提升智能化水平，打造“智慧乳业”，带动行业发展，助力国民健康。

二、伊利婴幼儿配方乳粉质量追溯体系建设

经过10多年的努力建设，伊利婴幼儿配方乳粉质量追溯体系实现了供应链双向正反追溯，可对产品的流向及位置快速锁定，将问题产品进行冻结及召回。伊利每包产品上的追溯码就像我们人类的身份证一样，走到哪里跟踪到哪里。而且企业的生产、质量、物流、销售各级人员都可以在链条中得到经营分析数据，从而为企业管理提供依据。追溯系统的建设提升了企业快速应对危机的能力，用科技手段做到为中国宝宝健康成长保驾护航。

婴幼儿配方乳粉质量追溯系统对于食品安全管理非常重要，主要作用是在牧场、原辅料、生产、运输、销售等环节发现问题后，能够通过分析、追踪找到引起问题的根源，能够准确地将可能有隐患的成品、半成品、原材料进行区分、隔离及处理，避免问题的继续扩大。伊利婴幼儿配方乳粉质量追溯体系从牧场开始建设，涵盖原辅料采集及生产制造过程，然后到全国各地的产品存储物流分仓，从分仓扩展到周边经销商，经销商辐射到分销商及门店，再到消费者，从而形成全供应链的全链条追溯（图1）。

（一）奶源——智慧牧场系统实现奶源追溯

通过自动化设备、信息系统和大数据平台的结合，对每一头奶牛的全生命周期进行数据化管理。覆盖了从牛只育种到产犊、饲养、挤奶，乃至牛只终身疾病预防和治疗，全程均有信息数据记录。消除单个牧场信息“孤岛”，将全国牧场智能化管理系统的所有数据传输在一个平台上。通过全面的畜群管理程序，实现对数据的集中监控、收集及分析，以信息化助推现代化牧场建设和管理，从而实现奶源的数字化追溯。

图 1　全链条追溯示意图

（二）生产——智能化生产系统实现生产过程追溯

伊利婴幼儿配方乳粉质量追溯体系中的生产工厂以生产执行系统（MES）为核心，承接上游智慧牧场信息，打通生产过程原料的使用、过程投料、混料监控、包装赋码等环节信息对接，并向下游传递生产包装信息，最终将过程追溯数据上传到伊利追溯云中台。

1. 软硬件结合，实现生产过程投料防错管理

投料过程中先扫描物料条码信息，系统实时与生产计划进行核对，相符物料允许投料，异常物料不允许投料，并上传所有投料信息到追溯服务器，待所有物料投入完成后方可进行下一步混料操作。系统与设备间环环相扣，缺一不可，系统通过硬件连锁、过程操作规范控制、配方精准控制，从而实现生产工序防错管理。

2. 整合产品生产信息，打造每罐产品唯一“身份证”

在生产过程中，为每一包、每一罐产品赋予唯一身份标识二维码作为产品的身份标识（ID），并绑定生产日期、批次等信息，在装箱环节将产品最小单位的二维码再与箱追溯码绑定，作为后续产品流通环节信息传递的载体。同时为了保障数据关联的准确性，采取装箱过程整箱采集的方式，保障产品追溯信息 100% 准确。

（三）化验——数字化检化验管理系统实现检验记录追溯

通过检化验管理系统（LIMS），将影响质量的诸要素进行管理和控制，规范管理过程，同时将实验室不易管理的人员、机器、物料、法、环境等因素有效地进行流程化控制，互相之间建立必要的联系，最终帮助实验室以标准化模式运行，最大程度减少人为因素的干扰，保障检测数据的真实可靠。通过仪器设备与 LIMS 系统对接，使检测数据自动录入系统并完成对原始数据的处理，同时推送产品检验结果及检验报告到消费者手机追溯平台，方便消费者随时查看。通过 LIMS 系统，将实验过程产生的数据全部以结构化方式存储在数据库中，实现数据的存储、查询、发布等功能，满足不同阶段对数据溯源的要求，保证数据在单位内部实现共享，提高各部门之间信息交互能力。

（四）物流——智慧物流管理系统实现产品发运追溯

伊利在全国建立物流分仓为各区域经销商服务，通过“互联互通+高效物流”，建设

物流服务的信息管理平台，管理产品运输环节所有物流车辆及产品的流通。智慧物流系统获取企业资源计划管理系统（ERP）中的订单，同步到分仓发货掌上智能PDA中，发货人员按照PDA上的订单信息进行发货，如订单中要求发货“金领冠”一段产品100箱，则扫描人员必须扫描够100箱“金领冠”一段产品才可结单装车，如多余或缺少都不能结单发货，并跟踪定位在途运输车辆位置及状态。

（五）销售——智慧云商系统实现产品流向追溯

伊利在全国有上千家乳粉经销商，传统的方式为通过手工方式对分仓及经销商的库存、新鲜度、销售情况进行统计，反馈不够及时且不准确，从而导致产品积压或断货，而伊利建设的云商平台可实现产品从工厂端到消费者端的信息化实时管控。

伊利云商系统通过单据流衔接端到端的业务流，针对经销各种不同情况分别构建系统需求；通过采购订单与销售订单同步衔接端到端订单业务流，减少重复操作，扫描作业不仅完成追溯，同时产生库存事务，提高扫码率；通过采购退货单与销售退货单同步衔接端到端退货业务流，上游建单，强化退货管理；通过调拨出库单与调拨入库单同步衔接端到端调拨业务流，提高效率，调出调入可跟踪；通过计划管理实现任务到计划、再到实际数量的比对和指标计算，对销售的年度目标分解和确认，通过目标、计划、实际来计算各层级人员的绩效指标和各层级的达成情况。为保证追溯信息完整性，追溯码按照事务状态存储，不仅存储正向事务，且管理逆向事务、调拨事务等，按照事务表的方式存储相关信息，用于过程追溯和管理。

（六）消费者——数字化会员服务实现消费者对产品的追溯

伊利建设了与消费者互动的消费者会员系统，实时掌控消费者需求，为消费者提供自主化服务。通过事件式营销贯穿会员的生命周期，每一个事件式营销都是包含决策—设计—执行—评估—决策的闭环流程。将各个零散的资源和功能整合起来为会员提供优质服务，推送会员关怀信息，分析消费者的关系及行为，通过标签的形式为消费者画像。通过建模分析会员相关业务，可视化地呈现会员业务的状态，基于网络社交的大数据应用，为业务人员把握未来业务方向提供强有力的支撑。

2014年伊利作为工业和信息化部（以下简称工信部）首批国家追溯平台建设试点单位，加入工信部推广的食品安全追溯查询系统，实现了消费者只需微信扫一扫，就可查询到购买产品的追溯信息，提升了消费者查询体验。

三、成果及推广价值

（一）高效电子追溯

经过多年的努力建设，伊利婴幼儿配方乳粉质量追溯系统已实现了供应链双向正反电子追溯，从牧场、生产投料、产品包装、物流运输到经销商、门店及消费者均已实现电子追溯，通过产品追溯码或批次信息不仅可以查询整个生产过程、奶源及原辅料等信息，还可以查找对应批次产品的流通情况，为产品追溯、召回提供准确数据。

（二）生产过程“零”错误

乳粉生产过程中操作人员根据系统信息指示进行原料配比添加，配比添加过程系统进行监控纠偏，实现生产全过程零误差、零错误。

（三）实现生产全过程可追溯

建立符合国家电子监管要求的完整全过程电子批记录，既满足企业内部管理需要又符合国家监管要求。人、机、料、法、环各个环节相关信息均可在系统中进行追溯管理。

（四）下游经销商云端管理

伊利乳粉已实现全国经销商出入库电子化管理，经销商使用的云商系统与追溯原理有效结合，利用系统管控市场渠道各环节相关业务及产品库存的电子化管理，其中包括经销商库、分销商库、终端卖场，通过每一环节对产品追溯码的采集，实现产品在库中的转移，管理追溯记录的同时高效掌控实时库存、销售情况及新鲜度，系统对低库存、高库存及新鲜度超标准都进行预警。

（五）全产品的追溯信息向消费者透明展示

消费者通过微信等工具直接扫描产品上的追溯二维码，查看全面的生产信息和产品检验报告，使生产过程透明化，并为消费者查询真假提供了依据。

（六）打通到消费者端的追溯

基于一物一码精细化管理的物联系统，伊利实现了最小售卖单位产品的一物一码精细化管理，在生产包装赋码过程中将产品上的追溯码与积分码进行关联，使积分码具有与追溯码一致的追溯功能，消费者最终购买产品使用会员信息进行积分，通过伊利追溯系统可查询这罐产品卖给了哪个消费者，从而实现到消费者的追溯。

绿色制造，减碳增色

——盼盼食品国家绿色工厂典型示范材料

一、公司概况

福建盼盼食品有限公司（以下简称：盼盼食品）是以农产品精深加工为主的农业产业化国家重点龙头企业、北京2022年冬奥会和冬残奥会官方赞助商、亚洲品牌500强、中国驰名商标企业。

盼盼食品始创于1996年，总部位于“晋江经验”发源地——晋江，拥有17个大型现代化生产基地，员工约13000人，主要生产休闲膨化类、烘焙类、坚果类食品和健康饮品，年累计加工各类农副产品超百万吨。

自创业伊始，公司就秉持“盼盼食品是做给自己亲人吃的，盼盼饮料是做给自己亲人喝的”的经营理念，坚持“不是优质食品不出，不是健康饮料不产”，着力打造“绿色、健康、营养、时尚、方便、放心”的优质食品和饮料，致力于为每个家庭永续提供健康美味产品，产品远销全球50多个国家和地区，深受国内外消费者的喜爱。

凭借过硬的实力，盼盼食品连续多年被评为“消费者喜爱的食品品牌”，是金砖国家领导人厦门会晤、博鳌亚洲论坛、上合组织青岛峰会指定产品，更是北京2022冬奥会和残奥会官方赞助商，代表民族品牌亮相国际舞台，展现民族品牌的实力与风采。

盼盼食品始终不忘初心，牢记使命，坚决贯彻党和政府的绿色发展理念，不打折扣地执行相关生态发展政策，发扬“敢为天下先、爱拼才会赢”的闯劲，坚持生态优先、绿色发展理念，历经探索、创新、发展，蹚出一条生态效益、社会效益、经济效益协调统一的绿色健康可持续发展之路，全力建设零碳工厂，创建了省级绿色工厂、国家级绿色工厂，打造出休闲食品行业绿色制造标杆，发挥了标杆示范引领作用，助力休闲食品行业绿色高质量发展。盼盼食品集团旗下子公司——安徽盼盼食品有限公司于2022年7月获得国家权威机构颁发的碳中和认证证书，率先在休闲食品行业打造出“零碳工厂”。

本文以国家级绿色工厂——盼盼食品长汀分公司为例，分享盼盼食品打造国家绿色工厂，践行绿色低碳发展理念的过程与经验。

二、打造绿色制造标杆，助力产业高质量发展

（一）盼盼食品长汀分公司简介

盼盼食品长汀分公司是福建省盼盼食品旗下第九个子公司，坐落于革命老区福建省龙岩市长汀县，主要生产“盼盼”牌麦香系列休闲膨化食品，盼盼DHA深海鳕鱼肠海鲜零食，法式小面包、瑞士卷、梅尼耶干蛋糕等烘焙食品，以及重磅打造的子品牌“艾比利”等经典产品。

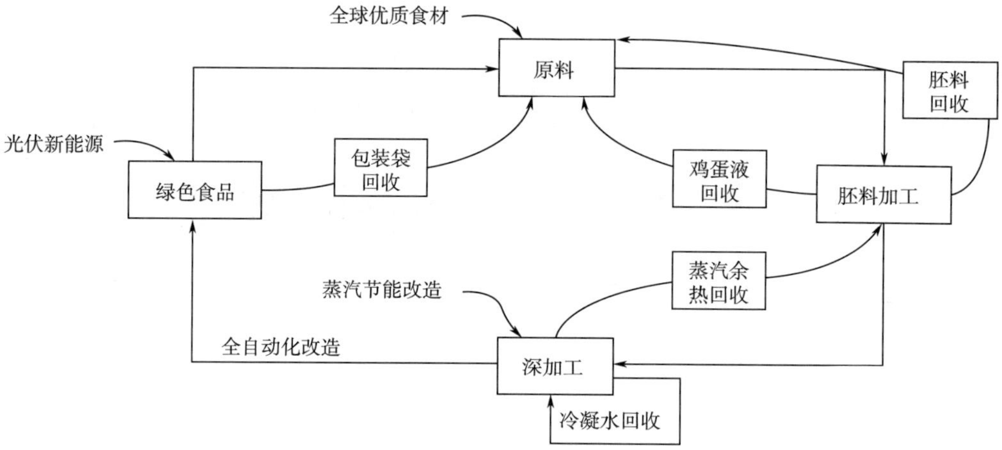

图 1　盼盼循环经济示意图

长汀分公司依托省级技术中心——盼盼食品集团研发技术中心的优势资源，勇于创新，追求卓越，锐意进取，在绿色降碳、绿色发展上创新探索，并取得显著成效，先后被授予“省级绿色工厂”“国家绿色工厂”“农业产业化国家重点龙头企业”等荣誉称号。

（二）绿色工厂创建情况

1. 整体布局，长远规划

自 2004 年落户革命老区长汀以来，盼盼食品按国家政策规定，全盘考虑，系统布局，本着“发展循环经济，科学利用资源”的原则，成立“节能循环经济领导小组”，全面开展循环经济工作（图 1），以节能高效和循环利用为核心，制定《绿色工厂管理职责》《绿色工厂战略方针和中长期规划》等系列绿色工厂发展规划；成立绿色工厂管理机构，明确公司内部绿色工厂相关角色的职责和权限，开展实施、考核及奖励绿色工厂工作，建立目标责任制。

2. 循环化改造，节能降耗

全面开展循环经济工作，以节能高效和循环利用为核心，遵循“3R”原则（减量化、再利用、再循环），提高能源资源效率，降低末端排放量。如蒸汽回收利用改造，引用锅炉房过热蒸汽，提高了能源利用率，年节约用电 14.32 万 kWh；冷凝水回收利用，回收慢速烘床冷凝水（85～90℃），年可节约新鲜水用量 14000t，节约天然气消耗 14 万 m^3；蛋液回收，提高蛋液收成率，年回收蛋液 85t。

3. 建立可持续性绿色管理体系，严格绿色低碳管理

工厂建立、实施并保持符合国家质量管理体系、环境管理体系、能源管理体系要求，从管理层面对工厂降碳减排绿色发展进行精准控制，确保每个环节都符合要求，并在 2020 年年度社会责任报告中单列说明。

4. 优化能源投入，持续技术改造升级

优化用能结构，首选绿色新能源，如厂区建设光伏电站，用低碳、清洁、可利用的新能源取代火力发电；进行技术升级、技术改进，如“干式电力变压器改造”，实现有害物质的替代；利用“碎料回收-供自动筛分”“原料包装袋重复利用”“打蛋房蛋液回收改造”，替代原生材料等。

5. 推进产品绿色化、包装生态化

打造全价值生态链模式，采用先进技术全球甄选绿色原料，原辅料都不涉及有害物质，且产品的抽查第三方检测报告的检测结果均满足相关标准要求。包装则按照 GB/T 24256 融入生态设计，并按照《PAS2050：

2011》核查产品碳足迹，确保低碳环保。生产过程机械化、智能化、低碳化，生产的产品绿色、健康、环保。

6. 全过程管控，增强减污降碳成效

建立“源头—过程—末端”全过程一体化减污降碳管理体系，通过先进设备来处理污水排放、污染物排放、噪音污染等。比如主要空气污染物的排放处理，通过将燃煤锅炉改为燃气锅炉，降低锅炉废气中烟尘、二氧化硫和氮氧化物的排放量，对油烟处理器的更新及改进进一步减少了油烟污染物的排放。

三、主要成果与推广价值

（一）主要成果

1. 基础设施绿色化，厂区建设集约高效、经济适用、智能绿色、安全可靠

工厂容积率为1.23，达到《工业项目建设用地控制指标》要求1.2倍以上；工厂建筑密度达61.19%，满足建筑密度达到40%要求；节水型器具和设备占比96.9%，节水率大于25%。

2. 工艺生产低碳化，通过低碳生产工艺技术创新、清洁化生产装备应用，提升资源循环利用率

如冷凝水回收利用，减少新鲜水消耗并回收热量，年可节约新鲜水用量14000t；燃气锅炉节能改造节约40%的运行电能，凝结潜热回收提高效率7.8%，烟气显热回收提高效率5.6%。每年可节约天然气16万m^3，节电6万kWh；慢速车间蒸汽节能改造节约蒸汽1698.3t；原料包装袋重复利用，年节省粉料编织袋约32万个；打蛋房蛋液回收改造，提高蛋液收成率，年回收蛋液85t；使用光伏新能源，年预计可减少410t二氧化碳当量的排放。

3. 主要污染物排放达到烘焙食品行业前5%水平

2020年，外排锅炉废气中烟尘平均浓度低于14.5mg/m^3，低于国家标准（20mg/m^3）；二氧化硫平均浓度低于检出限，低于国家标准（50mg/m^3）；年排放总量满足排污许可要求。各项环保排放指标、能耗指标等均优于国内行业先进值。

4. 助推打造生态文明县域样板

积极参与长汀县水土流失及长汀水土流失治理和生态保护建设，通过慰问植树官兵、优先招收水土流失区农民工、开展村企联建，引导农民从分散种植转化为集中种植，建设李岭村“盼盼林”和余陂村鹰嘴桃、杨梅生态种植基地，助推长汀县打造生态文明县域样板，成为红土壤区水土流失治理的品牌和典范。

（二）推广价值

1. 制度先行，建立绿色工厂组织体系

长汀分公司邀请行业专家作为顾问，制定《绿色发展战略规划》，并制定出建设绿色工厂、开展绿色产品设计、参与建设绿色供应链的五年工作实施规划，明确具体工作任务、安排、进度和措施等，按照规划积极推进各项工作，全面实现绿色工厂建设的各项目标。通过转方式、调结构，使工艺流程、管理流程、组织架构得到根本性转变，通过组织知识化、决策科学化、流程标准化、管控透明化、服务柔性化，构建智能化运营管理体系，推进工厂向智慧工厂转型建设。

2. 构建绿色价值体系，打造高价值的生态产品

长汀分公司加大对绿色产品研发和应用的投入，创建产品生命周期评价系统，对产品的生命周期进行评价，使公司的产品满足资源属性指标、能源属性指标、环境属性指标、产品属性指标等指标，考虑产品整个生命周期过程的环境性能，掌握产品生命周期的全过程。

将绿色产品评价引入到绿色产品和工艺设计、技术升级选型、生产过程管理、绿色原料和供应链管理、绿色产品市场营销和品

牌建设等工作中，有效提高企业绿色精益生产能力和产品绿色竞争力。

3. 科技赋能，精细化管理，提高全厂绿色发展水平

对标国际一流企业，借助先进科技环保设备，严格管理，精细管理，确保清洁生产相关指标及各项环保排放指标、能耗指标均优于国内食品行业先进值，确保公司在安全、节能、环保等方面均达到国内食品同行业先进水平。

绿色发展功在千秋、利国利民，绿色制造有益社会、造福后代、利显当代。作为民族品牌的一分子，盼盼食品将一以贯之地践行绿色发展理念，坚定走产业生态化之路，充分发挥国家绿色工厂的标杆示范作用，建美绿水青山，做大金山银山，助力食品行业绿色高质量发展，助力建设美丽中国。

附　录

附录一　食品行业重大法律法规和管理文件

《粮食流通管理条例》（2021 年 2 月 15 日中华人民共和国国务院令第 740 号第三次修订）

中共中央办公厅　国务院办公厅印发《粮食节约行动方案》

国务院办公厅关于印发“十四五”冷链物流发展规划的通知（国办发〔2021〕46 号）

《中央储备糖管理办法》（国家发展和改革委员　财政部令 41 号）

国家发展和改革委员会　国家粮食和物资储备局关于印发《粮食储备管理问责办法（试行）》的通知（国粮执法规〔2021〕141 号）

农业农村部办公厅关于开展“瘦肉精”专项整治行动的通知（农办牧〔2021〕18 号）

《农业农村部　国家市场监督管理总局　中华全国供销合作总社关于促进茶产业健康发展的指导意见》（农产发〔2021〕3 号）

《中华人民共和国进出口食品安全管理办法》（海关总署第 249 号令）

市场监管总局关于开展肉制品质量安全提升行动的指导意见（国市监食生发〔2021〕5 号）

市场监管总局关于发布《辅酶 Q_{10} 等五种保健食品原料备案产品剂型及技术要求》的公告（2021 年第 4 号）

市场监管总局关于发布《保健食品备案产品可用辅料及其使用规定（2021 年版）》和《保健食品备案产品剂型及技术要求（2021 年版）》的公告（2021 年第 7 号）

市场监管总局关于加强酱油和食醋质量安全监督管理的公告（2021 年第 23 号）

附录二　食品标准技术规范

一、肉类加工业

（一）食品安全国家标准（GB）

序号	标准编号	标准名称	发布日期	实施日期
1	GB 5009.17—2021	食品安全国家标准　食品中总汞及有机汞的测定	2021年9月7日	2022年3月7日
2	GB 5009.265—2021	食品安全国家标准　食品中多环芳烃的测定	2021年9月7日	2022年3月7日
3	GB 19295—2021	食品安全国家标准　速冻面米与调制食品	2021年9月7日	2022年3月7日
4	GB 23350—2021	食品安全国家标准　限制商品过度包装要求　食品和化妆品	2021年8月10日	2023年9月1日
5	GB 29921—2021	食品安全国家标准　预包装食品中致病菌限量	2021年9月7日	2021年11月22日
6	GB 31604.8—2021	食品安全国家标准　食品接触材料及制品总迁移量的测定	2021年9月7日	2022年3月7日
7	GB 31607—2021	食品安全国家标准　散装即食食品中致病菌限量	2021年9月7日	2022年3月7日
8	GB 31613.1—2021	食品安全国家标准　牛可食性组织中氨丙啉残留量的测定　液相色谱-串联质谱法和高效液相色谱法	2021年9月16日	2022年2月1日
9	GB 31613.2—2021	食品安全国家标准　猪、鸡可食性组织中泰万菌素和3-乙酰泰乐菌素残留量的测定　液相色谱-串联质谱法	2021年9月16日	2022年2月1日
10	GB 31613.3—2021	食品安全国家标准　鸡可食性组织中二硝托胺残留量的测定	2021年9月16日	2022年2月1日

续表

序号	标准编号	标准名称	发布日期	实施日期
11	GB 31654—2021	食品安全国家标准　餐饮服务通用卫生规范	2021 年 2 月 2 日	2022 年 2 月 22 日
12	GB 31658.1—2021	食品安全国家标准　动物性食品中头孢噻呋残留量的测定　高效液相色谱法	2021 年 9 月 16 日	2022 年 2 月 1 日
13	GB 31658.2—2021	食品安全国家标准　动物性食品中氯霉素残留量的测定　液相色谱-串联质谱法	2021 年 9 月 16 日	2022 年 2 月 1 日
14	GB 31658.3—2021	食品安全国家标准　猪尿中巴氯芬残留量的测定　液相色谱-串联质谱法	2021 年 9 月 16 日	2022 年 2 月 1 日
15	GB 31658.4—2021	食品安全国家标准　动物性食品中头孢类药物残留量的测定　液相色谱-串联质谱法	2021 年 9 月 16 日	2022 年 2 月 1 日
16	GB 31658.5—2021	食品安全国家标准　动物性食品中氟苯尼考及氟苯尼考胺残留量的测定　液相色谱-串联质谱法	2021 年 9 月 16 日	2022 年 2 月 1 日
17	GB 31658.6—2021	食品安全国家标准　动物性食品中四环素类药物残留量的测定　高效液相色谱法	2021 年 9 月 16 日	2022 年 2 月 1 日
18	GB 31658.7—2021	食品安全国家标准　动物性食品中 17β-雌二醇、雌三醇、炔雌醇和雌酮残留量的测定　气相色谱-质谱法	2021 年 9 月 16 日	2022 年 2 月 1 日
19	GB 31658.8—2021	食品安全国家标准　动物性食品中拟除虫菊酯类药物残留量的测定　气相色谱-质谱法	2021 年 9 月 16 日	2022 年 2 月 1 日
20	GB 31658.9—2021	食品安全国家标准　动物性食品及尿液中雌激素类药物多残留的测定　液相色谱-串联质谱法	2021 年 9 月 16 日	2022 年 2 月 1 日
21	GB 31658.10—2021	食品安全国家标准　动物性食品中氨基甲酸酯类杀虫剂残留量的测定　液相色谱-串联质谱法	2021 年 9 月 16 日	2022 年 2 月 1 日

续表

序号	标准编号	标准名称	发布日期	实施日期
22	GB 31658.11—2021	食品安全国家标准　动物性食品中阿苯达唑及其代谢物残留量的测定　高效液相色谱法	2021年9月16日	2022年2月1日
23	GB 31658.12—2021	食品安全国家标准　动物性食品中环丙氨嗪残留量的测定　高效液相色谱法	2021年9月16日	2022年2月1日
24	GB 31658.13—2021	食品安全国家标准　动物性食品中氯苯胍残留量的测定　液相色谱-串联质谱法	2021年9月16日	2022年2月1日
25	GB 31658.14—2021	食品安全国家标准　动物性食品中α-群勃龙和β-群勃龙残留量的测定　液相色谱-串联质谱法	2021年9月16日	2022年2月1日
26	GB 31658.15—2021	食品安全国家标准　动物性食品中赛拉嗪及代谢物2,6-二甲基苯胺残留量的测定　液相色谱-串联质谱法	2021年9月16日	2022年2月1日
27	GB 31658.16—2021	食品安全国家标准　动物性食品中阿维菌素类药物残留量的测定　高效液相色谱法和液相色谱-串联质谱法	2021年9月16日	2022年2月1日
28	GB 31658.17—2021	食品安全国家标准　动物性食品中四环素类、磺胺类和喹诺酮类药物残留量的测定　液相色谱-串联质谱法	2021年9月16日	2022年2月1日

（二）国家推荐标准（GB/T）

序号	标准编号	标准名称	发布日期	实施日期
1	GB/T 8472—2021	北京黑猪	2021年12月31日	2022年7月1日
2	GB/T 13214—2021	牛肉类、羊肉类罐头质量通则	2021年8月20日	2022年9月1日
3	GB/T 39918—2021	羊胴体及鲜肉分割	2021年4月30日	2021年11月1日
4	GB/T 40155—2021	里岔黑猪	2021年5月21日	2021年12月1日
5	GB/T 40156—2021	梅山猪	2021年5月21日	2021年12月1日
6	GB/T 40157—2021	沙乌头猪	2021年5月21日	2021年12月1日
7	GB/T 40363—2021	冷藏集装箱和冷藏保温车用硬质聚氨酯泡沫塑料	2021年8月20日	2022年3月1日

续表

序号	标准编号	标准名称	发布日期	实施日期
8	GB/T 40463—2021	机械分离肉	2021 年 8 月 20 日	2022 年 3 月 1 日
9	GB/T 40464—2021	冷却肉加工技术要求	2021 年 8 月 20 日	2022 年 3 月 1 日
10	GB/T 40465—2021	畜禽肉追溯要求	2021 年 8 月 20 日	2022 年 3 月 1 日
11	GB/T 40466—2021	畜禽肉分割技术规程　猪肉	2021 年 8 月 20 日	2022 年 3 月 1 日
12	GB/T 40467—2021	畜禽肉品质检测　近红外法通则	2021 年 8 月 20 日	2022 年 3 月 1 日
13	GB/T 40468—2021	羊副产品	2021 年 8 月 20 日	2022 年 3 月 1 日
14	GB/T 40469—2021	畜禽屠宰加工设备　牛屠宰成套设备技术条件	2021 年 8 月 20 日	2022 年 3 月 1 日
15	GB/T 40470—2021	畜禽屠宰加工设备　禽屠宰成套设备技术条件	2021 年 8 月 20 日	2022 年 3 月 1 日
16	GB/T 40471—2021	畜禽屠宰加工设备　羊屠宰成套设备技术条件	2021 年 8 月 20 日	2022 年 3 月 1 日
17	GB/T 40475—2021	冷藏保温车选型技术要求	2021 年 8 月 20 日	2022 年 3 月 1 日
18	GB/T 40945—2021	畜禽肉质量分级规程	2021 年 11 月 26 日	2022 年 6 月 1 日
19	GB/T 40956—2021	食品冷链物流交接规范	2021 年 11 月 26 日	2022 年 6 月 1 日
20	GB/T 41168—2021	食品包装用塑料与铝箔蒸煮复合膜、袋	2021 年 12 月 31 日	2022 年 7 月 1 日
21	GB/T 41169—2021	食品包装用纸铝塑复合膜、袋	2021 年 12 月 31 日	2022 年 7 月 1 日
22	GB/T 41189—2021	蛋鸭营养需要量	2021 年 12 月 31 日	2022 年 7 月 1 日
23	GB/T 41190—2021	鹿营养需要量	2021 年 12 月 31 日	2022 年 7 月 1 日
24	GB/T 41194—2021	肉用母牛体况评分技术规范	2021 年 12 月 31 日	2022 年 7 月 1 日
25	GB/T 41220—2021	食品包装用复合塑料盖膜	2021 年 12 月 31 日	2022 年 7 月 1 日

（三）农业行业标准（NY/T）

序号	标准编号	标准名称	发布日期	实施日期
1	NY/T 14—2021	高产奶牛饲养管理规范	2021 年 5 月 7 日	2021 年 11 月 1 日
2	NY/T 636—2021	猪人工授精技术规程	2021 年 5 月 7 日	2021 年 11 月 1 日
3	NY/T 753—2021	绿色食品　禽肉	2021 年 5 月 7 日	2021 年 11 月 1 日
4	NY/T 754—2021	绿色食品　蛋及蛋制品	2021 年 5 月 7 日	2021 年 11 月 1 日
5	NY/T 816—2021	肉羊营养需要量	2021 年 12 月 15 日	2022 年 6 月 1 日
6	NY/T 1564—2021	畜禽肉分割技术规程　羊肉	2021 年 11 月 9 日	2022 年 5 月 1 日
7	NY/T 1658—2021	大通牦牛	2021 年 5 月 7 日	2021 年 11 月 1 日
8	NY/T 3349—2021	畜禽屠宰加工人员岗位技能要求	2021 年 12 月 15 日	2022 年 6 月 1 日

续表

序号	标准编号	标准名称	发布日期	实施日期
9	NY/T 3350—2021	生猪屠宰兽医卫生检验人员岗位技能要求	2021 年 12 月 15 日	2022 年 6 月 1 日
10	NY/T 3375—2021	畜禽屠宰加工设备　牛剥皮机	2021 年 12 月 15 日	2022 年 6 月 1 日
11	NY/T 3384—2021	畜禽屠宰企业消毒规范	2021 年 5 月 7 日	2021 年 11 月 1 日
12	NY/T 3873—2021	浦东鸡	2021 年 5 月 7 日	2021 年 11 月 1 日
13	NY/T 3874—2021	种猪术语	2021 年 5 月 7 日	2021 年 11 月 1 日
14	NY/T 3875—2021	驴骡马源性成分鉴定　实时荧光定性　PCR 法	2021 年 5 月 7 日	2021 年 11 月 1 日
15	NY/T 3876—2021	猪肉中卡拉胶的检测　液相色谱-串联质谱法	2021 年 5 月 7 日	2021 年 11 月 1 日
16	NY/T 3877—2021	畜禽粪便土地承载力测算方法	2021 年 5 月 7 日	2021 年 11 月 1 日
17	NY/T 3904—2021	肉及肉制品中杂环胺检测　液相色谱-串联质谱法	2021 年 5 月 7 日	2021 年 11 月 1 日
18	NY/T 3905—2021	冷冻肉解冻失水率的测定	2021 年 5 月 7 日	2021 年 11 月 1 日
19	NY/T 3961—2021	畜禽屠宰加工人员防护技术规范	2021 年 11 月 9 日	2022 年 5 月 1 日
20	NY/T 3962—2021	畜禽肉分割技术规程　鸭肉	2021 年 11 月 9 日	2022 年 5 月 1 日
21	NY/T 3963—2021	畜禽肉分割技术规程　牦牛肉	2021 年 11 月 9 日	2022 年 5 月 1 日
22	NY/T 3964—2021	畜禽屠宰操作规程　牦牛	2021 年 11 月 9 日	2022 年 5 月 1 日
23	NY/T 3965—2021	畜禽屠宰加工设备　家禽自动分割生产线技术条件	2021 年 11 月 9 日	2022 年 5 月 1 日
24	NY/T 3966—2021	畜禽屠宰加工设备　禽笼清洗设备	2021 年 11 月 9 日	2022 年 5 月 1 日
25	NY/T 3967—2021	畜禽屠宰加工设备　快速冷却输送设备	2021 年 11 月 9 日	2022 年 5 月 1 日
26	NY/T 4026—2021	冷却肉加工及流通技术规范	2021 年 12 月 15 日	2022 年 6 月 1 日
27	NY/T 4027—2021	Ⅰ群禽腺病毒检测方法	2021 年 12 月 15 日	2022 年 6 月 1 日
28	NY/T 4028—2021	白羽肉鸡运输屠宰福利准则	2021 年 12 月 15 日	2022 年 6 月 1 日
29	NY/T 4029—2021	蛋禽饲养场兽医卫生规范	2021 年 12 月 15 日	2022 年 6 月 1 日
30	NY/T 4030—2021	动物土拉杆菌病诊断技术	2021 年 12 月 15 日	2022 年 6 月 1 日
31	NY/T 4031—2021	动物源性食品中住肉孢子虫检测方法	2021 年 12 月 15 日	2022 年 6 月 1 日
32	NY/T 4032—2021	封闭式生猪运输车辆生物安全技术	2021 年 12 月 15 日	2022 年 6 月 1 日
33	NY/T 4033—2021	感染非洲猪瘟养殖场恢复生产技术	2021 年 12 月 15 日	2022 年 6 月 1 日

续表

序号	标准编号	标准名称	发布日期	实施日期
34	NY/T 4034—2021	规模化猪场生物安全风险评估规范	2021年12月15日	2022年6月1日
35	NY/T 4035—2021	鸡滑液囊支原体感染诊断技术	2021年12月15日	2022年6月1日
36	NY/T 4036—2021	马蹄叶炎诊断技术	2021年12月15日	2022年6月1日
37	NY/T 4038—2021	奶牛瘤胃酸中毒诊断、群体风险预警及治疗技术	2021年12月15日	2022年6月1日
38	NY/T 4039—2021	禽偏肺病毒感染诊断技术	2021年12月15日	2022年6月1日
39	NY/T 4040—2021	肉禽饲养场兽医卫生规范	2021年12月15日	2022年6月1日
40	NY/T 4044—2021	种畜场口蹄疫免疫无疫控制技术	2021年12月15日	2022年6月1日
41	NY/T 4045—2021	种鸡场新城疫免疫无疫控制技术规范	2021年12月15日	2022年6月1日
42	NY/T 4046—2021	畜禽粪水还田技术规程	2021年12月15日	2022年6月1日
43	NY/T 4048—2021	绒山羊营养需要量	2021年12月15日	2022年6月1日
44	NY/T 4049—2021	肉兔营养需要量	2021年12月15日	2022年6月1日
45	NY/T 4050—2021	天府肉鹅	2021年12月15日	2022年6月1日
46	NY/T 4069—2021	ω-3多不饱和脂肪酸强化鸡蛋	2021年12月15日	2022年6月1日
47	NY/T 4070—2021	ω-3多不饱和脂肪酸强化鸡蛋生产技术规范	2021年12月15日	2022年6月1日

（四）海关总署标准（SN/T）

序号	标准编号	标准名称	发布日期	实施日期
1	SN/T 2032—2021	进境种猪指定隔离检疫场建设规范	2021年11月22日	2022年6月1日
2	SN/T 4233—2021	进境牛羊指定隔离检疫场建设规范	2021年11月22日	2022年6月1日
3	SN/T 5362—2021	出口食品中氟啶虫胺腈残留量的测定	2021年11月22日	2022年6月1日
4	SN/T 5364. 1—2021	出口食品中致病菌检测方法　微滴式数字PCR法　第1部分：副溶血性弧菌	2021年11月22日	2022年6月1日
5	SN/T 5364. 5—2021	出口食品中致病菌检测方法　微滴式数字PCR法　第5部分：金黄色葡萄球菌	2021年11月22日	2022年6月1日

续表

序号	标准编号	标准名称	发布日期	实施日期
6	SN/T 5364. 6—2021	出口食品中致病菌检测方法 微滴式数字 PCR 法 第 6 部分：单核细胞增生李斯特氏菌	2021 年 11 月 22 日	2022 年 6 月 1 日
7	SN/T 5364. 7—2021	出口食品中致病菌检测方法 微滴式数字 PCR 法 第 7 部分：产志贺毒素大肠埃希氏菌	2021 年 11 月 22 日	2022 年 6 月 1 日

（五）团体标准和地方标准（部分）

序号	标准编号	标准名称	发布日期	实施日期
1	DB31/2016—2021	食品安全地方标准 调理肉制品	2021 年 10 月 28 日	2022 年 4 月 28 日
2	DB31/2025—2021	食品安全地方标准 预包装冷藏膳食	2021 年 10 月 28 日	2022 年 4 月 28 日
3	DBS50/004—2021	食品安全地方标准 泡椒肉制品	2021 年 11 月 10 日	2022 年 5 月 1 日
4	DBS63/00012—2021	食品安全地方标准 青海藏羊肉	2021 年 8 月 26 日	2021 年 9 月 1 日
5	DB50/T 1088—2021	渝菜 石柱菌子鸡烹饪技术规范	2021 年 3 月 5 日	2021 年 6 月 1 日
6	DB61/T 1411—2021	地理标志产品 西乡牛肉干	2021 年 1 月 19 日	2021 年 2 月 19 日
7	DB42/T 1708—2021	地理标志产品 宣恩火腿	2021 年 7 月 7 日	2021 年 9 月 7 日
8	T/CMATB 1003—2021	富硒猪肉	2021 年 9 月 16 日	2021 年 12 月 16 日
9	T/CMATB 2001—2021	可生食鲜鸡蛋	2021 年 12 月 10 日	2022 年 3 月 10 日
10	T/CMATB 2002—2021	叶黄素强化鲜鸡蛋	2021 年 12 月 10 日	2022 年 3 月 10 日
11	T/CMATB 3001—2021	原切羊肉片	2021 年 3 月 30 日	2021 年 4 月 30 日
12	T/CMATB 3002—2021	乳饲犊牛肉	2021 年 9 月 16 日	2021 年 12 月 16 日
13	T/CMATB 3003—2021	牦牛肉	2021 年 12 月 10 日	2022 年 3 月 10 日
14	T/CMATB 3004—2021	牦牛肉追溯技术规程	2021 年 12 月 10 日	2022 年 3 月 10 日
15	T/CMATB 8001—2021	骨汤	2021 年 9 月 16 日	2021 年 12 月 16 日
16	T/CMATB 9001—2021	肉类产业绿色贸易规范	2021 年 5 月 12 日	2021 年 8 月 12 日
17	T/CMATB 9002—2021	儿童肉类制品通用要求	2021 年 9 月 16 日	2021 年 12 月 16 日
18	T/CMATB 9003—2021	川式香肠	2021 年 12 月 10 日	2022 年 3 月 10 日
19	T/CMATB 9004—2021	川式腊肉	2021 年 12 月 10 日	2022 年 3 月 10 日
20	T/CMATB 11001—2021	禽肉的斑马鱼胚胎生物效应测试方法	2021 年 12 月 24 日	2022 年 3 月 24 日

二、乳制品工业

序号	标准编号	标准名称	发布日期	实施日期
1	GB 5420—2021	食品安全国家标准　干酪	2021 年 2 月 22 日	2021 年 11 月 22 日
2	GB 10765—2021	食品安全国家标准　婴儿配方食品	2021 年 2 月 22 日	2023 年 2 月 22 日
3	GB 10766—2021	食品安全国家标准　较大婴儿配方食品	2021 年 2 月 22 日	2023 年 2 月 22 日
4	GB 10767—2021	食品安全国家标准　幼儿配方食品	2021 年 2 月 22 日	2023 年 2 月 22 日

三、饮料行业

序号	标准编号	标准名称	发布日期	实施日期
1	QB/T 5627—2021	非浓缩还原果汁　橙汁	2021 年 12 月 22 日	2022 年 4 月 1 日
2	T/CBIA 007—2021	熟水饮用水	2021 年 7 月 15 日	2021 年 7 月 15 日
3	T/CBIA 008—2021	固体饮料	2021 年 10 月 22 日	2021 年 10 月 22 日

四、制糖工业

序号	标准编号	标准名称	发布日期	实施日期
1	T/ZTX 03001—2021	制糖工艺用石灰	2021 年 12 月 1 日	2021 年 12 月 30 日

五、生物发酵产业

序号	标准编号	标准名称	发布日期	实施日期
1	GB1886. 320—2021	食品安全国家标准　食品添加剂　葡萄糖酸钠	2021 年 2 月 22 日	2021 年 8 月 22 日
2	GB 1886. 343—2021	食品安全国家标准　食品添加剂　L-苏氨酸	2021 年 2 月 22 日	2021 年 8 月 22 日
3	GB 1886. 344—2021	食品安全国家标准　食品添加剂　DL-丙氨酸	2021 年 2 月 22 日	2021 年 8 月 22 日
4	GB 40878—2021	葡萄糖酸钠单位产品能源消耗限额	2021 年 10 月 11 日	2022 年 11 月 1 日
5	GB/T 20370—2021	酶制剂分类导则	2021 年 8 月 20 日	2022 年 3 月 1 日
6	GB/T 20882. 3—2021	淀粉糖质量要求　第 2 部分：结晶果糖　固体果葡糖	2021 年 12 月 31 日	2022 年 7 月 1 日

续表

序号	标准编号	标准名称	发布日期	实施日期
7	GB/T 41219—2021	酿酒酵母和乳酸克鲁维酵母的鉴定方法	2021年12月31日	2022年7月1日
8	GB/T 20886.1—2021	酵母产品质量要求　第1部分：食品加工用酵母	2021年12月31日	2022年7月1日
9	GB/T 20886.2—2021	酵母产品质量要求　第2部分：酵母加工制品	2021年12月31日	2022年7月1日
10	QB/T 5633.1—2021	氨基酸、氨基酸盐及其类似物　第1部分：支链氨基酸（L-亮氨酸、L-异亮氨酸、L-缬氨酸）	2021年8月21日	2022年2月1日
11	QB/T 5633.2—2021	氨基酸、氨基酸盐及其类似物　第2部分：L-谷氨酰胺	2021年8月21日	2022年2月1日
12	QB/T 4572—2021	酵母　β-葡聚糖	2021年5月17日	2021年10月1日
13	QB/T 5632—2021	二十二碳六烯酸油脂粉	2021年8月21日	2022年2月1日
14	QB/T 5631—2021	花生四烯酸油脂粉	2021年12月2日	2022年4月1日
15	T/CNLIC 0025—2021	绿色设计产品评价技术规范　酵母制品	2021年5月10日	2021年5月10日
16	T/CBFIA 03003—2021	发酵有机酸制造业绿色工厂评价要求	2021年3月4日	2022年4月1日
17	T/CBFIA 03004—2021	绿色设计产品评价技术规范　有机酸	2021年3月4日	2022年4月1日
18	T/CBFIA 05001—2021	淀粉糖行业绿色工厂评价要求	2021年3月4日	2022年4月1日
19	T/CBFIA 05002—2021	绿色设计产品评价技术规范　淀粉糖	2021年3月4日	2022年4月1日
20	T/CBFIA 06001—2021	山梨糖醇行业绿色工厂评价要求	2021年3月4日	2022年4月1日
21	T/CBFIA 06002—2021	绿色设计产品评价技术规范　山梨糖醇	2021年3月4日	2022年4月1日

六、酿酒工业

①GB/T 17204—2021《饮料酒术语和分类》（2021年5月21日发布，2022年6月1日实施）

②GB/T 15109—2021《白酒工业术语》（2021年5月21日发布，2022年6月1日实施）

③GB/T 10781.1—2021《白酒质量要求　第1部分：浓香型白酒》（2021年3月9日发布，2022年4月1日实施）

④GB/T 10781.8—2021《白酒质量要求　第8部分：浓酱兼香型白酒》（2021年11月26

日发布，2022 年 6 月 1 日实施）

⑤GB/T 10781.9—2021《白酒质量要求　第 9 部分：芝麻香型白酒》（2021 年 8 月 20 日发布，2022 年 3 月 1 日实施）

⑥GB/T 10781.11—2021《白酒质量要求　第 11 部分：馥郁香型白酒》（2021 年 3 月 9 日发布，2022 年 4 月 1 日实施）

⑦GB/T 24694—2021《玻璃容器　白酒瓶质量要求》（2021 年 12 月 31 日发布，2022 年 7 月 1 日实施）

⑧GB/T 40361—2021《啤酒、碳酸饮料易拉罐灌装生产线　通用技术规范》（2021 年 8 月 20 日发布，2022 年 3 月 1 日实施）

⑨NY/T 273—2021《绿色食品　啤酒》（2021 年 5 月 7 日发布，2021 年 11 月 1 日实施）

⑩NY/T 432—2021《绿色食品　白酒》（2021 年 5 月 7 日发布，2021 年 11 月 1 日实施）

⑪QB/T 5476.2—2021《果酒　第 2 部分：山楂酒》（2021 年 12 月 2 日发布，2022 年 4 月 1 日实施）

⑫T/CBJ 2303—2021《白酒生态产区》（2021 年 1 月 15 日发布，2021 年 3 月 1 日实施）

⑬T/CBJ 2304—2021《中国美酒名镇》（2021 年 1 月 15 日发布，2021 年 3 月 1 日实施）

⑭T/CBJ 3108《无醇啤酒》（2021 年 10 月 12 日发布，2021 年 11 月 30 日实施）

⑮T/CBJ 3109《酸啤酒》（2021 年 10 月 12 日发布，2021 年 11 月 30 日实施）

⑯T/CBJ 9101—2021《露酒》（2021 年 12 月 23 日发布，2021 年 12 月 27 日实施）

⑰T/CBJ 9102—2021《露酒年份酒（白酒酒基）》（2021 年 12 月 23 日发布，2021 年 12 月 27 日实施）

七、罐头食品制造业

序号	标准编号	标准名称	发布日期	实施日期
1	GB/T 39945—2021	罐藏食品热穿透测试规程	2021 年 3 月 9 日	2022 年 4 月 1 日
2	GB/T 39948—2021	食品热力杀菌设备热分布测试规程	2021 年 3 月 9 日	2022 年 4 月 1 日
3	GB/T 13214—2021	牛肉类、羊肉类罐头质量通则	2021 年 8 月 20 日	2022 年 9 月 1 日
4	GB/T 24402—2021	鲮鱼罐头质量通则	2021 年 8 月 20 日	2022 年 3 月 1 日
5	GB/T 14215—2021	番茄酱罐头质量通则	2021 年 8 月 20 日	2022 年 9 月 1 日
6	QB/T 5606—2021	罐藏食品用高阻隔（EVOH）复合塑料容器通用技术规范	2021 年 5 月 17 日	2021 年 10 月 1 日
7	QB/T5605—2021	罐藏食品用复合塑料容器高阻隔性盖膜	2021 年 5 月 17 日	2021 年 10 月 1 日
8	QB/T 5641—2021	红腐乳罐头	2021 年 12 月 2 日	2022 年 4 月 1 日
9	QB/T 5654—2021	水果冻罐头	2021 年 12 月 2 日	2022 年 4 月 1 日

八、焙烤食品糖制品行业

序号	标准编号	标准名称	发布日期	实施日期
1	GB/T 20980—2021	饼干质量通则	2021 年 11 月 26 日	2022 年 6 月 1 日
2	GB/T 20981—2021	面包质量通则	2021 年 11 月 26 日	2022 年 6 月 1 日

九、茶加工业

序号	标准编号	标准名称	发布日期	实施日期
1	GB/T 40633—2021	茶叶加工术语	2021 年 10 月 11 日	2022 年 2 月 1 日

十、淀粉加工业

序号	标准编号	标准名称	发布日期	实施日期
1	GB 1886. 320—2021	食品安全国家标准　食品添加剂　葡萄糖酸钠	2021 年 2 月 22 日	2021 年 8 月 22 日
2	GB 1886. 343—2021	食品安全国家标准　食品添加剂 L-苏氨酸	2021 年 2 月 22 日	2021 年 8 月 22 日
3	GB 1886. 344—2021	食品安全国家标准　食品添加剂 DL-丙氨酸	2021 年 2 月 22 日	2021 年 8 月 22 日
4	GB/T 8887—2021	淀粉分类	2021 年 3 月 9 日	2021 年 10 月 1 日
5	GB/T 20373—2021	变性淀粉中乙酰基含量的测定　滴定法	2021 年 5 月 21 日	2021 年 12 月 1 日
6	GB/T 40998—2021	变性淀粉中羟丙基含量的测定　分光光度法	2021 年 11 月 26 日	2022 年 6 月 1 日
7	GB 1886. 351—2021	食品安全国家标准　食品添加剂　α-环状糊精	2021 年 9 月 7 日	2022 年 3 月 7 日
8	GB 1886. 352—2021	食品安全国家标准　食品添加剂　β-环状糊精	2021 年 9 月 7 日	2022 年 3 月 7 日
9	GB 1886. 353—2021	食品安全国家标准　食品添加剂　γ-环状糊精	2021 年 9 月 7 日	2022 年 3 月 7 日
10	GB/T 20882. 2—2021	淀粉糖质量要求　第 2 部分：葡萄糖浆（粉）	2021 年 12 月 31 日	2022 年 7 月 1 日
11	GB/T 20882. 3—2021	淀粉糖质量要求　第 3 部分：结晶果糖、固体果葡糖	2021 年 12 月 31 日	2022 年 7 月 1 日
12	GB/T 20882. 4—2021	淀粉糖质量要求　第 4 部分：果葡糖浆	2021 年 12 月 31 日	2022 年 7 月 1 日

续表

序号	标准编号	标准名称	发布日期	实施日期
13	GB/T 20882.6—2021	淀粉糖质量要求　第6部分：麦芽糊精	2021年12月31日	2022年7月1日
14	GB/T 23528.2—2021	低聚糖质量要求第2部分低聚果糖	2021年12月31日	2022年7月1日

十一、植物油行业

①GB/T 40851—2021《食用调和油》

②GB/T 1536—2021《菜籽油》

③GB/T 11761—2021《芝麻》

④GB/T 23347—2021《橄榄油、油橄榄果渣油》

⑤GB/T 40622—2021《牡丹籽油》

⑥NY/T 751—2021《绿色食品食用植物油》

⑦NY/T 2111—2021《绿色食品调味油》

十二、蜂产品加工业

序号	标准号	标准名称	发布日期	实施日期
1	GB31657.2—2021	食品安全国家标准　蜂产品中喹诺酮类药物多残留的测定　液相色谱-串联质谱法	2021年9月16日	2022年2月1日
2	GB31657.1—2021	食品安全国家标准　蜂蜜和蜂王浆中氟胺氰菊酯残留量的测定　气相色谱法	2021年9月16日	2022年2月1日
3	GB/T40152—2021	蜂蜜中蔗糖转化酶的测定　分光光度法	2021年5月21日	2021年12月21日
4	GB/T40197—2021	雄蜂蛹生产技术规范	2021年5月21日	2021年12月21日
5	GB/T40486—2021	蜂毒干粉中蜂毒溶血肽含量的测定　高效液相色谱法	2021年8月20日	2022年3月1日
6	GB/T41227—2021	蜜蜂饲养管理技术规范	2021年12月31日	2022年7月1日
7	GB/T30359—2021	蜂花粉	2021年12月31日	2022年7月1日
8	GB/Z40948—2021	农产品追溯要求　蜂蜜	2021年12月31日	2022年7月1日
9	NY/T3915—2021	蜂花粉干燥技术规范	2021年5月7日	2021年11月1日
10	GH/T1356—2021	枇杷蜜植物源成分的检测　实时荧光　PCR法	2021年11月8日	2022年1月1日

附录三　2021 年发布的食品安全国家标准清单

序号	标准号	标准名称	标准类别	公告号
1	GB 5420—2021	食品安全国家标准　干酪	食品产品标准	国家卫生健康委、国家市场监管总局公告　2021 年第 3 号
2	GB 10765—2021	食品安全国家标准　婴儿配方食品	特殊膳食食品标准	国家卫生健康委、国家市场监管总局公告　2021 年第 3 号
3	GB 10766—2021	食品安全国家标准　较大婴儿配方食品	特殊膳食食品标准	国家卫生健康委、国家市场监管总局公告　2021 年第 3 号
4	GB 10767—2021	食品安全国家标准　幼儿配方食品	特殊膳食食品标准	国家卫生健康委、国家市场监管总局公告　2021 年第 3 号
5	GB 1886.1—2021	食品安全国家标准　食品添加剂　碳酸钠	食品添加剂质量规格及相关标准	国家卫生健康委、国家市场监管总局公告　2021 年第 3 号
6	GB 1886.3—2021	食品安全国家标准　食品添加剂　磷酸氢钙	食品添加剂质量规格及相关标准	国家卫生健康委、国家市场监管总局公告　2021 年第 3 号
7	GB 1886.302—2021	食品安全国家标准　食品添加剂　聚乙二醇	食品添加剂质量规格及相关标准	国家卫生健康委、国家市场监管总局公告　2021 年第 3 号
8	GB 1886.303—2021	食品安全国家标准　食品添加剂　食用单宁	食品添加剂质量规格及相关标准	国家卫生健康委、国家市场监管总局公告　2021 年第 3 号

续表

序号	标准号	标准名称	标准类别	公告号
9	GB 1886.315—2021	食品安全国家标准　食品添加剂　胭脂虫红及其铝色淀	食品添加剂质量规格及相关标准	国家卫生健康委、国家市场监管总局公告　2021 年第 3 号
10	GB 1886.316—2021	食品安全国家标准　食品添加剂　胭脂树橙	食品添加剂质量规格及相关标准	国家卫生健康委、国家市场监管总局公告　2021 年第 3 号
11	GB 1886.317—2021	食品安全国家标准　食品添加剂　β-胡萝卜素（盐藻来源）	食品添加剂质量规格及相关标准	国家卫生健康委、国家市场监管总局公告　2021 年第 3 号
12	GB 1886.318—2021	食品安全国家标准　食品添加剂　玉米黄	食品添加剂质量规格及相关标准	国家卫生健康委、国家市场监管总局公告　2021 年第 3 号
13	GB 1886.319—2021	食品安全国家标准　食品添加剂　沙棘黄	食品添加剂质量规格及相关标准	国家卫生健康委、国家市场监管总局公告　2021 年第 3 号
14	GB 1886.320—2021	食品安全国家标准　食品添加剂　葡萄糖酸钠	食品添加剂质量规格及相关标准	国家卫生健康委、国家市场监管总局公告　2021 年第 3 号
15	GB 1886.321—2021	食品安全国家标准　食品添加剂　索马甜	食品添加剂质量规格及相关标准	国家卫生健康委、国家市场监管总局公告　2021 年第 3 号
16	GB 1886.322—2021	食品安全国家标准　食品添加剂　可溶性大豆多糖	食品添加剂质量规格及相关标准	国家卫生健康委、国家市场监管总局公告　2021 年第 3 号
17	GB 1886.323—2021	食品安全国家标准　食品添加剂　花生衣红	食品添加剂质量规格及相关标准	国家卫生健康委、国家市场监管总局公告　2021 年第 3 号
18	GB 1886.324—2021	食品安全国家标准　食品添加剂　偏酒石酸	食品添加剂质量规格及相关标准	国家卫生健康委、国家市场监管总局公告　2021 年第 3 号
19	GB 1886.325—2021	食品安全国家标准　食品添加剂　聚偏磷酸钾	食品添加剂质量规格及相关标准	国家卫生健康委、国家市场监管总局公告　2021 年第 3 号
20	GB 1886.326—2021	食品安全国家标准　食品添加剂　酸式焦磷酸钙	食品添加剂质量规格及相关标准	国家卫生健康委、国家市场监管总局公告　2021 年第 3 号

续表

序号	标准号	标准名称	标准类别	公告号
21	GB 1886.327—2021	食品安全国家标准　食品添加剂　磷酸三钾	食品添加剂质量规格及相关标准	国家卫生健康委、国家市场监管总局公告　2021 年第 3 号
22	GB 1886.328—2021	食品安全国家标准　食品添加剂　焦磷酸二氢二钠	食品添加剂质量规格及相关标准	国家卫生健康委、国家市场监管总局公告　2021 年第 3 号
23	GB 1886.329—2021	食品安全国家标准　食品添加剂　磷酸氢二钠	食品添加剂质量规格及相关标准	国家卫生健康委、国家市场监管总局公告　2021 年第 3 号
24	GB 1886.330—2021	食品安全国家标准　食品添加剂　磷酸二氢铵	食品添加剂质量规格及相关标准	国家卫生健康委、国家市场监管总局公告　2021 年第 3 号
25	GB 1886.331—2021	食品安全国家标准　食品添加剂　磷酸氢二铵	食品添加剂质量规格及相关标准	国家卫生健康委、国家市场监管总局公告　2021 年第 3 号
26	GB 1886.332—2021	食品安全国家标准　食品添加剂　磷酸三钙	食品添加剂质量规格及相关标准	国家卫生健康委、国家市场监管总局公告　2021 年第 3 号
27	GB 1886.333—2021	食品安全国家标准　食品添加剂　磷酸二氢钙	食品添加剂质量规格及相关标准	国家卫生健康委、国家市场监管总局公告　2021 年第 3 号
28	GB 1886.334—2021	食品安全国家标准　食品添加剂　磷酸氢二钾	食品添加剂质量规格及相关标准	国家卫生健康委、国家市场监管总局公告　2021 年第 3 号
29	GB 1886.335—2021	食品安全国家标准　食品添加剂　三聚磷酸钠	食品添加剂质量规格及相关标准	国家卫生健康委、国家市场监管总局公告　2021 年第 3 号
30	GB 1886.336—2021	食品安全国家标准　食品添加剂　磷酸二氢钠	食品添加剂质量规格及相关标准	国家卫生健康委、国家市场监管总局公告　2021 年第 3 号
31	GB 1886.337—2021	食品安全国家标准　食品添加剂　磷酸二氢钾	食品添加剂质量规格及相关标准	国家卫生健康委、国家市场监管总局公告　2021 年第 3 号
32	GB 1886.338—2021	食品安全国家标准　食品添加剂　磷酸三钠	食品添加剂质量规格及相关标准	国家卫生健康委、国家市场监管总局公告　2021 年第 3 号

续表

序号	标准号	标准名称	标准类别	公告号
33	GB 1886.339—2021	食品安全国家标准　食品添加剂　焦磷酸钠	食品添加剂质量规格及相关标准	国家卫生健康委、国家市场监管总局公告　2021 年第 3 号
34	GB 1886.340—2021	食品安全国家标准　食品添加剂　焦磷酸四钾	食品添加剂质量规格及相关标准	国家卫生健康委、国家市场监管总局公告　2021 年第 3 号
35	GB 1886.341—2021	食品安全国家标准　食品添加剂　二氧化钛	食品添加剂质量规格及相关标准	国家卫生健康委、国家市场监管总局公告　2021 年第 3 号
36	GB 1886.342—2021	食品安全国家标准　食品添加剂　硫酸铝铵	食品添加剂质量规格及相关标准	国家卫生健康委、国家市场监管总局公告　2021 年第 3 号
37	GB 1886.343—2021	食品安全国家标准　食品添加剂　L-苏氨酸	食品添加剂质量规格及相关标准	国家卫生健康委、国家市场监管总局公告　2021 年第 3 号
38	GB 1886.344—2021	食品安全国家标准　食品添加剂　DL-丙氨酸	食品添加剂质量规格及相关标准	国家卫生健康委、国家市场监管总局公告　2021 年第 3 号
39	GB 1886.345—2021	食品安全国家标准　食品添加剂　桑椹红	食品添加剂质量规格及相关标准	国家卫生健康委、国家市场监管总局公告　2021 年第 3 号
40	GB 1886.346—2021	食品安全国家标准　食品添加剂　柑橘黄	食品添加剂质量规格及相关标准	国家卫生健康委、国家市场监管总局公告　2021 年第 3 号
41	GB 1886.347—2021	食品安全国家标准　食品添加剂　4-氨基-5,6-二甲基噻吩并［2,3-d］嘧啶-2（1H）-酮盐酸盐	食品添加剂质量规格及相关标准	国家卫生健康委、国家市场监管总局公告　2021 年第 3 号
42	GB 1886.348—2021	食品安全国家标准　食品添加剂　焦磷酸一氢三钠	食品添加剂质量规格及相关标准	国家卫生健康委、国家市场监管总局公告　2021 年第 3 号
43	GB 31651—2021	食品安全国家标准　餐（饮）具集中消毒卫生规范	生产经营规范标准	国家卫生健康委、国家市场监管总局公告　2021 年第 3 号
44	GB 31652—2021	食品安全国家标准　即食鲜切果蔬加工卫生规范	生产经营规范标准	国家卫生健康委、国家市场监管总局公告　2021 年第 3 号

续表

序号	标准号	标准名称	标准类别	公告号
45	GB 31653—2021	食品安全国家标准　食品中黄曲霉毒素污染控制规范	生产经营规范标准	国家卫生健康委、国家市场监管总局公告　2021 年第 3 号
46	GB 31654—2021	食品安全国家标准　餐饮服务通用卫生规范	生产经营规范标准	国家卫生健康委、国家市场监管总局公告　2021 年第 3 号
47	GB 12456—2021	食品安全国家标准　食品中总酸的测定	理化检验方法标准	国家卫生健康委、国家市场监管总局公告　2021 年第 3 号
48	GB 31604. 51—2021	食品安全国家标准　食品接触材料及制品　1,4-丁二醇迁移量的测定	理化检验方法标准	国家卫生健康委、国家市场监管总局公告　2021 年第 3 号
49	GB 31604. 52—2021	食品安全国家标准　食品接触材料及制品　芳香族伯胺迁移量的测定	理化检验方法标准	国家卫生健康委、国家市场监管总局公告　2021 年第 3 号
50	GB 31655—2021	食品安全国家标准　哺乳动物体内碱性彗星试验	毒理学检验方法与规程标准	国家卫生健康委、国家市场监管总局公告　2021 年第 3 号
51	GB 2763—2021	食品安全国家标准　食品中农药最大残留限量	通用标准	国家卫生健康委、农业农村部、国家市场监管总局公告　2021 年第 4 号
52	GB 23200. 118—2021	食品安全国家标准　植物源性食品中单氰胺残留量的测定　液相色谱—质谱联用法	农药残留检测方法标准	国家卫生健康委、农业农村部、国家市场监管总局公告　2021 年第 4 号
53	GB 23200. 119—2021	食品安全国家标准　植物源性食品中沙蚕毒素类农药残留量的测定　气相色谱法	农药残留检测方法标准	国家卫生健康委、农业农村部、国家市场监管总局公告　2021 年第 4 号
54	GB 23200. 120—2021	食品安全国家标准　植物源性食品中甜菜安残留量的测定　液相色谱—质谱联用法	农药残留检测方法标准	国家卫生健康委、农业农村部、国家市场监管总局公告　2021 年第 4 号
55	GB 23200. 121—2021	食品安全国家标准　植物源性食品中 331 种农药及其代谢物残留量的测定　液相色谱—质谱联用法	农药残留检测方法标准	国家卫生健康委、农业农村部、国家市场监管总局公告　2021 年第 4 号
56	GB 29921—2021	食品安全国家标准　预包装食品中致病菌限量	通用标准	国家卫生健康委、国家市场监管总局公告　2021 年第 8 号

续表

序号	标准号	标准名称	标准类别	公告号
57	GB 31607—2021	食品安全国家标准 散装即食食品中致病菌限量	通用标准	国家卫生健康委、国家市场监管总局公告 2021 年第 8 号
58	GB 19295—2021	食品安全国家标准 速冻面米与调制食品	食品产品标准	国家卫生健康委、国家市场监管总局公告 2021 年第 8 号
59	GB 1886.349—2021	食品安全国家标准 食品添加剂 五碳双缩醛（又名戊二醛）	食品添加剂质量规格及相关标准	国家卫生健康委、国家市场监管总局公告 2021 年第 8 号
60	GB 1886.350—2021	食品安全国家标准 食品添加剂 氧化亚氮	食品添加剂质量规格及相关标准	国家卫生健康委、国家市场监管总局公告 2021 年第 8 号
61	GB 1886.351—2021	食品安全国家标准 食品添加剂 α-环状糊精	食品添加剂质量规格及相关标准	国家卫生健康委、国家市场监管总局公告 2021 年第 8 号
62	GB 1886.352—2021	食品安全国家标准 食品添加剂 β-环状糊精	食品添加剂质量规格及相关标准	国家卫生健康委、国家市场监管总局公告 2021 年第 8 号
63	GB 1886.353—2021	食品安全国家标准 食品添加剂 γ-环状糊精	食品添加剂质量规格及相关标准	国家卫生健康委、国家市场监管总局公告 2021 年第 8 号
64	GB 1886.354—2021	食品安全国家标准 食品添加剂 3-[(4-氨基-2,2-二氧-1H-2,1,3-苯并噻二嗪-5-基) 氧]-2,2-二甲基-N-丙基丙酰胺	食品添加剂质量规格及相关标准	国家卫生健康委、国家市场监管总局公告 2021 年第 8 号
65	GB 1903.52—2021	食品安全国家标准 食品营养强化剂 氯化高铁血红素	食品营养强化剂质量规格标准	国家卫生健康委、国家市场监管总局公告 2021 年第 8 号
66	GB 1903.53—2021	食品安全国家标准 食品营养强化剂 D-泛酸钙	食品营养强化剂质量规格标准	国家卫生健康委、国家市场监管总局公告 2021 年第 8 号
67	GB 1903.54—2021	食品安全国家标准 食品营养强化剂 酒石酸氢胆碱	食品营养强化剂质量规格标准	国家卫生健康委、国家市场监管总局公告 2021 年第 8 号

续表

序号	标准号	标准名称	标准类别	公告号
68	GB 5009.17—2021	食品安全国家标准 食品中总汞及有机汞的测定	理化检验方法标准	国家卫生健康委、国家市场监管总局公告 2021 年第 8 号
69	GB 5009.265—2021	食品安全国家标准 食品中多环芳烃的测定	理化检验方法标准	国家卫生健康委、国家市场监管总局公告 2021 年第 8 号
70	GB 5009.283—2021	食品安全国家标准 食品中偶氮甲酰胺的测定	理化检验方法标准	国家卫生健康委、国家市场监管总局公告 2021 年第 8 号
71	GB 5009.284—2021	食品安全国家标准 食品中香兰素、甲基香兰素、乙基香兰素和香豆素的测定	理化检验方法标准	国家卫生健康委、国家市场监管总局公告 2021 年第 8 号
72	GB 31604.8—2021	食品安全国家标准 食品接触材料及制品 总迁移量的测定	理化检验方法标准	国家卫生健康委、国家市场监管总局公告 2021 年第 8 号
73	GB 31613.1—2021	食品安全国家标准 牛可食性组织中氨丙啉残留量的测定 液相色谱-串联质谱法和高效液相色谱法	兽药残留检测方法标准	农业农村部、国家卫生健康委、国家市场监管总局公告 第 388 号
74	GB 31613.2—2021	食品安全国家标准 猪、鸡可食性组织中泰万菌素和 3-乙酰泰乐菌素残留量的测定 液相色谱-串联质谱法	兽药残留检测方法标准	农业农村部、国家卫生健康委、国家市场监管总局公告 第 388 号
75	GB 31613.3—2021	食品安全国家标准 鸡可食性组织中二硝托胺残留量的测定	兽药残留检测方法标准	农业农村部、国家卫生健康委、国家市场监管总局公告 第 388 号
76	GB 31659.1—2021	食品安全国家标准 牛奶中赛拉嗪残留量的测定 液相色谱-串联质谱法	兽药残留检测方法标准	农业农村部、国家卫生健康委、国家市场监管总局公告 第 388 号
77	GB 31656.10—2021	食品安全国家标准 水产品中四聚乙醛残留量的测定 液相色谱-串联质谱法	兽药残留检测方法标准	农业农村部、国家卫生健康委、国家市场监管总局公告 第 388 号
78	GB 31656.11—2021	食品安全国家标准 水产品中土霉素、四环素、金霉素和多西环素残留量的测定	兽药残留检测方法标准	农业农村部、国家卫生健康委、国家市场监管总局公告 第 388 号

续表

序号	标准号	标准名称	标准类别	公告号
79	GB 31656.1—2021	食品安全国家标准　水产品中甲苯咪唑及代谢物残留量的测定　高效液相色谱法	兽药残留检测方法标准	农业农村部、国家卫生健康委、国家市场监管总局公告　第 388 号
80	GB 31656.12—2021	食品安全国家标准　水产品中青霉素类药物多残留的测定　液相色谱-串联质谱法	兽药残留检测方法标准	农业农村部、国家卫生健康委、国家市场监管总局公告　第 388 号
81	GB 31656.13—2021	食品安全国家标准　水产品中硝基呋喃类代谢物多残留的测定　液相色谱-串联质谱法	兽药残留检测方法标准	农业农村部、国家卫生健康委、国家市场监管总局公告　第 388 号
82	GB 31656.2—2021	食品安全国家标准　水产品中泰乐菌素残留量的测定　高效液相色谱法	兽药残留检测方法标准	农业农村部、国家卫生健康委、国家市场监管总局公告　第 388 号
83	GB 31656.3—2021	食品安全国家标准　水产品中诺氟沙星、环丙沙星、恩诺沙星、氧氟沙星、噁喹酸、氟甲喹残留量的测定　高效液相色谱法	兽药残留检测方法标准	农业农村部、国家卫生健康委、国家市场监管总局公告　第 388 号
84	GB 31656.4—2021	食品安全国家标准　水产品中氯丙嗪残留量的测定　液相色谱-串联质谱法	兽药残留检测方法标准	农业农村部、国家卫生健康委、国家市场监管总局公告　第 388 号
85	GB 31656.5—2021	食品安全国家标准　水产品中安眠酮残留量的测定　液相色谱-串联质谱法	兽药残留检测方法标准	农业农村部、国家卫生健康委、国家市场监管总局公告　第 388 号
86	GB 31656.6—2021	食品安全国家标准　水产品中丁香酚残留量的测定　气相色谱-质谱法	兽药残留检测方法标准	农业农村部、国家卫生健康委、国家市场监管总局公告　第 388 号
87	GB 31656.7—2021	食品安全国家标准　水产品中氯硝柳胺残留量的测定　液相色谱-串联质谱法	兽药残留检测方法标准	农业农村部、国家卫生健康委、国家市场监管总局公告　第 388 号
88	GB 31656.8—2021	食品安全国家标准　水产品中有机磷类药物残留量的测定　液相色谱-串联质谱法	兽药残留检测方法标准	农业农村部、国家卫生健康委、国家市场监管总局公告　第 388 号
89	GB 31656.9—2021	食品安全国家标准　水产品中二甲戊灵残留量的测定　液相色谱-串联质谱法	兽药残留检测方法标准	农业农村部、国家卫生健康委、国家市场监管总局公告　第 388 号

续表

序号	标准号	标准名称	标准类别	公告号
90	GB 31657. 1—2021	食品安全国家标准　蜂蜜和蜂王浆中氟胺氰菊酯残留量的测定　气相色谱法	兽药残留检测方法标准	农业农村部、国家卫生健康委、国家市场监管总局公告　第 388 号
91	GB 31657. 2—2021	食品安全国家标准　蜂产品中喹诺酮类药物多残留的测定　液相色谱-串联质谱法	兽药残留检测方法标准	农业农村部、国家卫生健康委、国家市场监管总局公告　第 388 号
92	GB 31658. 10—2021	食品安全国家标准　动物性食品中氨基甲酸酯类杀虫剂残留量的测定　液相色谱-串联质谱法	兽药残留检测方法标准	农业农村部、国家卫生健康委、国家市场监管总局公告　第 388 号
93	GB 31658. 11—2021	食品安全国家标准　动物性食品中阿苯达唑及其代谢物残留量的测定　高效液相色谱法	兽药残留检测方法标准	农业农村部、国家卫生健康委、国家市场监管总局公告　第 388 号
94	GB 31658. 1—2021	食品安全国家标准　动物性食品中头孢噻呋残留量的测定　高效液相色谱法	兽药残留检测方法标准	农业农村部、国家卫生健康委、国家市场监管总局公告　第 388 号
95	GB 31658. 12—2021	食品安全国家标准　动物性食品中环丙氨嗪残留量的测定　高效液相色谱法	兽药残留检测方法标准	农业农村部、国家卫生健康委、国家市场监管总局公告　第 388 号
96	GB 31658. 13—2021	食品安全国家标准　动物性食品中氯苯胍残留量的测定　液相色谱-串联质谱法	兽药残留检测方法标准	农业农村部、国家卫生健康委、国家市场监管总局公告　第 388 号
97	GB 31658. 14—2021	食品安全国家标准　动物性食品中 α-群勃龙和 β-群勃龙残留量的测定　液相色谱-串联质谱法	兽药残留检测方法标准	农业农村部、国家卫生健康委、国家市场监管总局公告　第 388 号
98	GB 31658. 15—2021	食品安全国家标准　动物性食品中赛拉嗪及代谢物 2,6-二甲基苯胺残留量的测定　液相色谱-串联质谱法	兽药残留检测方法标准	农业农村部、国家卫生健康委、国家市场监管总局公告　第 388 号
99	GB 31658. 16—2021	食品安全国家标准　动物性食品中阿维菌素类药物残留量的测定　高效液相色谱法和液相色谱-串联质谱法	兽药残留检测方法标准	农业农村部、国家卫生健康委、国家市场监管总局公告　第 388 号
100	GB 31658. 17—2021	食品安全国家标准　动物性食品中四环素类、磺胺类和喹诺酮类药物残留量的测定　液相色谱-串联质谱法	兽药残留检测方法标准	农业农村部、国家卫生健康委、国家市场监管总局公告　第 388 号

续表

序号	标准号	标准名称	标准类别	公告号
101	GB 31658.2—2021	食品安全国家标准　动物性食品中氯霉素残留量的测定　液相色谱-串联质谱法	兽药残留检测方法标准	农业农村部、国家卫生健康委、国家市场监管总局公告　第 388 号
102	GB 31658.3—2021	食品安全国家标准　猪尿中巴氯芬残留量的测定　液相色谱-串联质谱法	兽药残留检测方法标准	农业农村部、国家卫生健康委、国家市场监管总局公告　第 388 号
103	GB 31658.4—2021	食品安全国家标准　动物性食品中头孢类药物残留量的测定　液相色谱-串联质谱法	兽药残留检测方法标准	农业农村部、国家卫生健康委、国家市场监管总局公告　第 388 号
104	GB 31658.5—2021	食品安全国家标准　动物性食品中氟苯尼考及氟苯尼考胺残留量的测定　液相色谱-串联质谱法	兽药残留检测方法标准	农业农村部、国家卫生健康委、国家市场监管总局公告　第 388 号
105	GB 31658.6—2021	食品安全国家标准　动物性食品中四环素类药物残留量的测定　高效液相色谱法	兽药残留检测方法标准	农业农村部、国家卫生健康委、国家市场监管总局公告　第 388 号
106	GB 31658.7—2021	食品安全国家标准　动物性食品中17β-雌二醇、雌三醇、炔雌醇和雌酮残留量的测定　气相色谱-质谱法	兽药残留检测方法标准	农业农村部、国家卫生健康委、国家市场监管总局公告　第 388 号
107	GB 31658.8—2021	食品安全国家标准　动物性食品中拟除虫菊酯类药物残留量的测定　气相色谱-质谱法	兽药残留检测方法标准	农业农村部、国家卫生健康委、国家市场监管总局公告　第 388 号
108	GB 31658.9—2021	食品安全国家标准　动物性食品及尿液中雌激素类药物多残留的测定　液相色谱-串联质谱法	兽药残留检测方法标准	农业农村部、国家卫生健康委、国家市场监管总局公告　第 388 号

附录四　2021 年食品工业统计数据

表 1　2021 年食品工业经济效益指标和投资情况

行业	营业收入/亿元	同比增长/%	利润总额/亿元	同比增长/%	营业收入利润率/%	成本费用利润率/%	投资同比增长/%
食品工业总计	91409.7	12.0	6187.1	5.5	6.8	8.0	—
农副食品加工业	54107.6	12.6	1889.9	-9.2	3.5	3.8	18.8
食品制造业	21268.1	10.0	1653.5	-0.1	7.8	9.9	10.4
酒、饮料和精制茶制造业	16034.0	13.1	2643.7	24.1	16.5	24.2	16.8

表 2　2021 年食品工业主要产品产量

产品	产量/万 t	同比增长/%
精制食用植物油	4973.1	-5.0
成品糖	1482.3	3.6
鲜、冷藏肉	3298.2	24.5
乳制品	3031.7	9.4
白酒（折 65 度，商品量）/万 kL	715.6	-0.6
啤酒	3562.4	5.6
葡萄酒/万 kL	26.8	-29.1
饮料	18333.8	12.0

表 3　2021 年食品主要进出口商品统计表

出口				进口			
产品	价值/亿元	同比增长/%	占比/%	产品	价值/亿元	同比增长/%	占比/%
食用水产品	1391.6	7.5	30.1	粮食	4834.5	39.1	38.5
蔬菜及食用菌	794.2	-1	17.1	肉类（包括杂碎）	2079.2	-2.4	16.5
干鲜瓜果及坚果	391.5	-16.7	8.5	干鲜瓜果及坚果	985.0	22	7.8
罐头	207.9	-5.3	4.5	食用水产品	928.8	4	7.4

续表

出口				进口			
产品	价值/亿元	同比增长/%	占比/%	产品	价值/亿元	同比增长/%	占比/%
酒类及饮料	173.1	9	3.7	乳品	894.0	6.4	7.1
茶叶	148.5	4.9	3.2	食用植物油	706.3	24	5.6
肉类（包括杂碎）	115.7	1.9	2.5	酒类及饮料	430.3	16.8	3.4
粮食	114.1	-10.9	2.5	食糖	147.5	19.3	1.2

表 4　2021 年食品工业营业收入及其地位与其他行业的比较

行业	营业收入/亿元	占比/%
总计	1279226.3	100
煤炭开采和洗选业	32896.6	2.6
石油和天然气开采业	9112.3	0.7
黑色金属矿采选业	5820.7	0.5
有色金属矿采选业	3093.6	0.2
非金属矿采选业	4065.6	0.3
开采辅助活动	2048.1	0.2
其他采矿业	11.8	0.0
食品工业	91409.7	7.1
烟草制品业	12131.5	0.9
纺织业	25714.2	2.0
纺织服装、服饰业	14823.4	1.2
皮革、毛皮、羽毛及其制品和制鞋业	11057.2	0.9
木材加工和木、竹、藤、棕、草制品业	9655.5	0.8
家具制造业	8004.6	0.6
造纸和纸制品业	15006.2	1.2
印刷和记录媒介复制业	7442.3	0.6
文教、工美、体育和娱乐用品制造业	14364.3	1.1
石油加工、炼焦和核燃料加工业	55398	4.3
化学原料和化学制品制造业	82958.9	6.5
医药制造业	29288.5	2.3
化学纤维制造业	10262.8	0.8
橡胶和塑料制品业	28996.4	2.3
非金属矿物制品业	66217.7	5.2
黑色金属冶炼和压延加工业	96662.3	7.6

续表

行业	营业收入/亿元	占比/%
有色金属冶炼和压延加工业	70052.9	5.5
金属制品业	46835.4	3.7
通用设备制造业	47010.6	3.7
专用设备制造业	36563.5	2.9
汽车制造业	86706.2	6.8
铁路、船舶、航空航天和其他运输设备制造业	13094.1	1.0
电气机械和器材制造业	85320.2	6.7
计算机、通信和其他电子设备制造业	141285.3	11.0
仪器仪表制造业	9101.4	0.7
其他制造业	1956.8	0.2
废弃资源综合利用业	9080.7	0.7
金属制品、机械和设备修理业	1484.4	0.1
电力、热力生产和供应业	78502.7	6.1
燃气生产和供应业	11792.4	0.9
水的生产和供应业	3997.5	0.3

附录五 参与编写单位简介

中国食品科学技术学会

中国食品科学技术学会（Chinese Institute of Food Science and Technology）是中国食品科技工作者的学术性群众团体，是中国科学技术协会的组成部分。

历史

中国食品科学技术学会于1980年11月成立。1984年9月以有代表性的全国性学会名义参加国际食品科学技术联盟（IUFoST），成为正式成员，为中国食品科技界在国际食品科学技术联盟中的唯一代表。

活动

中国食品科学技术学会作为国家食品科技界的唯一代表，参与组织有关中国食品工业与科技发展的政府决策咨询、科技评价、科技奖励等工作，同时深度参与中国食品安全的风险评估与风险交流，是食品科技学术交流的主渠道；食品科普工作的主力军；民间食品国际交流的主要代表。

出版物

中国食品科学技术学会编辑出版《中国食品学报》，合作编辑出版《中外食品》《食品与机械》等。受工业和信息化部消费品工业司委托，按年度牵头组织出版《食品工业发展报告》。

秘书处联系方式

地址：北京市海淀区阜成路北三街8号9层

电话：010-65265375，65265376

邮箱：cifst@126.com

网址：http://www.cifst.org.cn

中轻食品工业管理中心

中心概况

中轻食品工业管理中心是经中央机构编制委员会批准，于2001年成立的事业单位（简称食品中心）。食品中心的主要职能是配合政府部门开展食品行业管理、协调和服务工作，即组织制定食品工业的产业规划、开展食品工业管理基础工作，对各食品行业协会工作进行规范和指导；为协会服务，研究和协调解决协会工作中的共性问题。中国轻工业联合会代管中轻食品工业管理中心。

组织机构

根据工作需要，食品中心共设立办公室（行政人事、财务）、生产科技处、行业管理处、咨询服务处、食品企业融资服务办公室和食品企业电商服务办公室等。除直属处（室）之外，食品中心还负责联络八个食品行业协会、一个学会和八个食品标准化技术委员会。

八个食品行业协会包括：中国酒业协会、中国糖业协会、中国生物发酵产业协会、中国食品添加剂和配料协会、中国焙烤食品糖制品工业协会、中国罐头工业协会、中国乳制品工业协会、中国饮料工业协会。

一个学会：中国食品科学技术学会。

八个食品标准化技术委员会包括：全国食品工业标准化技术委员会（TC64）、全国食品标签标准化技术委员会（TC473）、全国酿酒标准化技术委员会（TC471）、全国白酒标准化技术委员会（TC358）、全国制糖标准化技术委员会（TC373）、全国饮料标准化技术委员会（TC275）、全国乳制品标准化技术委员会、中国焙烤食品糖制品工业协会法规与技术委员会。

业务范围

1. 组织提出食品行业发展规划和相关政策、法规建议；开展食品行业信息统计，收集、调查、分析和发布行业信息，实行行业指导，为食品企业服务。

2. 接受委托参与制定、修订食品行业的有关国家标准、行业标准和行业管理规范以及产品生产许可证、质量认证和环境认证方面的工作；组织食品企业贯彻、实施标准和管理规范，配合有关部门对执行情况进行监督检查。

3. 接受委托为食品企业发展、重组和兼并提供投融资服务。

4. 开展食品行业特色区域和产业集群共建活动。

5. 组织食品企业负责人培训。

6. 开展国际经济技术合作与交流活动，组织食品行业的国内外专业展览会、订货会，参与培育国内市场。

7. 发布食品行业产品质量信息，推荐行业名优、新特产品。

8. 承担各食品行业协会外事工作的综合、初审和申报工作。

9. 接受委托组织对食品行业重大项目进行评审和推荐，对食品行业新技术、新产品进行鉴定。

10. 接受委托承办专家选拔、推荐和专业技术职称、工人技术等级以及其他职业资格的考核评审工作。

11. 完成有关部门交办的其他工作。

联系方式

网址：www. nfmccli. org

电话：010-68396507

传真：010-68396507

邮箱：manage@ nfmccli. org

地址：北京市西城区阜外大街乙 22 号

邮编：100833

中国食品工业协会

中国食品工业协会，简称中国食协，英文名称 China National Food Industry Association，缩写为 CNFIA，是经国务院批准于 1981 年 10 月 29 日成立的全国食品工业的自律性行业管理组织。主要职能和任务综合为：统筹、规划、协调、指导、服务。多年来，中国食协密切联系食品工业企业，在推动我国食品工业持续、稳定、协调发展等方面做了大量卓有成效的工作。

中国食品工业协会的最高权力机构为会员代表大会，其日常执行机构为理事会。

主要工作

（一）履行统筹、规划职能

（二）发布运行信息，引导行业发展

（三）推动食品工业科技进步

（四）与地方政府合作共建，推动食品工业特色园区发展

（五）努力抓好产品质量和食品安全

（六）参与食品安全法律法规和标准体系建设

（七）健全行业规范，加强行业自律

联系方式

网址：http://www.cnfia.cn

电话：010-63265394　63315494

地址：北京市丰台区太平桥东里 5 号

邮编：100073

中国食品发酵工业研究院

中国食品发酵工业研究院（以下简称研究院）成立于1955年，为世界500强企业——中国保利集团所属中国轻工集团全资子公司，是我国食品行业历史最悠久、规模最大、综合实力最强的国家级国有研究机构，1999年转制为中央直属十二家大型科技型企业之一，2017年12月完成公司制改制。拥有国家一级学科硕士学位授予点和博士后工作站，是国家高新技术企业和创新型试点企业。

研究院现有员工258人，其中研究生及以上学历人员153人，占员工总数的59.3%；高级专业技术职称以上人员97人，占员工总数的37.6%。设有食品工程、发酵工程、传统发酵（酿酒）工程、食品质量安全检测、食品质量安全与快检技术、标准信息、国际合作和功能肽产业化8个研发部、特殊医学配方食品研发中心和信息中心2个中心以及5个职能管理部门，拥有14个国家或省部级科技创新基地、3家全资子公司，业务范围涵盖食品安全检测与诚信保障、食品技术研发与产品创新、国际交流培训与贸易和行业战略研究与信息等领域。

建院以来，研究院共完成国家、省部级项目1000余项，荣获国家、省部级科技奖240余项，获得国家和国际发明专利授权160余项，制定国家和行业标准700余项。作为我国食品行业综合实力最强的技术研发基地，研究院积极围绕食品新资源和功能性配料开发应用、食品工业微生物资源利用、传统酿造工程技术、食品安全保障技术和标准化技术等重要领域，开展科研攻关、产学研合作、国际合作、科研成果转化和产业化，在行业共性技术和关键性技术集成创新、成果工程化方面优势突出；在传统食品发酵与代谢调控、食源性功能肽开发、传统白酒色谱指纹图谱分析和食品真实性鉴伪、食品工业微生物资源利用、传统酿造工程技术、食品新资源和功能性配料开发、食品安全保障技术和标准化技术等领域居国内领先地位；在国家食品安全预警和突发事件处置、食品市场准入和食品标准制定等方面发挥了重要的作用，拥有不可替代的行业影响力。

研究院将秉承“创新发展、服务行业”的理念，建设国内领先、国际同步的应用型研究开发机构，为行业发展提供全产业链的技术支撑和解决方案。

网址：www. cnif. cn
电话：010-53218288
传真：010-53218297
邮箱：office@ cnif. cn　ffkj@ cnif. cn
地址：北京市朝阳区酒仙桥中路24号院6号楼
邮编：100015

中国电子信息产业发展研究院

中国电子信息产业发展研究院（赛迪工业和信息化研究院）是直属于国家工业和信息化部的一类科研事业单位。成立 20 多年来，一直致力于面向政府、面向企业、面向社会提供媒体传播、研究咨询、评测认证与技术研发等专业服务。形成了政府决策与软科学研究、传媒与网络服务、咨询与外包服务、评测与认证服务、软件开发与信息技术服务五业并举发展的业务格局。

赛迪工业和信息化研究院总部设在北京，并在上海、重庆、广州、深圳等地设有分支机构。现有员工 2000 余人，其中各类专业技术人员 1200 余人（含高级职称人员 110 人）。

赛迪工业和信息化研究院旗下的赛迪智库贯彻“面向政府，服务决策”的宗旨，围绕工业化和信息化领域的热点、难点和重点问题，开展基础研究、预先研究和对策研究，致力于为政府提供高水平决策咨询服务。赛迪智库下属消费品工业研究所成立于 2011 年，是专业从事消费品行业重点、热点问题研究的智库型研究机构。研究所依托政府及行业资源，以开展前瞻性、战略性、综合性研究为目标，以扎实的行业研究能力为基础，以强大的媒体平台和丰富的数据来源为支撑，凭借实践经验丰富的研究团队，致力于为中央及地方政府部门提供有关行业发展的政策建议，为行业协会和消费品生产企业提供相关发展战略、规划服务等，研究领域覆盖食品、医药、轻工、纺织等多个行业。消费品工业研究所以业界资深专家为顾问，研究人员多数拥有博士及以上学历，专业涉及产业经济学、管理科学与工程、国际贸易、技术经济、纺织工程等领域，形成了一支实力雄厚、实践经验丰富的研究队伍。目前，研究所承担并完成了多项重大项目，为政府部门建言献策、为消费品企业出谋划策。

网址：www. ccidgroup. com
电话：010-88558855
传真：010-88558833
地址：北京市海淀区紫竹院路 66 号
邮编：100048

中国肉类协会

中国肉类协会是经中华人民共和国民政部批准注册登记的全国性肉类生产流通行业社团组织。英文译名 CHINA MEAT ASSOCIATION，缩写 CMA。

中国肉类协会成立于 1992 年 5 月，是由中华人民共和国境内与肉类生产经营相关的企业组织、事业单位、社会团体和个人自愿结成的全国性、行业性、非营利性社会组织。协会会员涵盖全国畜牧养殖、畜禽屠宰、肉类加工、冷链物流、肉食销售，以及机械装备、肉食配料、包装物料等全产业链各个环节。2014 年，中国肉类协会被世界肉类组织推选为副主席单位。2018 年，再次当选副主席单位。

中国肉类协会宗旨：为全体会员服务，为行业发展服务，为满足人民群众肉食消费需求服务。

中国肉类协会业务范围：参与行业治理；反映行业诉求；加强行业建设；组织行业交流；提供行业服务；协调行业关系；促进行业发展；维护会员权益；建设行业文明；保障肉食安全。

中国肉类协会下设 16 个分支机构。

12 个分会：猪业分会、牛羊业分会、禽（蛋）业分会、天然肠衣分会、机械装备分会、包装分会、肉类食品配料分会、冷链物流分会、休闲肉制品分会、发酵火腿分会、进出口商分会、牛人俱乐部分会。

3 个工作委员会：投诉调处工作委员会、食品安全工作委员会、行业信用体系建设工作委员会。

1 个专业委员会：科技与标准化工作委员会。

中国肉类协会下设 9 个职能部门：

秘书处办公室、产业政策研究室、会员部、国际交流部、信息咨询与事业发展部、会展交流部、培训部、财务部、法务部。

地址：北京市朝阳区东土城路 12 号怡和阳光大厦 C 座 704 室
电话：010-84119709
传真：010-66033686
邮箱：chinameat@ sina. com
网址：www. chinameat. org　　中国肉类协会网
www. cimie. com　　中国肉类协会会展交流网（中英文）
www. info-cma. org　　中国肉类协会信息交流网
www. chinameat. org. cn　　中国肉类食品行业诚信建设网
www. qscccma. com　　中国肉类协会产品质量答疑网

中国乳制品工业协会

中国乳制品工业协会是经原中华人民共和国轻工业部批准，1994 年 7 月 6 日获准在中华人民共和国民政部登记注册，并于 1995 年 6 月 6 日正式成立的行业性社会团体。业务上接受国家发展和改革委员会、中国轻工业联合会的指导。

中国乳制品工业协会是跨地区、跨部门，不分经济性质的全国性行业组织，目前拥有 580 多个会员，基本包括了中国所有大中型乳制品加工企业。中国乳制品工业协会广泛开展国际合作，已于 1995 年正式加入国际乳品联合会（International Dairy Federation，IDF)，成为该组织的正式成员。协会还与国际上许多乳品发达国家，如澳大利亚、新西兰、丹麦、荷兰、芬兰、德国、法国、瑞典、美国、日本等十几个国家的有关组织保持密切的合作关系。

中国乳制品工业协会编辑出版的期刊有：《中国乳品工业》杂志、《中国乳制品工业通讯》(内刊)，定期向会员单位提供国内外乳业发展的有关政策和信息。协会编制的年度公报和《乳制品企业经济技术指标汇编》是行业内重要的参考资料。协会举办的年会、乳品技术精品展示会和多个专业会议已成为我国乳制品行业规模最大、最权威、最重要的行业活动。

多年来中国乳制品工业协会在国家主管部门的领导下，在广大会员单位的支持下，认真开展工作，努力为行业、企业和政府服务。协会的凝聚力、知名度逐步得到加强和提高，协会的力量不断得到发展和壮大，为我国乳制品工业的健康、快速发展起到了积极的推动作用，做出了自己应有的贡献。

网址：www. cdia. org. cn
电话：010-68396513
传真：010-68396665
邮箱：ruzhipin@ 163. com
地址：北京市西城区阜外大街乙 22 号
邮编：100833

中国水产流通与加工协会

中国水产流通与加工协会成立于1994年，隶属于农业农村部，是由全国范围内从事水产品生产、加工、流通的企业以及为水产业服务的相关机构和渔业工作者自愿组成的社团组织，是依法登记的非营利性的独立法人社团。在民政部2013年度社会组织评估工作中被评为4A级协会；2015年被民政部授予“全国先进社会组织”称号。

协会以“关注会员利益、强化服务职能、引领行业发展、促进产业升级”为办会宗旨，不断提升能力建设，务实高效，助推水产行业健康发展。协会秘书处设立办公室、财务部、会员管理部、分支机构管理部、国际合作部、展览交流部、信息部、质管部、项目部、外联部10个办事机构，先后成立了贝类分会、对虾分会、水产品市场分会、鱼粉鱼油分会、银鱼分会、海参分会、水产资源高值化利用工作委员会、水产品出口贸易分会、墨鱼分会、鱼糜及其制品分会、罗非鱼分会、水产冻品分会、鲨鱼保护与利用工作委员会、大菱鲆分会、卤虫分会、鲶鱼产业分会、内陆天然水域产销分会、鲍鱼分会、石斑鱼分会、三文鱼分会、小龙虾产业分会、鳄鱼产业分会、蛤仔分会、海鲈分会、生鲜供应链分会、帝王蟹分会、河豚鱼美食文化分会27个分支机构。

网址：www. cappma. org
电话：010-65064827
传真：010-65005270
地址：北京市朝阳区麦子店街40号富丽华园A-403室
邮编：100125

中国饮料工业协会

中国饮料工业协会成立于1993年，是饮料及相关行业的企事业单位自愿参加的非营利性全国性社团组织，是民政部批准的国家一级协会，办公地点位于北京，活动区域为全国。协会现有会员单位700多家，其饮料总产量占全国总产量的80%以上。2013年，经全面考核，中国饮料工业协会被民政部授予4A级社会组织。此外，中国饮料工业协会作为国际饮料协会和国际瓶装水协会理事会成员，还积极参与国际的行业工作与活动。

协会的定位为服务、引导。饮料协会是企业与政府的桥梁和纽带，是企业与消费者的桥梁和纽带。饮料协会以促进中国饮料行业健康发展为宗旨，以为消费者生产安全健康的饮料为己任，以引导全行业提升社会责任为目标，为企业服务、为消费者服务、为政府服务。

协会接受民政部的业务指导和监督管理，在各项工作中遵守国家法律、法规及各项政策，遵守社会公德。

协会下设包装饮用水分会、天然矿泉水分会、果蔬汁分会、碳酸饮料分会、固体饮料分会、咖啡饮料分会、供应商分会、技术工作委员会等分支机构。

网址：www. chinabeverage. org

电话：010-84464668

传真：010-84464236

邮箱：zyx@ chinabeverage. org

地址：北京市朝阳区东三环北路丙2号天元港中心B1702室

邮编：100027

微信公众号：中国饮料工业协会

中国糖业协会

中国糖业协会是1992年6月在民政部注册登记的社团法人组织，荣获“全国性社会团体评估等级”4A级。

中国糖业协会以农民增收、企业增效、行业稳定发展为己任，以做好协调、服务工作为宗旨。团结全体会员，为企业服务，反映会员愿望，维护会员的合法权利；根据行业发展的实际情况，向国家有关部委提供行业发展意见和建议，协助政府进行宏观调控与决策；积极贯彻国家发展糖业的方针、政策、法令。自成立以来，中国糖业协会在建立产销衔接机制，加强食糖市场宏观调控，推动糖业结构调整，实施糖业扭亏解困，加强国际交流与合作，促进全行业技术进步，发展循环经济，限产限销糖精，规范高倍化学合成甜味剂管理，促进食糖消费，打击食糖走私，推动食糖产销体制改革等方面做了大量卓有成效的工作，为我国糖业健康、稳定、可持续发展发挥了重要作用。

中国糖业协会的会员包括工、农、商、贸、科研、教育、设计安装、设备制造、投资公司等与糖业有关的企事业单位。理事会是会员大会的执行机构，在会员大会闭会期间领导本团体开展工作，对会员大会负责。秘书处是协会的常设机构，负责协会的日常工作。

中国糖业协会设甘蔗糖专业委员会、甜菜糖专业委员会、糖业设备应用专业委员会、综合利用多种经营专业委员会、食糖流通专业委员会、原糖加工委员会、专家委员会和团体标准技术委员会。受政府有关管理部门委托，设立全国糖精产销协作组办公室，负责糖精限产限销管理协调工作。

中国糖业协会秘书处下设办公室、研究部、信息数据部、国际合作部、科技装备部、会员管理部、财务部和会展部。

电话：010-58568984

传真：010-58568974

邮箱：csa@ chinasugar. org. cn

地址：北京市西城区月坛北街26号恒华国际商务中心C座1801-1805

邮编：100045

微信公众号：中国糖业协会

中国生物发酵产业协会

中国生物发酵产业协会，英文：China Biotech Fermentation Industry Association，英文缩写：CBFIA，前身是中国发酵工业协会，经国家民政部于1990年1月批准成立，2011年3月，根据行业发展需要，经国家民政部批准，更名为中国生物发酵产业协会。中国生物发酵产业协会是由应用现代生物技术的发酵生产企业及科研院校等相关单位自愿参加，共同组成的全国性非营利性社会组织，是跨地区、跨部门、不分所有制形式的全行业组织，是会员利益的共同代表，是具有独立法人资格的社会团体。

中国生物发酵产业协会在政府主管部门的指导和企业的支持下，发挥桥梁和纽带作用，接受政府委托，反映行业愿望与要求，搞好行业管理，促进行业自律，推动全行业健康快速发展。

生物产业是国家重点支持的战略性新兴产业，中国生物发酵产业协会将致力于提高全行业整体创新能力、转变生产方式、优化产业结构，淘汰落后产能，促进产业升级，进一步加快节能减排、资源综合利用步伐，推动资源节约型、环境友好型企业建设。为此，中国生物发酵产业协会愿意与世界各地的相关行业组织、生产企业以及科研机构等取得广泛联系，开展技术交流与合作，增进相互了解，创造商贸机会，为建设生物制造强国而共同努力奋斗。

目前中国生物发酵产业协会下设氨基酸分会、有机酸分会、淀粉糖分会、多元醇分会、酶制剂分会、酵母分会、功能发酵制品分会、酵素分会、益生制品分会、微生物育种分会、装备与环保分会、生物资源提取分会及发酵工程技术工作委员会。随着产业规模的不断扩大和延伸，为了更好地服务行业，今后，中国生物发酵产业协会还将根据社会和行业发展的需要，适时调整内设机构。

网址：http：//www. cbfia. org. cn
电话：010-68396504
传真：010-68396561
邮箱：cbfia@ cfia. org. cn
地址：北京市西城区阜成门外大街乙22号
邮编：100833
微信公众号：中国生物发酵产业协会

中国酒业协会

中国酒业协会（社证字第3266号），英文名称：China Alcoholic Drinks Association（英文缩写CADA），原名“中国酿酒工业协会”，是由应用生物工程技术和有关技术的酿酒企业及为其服务的相关单位自愿结成的行业性的全国性的非营利性社会组织。于1992年6月22日经原中华人民共和国轻工业部审查同意，由中华人民共和国民政部登记注册成立。2012年4月，经中华人民共和国民政部批准，原“中国酿酒工业协会”更名为“中国酒业协会”。协会接受登记管理机关中华人民共和国民政部和业务主管单位国务院国有资产监督管理委员会的业务指导和监督管理。

中国酒业协会秘书处下设酒精分会、啤酒分会、白酒分会、黄酒分会、葡萄酒分会、果露酒分会、科教设计装备委员会、饲料及综合利用委员会、技术委员会、市场专业委员会、啤酒原料专业委员会、名酒收藏委员会和文化委员会13个分支机构，以及办公室、信息部、会员部、政策研究室等职能部门。中国酒业协会自1992年成立以来，至今已有20余年。长期以来，协会严格按照党和国家经济建设的总方针，结合本行业特点和具体情况，紧紧围绕扩大就业、繁荣市场、服务三农、促进区域经济建设和带动相关产业发展的指导思想，研究行业发展过程中的问题，向政府部门提出产业政策及行业立法建议，制订行业发展规划，引导行业发展方向。在开展行业调查统计、信息咨询和发布，参与行业标准、国家标准制修订及宣贯，参与行业科技成果评价，组织行业培训鉴定工作，培育市场，维护会员合法权益，组织国内外行业展会，开展国际交流与合作等方面开展了大量工作，为推动行业进步、促进行业发展、维护会员利益做出了应有的贡献。

网址：www. cada. cc
电话：010-57811300
传真：010-57811309
邮箱：office@ cada. cc
地址：北京市海淀区三里河路11号6层
邮编：100831

中国食品添加剂和配料协会

中国食品添加剂和配料协会（原名中国食品添加剂生产应用工业协会）是经国家批准注册的全国食品添加剂和食品配料行业唯一的全行业组织，是由食品添加剂、食品配料行业的科研、生产、经销、应用企事业单位自愿组成的非营利性的社会团体。1994 年在北京成立。现有国内会员单位 800 多个，国外会员 100 个。

协会以为食品添加剂和食品配料行业服务为宗旨，以促进行业稳定、健康发展为目的，发挥政府与企业之间的桥梁与纽带作用。主要职责和任务是：协助政府制订行业法规和产业政策；受政府委托制订行业发展规划，对重要项目进行论证，为政府决策提供服务；协助政府制定各种标准；协助政府进行质量监督和市场准入等项工作；协调制定行规行约；倾听会员意见，反映会员要求，代表行业利益与有关方面沟通与交流；促进新技术、新产品的开发和应用，推动行业的创新与发展；促进国内外食品添加剂和配料行业的交流与合作。

协会下设 12 个专业委员会，每年定期开展的主要活动包括：每年分别召开各个专业委员会的行业大会，研究行业发展和自律等重要问题，反映会员单位呼声，维护行业和会员的权益，推动行业创新发展。组织制定食品安全标准，协调各行业生产及市场运行机制。每年春季在中国上海举办食品添加剂行业世界知名的品牌展会——中国国际食品添加剂展（FIC)。每年秋季轮流在不同城市举办全国秋季食品添加剂和配料展（FIC-秋季展)，春秋两季的展会形成了本行业中国会展经济的主流。每年组织中国企业到国外参加专业展览，并与有关国际组织和国外同行交流，推动行业出口和国际合作的开展。编辑出版国内外公开发行的双核心期刊《中国食品添加剂》杂志和为会员提供的《中国食品添加剂快报》，二者形成了促进产品的研发、生产、应用和行业健康发展的有效交流平台。

网址：www. cfaa. cn
电话：010-59795833
传真：010-59071335
地址：北京市朝阳区朝外大街甲 6 号万通中心 3 座 1402 室
邮编：100020

中国保健协会

2003年11月4日，经卫生部、民政部审核并报国务院批准，中国保健科技学会正式更名为中国保健协会。

中国保健协会是由中国健康产业内具有代表性的大中型企业为核心组成的行业机构，是真正由企业自己当家做主维护行业自身权益的组织。中国保健协会将坚持“服务政府、服务企业、服务消费者”的宗旨，致力于健康产业的发展和科技的进步，在法律规范、产品研发、市场管理、行业自律及标准化建设等各个方面为中国的健康产业提供全方位的服务，成为代表行业公信力的权威机构。

协会的业务范围包括：多方面为会员企业服务；自律、协调、监督和维护会员企业合法权益；协助政府部门加强行业管理，具体业务如下所述。

①开展行业、市场调查，研究本行业国内外发展情况，分析行业形势，提出行业发展和技术进步规划或预测方面的意见和建议；②接受政府委托承办或根据市场和行业发展需要举办与本行业相关的展览、论坛、经政府有关部门批准的表彰和奖励等活动；组织人才、技术、职业培训，开展咨询；依照有关规定创办刊物；③帮助企业改善经营管理；④接受委托组织开展行业信用等级评价及维护行业信誉等工作；⑤经政府有关部门批准组织科技成果评价、鉴定和推广应用；⑥开展国内外有关保健技术的交流与合作；⑦制定并监督执行行规行约，规范行业行为，协调同行价格争议，维护公平竞争；协助会员开展反倾销、反垄断申诉应诉，以及相应的调查工作；⑧反映会员要求，协调会员关系，维护其合法权益；⑨经政府部门委托，参与制订行业规划，对行业内重大的技术改造、技术引进、投资与开发项目进行论证；⑩受政府部门委托，参与制定、修订国家标准和行业标准，组织贯彻实施并进行监督；⑪经政府部门授权参与行业生产、经营许可证发放的有关工作，参与资质审查；⑫承担政府部门委托的其他任务等。

网址：http：//www. chc. org. cn/
电话：010-59817438
传真：010-59817468 转 6133
地址：北京市朝阳区潘家园南里19号人卫大厦B座6层
邮编：100021

中国罐头工业协会

协会性质

中国罐头工业协会（简称 CCFIA）成立于 1995 年 8 月 28 日，是在民政部注册登记的独立社团法人组织，是中国罐头行业的唯一全国性行业组织。会员包括全国主要的罐头生产、经营企业以及科研单位、大专院校、检测、设备制造、相关材料供应和管理部门等单位。中国罐头工业协会最高权力机构是会员代表大会，理事长领导下的理事会对代表大会负责。常设机构为秘书处，会址在北京。

协会宗旨

协会是全体会员单位共同利益的代表，宗旨为维护会员合法权益，维护行业全局利益，推动中国罐头行业健康发展。

协会职能

（一）协助政府制定行业规划、产业政策、法律法规，参与制修订国家、行业标准，组织制修订和发布本行业团体标准。

（二）配合实施国家专项行动计划，组织重大科技成果项目的推荐，组织科技项目成果鉴定和推广应用，实施科技项目奖励，推动节能减排，参与质量管理和监督工作，协助企业办理相关资质申请，行业突发事件应对，协助行业应对对外贸易纷争和本行业产业损害调查工作。

（三）为政府和相关组织开展行业、地区经济发展重大问题和调查研究，提出有关经济政策和法律法规方面的意见和建议，培育行业产业集群，开展行业经济运行分析，组织开展行业投融资咨询工作，收集、分析、发布行业信息，组织人才、技术、职业培训，组织行业论坛、展会，加强与国际组织的联系，开展经济技术交流合作。

（四）代表行业、会员与政府沟通，研究、协调和反映行业发展面临的共性问题，组织协调行业企业之间的交流与合作。

（五）制定并监督执行行规行约，规范行业行为，推动建立公平、公正、健康的市场秩序。

网址：www. topcanchina. com
电话：010-62168049
邮箱：cn_ ccfia@ 163. com
地址：北京市海淀区学院南路 99 号百成科技楼二楼
邮编：100081

中国焙烤食品糖制品工业协会

中国焙烤食品糖制品工业协会（简称：中焙糖协）于1993年12月18日经国家民政部批准登记注册成立，是由全国饼干、面包、糕点、糖果巧克力、冷冻食品等生产企业及相关食品机械、原辅材料、科研院所等企事业单位及个人自愿结成的全国行业性、非营利性社会团体，国家一级协会。协会接受登记管理机关国家民政部和业务主管单位国务院国有资产监督管理委员会的监督管理和业务指导。

目前，协会下设21个专业委员会，现有企业会员单位1500多家，基本涵盖了国内焙烤食品糖制品行业大中型骨干企业。

协会的宗旨是维护会员的合法权益，维护行业的全局利益，促进全行业经济技术和管理水平的不断提高，推动全行业健康发展。

协会的业务范围是：对行业的重大问题进行研究，向政府提出有关产业政策、经济技术政策、立法等方面的意见和建议。开展政策法规、知识产权保护等方面的咨询和服务工作；受政府部门委托，参与制定行业规划和计划；推动行业内外多种形式的联合，协调行业内部企业间关系，促进行业的技术进步和经营管理水平提高；根据授权进行行业统计，做好信息交流和发布工作。依照有关规定办好协会刊物和网站；为行业培训各类专业人才，提高科技、经济管理人员的素质；开展国内外相关合作、交流，举办展览展销等活动；经政府部门授权，组织或参与相关食品标准，以及与本行业有关的法律、法规及管理办法等的制修订工作；经政府部门委托，开展行业诚信体系建设，组织制定行规行约，建立行业自律机制，维护行业公平竞争，维护行业整体利益和会员的合法权益；反映会员要求，组织发展行业公益事业，承担政府及会员单位委托的其他工作；经政府有关部门批准，开展行业内评比、评选、表彰等活动。

网址：www.china-bakery.com.cn

电话：010-68396530

传真：010-68396567

地址：北京市西城区阜外大街乙22号

邮编：100833

中国调味品协会

中国调味品协会由全国酱油、食醋、酱类、酱腌菜、腐乳、烹调料酒和各种调味料生产经营及相关的企业、事业单位组成，是跨地区、跨部门、不分所有制的全国性、非营利性行业组织，是国家一级协会，具有法人资格的社会团体，业务上归国务院国有资产管理委员会指导。它是根据自愿参加、平等互利的原则组成，按照民主协调原则开展工作。

协会的宗旨是：在国家方针、政策指导下，为促进调味品工业生产经营和科技进步、管理水平的提高，振兴中国调味品工业做贡献。

协会的主要任务是：在政府主管部门的指导下开展工作，在协会会员和政府之间发挥桥梁和纽带作用，既反映调味品行业的愿望和要求，为企业服务，又接受政府部门委托做好行业管理工作，推动调味品行业发展。

协会的目标是：在社会主义的计划经济向市场经济的转变过程中，承前（部门管理）启后（行业管理），理清思路；承上（各级政府）启下（各类企业），理顺关系。千方百计做好调味品行业管理工作，为中国调味品工业的发展振兴和走向世界奋斗。

协会的会训是：立足行业、凝聚会员、面向市场、服务企业。

电话：010-51921726/28/51921215/59/73

传真：010-51921087

地址：北京市海淀区复兴路47号天行建商务大厦605室

中国茶叶流通协会

中国茶叶流通协会成立于1992年，是原商业部茶畜局适应当时改革需要而组建的全国性茶叶行业组织。目前，中国茶叶流通协会现有会员3000多家，涉及茶行业各个领域，会员每年的茶叶销售额占到全国茶叶行业的70%以上，控制的茶叶资源占到全国的60%左右。2005年协会加入国际茶叶委员会，成为唯一代表中国茶叶行业的成员单位；2009年被民政部评定为第一批“国家4A级行业社团组织”；2010年被民政部评为“全国先进社会组织”；2014年协会边茶委被国务院授予“全国民族团结进步模范集体”。

中国茶叶流通协会以“发挥行业中介职能，服务中国茶叶事业”为宗旨，密切联系茶叶行业，团结广大会员，大胆改革，努力创新，积极探索协会服务的新模式，不断加强协会的制度建设、队伍建设和能力建设。服务范围包括：代表行业利益，维护行业合法权益；负责茶叶行业的协调和管理工作，协助和承担政府主管部门委托的部分行政管理职能；向国家有关部门反映茶叶生产、流通各个环节的新情况和存在的问题，编制本行业的发展规划，提出制定行业方针、政策、制度、法规等方面的意见和建议；组织商品交易，拓展茶产品市场，协调和增进会员之间的联系，促进行业内部各种形式的合作和经济联合；组织收集、整理和传递国内外茶叶经济信息和科学技术信息，进行市场分析、预测，开展信息交流活动和咨询服务，为企业的生产和经营提供决策依据；组织茶叶技术交流、产品质量论证和科技项目论证，组织技术技能竞赛和产品推荐，促进行业技术进步，提高企业管理水平；组织茶叶质量审评，茶艺茶道、茶叶生产、加工等专业技术、技能培训和企业管理人员培训，提高从业人员素质；组织制（修）定国家茶叶标准，并对质量标准执行情况进行自律性管理；编辑、出版《茶世界》及书刊，普及茶叶商品知识、宣传茶叶饮用价值，弘扬祖国茶文化。自2009年起开始向全国推出《中国茶叶行业发展报告》；参与和承担协调加入WTO后茶叶国际贸易中遇到的问题，开拓市场，增强竞争能力，并加强与国内外同行业组织的联系，组织国内外茶叶企业开展各种交流活动。目前协会内设7个部门，拥有包括茶叶质量安全工作委员会、边销茶专业委员会、茶馆专业委员会、名茶专业委员会、茶叶市场专业委员会等20个分支机构，已经建立起决策民主、制度健全、服务高效、网络健全的服务体系。

网址：http：//www. ctma. com. cn
电话：010-66094152/4172
传真：010-66018165
邮箱：65973364@ qq. com
地址：北京市西城区复兴门内大街45号
邮编：100801

中国淀粉工业协会

中国淀粉工业协会是1992年经民政部批准成立的跨地区、跨部门的全国性行业组织，是由淀粉、淀粉糖、淀粉衍生物及为其服务的企事业单位和有关部门自愿组成的非营利性社会组织，下设玉米淀粉、马铃薯淀粉、木薯淀粉、甘薯淀粉、变性淀粉、淀粉糖、糖醇和绿色制造八个专业委员会。

协会以加强行业管理、规范会员单位的生产经营、促进淀粉工业科学发展为己任，充分调动产学研协同创新，转变经济发展方式，进一步支持新技术、新产品的开发与应用，扩大和延长淀粉产业链条，加强节能环保、绿色健康，提升质量和效益，逐步淘汰落后产能，并制定和修订相关标准，维护会员合法权益，为我国经济发展作出新的更大贡献。

行业经过30多年的发展，一批现代化集团企业成长为行业中坚，淀粉产量提高了70多倍，位居亚洲首位。其中，商品淀粉产量居世界第一；结晶葡萄糖、淀粉糖和功能性糖醇等主要产品的产量均实现数十倍的飞跃式增长；聚乳酸、1，3-丙二醇、聚羟基脂肪酸酯等基于生物技术的新产品不断涌现，成为行业新增长点。淀粉及其衍生物的快速发展也促进了我国食品、医药、生物、化工等领域产业的进步，通过不断延伸产业链，提升价值链，融通供应链，有效增加农产品的附加值，调动农民种粮积极性，对引导农业结构调整、促进农民增收、农业增效、改善人民对饮食安全营养健康的需求、确保食品安全、推动我国经济发展起到了积极的作用。

淀粉加工业一头连着农业、农村和农民，一头连着工业、城市和市民，沟通城乡，亦工亦农，是农业农村现代化的重要标志，是保障城乡居民营养安全健康的重要民生产业，也是促进农村一二三产业融合发展、吸纳农民就业创业的重要支柱产业。实施创新驱动，推动淀粉加工业转型升级，促进农村一二三产业融合发展，是人民的愿望、时代的要求、历史的必然，更是我们淀粉人的使命。我们要以时不我待、只争朝夕的精神，锐意进取，为推进淀粉加工业兴旺发达、实现人民对美好生活的向往作出新的更大贡献！

网址：www. siacn. org
电话：010-85966807
传真：010-85983697
邮箱：dfxhbgs@ siacn. org
地址：北京市东城区建国门内大街8号中粮广场A座七层
邮编：100005

中国植物油行业协会

中国植物油行业协会（CHINA NATIONAL VEGETABLE OIL INDUSTRY ASSOCIATION，缩写为CNVOIA）经国家民政部批准，成立于1993年11月，是具有独立法人资格的国家一级非盈利社团组织。

中国植物油行业协会是从事植物油生产、贸易、加工、储藏、运输、管理、科研、教育等单位和从事上述工作的知名人士自愿组成的全国性行业组织。

中国植物油行业协会以服务为宗旨，遵守国家宪法、法律、法规和国家政策，遵守社会道德风尚，接受政府有关部门和相关企事业单位的委托，为政府和企业服务，沟通企业与政府、企业与企业之间的联系，在植物油行业中发挥服务、沟通、公证、监督等作用，达到正确执行国家的方针政策、维护植物油行业的合法权益、提高企业经济效益和社会效益的目的。

中国植物油业行协会成立20余年来，在调查行业基本情况、提供政策咨询、加强行业自律、开展创名优产品、提高产品质量、促进行业发展、维护企业权益、开展国际交流以及为企业提供信息服务等方面做了大量工作，受到政府有关部门的重视和好评，得到全体会员单位和有关方面的大力支持，并在业内外和国际上都产生了积极的影响。协会愿与全国同行一起，为我国植物油行业更加美好的明天而努力工作。

网址：http：//www. chinaoil. org. cn
电话：010-66095261　010-66095263
传真：010-66038284
邮箱：admin@ chinaoil. org. cn
地址：北京市西城区复兴门内大街45号
邮编：100801
微信公众号：中国植物油行业协会

中国盐业协会

中国盐业协会成立于1988年7月，是由盐业相关的企事业单位、社会团体、科研、教育、勘察设计单位及个人自愿结成的行业性的全国性的非营利性的社会组织。被民政部评定为4A级行业协会。

协会常设机构为秘书处，下设综合业务部、宣传交流部、信息统计部、财务部等。根据工作需要，协会还设立了海盐工作委员会、湖盐工作委员会、井矿盐工作委员会、科学技术工作委员会、全国食盐电子防伪追溯服务中心、盐行业信用体系建设办公室等专业委员会和分支机构。

网址：www. cnsalt. cn
电话：010-63430558
传真：010-63324356
邮箱：zhongyanxiehui@ 163. com
地址：北京市丰台区广外大街莲花池中盐大厦
邮编：100055

中国蜂产品协会

中国蜂产品协会（CBPA）成立于1989年，是由从事蜂产业的企事业单位和个人自愿组成的跨地区的全国性行业协会，被民政部评为4A级行业协会，经国家标准化管理委员会批准为全国蜂产品标准化工作组主任委员单位和国际标准化组织食品技术委员会蜂产品分委员会（ISO/TC34/SC19）国内技术对口单位。

协会议事和决策机构为会长办公会、常务理事会、理事会和会员代表大会。协会常设机构是秘书处，秘书处设有办公室、会员部、科技部、市场部共4个部门，协会下设蜂蜜专委会、蜂王浆专委会、蜂胶专委会、蜂花粉专委会、蜂蜡专委会、蜂产品市场营销专委会、蜂产品生产专委会、蜂产品保健专委会、蜂业设备专委会、蜂业医疗专委会、蜜蜂文化产业专委会、科普专委会等16个专业委员会。

中国蜂产品协会以贯彻执行国家方针政策、维护行业整体利益、振兴中国蜂产业为己任，以反映行业愿望与要求、为政府和行业提供双向服务为宗旨，以信息提供、资源对接、市场开拓、权益维护、行业研究、行业规范等为主要职能，充分发挥提供信息服务、平台服务、协调服务、规范服务等方面的作用。

经过30余年的发展，中国蜂产品协会的影响力不断提高，已经成为推动蜂产业健康、可持续发展不可缺少的重要力量，得到了国内外蜂产业、社会各界、政府部门等组织机构的广泛认可。

网址：www.china-bee.com
电话：010-59361516
传真：010-59361517
地址：北京市西城区太平街6号富力摩根中心D座508室
邮编：100050

中国食品和包装机械工业协会

中国食品和包装机械工业协会（英文缩写为 CFPMA）是经中华人民共和国民政部批准登记的国家级社团组织，在国务院国有资产监督管理委员会指导下，面向社会以从事食品机械、包装机械、零部件配套及自动化集成企业、科研院所、大专院校、新闻单位、地方社团自愿组成的具有社团法人资格的非营利性质的全国性行业组织，总部及常设机构位于北京。

中国食品和包装机械工业协会成立于 1989 年，三十年来，在党中央和国家各级政府的领导下，在食品和包装机械行业企业的支持下，中国食品和包装机械工业协会不断拓展和创新行业服务的范围和形式，为我国食品包装机械行业的成长壮大作出了重要贡献，协会的行业影响力、凝聚力不断提升，国际影响力不断扩大。

协会主要工作内容：受政府委托，承担全行业情况的调研，规范行业行为，反映企业意见和要求，制定行业标准，行业发展规划，对重大设备技术改造、引进、投资与开发项目进行论证；为政府宏观决策提供信息、统计数据、分析报告，为企业提供技术咨询；举办国际性食品加工和包装机械展览会、展示会、信息发布会、研讨会、技术交流会，开展国际交流活动。

协会的最高权力机构是会员代表大会，执行机构是理事会。协会设常务理事会，在理事会闭会期间，行使理事会职权。协会的办事机构是协会秘书处，秘书处设有办公室、财务部、国际合作部、企业发展部、会员管理部、展览部、科技信息部等部门。

协会已设立包装机械专业委员会、食品机械专业委员会、专家委员会、标准化技术委员会、肉类加工机械专业委员会、薯类食品加工机械专业委员会、纸浆模机械及制品分会、冷食机械分会、纸容器机械及制品分会、方便食品机械分会、饮料灌装机械分会、果蔬保鲜加工机械分会、自动售货机分会、智能包装委员会、中央厨房工程与装备委员会、食品安全技术与装备委员会、油莎豆种植加工及装备技术委员会等十六个专业委员会。

协会现有会员单位 600 多家，副理事长单位 23 家，常务理事单位 90 多家，理事单位 300 多家，协会现有员工 18 人，其中中共党员 7 人，研究生 4 人。

协会是国际包装机械协会联盟（C. O. P. A. M. A.）中国唯一成员，同美、英、德、法、意、日、韩、西班牙、荷兰、瑞士、捷克、俄罗斯、澳大利亚等十三个国家的同行业协会建立了双边或多边的合作关系。

协会会刊——《中外包装与食品机械》，协会官方网站——“中国食品和包装机械工业协会”，为各界人士提供及时、准确、权威的信息服务；协会专业展会——“上海国际食品加工与包装机械展览会”已经成为适应行业发展需求，反映行业发展趋势的专业化品牌展会。

协会宗旨：在国家方针、政策、法律、法令的指导下，坚持为食品机械和包装机械行业企业服务，促进全行业的发展，并在政府与企事业单位之间、行业单位与用户之间、国内外同行业企事业之间发挥桥梁纽带作用。

中国食品和包装机械工业协会愿与海内外热心发展食品和包装机械行业的各界人士、各国同行业的制造业、有关团体和经销代理商建立广泛联系，为生产、技术和贸易方面的交流与合作提供各项服务。

中国轻工机械协会

中国轻工机械协会（China Light Industry Machinery Association，CLIMA）成立于1989年，是经国家轻工业部（现中国轻工业联合会）批准、在国家民政部注册登记的跨地区、跨部门的全国性轻工机械行业国家级社团组织，具有社会团体法人资格。

中国轻工机械协会的会员来自中国境内从事轻工机械（主要包括：制浆造纸、酿酒、饮料、乳品、制糖、罐头、制革制鞋、日用玻璃、工业洗涤等）行业的企事业单位、大专院校、科研院所、地方行业协会、新闻媒体和其他相关机构等。

协会主要职责：宣传贯彻国家政策和法律法规，接受政府主管部门的委托，参与制订并组织实施行业发展规划；为政府制定行业相关政策和法规提出意见和建议，对行业发展进行调研，开展行业信息统计工作；为行业企业做好服务，开展国内、国际经济技术合作与交流活动，举办专业技术及设备展览会；组织轻工机械行业技术标准和管理标准的制修订和宣贯实施工作，推动轻工装备行业高质量发展；协调和沟通轻工机械行业与轻工各行业的横向联系，协调轻工机械行业各地区间和各企业间的关系；反映会员要求，维护其合法权益，加强行业自律，规范企业行为，维护公平竞争。

中国轻工机械协会下设食品装备分会、制浆造纸纸制品装备分会、洗涤装备分会、制革制鞋毛皮皮件装备分会、科学教育分会、精酿啤酒技术及设备专业委员会、科学技术工作委员会等。

地址：北京市西城区阜成门外大街乙22号
邮编：100833
电话：010-68396008
网址：www.clima.org.cn